Heidelberger Musterverträge zu Personengesellschaften

Die Gesellschaft bürgerlichen Rechts (GbR)

Die offene Handelsgesellschaft (oHG)

Die Kommanditgesellschaft (KG)

Die GmbH & Co. KG

Die stille Gesellschaft

Der Arbeitsgemeinschaftsvertrag (ARGE)

Partnerschaftsgesellschaftsvertrag

D1668171

Verlag Recht und Wirtschaft
Frankfurt am Main

Bibliografische Information Der Deutschen Nationalbibliothek

Die Deutsche Nationalbibliothek verzeichnet diese Publikation in der Deutschen Nationalbibliografie; detaillierte bibliografische Daten sind im Internet über http://dnb.d-nb.de abrufbar.

ISBN 978-3-8005-4332-8

© 2011 Verlag Recht und Wirtschaft GmbH, Frankfurt am Main

Gesamtherstellung: Druckmedien Speyer GmbH, 67346 Speyer

Zur Beachtung!

Die nachfolgenden Muster sind nur als Checklisten mit Formulierungshilfen zu verstehen. Es wird empfohlen, die Vereinbarungen im Einzelfall individuell anzupassen und auf den aktuellen Stand der Rechtsentwicklung hin zu überprüfen.

Die Autoren dieses Bandes

Dr. Karl Benedikt Biesinger

Spezialist im Gesellschaftsrecht und Mitbegründer der wirtschaftsrechtlichen Kanzlei RB Reiserer Biesinger Rechtsanwaltsgesellschaft mbH. Er verfügt über mehr als 20 Jahre Berufserfahrung. Er ist Fachautor juristischer Veröffentlichungen und Referent bei Tagungen und Seminaren.

Frank Braun

Rechtsanwalt, Gründer und geschäftsführender Partner der mittelständischen Rechtsanwaltskanzlei Braun & Partner. Schwerpunktmäßig beschäftigt er sich neben dem Gesellschaftsrecht mit Franchise- und Vertriebsrecht. Rechtsanwalt Braun veröffentlicht regelmäßig und verfügt über 17 Jahre Berufserfahrung als Anwalt.

Prof. Dr. Siegfried H. Elsing, LL.M. (Yale)

Rechtsanwalt und Attorney-at-Law (New York), Partner bei Orrick Hölters & Elsing und Mitglied des Exekutivkomitees. Er ist seit mehr als 30 Jahren im internationalen Wirtschaftsrecht mit Schwerpunkten im Schiedsverfahrensrecht, M&A und Gesellschaftsrecht tätig. Ferner ist er Honorarprofessor der Universität Düsseldorf für Schiedsgerichtsbarkeit und Internationales Zivilprozessrecht.

Dr. Nicholas Kessler, LL.M. (Cambridge) EMBA

Rechtsanwalt und Solicitor of England & Wales, seit 2009 als Associate bei Orrick Hölters & Elsing in Düsseldorf tätig. Der Schwerpunkt seiner Beratungstätigkeit liegt in den Bereichen M&A, Gesellschaftsrecht, Restrukturierung, komplexe Rechtsstreitigkeiten sowie nationale und internationale Schiedsverfahren.

Prof. Dr. Tobias Lenz

Rechtsanwalt und Partner der Kanzlei Friedrich Graf von Westphalen & Partner (Köln). Er ist Professor für nationales und internationales Wirtschaftsrecht an der Rheinischen Fachhochschule Köln (University of Applied Sciences) sowie Dozent an der Technischen Akademie Wuppertal e.V. und bildet Rechtsanwälte an der Deutschen Anwaltsakademie (DAA) zu „Fachanwälten für Versicherungsrecht" weiter. Einer seiner Beratungsschwerpunkte ist das nationale und internationale Vertragsrecht, dort insbesondere das Gebiet der allgemeinen Geschäftsbedingungen und der Allgemeinen Versicherungsbedingungen, das Produkthaftungs- und Versicherungsrecht (besonders Produkthaftpflichtversicherungsrecht und D&O-Versicherung). Er ist Herausgeber und Autor zahlreicher einschlägiger Publikationen zum Vertrags- und Versicherungsrecht einschließlich des Produkthaftungsrechts.

Daniel Marhewka

Rechtsanwalt im Münchener Büro von Watson, Farley & Williams LLP. Nach seinem Studium in Heidelberg und London war er zunächst für eine US-Kanzlei in deren Büros in München und New York tätig. Herr Marhewka berät primär bei Projekten im Bereich Erneuerbare Energien, M&A-Transaktionen, insbesondere unter Beteiligung von Private Equity und Venture Capital sowie im Gesellschaftsrecht. Er hat umfangreiche Erfahrungen in der Beratung von Unternehmensakquisitionen, Restrukturierungen und der allgemeinen gesellschaftsrechtlichen Beratung sowohl von Unternehmen, als auch deren Gesellschaftern. Im Bereich Erneuerbare Energien berät Herr Marhewka sowohl Photovoltaik-, als auch Windenergieprojekte.

Dr. Kerstin Reiserer

Fachanwältin für Arbeitsrecht und Mitbegründerin der wirtschaftsrechtlichen Kanzlei RB Reiserer Biesinger Rechtsanwaltsgesellschaft mbH. Sie verfügt über mehr als 20 Jahre Berufserfahrung, darunter auch als Richterin beim Landgericht. Sie ist Fachautorin zahlreicher juristischer Veröffentlichungen und Referentin bei vielen Fachtagungen und Seminaren.

Hans-Ulrich Tzschaschel

Der Jurist war vier Jahre planmäßiger Richter am Landgericht Heidelberg, bevor er im Jahr 1974 in das Staatliche Notariat Heidelberg wechselte. Neben seiner Tätigkeit als beurkundender Notar und Nachlassrichter leitete er viele Jahre lang eine Arbeitsgemeinschaft für Rechtsreferendare. Ab 1994 war er bis zu seinem Ruhestand Notariatsdirektor in Heidelberg.

Dr. Jan van Dyk

Rechtsanwalt und Partner der Sozietät Ahlers & Vogel in Bremen. Als Fachanwalt für Bau- und Architektenrecht sowie als Fachanwalt für Verwaltungsrecht betreut er bundesweit Mandanten im privaten und öffentlichen Baurecht sowie im Vergaberecht. Er ist ständiger Mitarbeiter der Zeitschrift Immobilien- und Baurecht (IBR) und Mitglied zahlreicher baurechtsspezifischer Vereinigungen.

Dr. Dirk Weitze, LL.M. (Taxation)

Fachanwalt für Steuer, Handels & Gesellschaftsrecht und Partner der Sozietät Ahlers & Vogel in Bremen. Er promovierte zum Thema „Die Arbeitsgemeinschaft in der Bauwirtschaft – Rechtsform und Besteuerung". Aufgrund dieser Spezialexpertise berät er regelmäßig mittelständische Bauunternehmen bei arge-rechtlichen Auseinandersetzungen.

Inhalt

Die Autoren dieses Bandes

GbR **A**

Heidelberger Musterverträge · Heft 51

Die Gesellschaft bürgerlichen Rechts

Von Notariatsdirektor a. D. Hans-Ulrich Tzschaschel,
Wilhelmsfeld bei Heidelberg

11., überarbeitete Auflage 2009

ISBN 978-3-8005-4286-4

Inhaltsverzeichnis

A. Vorbemerkung

Die Gesellschaft bürgerlichen Rechts (GbR) ist bei Handwerkern und sonstigen Gewerbetreibenden nach wie vor verbreitet. Dies ist auch nach Erlass des Handelsrechtsreformgesetzes vom 22. Juni 1998 (BGBl. I, 1474) der Fall, das für Kleingewerbetreibende die Möglichkeit eröffnete, ihre Tätigkeiten in Form einer Personenhandelsgesellschaft (offene Handelsgesellschaft – OHG – oder Kommanditgesellschaft – KG –) auszuüben.

In diesem Heft werden Gesellschaftsverträge einer GbR aus dem gewerblichen Bereich behandelt und zweckmäßige Regelungen aufgezeigt.

Jeder Benutzer dieses Heftes wird die einzelnen Bestimmungen der Muster nicht schablonenhaft in seinen Gesellschaftsvertrag übertragen können. Er wird sie vielmehr eingehend überprüfen und ggf. individuell abändern müssen. Auch die steuerliche Seite sollte bereits bei der Gründung beachtet werden. Die zukünftigen Gesellschafter sollten sich vor der Errichtung eines Gesellschaftsvertrages einer GbR stets von einem Rechtsanwalt oder Notar beraten lassen und zur Berücksichtigung der steuerlichen Aspekte einen Steuerfachmann beiziehen.

Zunächst erfolgt ein kurzer Überblick über die Gesellschaft bürgerlichen Rechts im Sinne der §§ 705 ff. BGB. In den anschließenden Mustern für Gesellschaftsverträge einer GbR zwischen zwei, drei und vier Personen werden unterschiedliche, in der Praxis häufig anzutreffende Gestaltungen aufgezeigt. Im Anschluss an die Muster werden Erläuterungen zu den einzelnen Bestimmungen der Gesellschaftsverträge gegeben, die einerseits die Grenzen der Gestaltung aufzeigen, andererseits jedoch weitere Anregungen zur Modifikation der einzelnen Gesellschaftsvertragsbestimmungen enthalten. Es folgt das Muster eines Schiedsvertrages, wie er stets empfohlen wird, mit entsprechenden Erläuterungen. Das Heft beschließen steuerliche Hinweise und das Literaturverzeichnis.

2

B. Die Gesellschaft bürgerlichen Rechts (GbR)

1. Rechtsnatur und Wesen

Die Gesellschaft bürgerlichen Rechts (GbR) stellt die Grundform der Personengesellschaft dar. Diese entsteht durch Vertrag gemäß § 705 BGB. Der Gesellschaftsvertrag ist meist Dauerschuldverhältnis; nach ständiger Rechtsprechung ist er als gegenseitiger Vertrag anzusehen. Die §§ 320 ff. BGB sind jedoch nur mit Einschränkungen anwendbar. Der Vertrag ist nicht auf den Austausch von Leistungen gerichtet. Vielmehr verpflichten sich mindestens zwei oder mehrere Personen gegenseitig, einen gemeinsamen Zweck zu verfolgen und diesen durch Leistung der vereinbarten Beiträge zu fördern. Eine Einmann-GbR gibt es nicht. Der Wegfall aller Gesellschafter bis auf einen führt zur Beendigung der Gesellschaft.

Das Gesellschaftsverhältnis ist das Schuldverhältnis zwischen jedem Gesellschafter und der Gesellschaft sowie unter den Gesellschaftern. Gleichzeitig enthält das Gesellschaftsverhältnis meist auch eine Organisationsregelung. Das ist die Zuständigkeitenverteilung hinsichtlich der Geschäftsführung (§§ 709 bis 713 BGB) und der organschaftlichen Vertretung (§§ 714, 715 BGB) sowie die Regelung über die Art und Weise der Willensbildung der Gesellschafter.

Das Gesellschaftsverhältnis, das mit Abschluss des Gesellschaftsvertrages entsteht, ist Grundlage der Treupflicht. Diese gesellschaftsrechtliche Treupflicht im Sinne einer sich aus § 705 BGB ergebenden mitgliedschaftlichen Förderpflicht ist Hauptpflicht jedes einzelnen Gesellschafters. Sie äußert sich in der Pflicht gegenüber der Gesellschaft, deren Interessen wahrzunehmen, schädigende Einflüsse von ihr fernzuhalten oder auf solche aufmerksam zu machen und gesellschaftsschädigende Handlungen zu unterlassen. Ein Verstoß liegt zum Beispiel beim Verrat von Betriebs- und Geschäftsgeheimnissen vor. Ferner verlangt die Treupflicht von der Gesamthand und den Mitgesellschaftern, die mitgliedschaftlichen Belange einzelner Gesellschafter insoweit zu berücksichtigen, als dies die Zusammenarbeit oder der Gesellschaftszweck erfordern. Insbesondere darf ein Gesellschafter im Verhältnis zu den anderen Gesellschaftern deren Belange nicht ungerechtfertigt beeinträchtigen (BGH NZG 2003/73); so hat er willkürliche Schädigungen zu unterlassen; bei der Ausübung eigener Rechte hat er das schonenste Mittel zu wählen.

Dem Gesellschaftsverhältnis entspringt ferner die Pflicht zur gleichmäßigen Behandlung der Gesellschafter. Diese Pflicht ist bei der Auslegung und Ergänzung des Gesellschaftsvertrages sowie bei der Vertragsanpassung und Vertragsänderung zu berücksichtigen (*Ulmer*, § 705 Rn. 199f.).

2. Rechts- und Parteifähigkeit

Der Bundesgerichtshof hat in dem Grundlagenurteil vom 29. 1. 2001 (BGH BB 2001, 347 = NJW 2001, 1056; vgl. dazu auch *Habersack*, BB 2001, 477) entschieden, dass die GbR Rechtsfähigkeit besitzt, soweit sie – als Außengesellschaft – durch Teilnahme am Rechtsverkehr eigene Rechte und Pflichten begründet. Die GbR ist jedoch keine juristische Person (BGH NJW 2002/368). Als Teilnehmer im Rechtsverkehr nimmt sie grundsätzlich jede Rechtsposition ein, soweit nicht spezielle rechtliche Gesichtspunkte entgegenstehen. Mithin kann die GbR Mitglied einer juristischen Person, einer GmbH, einer Genossenschaft oder einer anderen GbR sein. Unter ihrem Namen kann sie Schecks und Wechsel ausstellen, bürgen und Inhaberin einer Marke sein. Die GbR ist insolvenzfähig (§ 11 Abs. 2 Nr. 1 InsO).

Im Grundbuch und im Handelsregister kann die GbR ohne zusätzliche Angaben nicht unter ihrem Namen eingetragen werden. Der Schutz des Publikums überwiegt. Die Grundbuchklarheit verlangt – wie bisher –, die Gesellschafter der GbR unter Angabe des Gemeinschaftsverhältnisses gemäß § 47 GBO einzutragen. Änderungen im Gesellschafterbestand machen das Grundbuch unrichtig und sind zu berichtigen (*Demharter*, § 19 GBO Rn. 108).

Der BGH (BB 2001, 1966 ff. mit BB-Kommentar *Elsing*, BB 2001, 2338 ff.) hat anerkannt, dass die GbR Kommanditistin einer Kommanditgesellschaft sein kann. Neben der GbR als solcher sind auch die ihr zum Zeitpunkt ihres Beitritts angehörenden Gesellschafter mit Namen, Geburtstag und Wohnort (entsprechend §§ 162 Abs. 3, 106 Abs. 2 HGB) zur Eintragung in das Handelsregister anzumelden. Dies gilt auch bei jedem Gesellschafterwechsel innerhalb der GbR.

Die GbR kann ihre Rechte, vertreten durch den oder die jeweils geschäftsführenden Gesellschafter, vor Gericht als Klägerin selbst geltend machen (aktive Parteifähigkeit). Die GbR kann auf die Erfüllung ihrer Pflichten vor Gericht verklagt werden (passive Parteifähigkeit).

3. Gesellschaftsvermögen und Gesellschaftsschulden

Um den Gesellschaftszweck zu verwirklichen, wird in der Regel gemeinschaftliches Vermögen der Gesellschafter gebildet (§ 718 BGB). Eine notwendige Voraussetzung ist dies nicht. Dieses gemeinschaftliche Vermögen ist vom übrigen Vermögen der Gesellschafter getrennt und steht diesen zur Gesamthand zu. Für die Einbringung von Gegenständen in das Gesellschaftsvermögen ist deren Übereignung bzw. Übertragung erforderlich. Grundstücke sind aufzulassen. Gesellschaftsschulden sind die Verbindlichkeiten, für die die Gesellschaft einzustehen hat. Sie werden bei der Gewinn- und Verlustverteilung gemäß § 721 BGB berücksichtigt. Bei der Auseinandersetzung sind die Gesellschaftsschulden aus dem Gesellschaftsvermögen zu decken (§ 733 BGB).

4. Gesellschaftsvertrag

a) Form

Der Gesellschaftsvertrag, einschließlich des Vorvertrages, ist formlos gültig. Er kann auch durch schlüssiges Verhalten zustande kommen. Es empfiehlt sich, die Erklärungen der Gesellschafter schriftlich festzuhalten. Die Schriftform schützt vor übereilten Erklärungen und dient der Eindeutigkeit und Beweissicherung.

Eine Formbedürftigkeit (z.B. notarielle Beurkundung) kann sich jedoch nach §§ 313, 518 BGB ergeben. Dies gilt für die Verpflichtung, das Eigentum an einem Grundstück zu übertragen oder zu erwerben; dies gilt ferner beim Schenkungsversprechen auf eine unentgeltliche Beteiligung an einer Innengesellschaft.

b) Inhalt

Notwendige Bestandteile des Gesellschaftsvertrages einer GbR sind die Vereinbarungen über den zu verfolgenden Gesellschaftszweck und über die Pflichten, diesen gemeinsamen Zweck in bestimmter Weise zu fördern.

Hierbei sind die zwingenden Vorschriften der §§ 705, 712, 716 Abs. 2, 719 Abs. 1, 723 Abs. 3, 724 Satz 1, 725 Abs. 1 und 738 Abs. 1 Satz 1 BGB zu beachten. Im Übrigen sind die gesetzlichen Vorschriften abdingbar, die §§ 712 Abs. 2 und 728 BGB nur mit Einschränkungen. Die Gesellschafter können nach dem Grundsatz der Vertragsfreiheit den Gesellschaftsvertrag inhaltlich selbst ausgestalten. Der Gesellschaftsvertrag und die späteren Beschlüsse der Gesellschafter haben grundsätzlich Vorrang gegenüber den dispositiven gesetzlichen Vorschriften.

Nicht notwendige, aber empfehlenswerte weitere Bestandteile des Gesellschaftsvertrages sind Vereinbarungen über Geschäftsführung und Vertretung, Beschlussfassung, Stimmrecht, Gewinnverteilung, Gesellschafterwechsel, Erbfolge, Auseinandersetzung und Auflösung. Fehlen solche Vertragsbestimmungen, sind sie gem. §§ 705 ff. BGB oder durch ergänzende Vertragsauslegung zu ermitteln.

C. Gesellschaftsvertrags-Muster

1. Vertrag mit zwei Gesellschaftern, personalistisch ausgestaltet

Sachverhalt

Josef Schneider hat seine Prüfung als Buchdruckermeister mit Erfolg bestanden und will sich selbstständig machen. Zusammen mit dem Verlagskaufmann Karl Lehmann will er eine kleine Druckerei betreiben. Beide verfügen nur über ein geringes Anfangskapital, so dass die Gründung einer Gesellschaft mit beschränkter Haftung ausscheidet. Der Druckereibetrieb erfordert nach Art und Umfang nicht einen in kaufmännischer Weise eingerichteten Geschäftsbetrieb. Das Unternehmen ist im Handelsregister nicht eingetragen und soll auch nicht eingetragen werden. Damit entfällt für ihren Zusammenschluss die Rechtsform der offenen Handelsgesellschaft und Kommanditgesellschaft. Sie können nur eine Gesellschaft des bürgerlichen Rechts gründen.

Gesellschaftsvertrag

§ 1 Name und Ort

(1) Herr Josef Schneider und Herr Karl Lehmann errichten unter dem Namen „Druckerei Josef Schneider und Karl Lehmann GbR" eine Gesellschaft des bürgerlichen Rechts.

(2) Der Druckereibetrieb liegt in Heidelberg, Hauptstr. 63.

§ 2 Zweck der Gesellschaft

Zweck der Gesellschaft ist der gemeinsame Betrieb einer Druckerei.

§ 3 Geschäftsjahr, Beginn und Dauer

(1) Das Geschäftsjahr ist das Kalenderjahr.

(2) Die Gesellschaft beginnt ihre Geschäfte am 1. April 20… Sie wird auf unbestimmte Zeit eingegangen und kann zum Schluss eines Geschäftsjahres mit einer Frist von sechs Monaten gekündigt werden.

§ 4 Beiträge/Einlagen

(1) Herr Schneider bringt in die Gesellschaft eine Druckmaschine und drei Handpressen verschiedener Größe ein. Diese Gegenstände, die einen

Gesamtwert von EUR 10 000,– besitzen, werden der Gesellschaft zum unentgeltlichen Gebrauch überlassen.

(2) Herr Lehmann leistet eine Bareinlage von EUR 10 000,–.

(3) Die Gesellschafter sind verpflichtet, ihre volle Arbeitskraft der Gesellschaft zur Verfügung zu stellen.

§ 5 Geschäftsführung und Vertretung/Haftung

(1) Zur Führung der Geschäfte ist jeder Gesellschafter allein berechtigt und verpflichtet.

(2) Jeder Gesellschafter kann die Gesellschaft Dritten gegenüber allein vertreten.

(3) Gegenüber Dritten obliegen den Gesellschaftern gemeinsam die Haftung und die Gewährung für die von der Gesellschaft übernommenen und erbrachten Leistungen. Im Innenverhältnis haften die Gesellschafter bei leichter Fahrlässigkeit im Verhältnis ihrer Gewinn- und Verlustbeteiligung. Bei vorsätzlicher oder grob fahrlässiger Schädigung haftet der Schadensverursacher allein.

§ 6 Beschlüsse/Stimmrecht

(1) Die Gesellschafter entscheiden über die Angelegenheiten der Gesellschaft durch Beschlüsse.

(2) Die Gesellschaftsbeschlüsse erfolgen einstimmig.

§ 7 Buchführung/Bilanzierung

(1) Die Gesellschaft ist verpflichtet, gemäß den steuerrechtlichen Vorschriften die Geschäftsvorfälle aufzuzeichnen und die Geschäftsbücher aufzubewahren.

(2) Die Gesellschaft hat ferner innerhalb von drei Monaten nach Ablauf eines Geschäftsjahres die Jahresabschlüsse in Form von Steuerbilanzen aufzustellen und festzustellen.

(3) Die Gesellschaft hat einen Steuerberater oder Wirtschaftsprüfer zu beauftragen, die vorstehenden Buchführungs- und Bilanzierungspflichten zu erfüllen. Dieser stellt die Steuerbilanzen für die Gesellschafter verbindlich fest.

§ 8 Einnahmen und Ausgaben

(1) Zu den Einnahmen der Gesellschaft gehören alle Einkünfte der Gesellschafter aus ihrer beruflichen Tätigkeit.

(2) Zu den Ausgaben der Gesellschaft gehören insbesondere die Personalkosten, die Aufwendungen für die Instandhaltung und Erneuerung des Inventars sowie die Versicherungsprämien.

§ 9 Tätigkeitsvergütung

Jeder Gesellschafter erhält für seine Tätigkeit in der Gesellschaft eine feste monatliche Vergütung von EUR 2000,–, die jeweils im Voraus zahlbar ist. Diese monatliche Vergütung kann entnommen werden, unabhängig davon, ob ein Gewinn erzielt wurde oder nicht.

§ 10 Entnahmen/Rücklagen

(1) Jeder Gesellschafter ist zu Entnahmen berechtigt, die notwendig sind, um die auf seine Beteiligung entfallenden Steuern einschließlich Steuervorauszahlungen zu leisten.

(2) Eine gemeinschaftliche Rücklage wird nicht gebildet.

§ 11 Gewinn und Verlust

Jeder Gesellschafter hat den gleichen Anteil am Gewinn und Verlust, nachdem die in § 9 aufgeführte Tätigkeitsvergütung abgezogen wurde.

§ 12 Informations- und Kontrollrecht

(1) Jeder Gesellschafter ist berechtigt, sich von den Angelegenheiten der Gesellschaft persönlich zu unterrichten, die Geschäftsbücher und die Papiere der Gesellschaft einzusehen und sich aus ihnen eine Übersicht über den Stand des Gesellschaftsvermögens anzufertigen.

(2) Jeder Gesellschafter ist berechtigt, zur Wahrnehmung dieser Rechte einen Rechtsanwalt, Steuerberater oder eine sonstige zur Berufsverschwiegenheit verpflichtete Person auf seine Kosten zu beauftragen.

§ 13 Wettbewerbsverbot

(1) Jedem Gesellschafter ist es untersagt, unmittelbar oder mittelbar auf dem Geschäftsgebiet der Gesellschaft Geschäfte zu betreiben und abzuschließen oder der Gesellschaft auf andere Weise Konkurrenz zu machen.

(2) Für jeden Fall der schuldhaften Zuwiderhandlung wird eine Vertragsstrafe von EUR 3000,– vereinbart.

§ 14 Urlaub und Erkrankung

(1) Jeder Gesellschafter hat Anspruch auf einen Urlaub von jährlich sechs Wochen. Er kann geteilt genommen werden.

(2) Jeder Gesellschafter hat das Recht, zusätzlich an beruflichen Fortbildungsveranstaltungen von jährlich zwei Wochen teilzunehmen.

(3) Kann ein Gesellschafter infolge Erkrankung seine Arbeitskraft der Gesellschaft nicht zur Verfügung stellen, bleibt dessen Gewinnbeteiligung auf die Dauer von drei Monaten, beginnend mit dem ersten des auf die Erkrankung folgenden Monats, bestehen. Nach Ablauf der drei Monate verringert sich der Gewinnanteil um je zehn Prozent monatlich, bis die Gewinnbeteiligung auf die Dauer der Erkrankung erloschen ist.

§ 15 Abtretung und sonstige Verfügungen

Die Übertragung des Geschäftsanteils ist ausgeschlossen.

§16 Kündigung und Ausschluss

(1) Der Gesellschaftsvertrag kann von jedem Gesellschafter mit einer Frist von sechs Monaten zum Ende eines Kalenderjahres gekündigt werden.

(2) Ein Gesellschafter kann aus wichtigem Grund aus der Gesellschaft ausgeschlossen werden. Ein solcher Grund liegt vor, wenn bei einem Gesellschafter dauernde Arbeitsunfähigkeit eingetreten ist.

§ 17 Tod eines Gesellschafters

(1) Beim Tod eines Gesellschafters wird die Gesellschaft nicht aufgelöst, sondern mit dem seiner leiblichen Abkömmlinge als Nachfolger fortgesetzt, den der verstorbene Gesellschafter in seiner letztwilligen Verfügung als Nachfolger ausdrücklich bestimmt hat. Auf den als Nachfolger eintretenden Gesellschafter gehen alle Rechte und Pflichten des Verstorbenen mit Ausnahme der Geschäftsführung und Vertretung über; diese steht dem überlebenden Gesellschafter allein zu.

(2) Die von der Nachfolge ausgeschlossenen Erben haben gegen die Gesellschaft keine Abfindungsansprüche.

§ 18 Ausscheiden eines Gesellschafters/Übernahmerecht

(1) Kündigt ein Gesellschafter, wird er aus der Gesellschaft ausgeschlossen, stirbt ein Gesellschafter, ohne leibliche Abkömmlinge zu hinterlassen, oder tritt in seiner Person ein Grund ein, der nach dem Gesetz die Auflö-

sung der Gesellschaft zur Folge haben wird, ist der andere Gesellschafter zur Übernahme des Gesellschaftsvermögens mit allen Aktiven und Passiven – ohne Liquidation – berechtigt. Diese Übernahme ist dem anderen Gesellschafter oder dessen Erben gegenüber binnen eines Monats nach Eintritt des Auflösungsgrundes zu erklären.

(2) Wird die Übernahme nicht oder nicht rechtzeitig erklärt, ist die Gesellschaft aufgelöst und zu liquidieren.

(3) Scheiden beide Gesellschafter zum gleichen Zeitpunkt aus, wird die Gesellschaft aufgelöst.

§ 19 Abfindung

Im Fall der Ausübung des Übernahmerechts erhalten der ausscheidende Gesellschafter oder dessen Erben eine Abfindung. Diese Abfindung ergibt sich aus der Abfindungsbilanz, die auf den Tag des Ausscheidens auszustellen ist. Hierbei sind sämtliche Gegenstände mit ihren Verkehrswerten einzusetzen. Der Abfindungsbetrag ist innerhalb vier Monaten nach dem Tag des Ausscheidens auszuzahlen. Im Streitfall beginnt die Viermonatsfrist mit der Verkündung des Schiedsspruchs.

§ 20 Schriftform

Änderungen und Ergänzungen des Gesellschaftsvertrages bedürfen der Schriftform.

§ 21 Salvatorische Klausel

(1) Sollten Bestimmungen dieses Vertrages ganz oder teilweise nicht rechtswirksam oder nicht durchführbar sein oder werden, soll dadurch die Gültigkeit der übrigen Bestimmungen des Vertrages nicht berührt werden. Enthält dieser Vertrag eine Regelungslücke, gilt das gleiche.

(2) Anstelle der unwirksamen oder undurchführbaren Bestimmungen oder zur Ausfüllung der Lücke soll eine angemessene Regelung gelten, die dem Willen der Gesellschafter sowie dem Sinn und Zweck des Vertrages entsprechen würde, sofern die Gesellschafter bei dem Abschluss des Vertrages den Punkt bedacht hätten.

(3) Im Übrigen gelten die Bestimmungen der §§ 705 ff. BGB.

§ 22 Schiedsgericht

(1) Über etwaige Streitigkeiten aus diesem Gesellschaftsvertrag und über seine Wirksamkeit entscheidet ein Schiedsgericht.

(2) Der Schiedsvertrag wird in einer besonderen Urkunde geregelt, die dem Gesellschaftsvertrag als Anlage beigefügt ist.

Heidelberg, den …

Josef Schneider   Karl Lehmann

2. Vertrag mit drei Gesellschaftern, teilweise kapitalistisch ausgestaltet

Sachverhalt

Katrin Strick, Lisa Nadel und Eva Hübsch werden ein kleines Wollgeschäft eröffnen, in dem sie vor allem verschiedene Wollen und Waren aus Wolle sowie alle damit zusammenhängenden Gegenstände zum Verkauf anbieten. Katrin ist Einzelhandelskauffrau; sie ist verheiratet und hat ein vierjähriges Kind. Wegen des Kindes hat sie ihre ursprüngliche Arbeitsstelle aufgegeben. Lisa Nadel ist zurzeit Verkäuferin in einem Kaufhaus. Eva Hübsch ist Auszubildende in einem Textilgeschäft. Alle wollen ihre Einkünfte erhöhen. Die Gründung einer offenen Handelsgesellschaft oder Kommanditgesellschaft und eine Eintragung in das Handelsregister werden nicht beabsichtigt. Dies folgt einmal aus den geringen Einlagen der Gesellschaft und der geringen Tätigkeitsvergütung für Katrin Strick. Offensichtlich wird zunächst nur ein kleiner Gewinn erwartet. Schließlich ist die Beschäftigung von Angestellten nicht geplant. Mangels genügenden Anfangskapitals scheidet die Gründung einer GmbH aus. So bleibt bei dieser Erwerbsgesellschaft nur der Zusammenschluss als Gesellschaft des bürgerlichen Rechts.

Da die beitragsmäßige Beteiligung und die Qualität der Mitarbeit der Gesellschafter unterschiedlich sind, wurde der Inhalt des Gesellschaftsvertrages in Richtung einer kapitalistischen Gestaltung verändert.

Gesellschaftsvertrag

§ 1 Name und Ort

(1) Katrin Strick, Lisa Nadel und Eva Hübsch gründen eine Gesellschaft des bürgerlichen Rechts.

(2) Der Name der Gesellschaft mit Bezeichnung des Ladengeschäfts lautet: „Katrins Wollstube – Katrin Strick, Lisa Nadel und Eva Hübsch GbR".

(3) Das Einzelhandelsgeschäft liegt in Heidelberg, Kurfürsten-Anlage 13.

§ 2 Zweck der Gesellschaft

Zweck der Gesellschaft ist der Einzelhandel mit Wolle und Waren aus Wolle, ohne dass diese noch bearbeitet und verarbeitet werden, sowie die Vornahme aller diesen Zweck förderlichen Maßnahmen und Rechtsgeschäfte.

§ 3 Geschäftsjahr, Beginn und Dauer

(1) Das Geschäftsjahr ist das Kalenderjahr.

(2) Die Gesellschaft beginnt am 1. Juni 20... Sie ist auf unbestimmte Zeit eingegangen.

§ 4 Beiträge und Einlagen

(1) Die Gesellschafter haben folgende Bareinlagen zu leisten:

Katrin Strick	EUR 10 000,–
Lisa Nadel	EUR 5 000,–
Eva Hübsch	EUR 5 000,–

Diese Einlagen sind am 1. Juni 20... auf das Konto der Gesellschaft bei der Heidelberger Volksbank eG in Heidelberg zu zahlen.

(2) Katrin Strick ist verpflichtet, der Gesellschaft ihre volle Arbeitskraft zur Verfügung zu stellen. Lisa Nadel und Eva Hübsch arbeiten nur aushilfsweise im Ladengeschäft mit. Lisa Nadel hat das Recht, bis auf Weiteres ihrer bisherigen Arbeit als Verkäuferin im Kaufhaus H. nachzugehen. Eva Hübsch hat das Recht, ihre Ausbildung als Modedesignerin abzuschließen. Wenn es die Ertragslage des Geschäfts zulässt, werden Lisa Nadel und Eva Hübsch ebenfalls ihre volle Arbeitskraft einbringen.

(3) Nebentätigkeiten eines Gesellschafters sind nur mit Zustimmung der anderen Gesellschafter zulässig.

§ 5 Geschäftsführung und Vertretung/Haftung

(1) Katrin Strick ist allein zur Geschäftsführung berechtigt und verpflichtet. Lisa Nadel und Eva Hübsch haben dieses Recht während ihrer aushilfsweisen Mitarbeit nicht. Sie haben aber ein Widerspruchsrecht bzgl. einzelner Geschäfte.

(2) Katrin Strick ist für den Einkauf und Verkauf allein vertretungsberechtigt, solange die übrigen Gesellschafter ihre volle Arbeitskraft noch nicht einbringen. Für alle sonstigen Geschäfte sind die Gesellschafter nur gemeinschaftlich zur Vertretung berechtigt und verpflichtet.

(3) Ab dem Zeitpunkt, ab dem auch Lisa Nadel und Eva Hübsch jeweils ihre volle Arbeitskraft einbringen, ist jeder Gesellschafter zur Geschäftsführung und Vertretung gemeinschaftlich berechtigt und verpflichtet, soweit die Gesellschafter im Einzelfall nicht eine abweichende Regelung treffen.

(4) Die Geschäftsführungs- und Vertretungsbefugnis bezieht sich nur auf das Gesellschaftsvermögen. Die geschäftsführenden Gesellschafter sind verpflichtet, bei jedem Rechtsgeschäft auf die Beschränkung ihrer Vertretungsmacht hinzuweisen und Rechtsgeschäfte nur unter Beschränkung der Haftung auf das Gesellschaftsvermögen abzuschließen.

§ 6 Beschlüsse/Stimmrecht

(1) Die Gesellschafter entscheiden über die Angelegenheiten der Gesellschaft durch Beschlüsse.

(2) Die Beschlüsse bedürfen der Zustimmung aller Gesellschafter.

§ 7 Buchführung/Bilanzierung

(1) Die Gesellschaft hat unter Beachtung der steuerlichen Vorschriften Bücher zu führen und jährliche Abschlüsse in Form von Steuerbilanzen zu erstellen. Diese Steuerbilanzen sind für die Rechtsverhältnisse unter den Gesellschaftern maßgebend.

(2) Die Bilanzen sind innerhalb von drei Monaten nach Ablauf eines Geschäftsjahres aufzustellen und festzustellen.

(3) Mit der Erfüllung der Buchführungs- und Bilanzierungspflichten gemäß den Absätzen 1 und 2 ist ein Angehöriger der steuerberatenden Berufe zu beauftragen. Dieser stellt die Bilanzen für die Gesellschafter verbindlich fest.

§ 8 Einnahmen und Ausgaben

(1) Zu den Einnahmen der Gesellschaft gehören alle Einkünfte, die die Gesellschafter im Rahmen ihrer Tätigkeit in diesem Einzelhandelsgeschäft erzielen.

(2) Die Einkünfte der Lisa Nadel, die sie als Verkäuferin im Kaufhaus H. erzielt, sind keine Einnahmen der Gesellschaft. Das gleiche gilt für die finanziellen Zuwendungen, die Eva Hübsch als Auszubildende erhält.

(3) Zu den Ausgaben der Gesellschaft gehören insbesondere die Personalkosten, die Ladenmiete, die Versicherungsprämien und die Aufwendungen für das Inventar.

§ 9 Tätigkeitsvergütung

(1) Katrin Strick erhält für ihre Tätigkeit in der Gesellschaft eine feste monatliche Vergütung von EUR 1000,–. Diese steht ihr unabhängig vom Vorhandensein eines Gewinnes zu. Sie ist zum Ende eines jeden Monats, erstmals zum 30.6.20... zu zahlen.

(2) Wenn Lisa Nadel und Eva Hübsch jeweils ihre volle Arbeitskraft in die Gesellschaft einbringen, wird die Gesellschafterversammlung die Tätigkeitsvergütungen jeweils neu regeln.

§ 10 Entnahmen/Rücklagen

(1) Jeder Gesellschafter kann während des Geschäftsjahres zu Lasten seines Gewinnanteils diejenigen Beträge entnehmen, die zur Begleichung der auf seinen Geschäftsanteil entfallenden Steuern und Steuervorauszahlungen erforderlich sind.

(2) Die Gesellschafter können die Bildung von Rücklagen für jedes Geschäftsjahr beschließen. Für die Auflösung dieser Rücklagen bedarf es der Zustimmung aller Gesellschafter.

§ 11 Gewinn und Verlust

An dem Gewinn und Verlust, der nach Abzug der gem. § 9 entnommenen Tätigkeitsvergütungen verbleibt, sind die Gesellschafter Katrin Strick zu 1/2, Lisa Nadel und Eva Hübsch zu je 1/4 beteiligt.

§ 12 Informations- und Kontrollrecht

(1) Jeder Gesellschafter ist berechtigt, sich über die Angelegenheiten der Gesellschaft zu unterrichten, die Geschäftsbücher und die Papiere der Gesellschaft einzusehen und sich aus ihnen eine Übersicht über den Stand des Gesellschaftsvermögens anzufertigen.

(2) Jeder Gesellschafter kann einen Angehörigen der rechts- oder steuerberatenden Berufe, der zur beruflichen Verschwiegenheit verpflichtet ist, auf seine Kosten bei der Wahrnehmung seiner Rechte hinzuziehen oder allein hiermit beauftragen.

§ 13 Wettbewerbsverbot

Jedem Gesellschafter ist es untersagt, der Gesellschaft für eigene oder fremde Rechnung Konkurrenz zu machen oder sich an Konkurrenzunternehmen direkt oder indirekt zu beteiligen, soweit dieser Vertrag keine andere Regelung enthält.

§ 14 Urlaub und Erkrankung

(1) Jeder Gesellschafter hat Anspruch auf einen Jahresurlaub von sechs Wochen. Der Urlaub ist zwischen den Gesellschaftern abzustimmen.

(2) Kann Katrin Strick ihren Geschäftsführungspflichten nicht nachkommen, da sie krank oder in sonstiger Weise unverschuldet verhindert ist, hat sie den Anspruch auf Tätigkeitsvergütungen gem. § 9 nur für einen Zeitraum von sechs Wochen. Danach erlischt der Anspruch auf Tätigkeitsvergütung in vollem Umfang.

§ 15 Abtretung und sonstige Verfügungen

Nur mit vorheriger Zustimmung aller Gesellschafter können Gesellschaftsanteile an Dritte übertragen oder mit Rechten Dritter belastet werden.

§ 16 Kündigung und Ausschluss

(1) Jeder Gesellschafter kann die Gesellschaft unter Einhaltung einer Frist von sechs Monaten auf das Ende eines Kalenderjahres, erstmals zum 31.12.20… – per Einschreiben – kündigen. Der kündigende Gesellschafter scheidet aus der Gesellschaft aus; die übrigen Gesellschafter setzen die Gesellschaft fort.

(2) Das außerordentliche Kündigungsrecht der Gesellschafter bei Vorliegen eines wichtigen Grundes im Sinne des § 723 Abs. 1 Satz 2 BGB bleibt unberührt.

(3) Kündigen die verbleibenden Gesellschafter beim Vorliegen eines wichtigen Grundes nicht, können sie durch einseitige schriftliche Erklärung gegenüber dem anderen Gesellschafter diesen aus der Gesellschaft ausschließen.

§ 17 Tod eines Gesellschafters

(1) Durch den Tod der Katrin Strick wird die Gesellschaft aufgelöst.

(2) Durch den Tod eines anderen Gesellschafters wird die Gesellschaft nicht aufgelöst; die übrigen Gesellschafter setzen die Gesellschaft fort.

§ 18 Ausscheiden eines Gesellschafters/Übernahmerecht

(1) Falls ein Gesellschafter kündigt, falls er aus der Gesellschaft ausgeschlossen wird, falls ihm wegen Vorliegens eines wichtigen Grundes in seiner Person fristlos gekündigt wird oder falls im Übrigen in seiner Person ein Grund eintritt, der nach dem Gesetz die Auflösung der Gesellschaft

zur Folge haben würde, scheidet dieser Gesellschafter aus der Gesellschaft aus. Die übrigen Gesellschafter setzen in diesem Fall die Gesellschaft fort.

(2) Sollte infolge Ausscheidens der übrigen Gesellschafter nur ein Gesellschafter übriggeblieben sein, hat dieser Gesellschafter die Wahl, ob er das Vermögen der Gesellschaft ohne Liquidation mit Aktiven und Passiven übernehmen oder ob er einen anderen von ihm zu bestimmenden Gesellschafter aufnehmen will. Die Wahl ist gegenüber dem zuletzt ausgeschiedenen Gesellschafter, im Falle des Todes eines Gesellschafters gegenüber dessen Erben schriftlich auszuüben. Die Erklärung ist binnen zwei Wochen nach Kenntnis des Auflösungsgrundes, spätestens aber innerhalb von sechs Wochen auszuüben.

Die Gesellschaft ist aufgelöst, wenn keine Erklärung abgegeben wird oder wenn der verbleibende Gesellschafter vor Ablauf der Frist die Auflösung ausdrücklich wählt.

§ 19 Abfindung

(1) Der ausscheidende Gesellschafter bzw. im Todesfall dessen Erben erhalten eine Abfindung. Diese beruht auf der Abfindungsbilanz, die auf den Stichtag des Ausscheidens aufzustellen ist. In dieser Abfindungsbilanz sind alle Vermögensgegenstände mit ihrem wirklichen Wert einzusetzen. An schwebenden Geschäften nimmt der ausscheidende Gesellschafter nicht teil.

(2) Das Abfindungsguthaben ist unverzinslich; es ist in drei gleichen Jahresraten zu bezahlen. Die erste Rate ist vier Wochen nach Feststellung der Abfindungsbilanz fällig.

(3) Entscheidet sich der verbleibende Gesellschafter für die Aufnahme eines neuen Gesellschafters anstelle des Ausscheidenden, ist die gesamte Abfindung am Tag des Eintritts des neuen Gesellschafters fällig. Hat der verbleibende Gesellschafter zunächst das Gesellschaftsvermögen mit allen Aktiven und Passiven übernommen und nimmt er noch vor Fälligkeit der letzten Abfindungsrate einen neuen Gesellschafter auf, ist das gesamte noch offenstehende Abfindungsguthaben am Tag des Eintritts des neuen Gesellschafters fällig.

§ 20 Schriftform

(1) Mündliche Vereinbarungen zu diesem Gesellschaftsvertrag sind unwirksam.

(2) Änderungen und/oder Ergänzungen dieses Vertrages bedürfen der Schriftform. Dies gilt auch für einen Verzicht auf dieses Schriftformerfordernis.

§ 21 Salvatorische Klausel

Sollte eine Bestimmung dieses Vertrages unwirksam sein oder werden oder der Vertrag eine Lücke enthalten, bleibt die Rechtswirksamkeit der übrigen Bestimmungen hiervon unberührt. Anstelle der unwirksamen Bestimmung gilt eine wirksame Bestimmung als vereinbart, die dem von den Gesellschaftern gewollten wirtschaftlichen Zweck am nächsten kommt. Das gleiche gilt im Falle einer Lücke.

§ 22 Schiedsgericht

(1) Über etwaige Streitigkeiten aus diesem Gesellschaftsvertrag und über seine Wirksamkeit entscheidet ein Schiedsgericht.

(2) Der Schiedsvertrag wird in einer besonderen Urkunde geregelt, die dem Gesellschaftsvertrag als Anlage beigefügt ist.

Heidelberg, den …

Katrin Strick   Eva Hübsch   Lisa Nadel

3. Vertrag mit vier Gesellschaftern, kapitalistisch ausgestaltet

Sachverhalt

Kurt Blech ist Kfz-Meister und besitzt eine kleine Kfz-Lackierwerkstatt. Bei ihm ist Peter Farbe als Kfz-Schlosser beschäftigt. Dessen Freundin ist die arbeitslose Buchhalterin Bärbel Flink. Klaus Klever will als gelernter Industriekaufmann selbstständig arbeiten. Sie wollen den Umsatz der Kfz-Lackierwerkstatt steigern und das finanzielle Risiko der Vergrößerung des Betriebes gemeinsam tragen. Der Gesellschaftsvertrag wurde kapitalistisch ausgestaltet.

Die Kfz-Lackierwerkstatt erfordert nach Art und Umfang nicht einen in kaufmännischer Weise eingerichteten Geschäftsbetrieb. Das Unternehmen ist nicht im Handelsregister eingetragen. Es bestehen steuerliche Buchführungs- und Bilanzierungspflichten, da ein Jahresgewinn von EUR 80 000,– bis 100 000,– einschließlich der festen Tätigkeitsvergütungen für die Gesellschafter angestrebt wird. Die Gesellschafter verfügen nur über ein geringes Anfangskapital; deshalb wäre die Gründung einer GmbH zu aufwendig. Auch die Gründung einer Offenen Handelsgesellschaft oder Kommanditgesellschaft wird wegen der damit verbundenen Kosten nicht angestrebt. Es bietet sich die Errichtung einer Gesellschaft bürgerlichen Rechts an.

Gesellschaftsvertrag

§ 1 Name und Ort

(1) Kurt Blech, Peter Farbe, Bärbel Flink und Klaus Klever errichten eine Gesellschaft des bürgerlichen Rechts unter dem Namen „Kurt Blech, Peter Farbe, Bärbel Flink und Klaus Klever – Kfz-Lackierwerkstatt GbR".

(2) Der Werkstattbetrieb liegt in Heidelberg, Daimlerstr. 30.

§ 2 Zweck der Gesellschaft

Zweck der Gesellschaft ist das Lackieren von Kraftfahrzeugen aller Art einschließlich sämtlicher damit zusammenhängender Arbeiten.

§ 3 Geschäftsjahr, Beginn und Dauer

(1) Das Geschäftsjahr ist das Kalenderjahr.

(2) Die Gesellschaft beginnt ihre Geschäfte am 1.5.20... und wird zunächst auf vier Jahre eingegangen. Die Dauer verlängert sich um jeweils zwei weitere Jahre, wenn die Gesellschaft nicht spätestens sechs Monate vor Vertragsende gekündigt wird.

(3) Jeder Gesellschafter ist zur Kündigung berechtigt. Die Kündigung ist jedem anderen Gesellschafter schriftlich zu erklären.

§ 4 Beiträge/Einlagen

(1) Die Gesellschafter haben folgende Beiträge zu leisten:

– Kurt Blech überlässt die ihm gehörende Werkshalle mit Büroräumen der Gesellschaft zum entgeltlichen Gebrauch. Ein Mietvertrag hierüber wird in gesonderter Urkunde geschlossen. Er übereignet der Gesellschaft seine Lackiermaschine Marke Tiger, Baujahr 20... und das vorhandene Inventar zu einer bisher von ihm allein betriebenen Kfz-Lackierwerkstatt gemäß einer Liste, die dem Gesellschaftsvertrag als Anlage beigefügt ist. Die Lackiermaschine und das sonstige Inventar werden unter Ausschluss jeder Gewährleistung eingebracht. Der gesamte Wert wird einverständlich auf EUR 9000,– festgesetzt.

– Peter Farbe übereignet der Gesellschaft ohne Gewährleistung 3000 kg Farben, Lacke und Grundiermittel im einverständlich festgelegten Gesamtwert von EUR 4500,–.

– Bärbel Flink leistet eine Einlage von Aktien der BASF Aktiengesellschaft zum Nominalwert von EUR 4500,–.

18

– Klaus Klever leistet eine Bareinlage von EUR 9000,–, die sofort fällig ist.

Im Übrigen haben alle Gesellschafter der Gesellschaft ihre volle Arbeitskraft zur Verfügung zu stellen.

(2) Das Gesellschaftskapital beträgt EUR 27000,– als Festkapital. An diesem Kapital sind mit folgenden festen Kapitalanteilen beteiligt:

– Kurt Blech   mit EUR 9000,–

– Peter Farbe   mit EUR 4500,–

– Bärbel Flink   mit EUR 4500,–

– Klaus Klever   mit EUR 9000,–

(3) Die Gesellschaft führt für jeden Gesellschafter folgende Konten:

– ein festes Kapitalkonto I, auf dem die festen Kapitalanteile gebucht werden;

– ein bewegliches Kapitalkonto II, auf dem die Gewinnanteile, die Entnahmen, die Tätigkeitsvergütungen und die Verlustanteile gebucht werden;

– ein veränderliches Privatkonto, auf dem alle anderen Geschäftsvorfälle, die zwischen der Gesellschaft und den Gesellschaftern stattfinden, insbesondere Gesellschafterdarlehen, aufgezeichnet werden.

§ 5 Geschäftsführung und Vertretung/Haftung

(1) Die Geschäftsführung und die Vertretung werden den Gesellschaftern Bärbel Flink und Klaus Klever übertragen. Diese sind jeweils allein berechtigt, alle Handlungen vorzunehmen und Erklärungen abzugeben, die der gewöhnliche Betrieb des Geschäfts mit sich bringt.

(2) Die Geschäftsführungsbefugnis und/oder die Vertretungsmacht kann den Gesellschaftern Bärbel Flink und Klaus Klever entzogen werden, wenn diese vorsätzlich oder grob fahrlässig zum Nachteil der Gesellschaft gehandelt haben. Die Entziehung kann nur durch gerichtliche Entscheidung erfolgen. Mit Rechtskraft dieser Entscheidung stehen den übrigen Gesellschaftern gemeinsam die Geschäftsführungsbefugnis und die Vertretungsmacht zu.

(3) Die Gesellschafter haften Dritten gegenüber gemeinsam für die von der Gesellschaft übernommenen und erbrachten Leistungen. Im Innenverhältnis haften nur die alleinvertretungsberechtigten Gesellschafter als Schadensverursacher. Sind alle Gesellschafter zur Geschäftsführung und Vertretung gemeinsam berechtigt, haften sie im Verhältnis ihrer Gewinn- und Verlustbeteiligung.

§ 6 Beschlüsse/Stimmrecht

(1) Die nach dem Gesetz oder nach dem Gesellschaftsvertrag zu treffenden Entscheidungen erfolgen durch Gesellschafterbeschluss.

(2) Beschlüsse der Gesellschafter erfolgen mit einfacher Mehrheit der zur Abstimmung berechtigten Gesellschafter, sofern das Gesetz oder der Gesellschaftsvertrag keine andere Mehrheit vorschreiben. Je EUR 500,– fester Kapitalanteil gewähren eine Stimme.

(3) Der Zustimmung aller Gesellschafter bedürfen Beschlüsse über:

– Erwerb, Veräußerung oder Belastung von Grundstücken oder grundstücksgleichen Rechten
– Beteiligung an anderen Unternehmen
– Änderung des Gesellschaftsvertrages
– Auflösung der Gesellschaft
– Geschäfte, durch die die Gesellschaft im Einzelfall mit mehr als EUR 5 000,– verpflichtet wird.

§ 7 Buchführung/Bilanzierung

(1) Die Gesellschaft hat unter Beachtung der steuerlichen Vorschriften ihre Bücher zu führen. Der Jahresabschluss ist als Steuerbilanz zu erstellen. Diese Steuerbilanz ist für die Rechtsbeziehungen der Gesellschafter maßgebend.

(2) Zur Buchführung ist Bärbel Flink berechtigt und verpflichtet. Klaus Klever ist zusammen mit Bärbel Flink berechtigt und verpflichtet, die Bilanzen aufzustellen.

(3) Der Jahresabschluss ist binnen drei Monaten nach Schluss eines jeden Geschäftsjahres aufzustellen. Diese Bilanz ist von allen Gesellschaftern zu genehmigen. Ist die Genehmigung nicht binnen eines Monats nach Vorlage erteilt, stellt ein Angehöriger der steuerberatenden Berufe diese Bilanz für alle Gesellschafter verbindlich fest. Dieser Schiedsgutachter wird auf Antrag durch die Industrie- und Handelskammer Heidelberg bestimmt.

§ 8 Einnahmen und Ausgaben

(1) Zu den Einnahmen der Gesellschaft gehören alle Einkünfte der Gesellschafter aus ihrer beruflichen Tätigkeit.

(2) Zu den Ausgaben der Gesellschaft gehören die Personalkosten, die Miete und sonstigen Aufwendungen für die Werkshalle mit den Büroräumen, die Instandhaltung und Erneuerung der Maschinen und Geräte, die

sonstigen Betriebsmittel (wie Reinigungs- und Poliermittel, Lacke, Strom, Wasser, Telefon, Porto), die Versicherungsprämien und dergleichen.

(3) Kraftfahrzeuge bleiben Eigentum eines jeden Gesellschafters. Die damit verbundenen Kosten trägt jeder Gesellschafter selbst.

§ 9 Tätigkeitsvergütung

(1) Für ihre Tätigkeit in der Gesellschaft erhalten die Gesellschafter folgende monatliche Vergütungen:

– Kurt Blech	EUR	1 800,–
– Peter Farbe	EUR	900,–
– Bärbel Flink	EUR	900,–
– Klaus Klever	EUR	600,–

Die Vergütungen stehen den Gesellschaftern unabhängig vom Vorhandensein eines Gewinns zu.

(2) Die Vergütungen sind jeweils am Ende eines Kalendermonats zu zahlen. Sie sind im Verhältnis der Gesellschafter untereinander als Aufwand der Gesellschaft zu behandeln.

§ 10 Entnahmen/Rücklagen

(1) Jeder Gesellschafter kann die erforderlichen Beträge entnehmen, um die auf seinen Gesellschaftsanteil entfallenden Steuern und Steuervorauszahlungen zu entrichten. Jeder Gesellschafter ist ferner zu Entnahmen berechtigt, wenn sein bewegliches Kapitalkonto II ein Guthaben aufweist.

(2) Jeder Gesellschafter ist verpflichtet, zehn Prozent seines Anteils am Jahresgewinn in eine gemeinschaftliche Rücklage einzubringen. Übersteigt die Rücklage die Ausgaben des vorangegangenen Jahres, ist der übersteigende Betrag an die Gesellschafter im Verhältnis ihrer Beteiligung an der Rücklage auszuschütten.

§ 11 Gewinn und Verlust

(1) Die nachstehende Verteilung von Gewinn und Verlust setzt voraus, dass jeder Gesellschafter seine Einlage voll erbracht hat.

(2) Der Gewinn, wie er sich aus der festgestellten Bilanz ergibt, wird entsprechend den Anteilen der Gesellschafter am Festkapital aufgeteilt und dem jeweiligen Kapitalkonto II der Gesellschafter gutgeschrieben.

(3) Der Verlust, wie er sich aus der festgestellten Bilanz ergibt, wird entsprechend den Anteilen der Gesellschafter am Festkapital aufgeteilt und das jeweilige Kapitalkonto II der Gesellschafter damit belastet.

§ 12 Informations- und Kontrollrecht

Jeder Gesellschafter kann seine Informations- und Kontrollrechte persönlich ausüben. Er kann auch eine zur Berufsverschwiegenheit verpflichtete Person der rechts- und steuerberatenden Berufe damit betrauen.

§ 13 Wettbewerbsverbot

(1) Den Gesellschaftern ist es verboten, für eigene oder fremde Rechnung Konkurrenzgeschäfte zu machen und/oder sich an solchen Geschäften unmittelbar oder mittelbar zu beteiligen.

(2) Der zuwiderhandelnde Gesellschafter ist verpflichtet, die aus solchen Geschäften erhaltene Vergütung der Gesellschaft zu überlassen.

§ 14 Urlaub und Erkrankung

(1) Die Gesellschafter Kurt Blech und Bärbel Flink haben Anspruch auf einen Urlaub von sechs Wochen jährlich.

(2) Die Gesellschafter Peter Farbe und Klaus Klever haben Anspruch auf einen Urlaub von jährlich fünf Wochen.

(3) Der Urlaub soll nach vorheriger Absprache und Vertretungsregelung auf einmal genommen werden.

(4) Jeder Gesellschafter hat bei längeren Erkrankungen für vier Monate Anspruch auf Gewinnbeteiligung.

(5) Jeder Gesellschafter ist verpflichtet, eine Krankenversicherung nebst Krankentagegeldversicherung bis zu EUR 50,– Tagegeld abzuschließen. Der erkrankte Gesellschafter hat sich dieses Tagegeld von EUR 50,– auf seinen Gewinnanteil anrechnen zu lassen.

§ 15 Abtretung und sonstige Verfügungen

Die Übertragung eines Gesellschaftsanteils ist nur mit Zustimmung aller übrigen Gesellschafter zulässig.

§ 16 Kündigung und Ausschluss

(1) Jeder Gesellschafter kann die Gesellschaft unter Einhaltung einer Frist von sechs Monaten auf das Ende eines Kalenderjahres, erstmals mit Wirkung vom 1. Mai 20... kündigen. Die Kündigung erfolgt durch Einschreiben an die übrigen Gesellschafter.

(2) Der kündigende Gesellschafter scheidet mit Zugang der Kündigungserklärung aus der Gesellschaft aus. Die übrigen Gesellschafter setzen die Gesellschaft fort.

(3) Jeder Gesellschafter kann die Gesellschaft aus einem wichtigen Grund kündigen, den die übrigen Gesellschafter gemeinsam zu vertreten haben. In diesem Fall kann er gleichzeitig erklären, dass er den Betrieb allein weiterführt; dann übernimmt er das Gesellschaftsvermögen mit allen Aktiven und Passiven, ohne dass liquidiert wird. Macht der Gesellschafter von diesem Übernahmerecht keinen Gebrauch, wird die Gesellschaft aufgelöst.

(4) Die Gesellschafter haben das Recht, einen Gesellschafter durch einstimmigen Beschluss aus der Gesellschaft auszuschließen, wenn in dessen Person ein wichtiger Grund eintritt, der zu einer außerordentlichen Kündigung berechtigen würde. Der Gesellschafter scheidet mit Zugang des Ausschließungsbeschlusses aus der Gesellschaft aus; die übrigen Gesellschafter setzen die Gesellschaft fort.

(5) Der durch Kündigung oder Ausschluss ausscheidende Gesellschafter erhält eine Abfindung.

§ 17 Tod eines Gesellschafters

(1) Beim Tod des Kurt Blech steht demjenigen das Recht zu, seinen Eintritt in die Gesellschaft zu erklären, der von Kurt Blech durch letztwillige Verfügung als sein Nachfolger bestimmt wurde. Die Eintrittserklärung ist innerhalb vier Monaten seit dem Tod gegenüber allen Gesellschaftern abzugeben. Bei Eintritt des Nachfolgers sind evtl. Abfindungsansprüche der Erben des Kurt Blech ausgeschlossen. Bei Nichteintritt wird die Gesellschaft von den übrigen Gesellschaftern fortgesetzt; die Erben von Kurt Blech werden abgefunden.

(2) Beim Tod eines anderen Gesellschafters wird die Gesellschaft von den übrigen Gesellschaftern fortgesetzt. Die Erben des verstorbenen Gesellschafters werden abgefunden.

§ 18 Ausscheiden eines Gesellschafters/Übernahmerecht

(1) Wird über das Vermögen eines Gesellschafters das Insolvenzverfahren rechtskräftig eröffnet, scheidet dieser Gesellschafter mit Rechtskraft aus der Gesellschaft aus. Die Gesellschaft wird von den übrigen Gesellschaftern fortgesetzt.

(2) Wird der Anteil eines Gesellschafters gepfändet, scheidet dieser Gesellschafter nach Ablauf von 90 Tagen nach Erlass des Pfändungsbeschlusses aus der Gesellschaft aus, wenn der Pfändungsbeschluss nicht innerhalb dieser 90 Tage wieder aufgehoben wurde. Die Gesellschaft wird von den übrigen Gesellschaftern fortgesetzt.

(3) Sind nur noch zwei Gesellschafter vorhanden und stirbt oder kündigt ein Gesellschafter oder tritt in seiner Person sonst ein Grund ein, der nach den §§ 723 bis 728 BGB die Auflösung der Gesellschaft zur Folge haben würde, übernimmt der andere Gesellschafter das Vermögen ohne Liquidation mit allen Aktiven und Passiven. Die Übernahmeerklärung hat gegenüber dem ersten Gesellschafter oder dessen Erben zu erfolgen. Sie ist innerhalb von vier Wochen nach Kenntnis des Auflösungsgrundes abzugeben; andernfalls wird die Gesellschaft aufgelöst.

(4) Der nach Absatz 1 bis 3 ausscheidende Gesellschafter erhält eine Abfindung.

§ 19 Abfindung

(1) Ist beim Ausscheiden eines Gesellschafters eine Abfindung zu zahlen, erhält dieser den Buchwert seiner Beteiligung. Dieser errechnet sich aus dem festen Kapitalanteil zzgl. anteiliger Rücklagen und Rückstellungen sowie zzgl. des Guthabens bzw. abzgl. des negativen Saldos auf dem beweglichen Kapitalkonto II. Die letzte festgestellte Jahresbilanz wird der Buchwertermittlung zugrunde gelegt. Hierbei ist zu berücksichtigen, dass der ausscheidende Gesellschafter nicht an Gewinnen oder Verlusten teilnimmt, die nach dem Bilanzstichtag entstehen. Auch an schwebenden Geschäften am Tag seines Ausscheidens ist er nicht beteiligt.

(2) Das Abfindungsguthaben ist in drei gleichen Jahresraten, beginnend mit dem ersten Tag des auf den Tag des Ausscheidens folgenden Monats, auszuzahlen. Es ist ab dem Tag des Ausscheidens mit 3% über dem jeweiligen Basiszinssatz der Europäischen Zentralbank (EZB) zu verzinsen.

§ 20 Schriftform

(1) Änderungen und Ergänzungen des Gesellschaftsvertrages sind nur verbindlich, wenn sie schriftlich vereinbart werden.

(2) Einseitige Willenserklärungen eines Gesellschafters gegenüber den anderen Gesellschaftern (wie Kündigung und Ausschluss) sind nur wirksam, wenn sie schriftlich erfolgen.

§ 21 Salvatorische Klausel

(1) Sollten Bestimmungen dieses Vertrages ganz oder teilweise nicht rechtswirksam oder nicht durchführbar sein oder werden, soll dadurch die Gültigkeit der übrigen Bestimmungen des Vertrages nicht berührt werden. Enthält dieser Vertrag eine Regelungslücke, gilt das gleiche.

(2) Anstelle der unwirksamen oder undurchführbaren Bestimmungen oder zur Ausfüllung der Lücke soll eine angemessene Regelung gelten, die dem Willen der Gesellschafter sowie dem Sinn und Zweck des Vertrages entsprechen würde, sofern die Gesellschafter bei dem Abschluss des Vertrages den Punkt bedacht hätten.

(3) Im Übrigen gelten die Bestimmungen der §§ 705 ff. BGB.

§ 22 Schiedsgericht

(1) Bei etwaigen Streitigkeiten zwischen den Gesellschaftern oder zwischen Gesellschaftern und der Gesellschaft ist zunächst der Rechtsanwalt und Fachanwalt für Steuerrecht Klaus M. in Heidelberg als Vermittler zu bemühen, um den Streit beizulegen.

(2) Hat ein Schlichtungstermin stattgefunden und wurde im Beisein des Vermittlers keine Einigung erzielt, entscheidet unter Ausschluss des ordentlichen Rechtswegs ein Schiedsgericht.

(3) Die Gesellschafter haben die Zuständigkeit des Schiedsgerichts, dessen Zusammensetzung und das Verfahren in einem Schiedsvertrag geregelt, der dem Gesellschaftsvertrag als Anlage beigefügt ist. Jeder der Gesellschaft beitretende Gesellschafter unterwirft sich dem vereinbarten Schiedsgericht. Er verpflichtet sich, der Schiedsgerichtsvereinbarung durch Unterzeichnung der Urkunde förmlich beizutreten.

Heidelberg, den …

Kurt Blech   Bärbel Flink

Peter Farbe   Klaus Klever

D. Erläuterungen der Vertragsbestimmungen

§ 1 Name und Ort

Die GbR kann im Rechtsverkehr einen ausdrücklichen Namen führen. Hat die GbR sich einen solchen nicht zugelegt, muss sie durch Anführung der Gesellschafter bezeichnet werden. Dem Namen kommt im Hinblick auf die Rechts- und Parteifähigkeit der GbR eine besondere Bedeutung zu. Die GbR tritt unter dem Namen aller oder mehrerer Gesellschafter auf. Bei Privatpersonen sind der Familiennamen und je ein ausgeschriebener Vorname anzugeben (vgl. § 15 b Gewerbeordnung). Zulässig sind Zusätze, die das Gesellschaftsverhältnis und den Geschäftsbetrieb bezeichnen, wie es in den einzelnen Mustern dargestellt wurde. Jedoch darf keine Verwechslungsgefahr mit einer kaufmännischen Firma oder mit einer Partnerschaftsgesellschaft entstehen (*Palandt,* § 705 Rn. 25). Die Verwendung des kaufmännischen Zeichens „&", der Gesellschaftszusätze „& Co.", „und Cie." sowie „und Partner", „Partnerschaft" ist unzulässig. Auch die im Namen verwendeten Zusätze „GbR mit beschränkter Haftung" oder „GbR mbH" sind unzulässig und wegen der Verwechslungsgefahr mit einer GmbH verboten.

Für den Namen der GbR gilt der Namensschutz. Maßgeblich sind die Unterscheidungsfunktion und die Identifizierungsfunktion. Wird der Name der GbR im geschäftlichen Verkehr benutzt, besteht ein Unterlassungsanspruch gegen die Verwender verwechslungsfähiger, prioritätsjüngerer Bezeichnungen (§ 16 Abs. 1 UWG, § 12 BGB).

Der Angabe eines Sitzes der Gesellschaft bedarf es nicht. Der Ort, an dem sich die Geschäftsleitung befindet, kann im Gesellschaftsvertrag festgelegt werden, da er ohnehin für gewerberechtliche und steuerrechtliche Belange maßgebend ist.

§ 2 Zweck der Gesellschaft

Gegenstand einer GbR kann jeder erlaubte dauernde oder vorübergehende Zweck sein. Er kann wirtschaftlicher oder ideeller Natur sein. Doch muss er irgendwie auf Förderung durch vermögenswerte Leistungen gerichtet sein. Der Zweck muss gemeinsam sein. Das ist der Fall, wenn jeder Gesellschafter dessen Förderung von den anderen Gesellschaftern beanspruchen kann. Durch das Zusammenwirken aller Gesellschafter, das regelmäßig durch die vereinbarten Beiträge geschieht, muss der Zweck erreicht werden. Der Gegenstand des Betriebes der Gesellschaft ist genau zu bezeichnen. Mit der Bezeichnung „Druckerei", „Wollstube" oder „Kfz-Lackierwerkstatt" sind alle in einem solchen Betrieb anfallenden Aufgaben angesprochen.

§ 3 Geschäftsjahr/Beginn und Dauer

(1) Das Geschäftsjahr ist grundsätzlich das Kalenderjahr. Die GbR wird im Handelsregister nicht eingetragen; deshalb kann sie auch kein vom Kalenderjahr abweichendes Wirtschaftsjahr haben (§ 4 Abs. 1 Nr. 2 Einkommensteuergesetz).

(2) Wichtig ist eine Klarstellung, ob die Gesellschaft für eine bestimmte oder unbestimmte Zeit eingegangen werden soll. Ist die Gesellschaft nicht für eine bestimmte Zeit eingegangen, kann jeder Gesellschafter sie jederzeit kündigen. Ist eine Zeitdauer bestimmt, ist die Kündigung vor dem Ablauf der Zeit zulässig, wenn ein wichtiger Grund vorliegt (§ 723 BGB).

§ 4 Beiträge/Einlagen

Das Wort „Beitrag" wird als Oberbegriff verwendet. Beiträge im Sinne der §§ 706, 707 BGB sind die vermögenswerten Leistungen der Gesellschafter, die das Gesellschaftsvermögen bilden oder mehren sollen. Als Einlage wird hierbei die Leistung bezeichnet, die bereits in das Gesellschaftsvermögen übergegangen ist. Der jeweilige Inhalt des Beitrags ergibt sich aus dem Gesellschaftsvertrag. Der Beitrag kann in der Übertragung vermögenswerter Sachen und Rechte bestehen, wie Geld, Forderungen, Wertpapiere, Grundstücke, Maschinen, Möbel, Erfinderrechte, Namen. Der Beitrag kann auch in einer Gebrauchsgestattung zur gemeinschaftlichen Nutzung liegen (*Palandt*, § 706 Rn. 4 und 5). Bei einer Übereignung gilt für die Rechts- und Sachmängelhaftung Kaufrecht. Die Gebrauchsüberlassung kann entgeltlich oder unentgeltlich erfolgen.

Die Gesellschafter können Dienstleistungen jeder Art erbringen (§ 706 Abs. 3 BGB) wie Übernahme der Geschäftsführung oder einer Geschäftsbesorgung, Werkleistungen, Einsatz der eigenen Arbeitskraft. Die Beiträge können ferner im Nachweis von Bezugsquellen, von Geschäftsgeheimnissen oder in der Überlassung eines Kundenkreises oder eines Know-how bestehen.

Eine Bewertung der Beiträge spielt nur im Hinblick auf die Beteiligung der Gesellschafter am Gewinn oder am Liquidationserlös eine Rolle.

Eine Pflicht zur nachträglichen Erhöhung der vereinbarten Beiträge oder zur Ergänzung der durch Verlust verminderten Einlage besteht grundsätzlich nicht (§ 707 BGB). Die Beitragspflicht soll bei Beginn der Gesellschaft überschaubar sein.

§ 5 Geschäftsführung und Vertretung/Haftung

Geschäftsführung

Die Geschäftsführung folgt aus der Mitgliedschaft; nur Gesellschafter können Geschäftsführer sein (§ 709 BGB). Dritte Personen können nur als Bevollmächtigte der Gesellschaft auftreten. Die Geschäftsführung beinhaltet eine Tätigkeitspflicht zur Förderung des gemeinsamen Zweckes und damit eine Beitragspflicht im Sinne der §§ 705, 706 BGB (*Ulmer*, § 709 Rn. 7, 8). Nach § 709 BGB üben alle Gesellschafter die Geschäftsführung gemeinsam aus. Mithin müssen alle Entscheidungen und Beschlüsse einstimmig gefasst werden. Hiervon kann im Gesellschaftsvertrag abgewichen werden. Die Geschäftsführung kann in Abweichung von § 709 BGB gemäß § 710 Satz 1 BGB an einen oder mehrere Gesellschafter übertragen werden. Ist von allen oder mehreren zur Geschäftsführung befugten Gesellschaftern jeder allein handlungsberechtigt, kann jeder der anderen zur Geschäftsführung berufenen Gesellschafter der Vornahme eines Geschäfts widersprechen (§ 711 BGB). Eine Außenwirkung hat der Widerspruch im Hinblick auf den Vertrauensschutz für Dritte – wegen § 714 BGB – grundsätzlich nicht.

Vertretung

Die Vertretung der Gesellschaft gegenüber Dritten ist der Teilbereich der Geschäftsführung, der das rechtsgeschäftliche Außenhandeln der Geschäftsführer umfasst (*Ulmer*, § 709 Rn. 9). Die Vertretungsmacht deckt sich mit der Geschäftsführungsbefugnis. Nach dem Grundsatz der Gesamtgeschäftsführung müssen zu einer Vertretung der Gesellschaft alle Gesellschafter in ihrer Gesamtheit zusammenwirken. Die GbR tritt nach außen als selbstständige Einheit auf; sie besitzt Rechtsfähigkeit. Als Trägerin der Rechte und Pflichten muss die GbR durch Vertreter rechtsgeschäftlich handeln können. Vertretung gemäß § 714 BGB bedeutet damit ein Handeln für die GbR und zwar mit Wirkung für das Gesellschaftsvermögen im Sinne einer organschaftlichen Vertretung. Davon zu unterscheiden ist die Vertretungsbefugnis von Gesellschaftern oder Dritten kraft erteilter rechtsgeschäftlicher Vollmacht zum Handeln für die GbR. Sie kann ausdrücklich oder stillschweigend für einzelne Geschäfte erteilt werden (BGH DStR 2005/614).

Der Umfang der Vertretungsmacht kann beliebig eingeschränkt werden. Um die jederzeitige Handlungsfähigkeit der Gesellschaft zu sichern, empfiehlt es sich, allen oder einzelnen Gesellschaftern Alleinvertretungsmacht zu erteilen.

Für das Verhältnis zwischen Gesellschaft und Geschäftsführer gilt das Verbot des Selbstkontrahierens (§ 181 BGB). Es kann sinnvoll sein, hiervon im Gesellschaftsvertrag generell oder im Einzelfall zu befreien.

Die Vertretungsmacht kann, sofern sie auf dem Gesellschaftsvertrag beruht, entzogen werden, wenn ein wichtiger Grund vorliegt. Ist sie in Verbindung mit der Befugnis zur Geschäftsführung erteilt worden, kann sie nur mit dieser entzogen werden (§§ 715, 712 BGB). Ein wichtiger Grund ist insbesondere eine grobe Pflichtverletzung oder die Unfähigkeit zur ordnungsgemäßen Geschäftsführung.

Haftung der Gesellschafter

Die Gesellschafter einer GbR haften persönlich mit ihrem privaten Vermögen für vertragliche Verbindlichkeiten der Gesellschaft in ihrem jeweiligen Bestand, die während ihrer Zugehörigkeit zu der Gesellschaft begründet wurden. Die Haftung der Gesellschafter einer wirtschaftlich tätigen GbR gestaltet sich insoweit ähnlich derjenigen einer offenen Handelsgesellschaft. Das bedeutet, dass der Gesellschaftsgläubiger für eine von der GbR geschuldete Leistung den Gesellschafter persönlich in Anspruch nehmen kann; dies erfolgt unbeschränkt, unmittelbar, primär und auf die gesamte Leistung. Der Gesellschafter haftet mit seinem gesamten Vermögen, nicht nachrangig zur GbR und nicht auf seinen im Innenverhältnis entfallenden Anteil beschränkt (*Palandt*, § 714 Rn. 12). Die den §§ 128 ff. HGB entsprechende akzessorische Gesellschafterhaftung für Gesellschaftsverbindlichkeiten schließt auch die Haftung eintretender Gesellschafter für Altverbindlichkeiten ein. In Zukunft sind Gesellschaftsprozess und Gesellschafterprozess streng zu trennen. Zur Vollstreckung in das Gesellschaftsvermögen genügt ein Urteil oder ein sonstiger Vollstreckungstitel gegen die Gesellschaft. Wer in das Privatvermögen eines Gesellschafters vollstrecken will, muss ein Urteil gegen diesen Gesellschafter persönlich erwirken. § 736 ZPO ist künftig so zu lesen, dass ein gegen die Gesellschaft oder gegen alle Gesellschafter gerichteter Titel für die Vollstreckung in das Gesellschaftsvermögen ausreicht, im letzten Fall jedoch nur ein auf eine Gesellschaftsverbindlichkeit gestützter Titel (*Karsten Schmidt*, NJW 2001, 1003). Daneben kann mit dem Titel gegen alle Gesellschafter auch in deren Privatvermögen vollstreckt werden (*Thomas/Putzo*, § 736 ZPO Rn. 2).

Ein Gesellschafter hat bei der Erfüllung der ihm obliegenden Verpflichtungen nur für diejenige Sorgfalt einzustehen, welche er in eigenen Angelegenheiten anzuwenden pflegt. Dies bedeutet eine Haftungsbeschränkung auf eigenübliche Sorgfalt, die ihren Grund in den engen persönlichen Beziehungen der Gesellschafter untereinander hat. Die Haftungsbeschränkung gilt auch für konkurrierende deliktische Ansprüche. Sie ist jedoch nach ihrem Sinn und Zweck nicht anwendbar, wenn der Gesellschafter in Verfolgung seiner Gesellschafterpflichten am Straßenverkehr teilnimmt. Ein Gesellschafter haftet demnach beim Führen eines Kfz für einfache (leichte) Fahrlässigkeit (*Palandt*, § 708 Rn. 2 und § 277 Rn. 2).

Haftungsbeschränkung

Eine Haftungsbeschränkung der Gesellschafter ist dahingehend möglich, dass die Gesellschafter nur mit dem Gesellschaftsvermögen haftbar gemacht werden. Die Haftung kann auch auf die Höhe des Gesellschafteranteils am Gesellschaftsvermögen beschränkt werden (BGH 134/224). Jede Beschränkung der Haftung muss grundsätzlich mit dem Gesellschaftsgläubiger durch ausdrückliche oder stillschweigende individuelle Absprache vereinbart werden (BGH NJW – RR 2005/400). Der Hinweis gegenüber dem Geschäftspartner auf die Rechtsfigur „BGB-Gesellschaft mbH" genügt nicht (KG NZG 2004/714).

§ 6 Beschlüsse/Stimmrecht

Der Gesellschafterbeschluss gestaltet im Allgemeinen nur innere Rechtsverhältnisse der GbR. Grundsätzlich ist Einstimmigkeit erforderlich (§ 709 BGB). Für die Gesellschafterbeschlüsse ist keine Form vorgeschrieben. Sie können auch durch konkludentes Verhalten gefasst werden. Im Gesellschaftsvertrag ist klar und eindeutig zu regeln, ob die Gesellschaftsbeschlüsse einstimmig oder mehrheitlich zu fassen sind. Ist das Mehrheitsprinzip vereinbart, sollten diejenigen Bestimmungen des Gesellschaftsvertrages genau aufgeführt sein, die durch Mehrheitsbeschluss geändert werden können.

Das Stimmrecht ist das Recht des Gesellschafters, an der Verwaltung der Gesellschaft mitzuwirken. Als Ausfluss des Mitgliedschaftsrechts ist es auf Dritte nicht übertragbar. Bei der Ausübung des Stimmrechts kann sich der Gesellschafter durch einen anderen Gesellschafter oder einen Dritten vertreten lassen, wenn alle Gesellschafter zustimmen oder wenn dies im Gesellschaftsvertrag vereinbart ist.

§ 7 Buchführung/Bilanzierung

Wenn die Geschäftstätigkeit der GbR nur einen geringen Umfang hat, besteht keine Pflicht zur Buchführung. Diese kann sich bei größerem Umfang der Geschäfte aus den steuerrechtlichen Vorschriften ergeben (§§ 141 ff. Abgabenordnung, § 22 Umsatzsteuergesetz).

Eine kleine GbR ist auch zur Bilanzierung nicht verpflichtet. § 721 Abs. 2 BGB verlangt lediglich einen Rechnungsabschluss, aus dem sich z. B. der Überschuss der Einnahmen über die Ausgaben ergibt. Die Pflicht zur Bilanzierung und Inventarerrichtung ist jedoch gegeben, wenn die Voraussetzungen der §§ 141 ff. Abgabenordnung vorliegen.

Die Feststellung der Bilanz durch die Gesellschafter ist erforderlich, damit die Bilanzwerte als Grundlage der Gewinnverteilung und als Voraussetzung für die Gewinnansprüche feststehen. Die für alle Gesellschafter verbindliche Feststellung der Bilanz erfolgt gem. §§ 317 ff. BGB. Die Vereinbarung einer solchen Schiedsgutachterklausel empfiehlt sich, wenn die Gesellschafter keine kaufmännischen und steuerrechtlichen Kenntnisse besitzen.

§ 8 Einnahmen und Ausgaben

Da jeder Gesellschafter seine gesamte Arbeitskraft der Gesellschaft zu widmen hat, kommen grundsätzlich alle mit der Berufstätigkeit zusammenhängenden Einkünfte der Gesellschaft zugute.

§ 9 Tätigkeitsvergütung

Zur Bestreitung ihres Lebensunterhalts bekommen die Gesellschafter feste monatliche Tätigkeitsvergütungen. Dadurch wird der Gewinn vermindert oder der Verlust erhöht.

§ 10 Entnahmen/Rücklagen

Gewinnentnahmen bzw. die Geltendmachung des Auszahlungsanspruchs sind jederzeit zulässig. Voraussetzung hierfür ist der von allen Gesellschaftern festgestellte Rechnungsabschluss (BGH NJW 2000/505 und 2007/1685). Es ist empfehlenswert, neben der Tätigkeitsvergütung auch eine Entnahmeregelung zu treffen. Dabei sind die Interessen des Gesellschafters, der seine ganze Arbeitskraft der Gesellschaft widmet sowie das Liquidationsbedürfnis der Gesellschaft (laufende Betriebsausgaben) zu berücksichtigen. Jedenfalls muss der einzelne Gesellschafter seinen Lebensbedarf decken können; auch muss er seinen steuerlichen Verpflichtungen (z. B. Vorauszahlungen) nachkommen können.

Dasselbe Ergebnis kann erreicht werden, wenn monatlich oder vierteljährlich Rechnungsabschlüsse erfolgen und der danach ermittelte Gewinn ausgezahlt wird.

Die Bildung von Rücklagen dient der Kapitalvorsorge. Es ist nicht ausgeschlossen, dass sich die Einnahmen wesentlich verringern oder dass die Ausgaben erheblich steigen.

§ 11 Gewinn und Verlust

Gewinn ist der Überschuss des Gesellschaftsvermögens über die Gesellschaftsschulden und die Einlagen am Stichtag. Bei dem Verlust verhält es sich umgekehrt. Gewinn und Verlust ergeben sich aus dem Rechnungsabschluss; das ist eine den Verhältnissen der Gesellschaft angepasste Bilanz sowie die Gewinn- und Verlustrechnung.

Sind die Anteile der Gesellschafter am Gewinn und Verlust nicht bestimmt, hat jeder Gesellschafter ohne Rücksicht auf die Art und die Größe seines Beitrages einen gleichen Anteil am Gewinn und Verlust. Ist nur der Anteil am Gewinn oder Verlust bestimmt, gilt die Bestimmung im Zweifel für Gewinn und Verlust (§ 722 BGB).

Abweichende Vereinbarungen betreffen häufig die Anteilshöhe. Der Gesellschaftsvertrag sollte den Verteilungsschlüssel festlegen. In vielen Fällen dürfte es gerechtfertigt sein, eine steigende Gewinnquote des jüngeren Gesellschafters festzulegen. Auch andere Gesichtspunkte spielen für die Gewinnverteilung eine Rolle, wie unterschiedliche Leistungen der Gesellschafter, der Anteil am Aufbau des Betriebes, die Dauer der Zugehörigkeit zur Gesellschaft, das niedrigere bzw. höhere Aufkommen an den Einnahmen.

§ 12 Informations- und Kontrollrecht

Nach § 716 Abs. 1 BGB steht jedem Gesellschafter ein Recht auf Unterrichtung von den Angelegenheiten der Gesellschaft zu, das sich gegen die Gesamthand richtet, aber auch unmittelbar gegen die geschäftsführenden Gesellschafter geltend gemacht werden kann, die zuständig sind, die Unterrichtung zu dulden und die Einsicht zu gewähren.

§ 13 Wettbewerbsverbot

Ausdruck der Treuepflicht ist das Wettbewerbsverbot. Bei schuldhaftem Verstoß kann eine Vertragsstrafe vorgesehen sein (§ 339 S. 2 BGB). Bei Wiederholungsgefahr ist eine Unterlassungsklage begründet (§ 890 ZPO).

§ 14 Urlaub und Erkrankung

Die Regelung des Urlaubs, insbesondere seiner Zeitdauer, ist zu empfehlen. Auch ist klarzustellen, ob er geteilt genommen werden kann, etwa als Sommer- und Winterurlaub.

Bei längerer, schwerer Erkrankung eines Gesellschafters sind die Dauer und die Höhe der Gewinnbeteiligung näher zu regeln.

Jeder Gesellschafter sollte ausreichend krankenversichert sein und sogar eine Krankenhaustagegeldversicherung abschließen. Es kann empfehlenswert sein, zu regeln, dass für einen erkrankten Gesellschafter ein Vertreter einzustellen ist.

§ 15 Abtretung und sonstige Verfügungen

Die Gesellschafter sind am Gesellschaftsvermögen als solchem und an den einzelnen dazu gehörenden Gegenständen beteiligt, aber nur über die Gesellschaft, die ihrerseits Trägerin des Gesellschaftsvermögens ist. Aus der zwingenden Vorschrift des § 719 Abs. 1 BGB ergibt sich, dass keine Verfügungen über den Anteil am Gesellschaftsvermögen und über den Anteil am Einzelgegenstand möglich sind. Auch Einzelrechte der Gesellschafter, die sich aus der Gesellschafterstellung ergeben, sind nicht übertragbar.

Hiervon zu unterscheiden ist die Mitgliedschaft (Gesellschaftsanteil) des einzelnen Gesellschafters. Diese bezeichnet seine Stellung im Ganzen in der Gesellschaft, also alle seine persönlichen, vermögensrechtlichen und korporativen Rechte und Pflichten. Diese Mitgliedschaft ist nicht frei übertragbar. Sie kann jedoch, falls der Gesellschaftsvertrag dies zulässt oder alle Gesellschafter zustimmen, auf eine andere Person übertragen werden. Hierdurch rückt der Erwerber als Rechtsnachfolger des übertragenden Gesellschafters voll in dessen Rechtsstellung als Gesellschafter im Innenverhältnis ein (*Palandt*, § 717 Rn. 1).

§ 16 Kündigung und Ausschluss

Kündigung

Die Kündigung der Gesellschaft hat deren Auflösung zur Folge; es besteht jetzt eine Auseinandersetzungsgesellschaft. Anstelle dieser Rechtsfolge der Auflösung kann in dem Gesellschaftsvertrag vereinbart werden, dass der kündigende Gesellschafter aus der Gesellschaft ausscheidet.

Wenn die Gesellschaft nicht für eine bestimmte Zeit eingegangen ist, kann jeder Gesellschafter sie jederzeit kündigen. Ist eine Zeitdauer bestimmt, ist die Kündigung vor dem Ablauf der Zeit zulässig, wenn ein wichtiger Grund vorliegt; ein solcher Grund ist insbesondere vorhanden, wenn ein anderer Gesellschafter eine ihm nach dem Gesellschaftsvertrag obliegende wesentliche Verpflichtung vorsätzlich oder aus grober Fahrlässigkeit verletzt oder wenn die Erfüllung einer solchen Verpflichtung unmöglich wird. Unter der gleichen Voraussetzung ist, wenn eine Kündigungsfrist bestimmt ist, die Kündigung ohne Einhaltung einer Frist zulässig. Die Vertragsfreiheit erfährt in diesem Falle eine Einschränkung. Eine Vereinbarung, durch welche das Kündigungsrecht ausgeschlossen oder diesen Vorschriften zuwider beschränkt wird, ist nichtig (§ 723 BGB).

Hierunter fallen unangemessen lange Befristungen der GbR. Ferner zählen hierzu Vereinbarungen, in denen eine Abfindung ausgeschlossen oder Abfindungsansprüche weitgehend beschränkt sind und die damit die Entschließungsfreiheit des Gesellschafters im Zeitpunkt der beabsichtigten Kündigung erheblich einengen (*Palandt,* § 723 Rn. 7).

Ausschluss

Enthält der Gesellschaftsvertrag eine Fortsetzungsklausel, kann ein Gesellschafter aus wichtigem Grund ausgeschlossen werden. Der Ausschluss erfolgt durch Erklärung gegenüber dem ausschließenden Gesellschafter (§ 737 BGB).

Der ausgeschlossene Gesellschafter scheidet unmittelbar aus. Sein Anteil am Gesellschaftsvermögen wächst den übrigen Gesellschaftern zu. Diese setzen die Gesellschaft unter Wahrung der Identität fort. Der Ausscheidende erhält die Gegenstände zurück, die er der GbR zur Benutzung überlassen hat; er wird von den gemeinschaftlichen Schulden befreit und erhält eine Abfindung (§ 738 BGB). Bei einer zweigliedrigen Gesellschaft hat der verbleibende Gesellschafter ein entsprechendes Übernahmerecht.

Ein Ausschluss ohne wichtigen Grund muss eindeutig im Gesellschaftsvertrag vereinbart sein, und im Einzelfall müssen außergewöhnliche Gründe den Ausschluss rechtfertigen, z. B. Insolvenzeröffnung über das Vermögen des Gesellschafters (*Palandt,* § 737 Rn. 5).

§ 17 Tod eines Gesellschafters

Die Gesellschaft wird durch den Tod eines der Gesellschafter aufgelöst, sofern sich aus dem Gesellschaftsvertrag nichts anderes ergibt (§ 727 Abs. 1 BGB).

In der Regel werden abweichende Vereinbarungen getroffen, damit die Gesellschaft nicht auseinandergesetzt werden muss. Meistens werden Nachfolgeklauseln vereinbart, die den Nachfolger unmittelbar in die Gesellschaft eintreten lassen; der Nachfolger muss allerdings gesetzlicher oder testamentarischer Erbe des verstorbenen Gesellschafters sein.

Ist eine Eintrittsklausel vereinbart, vollzieht sich die Nachfolge aufgrund besonderer Eintrittserklärungen des Berechtigten. Macht der Eintrittsberechtigte innerhalb der bestimmten Frist von seinem Eintrittsrecht keinen Gebrauch, ist es verwirkt, und die Gesellschaft wird ohne ihn fortgesetzt.

§ 18 Ausscheiden eines Gesellschafters

Der Gesellschafterbestand ist eine Grundlage der Gesellschaft. Deshalb ist die Auflösung der Gesellschaft vorgesehen, wenn ein Gesellschafter kündigt (§ 723 BGB) oder stirbt (§ 727 BGB) oder über sein Vermögen das Insolvenzverfahren eröffnet wurde (§ 728 Abs. 2 BGB). Die Gesellschaft wird ferner aufgelöst, wenn der Gesellschaftszweck weggefallen ist (§ 726 BGB) oder wenn über ihr Vermögen das Insolvenzverfahren eröffnet wurde (§ 728 Abs. 1 BGB).

Die Gesellschafter können jedoch vereinbaren, dass die Gesellschaft unter den übrigen Gesellschaftern fortbesteht. Die Fortsetzung setzt jedoch voraus, dass mindestens zwei Gesellschafter übrig bleiben. Es gibt keine Einmann-GbR. In einer zweigliedrigen Gesellschaft kann unter bestimmten Voraussetzungen ein Übernahmerecht vereinbart werden. Wurde bei einer mehrgliedrigen Gesellschaft ein Fortsetzungsrecht vereinbart und sind nur noch zwei Gesellschafter übrig, gibt es beim Ausscheiden eines der beiden ein entsprechendes Übernahmerecht. Dieses ist durch rechtsgestaltende Übernahmeerklärung auszuüben. So wird die Gesellschaft ohne Abwicklung beendet, die gemeinschaftlichen Gegenstände wachsen dem Übernehmenden ohne Einzelübertragung gem. § 738 BGB an. Die Rechte des Ausscheidenden bestimmen sich nach §§ 738–740 BGB (OLG Hamm NZG 2005/175); er ist abzufinden.

§ 19 Abfindung

Die §§ 738–740 BGB regeln die Folgen des Ausscheidens eines Gesellschafters. § 738 BGB gilt auch bei der Übernahme in der zweigliedrigen Gesellschaft (BGHZ 32, 307). Die Gesellschafter sind verpflichtet, dem Ausscheidenden die Gegenstände zurückzugeben, die er der Gesellschaft zum Gebrauch überlassen hat (§ 732 BGB). Sie haben ihn ferner von den gemeinschaftlichen Schulden zu befreien. Schließlich haben sie ihm dasjenige zu zahlen, was er bei der Auseinandersetzung erhalten würde, wenn die Gesellschaft zur Zeit seines Ausscheidens aufgelöst worden wäre (§ 738 Abs. 1 BGB).

Der ausscheidende Gesellschafter erhält als Abfindung den Wert seiner Beteiligung. Der Stichtag hierfür ist der Tag des Ausscheidens. Die Berechnung folgt der Methode der individuellen Anteilsbewertung. Zunächst wird der Wert des Unternehmens als Ganzes ermittelt; dieser Wert wird dann nach dem Gewinnverteilungsschlüssel auf die Gesellschafter verteilt. Für den Gesamtwert sind die wirklichen Werte des lebenden Unternehmens einschließlich der stillen Reserven und des Goodwill maßgebend. Zu ermitteln ist er nach dem Ertragswert unter Berücksichtigung des Substanzwertes (BGH NJW 1993, 2101). Vertreten wird auch die Ermittlung nach dem Zukunftserfolgswert, der sich aus der Summe der zwischen dem Unternehmen und den Gesellschaftern künftig fließenden Zahlungsströme plus den Liquidations-Nettoerlös-Barwerten am Bewertungsstichtag errechnet. Schwebende Geschäfte werden nicht bewertet (*Palandt*, § 738 Rn. 5 und § 740 Rn. 1). Im Allgemeinen wird hierfür ein Sachverständigengutachten erforderlich sein. Bei hiervon abweichenden Vereinbarungen im Gesellschaftsvertrag ist eine ausgewogene Lösung zwischen Bestandsschutz des Unternehmens und Angemessenheit der Abfindung zu finden.

Der Wert des Namens, die stillen Reserven und die schwebenden Geschäfte können außer acht gelassen werden; ebenso kann der Abfindungsanspruch auf Buchwerte nach der letzten Jahresbilanz beschränkt werden. Bei der Gründung einer GbR kann immer die Buchwertklausel vereinbart werden. Bei einer GbR mit ideeller Zielsetzung sind ein Ausschluss und eine Beschränkung des Abfindungsanspruchs grundsätzlich uneingeschränkt zulässig. Bei wirtschaftlich tätigen GbR unterliegen solche Vereinbarungen der Kontrolle des § 138 BGB wegen Knebelung oder Gläubigergefährdung; auch darf die Klausel das gesetzlich garantierte Kündigungsrecht gemäß § 723 Abs. 3 BGB nicht unvertretbar einschränken; z. B. wenn der Kündigende eine viel zu geringe Abfindung erhält; wenn zwischen Buchwert und Liquidationswert ein erhebliches Missverhältnis besteht (*Palandt*, § 738 Rn. 7).

§ 20 Schriftform

Die Schriftform bei Änderungen und Ergänzungen dient der Rechtsklarheit und damit Rechtssicherheit. Die gewillkürte Schriftform wurde bei Änderung des § 127 BGB auf die elektronische Form (§ 126 a BGB) und die Textform (§ 126 b BGB) erweitert. Zur Wahrung der Form genügt eine telekommunikative Übermittlung (Fax, E-Mail, Telegramm). Auch durch Briefwechsel können Änderungen und Ergänzungen des Vertrages wirksam vorgenommen werden. Ausreichend sind der Brief des einen Gesellschafters und ein Telegramm (Fax, E-Mail) des Anderen. Jede Partei kann die Nachholung einer dem § 126 bzw. § 126 a BGB entsprechenden Beurkundung verlangen.

§ 21 Salvatorische Klausel

Wenn eine Bestimmung unwirksam oder undurchführbar ist oder eine Lücke vorhanden ist, sollte der Weg vorgezeichnet sein, wie Abhilfe zu schaffen ist.

§ 22 Schiedsgericht

Grundsätzlich sind für Streitigkeiten innerhalb der Gesellschaft die ordentlichen Gerichte zuständig. Werden solche Streitigkeiten in aller Öffentlichkeit ausgetragen, kann dies für die Gesellschafter peinlich und schädlich sein.

Im Gesellschaftsvertrag wurde die Vereinbarung eines Schiedsgerichtes empfohlen. Das Schiedsgericht hat den Vorteil, dass die Streitigkeit meist einfacher, schneller und billiger als durch die staatlichen Gerichte entschieden werden kann. Auch können die Gesellschafter selbst die Schiedsrichter berufen, die ihnen besonders sachkundig erscheinen. Nachteilig könnte sein, dass einzelne Schiedsrichter (unbewusst) parteilich sind, mangels genügender Praxis den Sachverhalt nicht gründlich genug aufklären und Entscheidungen treffen, die mit erheblichen Fehlern und Mängeln versehen sind. Die Gesellschafter haben die Vor- und Nachteile des Schiedsgerichtsverfahrens abzuwägen.

E. Schiedsvertrag mit Erläuterungen

1. Muster

Die Gesellschafter der gemäß Gesellschaftsvertrag vom ... gegründeten bürgerlich-rechtlichen Gesellschaft schließen folgenden

Schiedsvertrag

§ 1 Schiedsvereinbarung und Ort des Verfahrens

Die Gesellschafter haben in ihrem Gesellschaftsvertrag vereinbart, dass über alle Streitigkeiten aus dem Gesellschaftsverhältnis, sowohl zwischen der Gesellschaft und den Gesellschaftern als auch zwischen den Gesellschaftern untereinander, unter Ausschluss des ordentlichen Rechtswegs ein Schiedsgericht entscheidet. Dies gilt auch für Streitigkeiten über die Wirksamkeit des Gesellschaftsvertrages.

Ort des schiedsrichterlichen Verfahrens ist Heidelberg.

§ 2 Zusammensetzung des Schiedsgerichts

Das Schiedsgericht besteht aus drei Personen. Jede Partei hat einen Schiedsrichter zu ernennen. Diese beiden Schiedsrichter haben einen weiteren Schiedsrichter, den Obmann, der die Befähigung zum Richteramt besitzen muss, zu bestimmen.

§ 3 Bestellung der Schiedsrichter

Die betreibende Partei hat der anderen Partei durch eingeschriebenen Brief den Streitgegenstand darzulegen, den Namen des von ihr ernannten Schiedsrichters mitzuteilen und sie aufzufordern, binnen einer Frist von zwei Wochen ihrerseits einen Schiedsrichter zu benennen. Wird die Frist nicht gewahrt, hat das Oberlandesgericht Karlsruhe auf Antrag der betreibenden Partei den Schiedsrichter zu benennen.

Die beiden Schiedsrichter wählen innerhalb von zwei Wochen nach Ernennung des letzten Schiedsrichters einen Obmann, der die Befähigung zum Richteramt hat. Erfolgt innerhalb dieser Frist keine Einigung, haben beide Schiedsrichter unverzüglich beim Oberlandesgericht Karlsruhe zu beantragen, diesen Obmann zu ernennen.

Fällt ein Schiedsrichter weg, ist innerhalb zwei Wochen ein neuer Schiedsrichter zu benennen. Die vorstehenden Bestimmungen sind entsprechend anzuwenden.

§ 4 Durchführung des Verfahrens

Das Schiedsgericht hat zunächst auf eine vergleichsweise Einigung der Parteien hinzuwirken. Es hat den dem Streit zugrunde liegenden Sachverhalt zu ermitteln und vor Erlass des Schiedsspruchs die Parteien zu hören. Den äußeren Ablauf des Verfahrens trifft der Obmann. Dieser bestimmt über den Tagungsort und die Termine. Im Übrigen regelt das Schiedsgericht das Verfahren nach freiem Ermessen.

Soweit der Schiedsvertrag keine abweichende Regelung enthält, gelten die Bestimmungen der §§ 1025 ff. Zivilprozessordnung (ZPO), insbesondere über die Bildung des Schiedsgerichts (§§ 1034 f. ZPO), über die Durchführung des Verfahrens (§§ 1042 f. ZPO) und dessen Beendigung (§§ 1051 f. ZPO).

§ 5 Beendigung des Verfahrens

Für die Abstimmung der Schiedsrichter und die Entscheidung des Schiedsgerichts gelten die §§ 194 ff. Gerichtsverfassungsgesetz (GVG).

Wird der Schiedsspruch aufgehoben, ist erneut nach diesem Schiedsvertrag zu entscheiden.

Heidelberg, den …

(Unterschriften sämtlicher Gesellschafter)

2. Erläuterungen des Schiedsvertrages

Das Gesetz zur Neuregelung des Schiedsverfahrensrechts vom 22.12.1997 (BGBl. I, 3224) bietet eine einheitliche Regelung für nationale und internationale (auch Handels-) Schiedsverfahren (*Thomas/Putzo*, Vorbemerkung zu § 1025 Rn. 2).

Der Schiedsvertrag ist ein privatrechtlicher Vertrag. Die Parteien unterstellen in diesem die Entscheidung eines Rechtsstreits der Beurteilung eines oder mehrerer Schiedsrichter. Gleichzeitig schließen sie den ordentlichen Rechtsweg aus und anerkennen deren Schiedsspruch für bindend und maßgebend. Ein Schiedsvertrag kann einen bereits entstandenen Streit oder zukünftige Streitigkeiten, die sich aus der Abwicklung der Rechtsverhältnisse zwischen den Parteien des Schiedsvertrages ergeben können, betreffen.

Im schiedsgerichtlichen Verfahren sind vielfach nicht einzelne Rechte und Pflichten nach Rechtsvorschriften festzustellen, sondern im Wege der Billigkeitsentscheidung soll eine Generalbereinigung der beiderseitigen Beziehungen erfolgen.

Die Schiedsvereinbarung nach § 1029 ZPO bestimmt, dass ein Schiedsgericht anstelle der staatlichen Gerichte eine Rechtsstreitigkeit der Parteien entscheidet. Eine Schiedsvereinbarung (Oberbegriff) kann in Form einer selbstständigen Vereinbarung (Schiedsabrede) getroffen werden, die sich ausschließlich mit dem schiedsrichterlichen Verfahren befasst. Sie kann auch im Rahmen eines anderen Vertrages in Form einer Klausel geschlossen werden (Schiedsklausel). Letztere Regelung ist durch § 1031 Abs. V ZPO eingeschränkt. Ist ein Verbraucher beteiligt, muss die Schiedsvereinbarung in einer von den Gesellschaftern eigenhändig unterzeichneten Urkunde enthalten sein. Um eine Überrumpelung einer Partei auszuschließen, darf die Urkunde andere Vereinbarungen als solche, die sich auf das schiedsgerichtliche Verfahren beziehen, nicht enthalten (*Thomas/ Putzo*, § 1029 Rn. 2 und § 1031 Rn. 3, 10).

Der Schiedsvertrag sollte die Zusammensetzung des Schiedsgerichts eingehend regeln; denn die Güte des Schiedsspruchs und dessen Anerkennung sowie die Durchführung des Schiedsverfahrens werden entscheidend von der Qualifikation des/der Schiedsrichter/s bestimmt. In der Regel besteht das Schiedsgericht aus drei Personen. Das vorstehende Muster gibt die in der Praxis überwiegend gewählte Form der Ernennung der Schiedsrichter wieder.

Der Schiedsspruch hat unter den Parteien die Wirkung eines rechtskräftigen gerichtlichen Urteils. Aus dem Schiedsspruch findet die Zwangsvollstreckung jedoch nur statt, wenn er durch das Gericht für vollstreckbar erklärt ist (§§ 1055, 1060 Abs. 1 ZPO). Die formelle Rechtskraft des Schiedsspruchs tritt mit Erfüllung aller Förmlichkeiten des § 1054 ZPO ein; das sind die schriftliche Abfassung mit Begründung und die Unterschriften der Schiedsrichter. Ferner sind der Tag des Erlasses und der Schiedsort anzugeben. Schließlich muss der Schiedsspruch an die Parteien (gegebenenfalls an deren Prozessbevollmächtigte) übersandt sein. Eine Form ist hierfür nicht vorgeschrieben; empfehlenswert ist Einschreiben gegen Rückschein (gegebenenfalls auch schriftliche Empfangsbestätigung).

§ 1062 Abs. 1 Nr. 1–4 ZPO bestimmt abschließend und zwingend die erstinstanzliche Zuständigkeit der Oberlandesgerichte. Örtlich zuständig ist das Oberlandesgericht, das in der Schiedsvereinbarung bezeichnet wurde. Mangels Parteivereinbarung ist es das Oberlandesgericht, in dessen Bezirk der Ort des schiedsrichterlichen Verfahrens liegt (§ 1043 Abs. 1 ZPO). Der Antrag auf Vollstreckbarkeitserklärung ist begründet, wenn kein Aufhebungsgrund und keine berechtigte Einwendung bestehen. Mit Rechtskraft oder vorläufiger Vollstreckbarkeit wird der Schiedsspruch zum Vollstreckungstitel (§ 794 Abs. 1 Nr. 4 a ZPO).

F. Steuerliche Hinweise

Ob die GbR als Gesamthandsgemeinschaft oder die einzelnen Gesellschafter Steuerschuldner sind, hängt davon ab, um welche Steuerart es sich handelt. Auch kommt es darauf an, ob die GbR gewerblich tätig ist oder nicht. Die Gründung einer GbR ist nicht gesellschaftssteuerpflichtig; dies gilt auch dann, wenn alle Gesellschafter Kapitalgesellschaften sind (§ 5 Abs. 2 Nr. 3 Kapitalverkehrssteuergesetz – KVStG).

Grunderwerbsteuer

Die Einlage eines Grundstücks unterliegt der Grunderwerbsteuer (§ 1 Abs. 1 Nr. 1 GrEStG); dies ist auch der Fall, wenn Gesellschaftsanteile vereinigt werden (§ 1 Abs. 3 GrEStG). Die GbR ist alleinige Steuerschuldnerin der Grunderwerbsteuer. Grundstücksübertragungen bei Familienangehörigen können von der Grunderwerbsteuer befreit sein (§ 3 Nr. 6, 7 GrEStG).

Wird ein Grundstück, das im Alleineigentum eines Gesellschafters steht, auf die GbR übertragen, wird die Grunderwerbsteuer in Höhe des Anteils nicht erhoben, zu dem der Veräußerer am Vermögen der Gesamthand beteiligt ist (§ 5 Abs. 2 GrEStG). Geht ein Grundstück der BGB-Gesellschaft in das Miteigentum mehrerer an dieser Gesamthand beteiligten Personen über, wird die Grunderwerbsteuer nicht erhoben, soweit der Bruchteil, den der einzelne Erwerber erhält, dem Anteil entspricht, zu dem er am Vermögen der Gesamthand beteiligt ist (§ 6 Abs. 1 GrEStG). Die Möglichkeiten günstiger steuerlicher Gestaltungen, wie die §§ 5, 6 GrEStG sie für Grundstücke und grundstücksgleiche Rechte bieten, haben ihre Grenzen in dem Gestaltungsmissbrauch oder in der Steuerumgehung (§ 42 Abgabenordnung – AO).

Gewerbesteuer

Eine gewerblich tätige GbR als Mitunternehmerschaft ist selbst Gewerbesteuerschuldnerin (§ 2 Abs. 1, 2 Nr. 1 GewStG). Mitunternehmerschaft liegt vor, wenn die Gesellschafter nach ihrer Stellung im Betrieb eine Unternehmerinitiative entwickeln können und wenn sie ein Unternehmerrisiko mittragen. Bei der Errechnung der Steuermesszahl nach dem Gewerbeertrag wird der Freibetrag auch nur der Gesellschaft gewährt (§ 191 Abs. 4 AO, §§ 5 und 11 Gewerbesteuergesetz – GewStG).

Einkommen- und Körperschaftsteuer

Die GbR unterliegt nicht selbst der Einkommen- und Körperschaftsteuer. Für einkommensteuerpflichtige Einkünfte sind die einzelnen Gesellschafter Steuerschuldner. Diese Einkünfte sind ohne Rücksicht auf ihre Art einheitlich und gesondert festzustellen (§ 180 Abs. 1 Nr. 2a AO). Betreibt die GbR ein gewerbliches Unternehmen, wird jeder Gesellschafter als Unternehmer (Mitunternehmer) angesehen (§ 15 Abs. 1 Nr. 2 GewStG). Der einzelne Gesellschafter mit seinem Anteil am Gewinn der Gesellschaft ist steuerpflichtig. Hinzu kommen eine etwaige Kapitalverzinsung und Sonderbetriebseinnahmen; zu Letzteren zählen die von der Gesellschaft empfangenen Zinsen für gegebene Darlehen, die erhaltenen Mieten und Vergütungen (§ 15 Abs. 1 Nr. 2 EStG). Abzusetzen sind die Sonderbetriebsausgaben; hierzu gehören die Zinsen auf ein Darlehen, das zur Finanzierung der Einlage des Gesellschafters aufgenommen wurde; das Darlehen kann auch zur Finanzierung eines Wirtschaftsgutes aufgenommen sein, das der Gesellschafter der Gesellschaft durch Mietvertrag überlassen hat.

Umsatzsteuer

Die GbR ist grundsätzlich selbst umsatzsteuerpflichtig (§ 2 UStG), auch wenn ertragssteuerlich keine Mitunternehmerschaft besteht.

Sonstige Steuern

Bei den Realsteuern und den Verkehrs- und Verbrauchssteuern ist die BGB-Gesellschaft die Steuerschuldnerin. Die einzelnen Gesellschafter können daneben als Haftungsschuldner in Anspruch genommen werden.

Kraftfahrzeuge

In der Praxis hat es sich bewährt, die Kraftfahrzeuge im Vermögen der einzelnen Gesellschafter zu belassen. Damit bleibt jedem Gesellschafter die uneingeschränkte Verfügungsfreiheit über sein Kraftfahrzeug erhalten. Da die Gesellschafter ihre Kraftfahrzeuge betrieblich nutzen, werden diese steuerlich zum Sonderbetriebsvermögen der einzelnen Gesellschafter. In den aufzustellenden Ergänzungsbilanzen werden die Betriebskosten der Kraftfahrzeuge als Sonderbetriebsausgaben jedem einzelnen Gesellschafter zugerechnet. Dies gilt auch für die steuerlichen Absetzungen für Abnutzung (AfA).

Die Behandlung als Sonderbetriebsvermögen kann umsatzsteuerlich zum Verlust des Vorsteuerabzugs führen. Dies gilt nur dann nicht, wenn der Gesellschafter auch außerhalb der Gesellschaft Unternehmer ist.

G. Literaturverzeichnis

Baumbach/Hopt	Handelsgesetzbuch, 32. Auflage, München 2006
Demharter	Grundbuchordnung, 25. Auflage, München 2005
Habersack	Die Anerkennung der Rechts- und Parteifähigkeit der GbR und der akzessorischen Gesellschafterhaftung durch den BGH, BB 2001, 477
Münch	Die Gesellschaft bürgerlichen Rechts in Grundbuch und Register, Deutsche Notarzeitschrift (DNotZ), 2001, 535 ff.
Palandt	Bürgerliches Gesetzbuch, 67. Auflage, München 2008
Schmidt, Karsten	Die BGB-Außengesellschaft: rechts- und parteifähig, Neue Juristische Wochenschrift (NJW), 2001, 993 ff.
Thomas/Putzo	Zivilprozessordnung, 28. Auflage, München 2007
Ulmer	Münchener Kommentar, Bürgerliches Gesetzbuch, 5. Auflage, München 2006
Waldner	Beck'sches Notar-Handbuch, 3. Auflage, München 2000
Wessel/Zwernemann/Kögel	Die Firmengründung, 7. Auflage, Heidelberg 2001

OHG **B**

Heidelberger Musterverträge · Heft 6

Die offene
Handelsgesellschaft (oHG)

Von Daniel Marhewka, Rechtsanwalt (Attorney-at-law), München

8., neu bearbeitete und erweiterte Auflage 2010

ISBN 978-3-8005-4307-6

Inhaltsverzeichnis

I. Einführung

1. Die oHG als geeignete Gesellschaftsform

Die offene Handelsgesellschaft (oHG) ist die älteste Form einer Handelsgesellschaft deutschen Rechts. In den vergangenen Jahren musste die oHG auf Grund einer nachvollziehbaren risiko-aversiven Grundhaltung in der Wirtschaft den Gesellschaftsformen, die einen Ausschluss der persönlichen Haftung zulassen, mehr und mehr weichen. In diesem Zusammenhang sind insbesondere die GmbH und die GmbH & Co. KG zu nennen, die gegenüber der Personenhandelsgesellschaft mit umfänglicher persönlicher Haftung an Beliebtheit gewonnen haben. Der Vorteil der oHG und generell der Personengesellschaften bleibt aber weiterhin die Flexibilität, welche sie gegenüber dem starren Korsett verbindlicher gesetzlicher Regelungen für Kapitalgesellschaften (AG, GmbH) hervorhebt.

Auch deshalb gibt es Wirtschaftszweige und Zwecke einer Gesellschaft, für die die oHG weiterhin eine passende Gesellschaftsform darstellt. Traditionelle Wirtschaftszweige, in denen die oHG immer noch weit verbreitet ist, sind der Großhandel, der Einzelhandel, das Großhandwerk, einige industrielle Betriebszweige (z.b. Textilindustrie, Nahrungs- und Genussmittelindustrie, metallverarbeitende Industrie) und das Gastronomiegewerbe.

Zusätzlich gibt es diverse „unfreiwillige" oHGs, Gesellschaften bürgerlichen Rechts, welche nach Art und Umfang einen in kaufmännischer Weise eingerichteten Geschäftsbetrieb erfordern (§ 105 iVm. § 1 Abs. 2 HGB). Im Hinblick auf diese gesetzliche Anordnung dürfte es sich z.b. bei vielen als GbR gegründeten Joint Ventures, tatsächlich um oHGs handeln.

Schließlich ist der Gesellschaftsvertrag der oHG auch im Fall von GmbH & Co. oHG oder gar Ltd. & Co. oHG notwendig.

2. Die rechtlichen Grundlagen der oHG

Im Gegensatz zur GmbH (Kapitalgesellschaft) ist die oHG eine Personengesellschaft. Zur Gründung sind mindestens zwei – natürliche oder juristische – Personen erforderlich, die bereit sind, sich mit dem Haftungsrisiko ihres gesamten privaten und betrieblichen Vermögens zum Betrieb eines Handelsgewerbes unter gemeinschaftlicher Firma zusammenzuschließen.

Die so entstehende oHG ist keine juristische Person mit eigener Rechtspersönlichkeit, sondern eine sog. Gemeinschaft zur gesamten Hand, kann aber unter ihrer Firma Rechte erwerben, Verbindlichkeiten eingehen, klagen und verklagt und auch im Grundbuch eingetragen werden (§ 124 HGB).

Das Gesellschaftsvermögen ist ein gebundenes Sondervermögen, das den Gesellschaftern als Gesamthandseigentum zusteht mit der Folge, dass kein Gesellschafter für sich allein über seinen Anteil an den einzelnen Vermögensgegenständen der Gesellschaft verfügen kann.

Die Vorschriften über die oHG finden sich in den §§ 105 ff. HGB. Ergänzend gelten die Bestimmungen betreffend die Gesellschaft des bürgerlichen Rechts (§§ 705 ff. BGB). Diese Regelungen gelten aber nur, wenn die Beteiligten nichts anderes vereinbart haben, wozu sie grundsätzlich, im Rahmen gewisser rechtlicher Grenzen, berechtigt sind.

In das Handelsregister kann jede oHG-Firma eingetragen werden, wenn sie sich von anderen bereits eingetragenen Firmen deutlich unterscheidet, nicht irreführend ist und die Rechtsform der offenen Handelsgesellschaft durch einen geeigneten Firmenbestandteil (z.b. „offene Handelsgesellschaft" oder „oHG") ausweist. Zulässig ist auch die reine Sach- oder Phantasiefirma, eines Bezuges zum Namen der Gesellschafter bedarf es nicht.

3. Der Gesellschaftsvertrag

Der Abschluss des Gesellschaftsvertrages ist Voraussetzung für die Entstehung der oHG. Für den Gesellschaftsvertrag ist keine Form vorgeschrieben.[1] Der Abschluss eines schriftlichen Gesellschaftsvertrages nach sorgfältiger und sachkundiger Beratung ist aber in der Praxis unumgänglich. Hier, wie auch bei anderen Verträgen, sollten die Kosten der Beratung nicht gescheut werden. Sie sind im Allgemeinen wesentlich niedriger als die Kosten, die dann entstehen, wenn es in der Gesellschaft zum Streit kommt, weil entweder kein schriftlicher oder nur ein stümperhafter Vertrag mit Lücken und Unklarheiten vorliegt, ganz abgesehen davon, dass derartige Streitigkeiten zwischen oHG-Gesellschaftern meist die Existenz der Gesellschaft selbst bedrohen.

In jedem oHG-Vertrag sollten mindestens folgende Punkte geregelt sein:

- Firma,
- Sitz,
- Unternehmensgegenstand,
- Geschäftsführung und Vertretung,
- Gesellschafterversammlung und Stimmrecht,
- Beschlussfassung (einfache oder qualifizierte Mehrheit),

---

1 Formbedürftig ist der Gesellschaftsvertrag aber dann, wenn ein Gesellschafter im Gesellschaftsvertrag eine Verpflichtung übernimmt, die nach gesetzlicher Vorschrift einer besonderen Form bedarf, z.B. bei der Einbringung eines Grundstücks (notarielle Beurkundung erforderlich).

- Festsetzung der Gesellschaftsanteile,
- Beteiligung am Gewinn und Verlust,
- Entnahmerecht,
- Beendigung oder Fortsetzung der Gesellschaft im Fall der Kündigung eines Gesellschafters oder eines Gesellschaftergläubigers sowie im Falle des Todes eines Gesellschafters,
- Bestimmungen über das Ausscheiden oder den Ausschluss eines Gesellschafters, und
- Berechnung und Auszahlung des Auseinandersetzungsguthabens.

Zusammenfassend lässt sich sagen:

Der Vorteil der Gesellschaftsform oHG ist die Flexibilität in der Gestaltung der Gesellschaft. Die oHG ist die geeignete Gesellschaftsform für den Betrieb eines Handelsgewerbes, wenn nur wenige Gesellschafter vorhanden sind, die sich persönlich vertrauen und die die unbeschränkte Haftung für die Gesellschaftsschulden zu übernehmen bereit sind.

Die oHG ist „geborene" Rechtsform, wenn der in Form der oHG ausgeübte Gewerbebetrieb nach Art und Umfang einen in kaufmännischer Weise eingerichteten Geschäftsbetrieb erfordert. Dieser sog. „vollkaufmännische" Gewerbebetrieb muss als oHG in das Handelsregister eingetragen werden. Die Registereintragung ist aber bei ihm nur deklaratorisch, die Existenz der oHG ist unabhängig von der Eintragung zustande gekommen.

Ist bei einem kaufmännischen Gewerbebetrieb nach dessen Art oder Umfang ein in kaufmännischer Weise eingerichteter Geschäftsbetrieb nicht erforderlich oder soll die Gesellschaft nur ihr eigenes Vermögen verwalten, so kann die Gesellschaft gleichwohl auf Antrag der Gesellschafter als oHG in das Handelsregister eingetragen werden (§ 105 Abs. 2 HGB), als „gekorene" oHG. Diese Eintragung ist dann aber konstruktiv, folglich entsteht die oHG mit der Eintragung und kann nach Maßgabe des § 2 Satz 2 und 3 HGB wieder gelöscht werden.

II. Hinweise zu den Vertragsmustern

Die folgenden Vertragsmuster dürfen nicht schablonenhaft verwendet und gedankenlos übernommen werden. Jeder Gesellschaftsvertrag muss nach den besonderen Verhältnissen und Bedürfnissen der beteiligten Gesellschafter formuliert werden. Deshalb darf auch eine zur Auswahl gestellte Vertragsklausel nicht willkürlich übernommen, sondern sie muss im Gesamtzusammenhang des Vertrages gesehen werden. Die Verhältnisse der Gesellschafter sind von Fall zu Fall so unterschiedlich, dass es kaum einen Sachverhalt geben wird, auf den eines der folgenden Muster ohne weitere Änderung übernommen werden könnte. Die Vertragsmuster zeigen aber, wie diese Verhältnisse an sich geordnet werden können. Sie wollen den Vertragsbeteiligten ein Beispiel geben, welche Punkte im Normalfall geregelt werden sollten und wie diese Regelungen aussehen könnten.

Einfügungen in *Kursivdruck* bedeuten, dass für die gleiche Vertragsbedingung verschiedene Formulierungen zur Auswahl gestellt oder als Beispiele angeführt sind. Regelmäßig müssen dann alle Formulierungen bis auf eine gestrichen werden, damit keine Widersprüche verbleiben.

Der Verwender, der die Kosten der anwaltlichen Beratung scheut, soll an dieser Stelle einen kostenlosen Rat erhalten: Die anfänglichen Kosten eines durchdachten und anwaltlich ausgearbeiteten Gesellschaftsvertrages erreichen in keinem Fall diejenigen nervlichen und finanziellen Belastungen eines Streits, der im Laufe der Dauer der Gesellschaft auftreten und der nicht durch einen Blick in den Gesellschaftsvertrag gelöst werden kann.

III. Vertragsmuster

1. Einfacher Gesellschaftsvertrag (am Beispiel einer Weingroßhandlung)

Vorbemerkung

Der Gesellschaftsvertrag einer offenen Handelsgesellschaft sollte in der Praxis immer schriftlich gefasst sein, auch wenn dies gesetzlich nicht zwingend vorgesehen ist. Das folgende Vertragsmuster enthält nur die notwendigsten Bestimmungen eines oHG-Gesellschaftsvertrages. Soweit der Gesellschaftsvertrag schweigt, gelten die gesetzlichen Regelungen.

Vertrag über die Errichtung einer offenen Handelsgesellschaft zwischen:

    (a)   dem Kaufmann A und

    (b)   dem Kaufmann B

beide in München.

§ 1
Firma, Sitz, Gegenstand des Unternehmens

(1)   Die Gesellschaft führt die Firma:

    Vino, Wein-Großhandlung OHG
    (oder: A OHG; B OHG; A & B offene Handelsgesellschaft).

(2)   Die Gesellschaft hat ihren Sitz in München.

(3)   Gegenstand des Unternehmens ist der Betrieb einer Weingroßhandlung.

§ 2
Dauer der Gesellschaft, Kündigung, Geschäftsjahr

(1)   Die Gesellschaft wird mit Wirkung vom 1. Januar 20__ auf unbestimmte Zeit errichtet.

(2)   Jeder Gesellschafter kann die Gesellschaft unter Einhaltung einer sechsmonatigen Frist auf den Schluss eines Geschäftsjahres, gegenüber den anderen Gesellschaftern kündigen. Das Recht der Kündigung aus wichtigem Grund bleibt unberührt.

(3)   Die Kündigung eines Gesellschafters führt zur Auflösung der Gesellschaft.

(4)   Das Geschäftsjahr der Gesellschaft ist das Kalenderjahr.

§ 3
Leistungen der Gesellschafter

(1) Jeder Gesellschafter verpflichtet sich zu einer Einlage von EUR 25.000.

(2) Die Einlagen werden wie folgt erbracht:

   a) Der Gesellschafter A bringt in die Gesellschaft Inneneinrichtung und Büroausstattung zur Einrichtung des Betriebs der Weingroßhandlung gemäß der diesem Gesellschaftsvertrag beigefügten Inventarauflistung im Werte von EUR 25.000 ein. Es besteht Einigkeit, dass diese Einlage voll erbracht ist.

   b) Der Gesellschafter B erbringt eine Bareinlage in Höhe von EUR 25.000. Die Bareinlage ist mit der Unterzeichnung dieses Gesellschaftsvertrages zur Zahlung fällig.

§ 4
Geschäftsführung, Vertretung

(1) Zur Geschäftsführung und Vertretung ist jeder Gesellschafter stets allein berechtigt und verpflichtet *(oder: nur der Gesellschafter A; nur der Gesellschafter B; nur die Gesellschafter A und B gemeinsam).*

(2) Handlungen der Geschäftsführung, zu deren Vornahme nach § 116 Abs. 2 HGB ein Beschluss sämtlicher Gesellschafter erforderlich ist, sind insbesondere:

   a) die Bestellung von Prokuristen und

   b) der Abschluss von Verträgen, die die Gesellschaft zu einer einmaligen Leistung von EUR 25.000 oder mehr verpflichten oder laufende Verpflichtungen für einen Zeitraum von mehr als drei (3) Jahren begründen, die einen Gesamtbetrag von EUR 10.000 p.a. erreichen oder übersteigen.

§ 5
Gewinn- und Verlustverteilung

(1) Jeder Gesellschafter erhält von seinem Jahresgewinn vorab einen Anteil in Höhe von fünf vom Hundert (5 %) seines Kapitalanteils (**„Vorzugsgewinnanteil"**).

(2) Ein über die Vorzugsgewinnanteile hinausgehender Jahresgewinn sowie der Verlust eines Geschäftsjahres wird unter den Gesellschaftern nach Köpfen verteilt.

(3) Die Gewinn- und Verlustverteilung gemäß § 5 Abs. (2) dieses Gesellschaftsvertrages gilt auch für Liquidationsgewinne oder -verluste.

§ 6
Entnahmen

Jeder Gesellschafter ist berechtigt, 50 % des auf ihn nach den Vorzugsgewinnanteilen gemäß § 5 Abs. (1) entfallenden Gewinnanteils für das letzte Geschäftsjahr zu entnehmen. Weitere Entnahmen bedürfen eines einstimmigen Gesellschafterbeschlusses.

§ 7
Schlussbestimmungen

(1) Änderungen und Ergänzungen dieses Vertrages, einschließlich Änderungen oder Ergänzungen dieses § 7 Abs. (1) bedürfen zu ihrer Wirksamkeit der Schriftform.

(2) Sollten einzelne Bestimmungen dieses Gesellschaftsvertrages ganz oder teilweise unwirksam sein, so wird die Gültigkeit des Vertrages davon im Übrigen nicht berührt. Die ganz oder teilweise unwirksamen Bestimmungen sind durch Mehrheitsbeschluss der Gesellschafter so zu ergänzen oder umzudeuten, dass der mit der ganz oder teilweise ungültigen Bestimmung beabsichtigte wirtschaftliche Zweck erreicht wird.

München, den ....

gez. A   gez. B

2. Ausführlicher Gesellschaftsvertrag: Gründung einer neuen Firma (z. B. Büromöbel-Großhandlung)[2]

Gesellschaftsvertrag

§ 1
Firma, Sitz

(1) Die Firma lautet:

C, D & E, Büromöbel-Großhandlung OHG

(2) Sitz der Gesellschaft ist Heidelberg.

---

2 Der folgende Gesellschaftsvertrag ist sehr ausführlich und soll die Verhältnisse der Gesellschaft möglichst detailliert regeln. Sein Umfang mag für einige oHGs überladen sein, während er für eine erfolgreiche oHG mit einem erheblichen Umsatz durchaus sinnvoll ist. Wiederum gilt, dass Anpassungen betreffend den Einzelfall vorgenommen werden müssen.

§ 2
Gegenstand des Unternehmens

(1) Gegenstand des Unternehmens ist der Vertrieb von Büromöbeln im Großhandel.

(2) Die Gesellschaft kann alle Geschäfte betreiben, die dem Gesellschaftsgegenstand unmittelbar oder mittelbar zu dienen geeignet sind und sie darf Zweigniederlassungen errichten.

§ 3
Gesellschaftskapital, Gesellschafter

(1) Das Gesellschaftskapital beträgt EUR 300.000.

(2) Gesellschafter („**Gesellschafter**") sind

    a) C mit einer Bareinlage in Höhe von EUR 150.000.

    b) D mit einer Bareinlage in Höhe von EUR 100.000.

    c) E bringt in die Gesellschaft seine Dienstleistungen im Werte von EUR 50.000 ein. Diese Einlage wir dadurch erbracht, dass 30 % der jeweiligen Tätigkeitsvergütung (vgl. § 8 Abs. (1)) des E auf sein Kapitalkonto gutgeschrieben werden, so lange bis der Wert der Einlage von EUR 50.000 auf dem Kapitalkonto des E gutgeschrieben wurde.

(3) Die Beteiligung der Gesellschafter am Gesellschaftsvermögen richtet sich nach dem Verhältnis ihrer Einlagen.

§ 4
Gesellschafterkonten

(1) Für jeden Gesellschafter wird ein Kapitalkonto, ein Rücklagenkonto, ein Verlustkonto und ein Verrechnungskonto geführt.

(2) Auf den Kapitalkonten wird die Einlage gemäß § 3 gebucht. Die Kapitalkonten bleiben unverändert. Sie werden als unverzinsliche Festkonten geführt und dürfen nicht gemindert werden.

(3) Auf den Rücklagenkonten werden 25 % des jährlichen Gewinnanteils der Gesellschafter sowie Einlagen der Gesellschafter, die keine Einlagen gemäß § 3 darstellen, gebucht. Die Rücklagenkonten werden mit vier vom Hundert (4 %) p.a. über dem jeweiligen Basiszinssatz (§ 247

BGB) verzinst. Sie stellen keine Verbindlichkeiten der Gesellschaft dar, begründen jedoch im Falle der Liquidation der Gesellschaft einen Anspruch der Gesellschafter auf Vorauszahlung und können nur zusammen mit der Beteiligung übertragen werden.

(4) Auf den Verlustkonten werden die anteiligen Verluste gebucht. Diese Konten sind unverzinslich. Die Gesellschafter können mit Zweidrittelmehrheit der abgegebenen Stimmen beschließen, dass zum vollständigen oder teilweisen Ausgleich eines Verlusts Beträge von den Rücklagenkonten auf die Verlustkonten umgebucht werden. Gewinnanteile sind solange auf die Verlustkonten zu buchen, bis diese ausgeglichen sind. Die Verlustkonten stellen keine Verbindlichkeiten der Gesellschafter dar, sind jedoch im Falle der Liquidation der Gesellschaft vorab auszugleichen, ohne dass dies eine Nachschusspflicht der Gesellschafter begründet.

(5) Auf den Verrechnungskonten werden die verbleibenden Gewinnanteile der Gesellschafter, im Falle des E vorbehaltlich der Gutschrift auf das Einlagenkonto gemäß § 3 Abs. (2) lit. c), und Zinsen des Rücklagenkontos sowie der sonstige Zahlungsverkehr des Gesellschafters mit der Gesellschaft gebucht. Sie werden mit vier vom Hundert (4 %) p.a. über dem jeweiligen Basiszinssatz (§ 247 BGB) verzinst. Die Zinsen gelten im Verhältnis der Gesellschafter zueinander als Aufwand bzw. Ertrag.

§ 5
Geschäftsführung und Vertretung

(1) Zur Geschäftsführung und Vertretung sind jeweils zwei Gesellschafter gemeinsam oder ein Gesellschafter gemeinsam mit einem Prokuristen berechtigt und verpflichtet.

(2) Die Gesellschafter führen die Geschäfte der Gesellschaft in Übereinstimmung mit den gesetzlichen Bestimmungen und diesem Gesellschaftsvertrag.

(3) Folgende Geschäfte bedürfen der Einwilligung aller Gesellschafter:

a) Die Änderung dieses Gesellschaftsvertrages;

b) Maßnahmen, die zu einer grundlegenden Änderung der Geschäftspolitik führen, wie z.B. Aufnahme neuer Geschäftszweige, Aufgabe vorhandener Geschäftszweige, ferner die Errichtung von Zweigniederlassungen und der Erwerb von Beteiligungen;

c) die Aufnahme eines weiteren Gesellschafters;

d)   die Erteilung von Prokura;

e)   die Aufstellung der Bilanz;

f)   Anstellung oder Entlassung von Angestellten mit einer Jahresvergütung von EUR 36.000 und mehr;

g)   der Erwerb, die Veräußerung und die Belastung von Grundstücken;

h)   die Eingehung von Wechselverbindlichkeiten, Übernahme von Bürgschaften und Garantien jeder Art;

i)   die Aufnahme von Krediten;

j)   die Eingehung von einmaligen Verbindlichkeiten in Höhe von EUR _____ und mehr oder solchen jährlich, für eine Laufzeit von drei (3) Jahren oder mehr wiederkehrenden Verbindlichkeiten in Höhe von EUR _____ p. a. und mehr; sowie

k)   alle Geschäfte, die über den Rahmen des gewöhnlichen Geschäftsbetriebs hinausgehen.

§ 6
Verschwiegenheit, Wettbewerbsverbot

(1)   Jeder Gesellschafter ist verpflichtet, über alle Angelegenheiten, die ihm in seiner Eigenschaft als Gesellschafter und/oder im Rahmen seiner Tätigkeit für die Gesellschaft zur Kenntnis gelangen, insbesondere über die Bilanzen sowie die Verhandlungen und Beschlüsse der Gesellschafter, Dritten gegenüber Stillschweigen zu bewahren. Diese Verpflichtung besteht auch nach seinem Ausscheiden fort. Die Schweigepflicht gilt nicht für die Vorlage von Bilanzen der Gesellschaft bei Banken. Außerdem darf jeder Gesellschafter vertrauliche Angelegenheiten Angehörigen eines zur Berufsverschwiegenheit verpflichteten rechts-, wirtschafts- oder steuerberatenden Berufs anvertrauen, wenn und soweit dies zur Wahrung seiner eigenen berechtigten Interessen erforderlich ist. Weitere Ausnahmen von der Schweigepflicht können im Einzelfall durch Gesellschafterbeschluss zugelassen werden.

(2)   Kein Gesellschafter darf während seiner Zugehörigkeit und bis zwei (2) Jahre nach seinem Ausscheiden mit der Gesellschaft unmittelbar oder mittelbar in Wettbewerb treten. „**Wettbewerb**" ist jede selbständige oder unselbständige Tätigkeit im örtlichen und sachlichen Tätigkeitsbereich der Gesellschaft sowie die Beteiligung an Gesellschaften, welche im Bereich des Möbelhandels tätig sind, wobei die Beteiligung

an börsennotierten Aktiengesellschaften bis zu einer Beteiligung von fünf vom Hundert (5 %) an deren Stammkapital nicht Wettbewerb im Sinne dieser Regelung ist.

(3) Tritt ein Gesellschafter ohne vorherige schriftliche Zustimmung der übrigen Gesellschafter zu der Gesellschaft in Wettbewerb, hat er für jeden Fall der Zuwiderhandlung EUR 10.000 als Vertragsstrafe an die Gesellschaft zu zahlen. Bei fortgesetzter Zuwiderhandlung gilt je ein Monat des Verstoßes als eine Zuwiderhandlung. Das Recht der Gesellschaft, Unterlassung und Schadensersatz zu verlangen, wird hierdurch nicht berührt, doch wird die Vertragsstrafe auf den Schadensersatz angerechnet.

(4) Die Zustimmung der Gesellschafter zu Wettbewerb eines Gesellschafters ist zu erteilen, wenn die Einhaltung des Wettbewerbsverbots das berufliche Fortkommen des Gesellschafters unzumutbar erschweren würde.

§ 7
Gesellschafterversammlung, -beschlüsse

(1) In jedem Geschäftsjahr findet spätestens zwei Monate nach Prüfung des Jahresabschlusses für das vorangegangene Geschäftsjahr eine ordentliche Gesellschafterversammlung statt. Die Gesellschafterversammlung tritt außerdem zusammen, wenn nach diesem Vertrag oder nach den gesetzlichen Bestimmungen eine Beschlussfassung erforderlich wird und auf Verlangen eines der Gesellschafter.

(2) Die Gesellschafterversammlungen finden am Sitz der Gesellschaft oder an einem anderen Ort statt, dem alle Gesellschafter zustimmen.

(3) Der Abhaltung einer Gesellschafterversammlung bedarf es nicht, wenn sich sämtliche Gesellschafter mit fernschriftlicher, telegrafischer oder mündlicher – auch fernmündlicher – Abstimmung oder Abstimmung per Telekopie oder E-Mail einverstanden erklären oder sich an ihr beteiligen. Gesellschaftern, die nicht an einer Versammlung teilnehmen können, kann der Versammlungsleiter Gelegenheit zur schriftlichen Stimmabgabe außerhalb der Versammlung innerhalb einer Frist von einer (1) Woche geben, wenn alle anwesenden Gesellschafter dem zustimmen (kombinierte Beschlussfassung).

(4) Die Gesellschafterversammlung wird durch wenigstens einen Gesellschafter durch eingeschriebenen Brief mit Rückschein an alle Gesellschafter unter Mitteilung der Tagesordnung einberufen, der mindestens zwei (2) Wochen vor dem Tag der Gesellschafterversammlung zugegangen sein muss. Mit Zustimmung aller Gesellschafter kann auf die Einhaltung der Form und der Frist der Einberufung verzichtet werden.

(5) Den Vorsitz in der Gesellschafterversammlung führt der vor Eintritt in die Tagesordnung unter der Leitung des ältesten Gesellschafters / Gesellschaftervertreters gewählte Versammlungsleiter. Er stellt die Beschlussfähigkeit der Gesellschafterversammlung fest und entscheidet über die Art der Abstimmung, sofern die Gesellschafterversammlung nicht etwas anderes beschließt.

(6) Die Gesellschafterversammlung fasst alle Beschlüsse mit einfacher Mehrheit der abgegebenen Stimmen, soweit nicht dieser Vertrag eine andere Mehrheit vorschreibt. Bei Stimmengleichheit gilt der Antrag als abgelehnt. Stimmenthaltungen zählen nicht als abgegebene Stimmen. Je volle EUR 1000 einer Einlage gewähren eine Stimme. Jeder Gesellschafter kann die ihm zustehenden Stimmen nur einheitlich abgeben.

(7) Folgende Gegenstände obliegen der Beschlussfassung der Gesellschafterversammlung und bedürfen der Zustimmung aller Gesellschafter:

a) Die Änderung dieses Gesellschaftsvertrages, einschließlich der Erhöhung des Gesellschaftskapitals;

b) Feststellung des Jahresabschlusses und die Verwendung des Jahresergebnisses;

c) Zustimmung zur Verfügung über Gesellschaftsanteile;

d) der Erwerb und die Veräußerung von Grundstücken;

e) die Aufnahme und die Ausschließung von Gesellschaftern;

f) Zwangsabtretung;

g) Auflösung der Gesellschaft; sowie

h) alle Maßnahmen, die über den gewöhnlichen Geschäftsbetrieb hinausgehen oder bei denen Rechte gegen einen Gesellschafter geltend zu machen sind, insbesondere aber die Eingehung von einmaligen Verbindlichkeiten in Höhe von EUR _____ und mehr oder solchen jährlich, für eine Laufzeit von drei (3) Jahren oder mehr wiederkehrenden Verbindlichkeiten in Höhe von EUR _____ p. a. und mehr;

i) ... .

(8) Die Gesellschafterversammlung ist beschlussfähig, wenn mindestens die Hälfte des stimmberechtigten Kapitals anwesend oder vertreten ist. Ist eine Gesellschafterversammlung beschlussunfähig, ist unverzüglich gemäß § 7 Abs. (4) eine neue Gesellschafterversammlung einzuberufen, die für die Gegenstände der Tagesordnung der Gesellschafterversammlung, in der sich die Beschlussunfähigkeit ergeben hat, ohne Rücksicht

auf die Zahl der vertretenen Stimmen, beschlussfähig ist; hierauf ist bei der Einberufung hinzuweisen.

(9) Jeder Gesellschafter kann sich in der Gesellschafterversammlung durch einen schriftlich bevollmächtigten Mitgesellschafter oder durch einen Angehörigen eines gesetzlich zur Berufsverschwiegenheit verpflichteten rechts-, wirtschafts- oder steuerberatenden Berufs vertreten oder durch letztere Personengruppe begleiten lassen.

(10) Über die Beschlüsse der Gesellschafterversammlung wird von einem durch die Gesellschafter zu bestimmenden Gesellschafter eine Niederschrift angefertigt und allen anderen Gesellschaftern in Abschrift zugesandt. Nicht in Gesellschafterversammlungen gefasste Beschlüsse sind durch den ältesten Gesellschafter festzustellen und den anderen unverzüglich durch eingeschriebenen Brief mitzuteilen.

(11) Die Unwirksamkeit von Gesellschafterbeschlüssen kann nur innerhalb von zwei Monaten seit der Beschlussfassung, im Falle des § 7 Abs. (10) Satz 2 seit Absendung des Übergabeeinschreibens, durch Klage gegen die Gesellschaft[3] geltend gemacht werden.

§ 8
Gewinn und Entnahmerecht, Vergütung

(1) Für die Mitarbeit erhalten die Gesellschafter monatlich folgende Tätigkeitsvergütungen: ..... .

(2) An dem sich danach ergebenden Gewinn oder Verlust nehmen die Gesellschafter im Verhältnis: C 50 %, D 33,33 % und E 16,67 % teil.

(3) Die Verrechnungskonten sind durch jeden Gesellschafter frei entnehmbar, für E vorbehaltlich der Gutschrift auf das Einlagenkonto gemäß § 3 Abs. (2) lit. c). Die Rücklagenkonten können nur durch einstimmigen Gesellschafterbeschluss aller Gesellschafter aufgelöst werden.

§ 9
Beginn und Dauer, Kündigung, Fortführung, Geschäftsjahr

(1) Die Gesellschaft beginnt am 1. Januar 20__ *(oder z.B. 1. Mai 20__)*. Sie besteht auf unbestimmte Zeit, kann aber zum Schluss eines jeden Ge-

---

3 Diese Regelung ermöglicht es, den Beschlussmangel gegenüber der Gesellschaft selbst geltend zu machen, so dass der Gesellschafter nicht gegen alle übrigen Gesellschafter vorgehen muss. Zur Zulässigkeit dieser Regelung BGHZ 85, 350, 353.

schäftsjahres mit einer Frist von zwölf (12) Monaten gekündigt werden, erstmals zum 31. Dezember 20 _ *(oder: Sie ist bis zum 31. Dezember 20__ unkündbar; danach gilt die Gesellschaft jeweils für die Dauer von __ Jahren verlängert, wenn nicht ein Gesellschafter den Vertrag zwölf (12) Monate vor dem jeweiligen Ablauf kündigt).*[4]

(2) Die Kündigung hat durch eingeschriebenen Brief zu erfolgen, der an sämtliche Mitgesellschafter zu richten ist. Für die Rechtzeitigkeit der Kündigung ist das Absendedatum maßgeblich.

(3) Kündigt ein Gesellschafter oder ein Privatgläubiger eines Gesellschafters oder wird über das Vermögen eines Gesellschafters die Insolvenz eröffnet, so wird die Gesellschaft nicht aufgelöst, sondern von den übrigen Gesellschaftern fortgeführt; der kündigende Gesellschafter oder der Gesellschafter, bei dem das besondere Ereignis eintritt, scheidet aus der Gesellschaft aus. Das Gleiche gilt auch, wenn ein Gesellschafter aus der Gesellschaft ausgeschlossen wird.[5]

(4) Das Geschäftsjahr ist das Kalenderjahr; das erste Geschäftsjahr hat am 1. Januar 20__ begonnen und endet am 31. Dezember 20__. *(Bei einem unterjährigen Errichtungsdatum der Gesellschaft: Das erste Geschäftsjahr ist ein Rumpfgeschäftsjahr, welches am ... beginnt am darauf folgenden 31. Dezember endet.)*

§ 10
Abfindung des ausscheidenden Gesellschafters

(1) In allen Fällen des Ausscheidens ist an den ausscheidenden Gesellschafter eine Abfindung zu zahlen, die sich aus der Bewertung der Gesellschaft auf den Zeitpunkt des Ausscheidens *(oder: auf den Zeitpunkt der Aufstellung der letzten Jahresbilanz)* ergibt. Für diesen Zeitpunkt ist eine Auseinandersetzungsbilanz zu erstellen, für die die ertragsteuerlichen Bewertungsgrundsätze gelten. Bestehende Gewinnrücklagen sowie Gewinn- und Verlustvorträge sind aufzulösen. Ein bis zum Bewertungsstichtag noch entstandener Gewinn oder Verlust ist zu berücksichtigen. Die Bewertungskontinuität zur letzten ordnungs-

---

4 Eine dauerhafte Unkündbarkeit der Gesellschaft kann nicht vereinbart werden. Die Unkündbarkeit der Gesellschaft darf in der Regel 30 Jahre nicht überschreiten. Abhängig vom Einzelfall können aber auch schon sehr viel kürzere, die Kündigungsmöglichkeit ausschließende Befristungen, unwirksam sein.

5 Die Regelung entspricht dem gesetzlichen Normalfall. Sollen die oben beschriebenen Ereignisse zur Auflösung der Gesellschaft führen, so muss dies geregelt werden (siehe z.B. Nr. 1, § 2 Abs. (3)).

gemäß festgestellten Jahresbilanz ist zu wahren.[6] Ist der Verkehrswert der Gesellschaft niedriger, so gilt dieser. Diese Abfindung bleibt auch dann maßgeblich, wenn die vorausgehende oder folgende Jahresertragsteuerbilanz im Zuge einer Betriebsprüfung geändert wird, so dass später festgestellte Gewinne oder Verluste, Steuernachzahlungen oder Steuererstattungen die Höhe der Abfindung nicht beeinflussen. Am Ergebnis schwebender Geschäfte nimmt der Ausscheidende nicht teil, soweit diese nicht schon in der Auseinandersetzungsbilanz berücksichtigt sind; § 740 BGB wird ausgeschlossen *(oder: Ein ausscheidender Gesellschafter erhält als Abfindung den Buchwert seines Gesellschaftsanteils, höchstens jedoch den Verkehrswert. § 740 BGB wird ausgeschlossen).*[7]

(2) Sollte im Einzelfall rechtskräftig festgestellt werden, dass die Abfindung zu niedrig und die Vereinbarung deswegen rechtsunwirksam ist, so ist die niedrigste noch zulässige Abfindung zu gewähren.

(3) Besteht Streit über die Höhe der Abfindung, entscheidet hierüber ein von beiden Parteien benannter Schiedsgutachter, der Wirtschaftsprüfer oder eine Wirtschaftsprüfungsgesellschaft sein muss. Kommt eine Einigung über dessen Benennung nicht zustande, ist er durch die Wirtschaftsprüferkammer _____ zu bestimmen.

(4) Die Abfindung ist in fünf (5) gleichbleibenden Jahresraten *(oder: Halbjahresraten; Vierteljahresraten)* auszubezahlen und vom Tage des Ausscheidens an mit fünf (5) % p.a. zu verzinsen *(oder: und ist unverzinslich).*[8] Die erste Rate ist drei Monate nach Aufstellung der Auseinandersetzungsbilanz, gegebenenfalls nach Festsetzung der Abfindung gemäß § 10 Abs. (3) fällig, die weiteren Raten jeweils zum Ende des ersten Kalenderquartals der folgenden Jahre. Die Zinsen sind jeweils mit der Rate fällig. Eine Verpflichtung zur Sicherheitsleistung besteht nicht. Die Gesellschaft oder die Gesellschafter, die den Anteil des ausscheidenden Gesellschafters übernehmen, sind zur vorherigen Zahlung ganz oder teilweise berechtigt, aber nicht verpflichtet.

---

6 Die Regelungen der Sätze 2-5 dieses Absatzes können unterbleiben, wenn die Bewertung auf Grundlage der letzten Jahresbilanz vorgenommen wird.
7 Die in obigem Vertragsmuster alternativ vorgesehene Abfindung zum Buchwert (sog. Buchwertklausel) wird in der Rechtsprechung und Literatur unter gewissen Voraussetzungen als unwirksam angesehen (zuletzt BGH, BB 2002, 216, 217). Hier ist deshalb im Einzelfall eine gründliche juristische Beratung erforderlich.
8 Die Rechtsprechung erachtet einen überlangen Auszahlungszeitraum als unwirksam, in welchem Fall die gesamte Abfindung zum Ausscheidenszeitpunkt fällig wird. Als grundsätzlich zulässig wird ein fünfjähriger Auszahlungszeitraum angesehen.

§ 11
Schiedsgericht[9]

(1) Alle Streitigkeiten zwischen Gesellschaftern oder zwischen der Gesellschaft und ihren Gesellschaftern im Zusammenhang mit diesem Gesellschaftsvertrag oder über seine Gültigkeit werden nach der Schiedsgerichtsordnung („**DIS-SchO**") und den Ergänzenden Regeln für gesellschaftsrechtliche Streitigkeiten („**DIS-ERGeS**") der Deutschen Institution für Schiedsgerichtsbarkeit e.V. („**DIS**") unter Ausschluss des ordentlichen Rechtswegs endgültig entschieden.

(2) Die Wirkungen des Schiedsspruchs erstrecken sich auch auf die Gesellschafter, die fristgemäß als Betroffene benannt werden, unabhängig davon, ob sie von der ihnen eingeräumten Möglichkeit, dem schiedsrichterlichen Verfahren als Partei oder Nebenintervenient beizutreten, Gebrauch gemacht haben (§ 11 DIS-ERGeS). Die fristgemäß als Betroffene benannten Gesellschafter verpflichten sich, die Wirkung eines nach Maßgabe der Bestimmungen in den DIS-ERGeS ergangenen Schiedsspruchs anzuerkennen.

(3) Ausgeschiedene Gesellschafter bleiben an diese Schiedsvereinbarung gebunden.

(4) Die Gesellschaft hat gegenüber Klagen, die gegen sie vor einem staatlichen Gericht anhängig gemacht werden und Streitigkeiten betreffen, die § 11 Abs. (1) dieses Gesellschaftsvertrages unterfallen, stets die Einrede der Schiedsvereinbarung zu erheben.[10]

§ 12
Schlussbestimmungen

(1) Sollte eine Bestimmung dieses Gesellschaftsvertrags oder eine künftig in ihn aufgenommene Bestimmung ganz oder teilweise unwirksam

---

9 Die im Folgenden dargestellte Schiedsvereinbarung gibt die Empfehlung der Deutschen Institution für Schiedsgerichtsbarkeit e.V. wieder, auf deren weitere Regelungen sie auch verweist. Der Text der Schiedsvereinbarung soll der aktuellen Rechtsprechung des BGH (BB 2009, 1260-1263) in der Schiedsfähigkeit II-Entscheidung Rechnung tragen. Zu beachten ist stets, dass für eine Streitbeilegung im Schiedsverfahren die Vertraulichkeit des Verfahrens und die Sachkenntnis der Schiedsrichter sprechen. Negative Aspekte des Schiedsverfahrens sind die erheblichen Kosten, welche die Kosten des Gerichtsverfahrens übersteigen können. Alternativ zur DIS können andere Schiedsgerichtsinstitutionen gewählt werden, oder die Parteien einigen sich im Streitfall ad hoc auf ein Schiedsgericht und dessen Regeln.
10 Zusätzlich sind Regelungen zum Ort des Schiedsgerichts und der Anzahl der Schiedsrichter (in der Regel drei) wünschenswert.

oder undurchführbar sein oder die Wirksamkeit oder Durchführbarkeit später verlieren oder sollte sich im Gesellschaftsvertrag eine Lücke herausstellen, soll hierdurch die Gültigkeit der übrigen Bestimmungen nicht berührt werden. Anstelle der unwirksamen oder undurchführbaren Bestimmung oder zur Ausfüllung der Lücke ist eine angemessene Regelung zu vereinbaren, die, soweit rechtlich zulässig, dem am nächsten kommt, was die Vertragsschließenden gewollt haben oder nach dem Sinn und Zweck des Vertrags gewollt hätten, falls sie den Punkt bedacht hätten.

(2)   Beruht die Unwirksamkeit oder Undurchführbarkeit einer Bestimmung auf einem darin festgelegten Maß der Leistung oder der Zeit (Frist oder Termin), ist mit einfacher Mehrheit der abgegebenen Stimmen das der Bestimmung am nächsten kommende rechtlich zulässige Maß zu vereinbaren.

(3)   Alle das Gesellschaftsverhältnis betreffenden Vereinbarungen zwischen Gesellschaftern oder zwischen Gesellschaft und Gesellschaftern bedürfen zu ihrer Wirksamkeit der Schriftform, soweit sie nicht eines Gesellschafterbeschlusses oder notarieller Beurkundung bedürfen. Das gilt auch für einen etwaigen Verzicht auf das Erfordernis der Schriftform.

Heidelberg, den ….

gez. C   gez. D   gez. E

3. Fortführung einer schon bestehenden Einzelfirma (z. B. Lebensmitteleinzelhandel)

Vorbemerkung

Eine offene Handelsgesellschaft entsteht häufig dadurch, dass sich der bisherige Inhaber einer Einzelfirma einen Teilhaber sucht, zum Beispiel deshalb, weil er einer Kapitaleinlage bedarf oder weil er einen fachkundigen und tatkräftigen Geschäftsführer braucht, der das Unternehmen später fortführen kann und soll. Häufig ist dieser neue Teilhaber der Sohn, ein sonstiger Verwandter oder ein Angestellter des bisherigen Einzelunternehmers.

Vertrag über die Errichtung einer offenen Handelsgesellschaft

Zwischen F und G, beide München

18

§ 1
Firma und Gegenstand der Gesellschaft

(1) F betreibt in München unter der Firma „F Lebensmittel" ein Lebens-
mitteleinzelhandelsgeschäft, eingetragen im Handelsregister des Amtsgerichts München unter der Nr. HRA _____ . Mit Wirkung vom _____
nimmt er G, der bisher Angestellter der F Lebensmittel war, als persönlich haftenden Gesellschafter auf. Die offene Handelsgesellschaft
führt das bisherige Einzelunternehmen unter der Firma „F Lebensmittel
OHG" weiter.

(2) Die Gesellschaft kann Geschäfte jeder Art tätigen, die dem Gesellschaftsgegenstand unmittelbar oder mittelbar dienen.

§ 2
Haftung, Einlagen

(1) Die Gesellschaft haftet für solche Verbindlichkeiten, die im Geschäft
der Firma „F Lebensmittel" entstanden sind.

(2) Der Gesellschafter F bringt sein Unternehmen unter Zugrundelegung
der auf den 31.12.20__ aufzustellenden Steuerbilanz ein. Ein Firmenwert ist dabei nicht zu berücksichtigen. Sollte bei einer Buch- und
Betriebsprüfung die Steuerbilanz geändert werden, so ändern sich
die Einbringungswerte entsprechend. Sollte das hiernach festgestellte
Reinvermögen den Betrag von EUR 50.000 nicht erreichen, so ist der
Gesellschafter F verpflichtet, die Differenz in bar einzulegen; sollte
sich ein Betrag größer als EUR 50.000 errechnen, so darf er den übersteigenden Betrag entnehmen *(oder: so stellt er den übersteigenden
Betrag der Gesellschaft für die Dauer seiner Zugehörigkeit, längstens
jedoch bis zum _____, als Darlehen zur Verfügung. Der Zinssatz beträgt
2 % über dem jeweiligen Basiszinssatz (§ 247 BGB).)*

(3) Der Gesellschafter G erbringt eine Einlage von EUR 50.000 in bar
(oder:

   *a) In Höhe von EUR 10.000 durch die in der Bilanz ausgewiesenen,
   bisher nicht entnommenen Gehaltsteile;*

   *b) in Höhe von weiteren EUR 20.000 EUR dadurch, dass jeweils
   30 % seiner Tätigkeitsvergütung auf sein Einlagenkonto gutgeschrieben und so lange nicht ausgezahlt werden, bis der Betrag
   von EUR 20.000 erreicht ist; und*

   *c) in Höhe von EUR 20.000 dadurch, dass er 20 % seines Anteils am
   jährlichen Reingewinn auf sein Einlagenkonto gebucht wird.)*

§ 3

Geschäftsführung, Vertretung, Arbeitsverteilung

(1) Zur Geschäftsführung ist jeder Gesellschafter berechtigt und verpflichtet.

(2) Die Vertretung der Gesellschaft steht nur dem Gesellschafter F zu.

(3) Gesellschafter F ist berechtigt, wenn er G dies sechs (6) Monate zuvor mitteilt, sich von der Geschäftsführung und Vertretung zurückzuziehen und zugleich die Umwandlung seiner Beteiligung in eine Kommanditbeteiligung zu verlangen. In diesem Fall übernimmt der Gesellschafter G die Vertretung der Gesellschaft.

(4) Über die Arbeitsverteilung unter den Gesellschaftern befindet der Gesellschafter F, solange ihm die Vertretungsmacht zusteht.

§ 4

Gewinn und Verlust, Entnahmen

(1) Für ihre Mitarbeit erhalten die Gesellschafter monatlich folgende Vergütungen: … .

(2) An dem sich danach ergebenden Gewinn oder Verlust nehmen die Gesellschafter F und G wie folgt teil:

a) In dem Geschäftsjahr ab Beginn der Gesellschaft und den ersten drei (3) vollen Kalenderjahren, nach Beginn der Gesellschaft im Verhältnis 60:40;

b) in den folgenden Kalenderjahren im Verhältnis 50:50;

c) nach Übernahme der Vertretungsmacht durch den Gesellschafter G im Verhältnis 40:60.

(3) Die Gesellschafter können ihre gesamten Anteile am jährlichen Reingewinn aus dem Geschäft entnehmen, bzw. nach Umwandlung in eine Kommanditgesellschaft hat F einen Auszahlungsanspruch in Höhe seines gesamten Anteils am jährlichen Reingewinn.

(Der Gesellschafter G kann nach Maßgabe des § 2 Abs. (3) lit. c) seinen jährlichen Reingewinn entnehmen; den gesamten Reingewinn erst dann, wenn sein Einlagenkonto aufgefüllt ist.)

§ 5

Gesellschafterbeschlüsse, Stimmrecht

(1) In folgenden Fällen bedarf es eines Gesellschafterbeschlusses:

Siehe Nr. 2. § 7 Abs. (7).

Der Beschluss zu Buchstabe __ bedarf der Zustimmung beider Gesellschafter.

(2) Jeder Gesellschafter hat eine Stimme; bei Stimmengleichheit entscheidet die Stimme des vertretungsberechtigten Gesellschafters. Der Gesellschafter F ist auch als Kommanditist stimmberechtigt.

§ 6
Laufzeit, Kündigung

(1) Die Gesellschaft wird durch Aufnahme des G gemäß § 1 Abs. (1) auf unbestimmte Zeit errichtet.

(2) Das Geschäftsjahr der Gesellschaft ist das Kalenderjahr.

(3) Jeder Gesellschafter kann die Gesellschaft unter Einhaltung einer einmonatigen Frist auf den Schluss eines Geschäftsjahrs, gegenüber den anderen Gesellschaftern kündigen. Das Recht der Kündigung aus wichtigem Grund bleibt unberührt.

(4) Endet die Gesellschaft durch Kündigung des Gesellschafters F, solange dieser noch vertretungsberechtigter Gesellschafter ist, oder durch Kündigung des Gesellschafters G, solange dieser noch nicht vertretungsberechtigt ist, so ist der Gesellschafter F berechtigt, das Geschäft unter der bisherigen Firma mit Aktiven und Passiven zu übernehmen und fortzuführen. Erfolgt die Kündigung erst nach Übernahme der Vertretungsmacht durch den Gesellschafter G, so steht diesem das Recht zur Übernahme und Fortführung der Firma zu. Die darauf gerichtete Erklärung muss dem ausscheidenden Gesellschafter mit eingeschriebenem Brief binnen eines (1) Monats nach Kündigung zugehen. Der Ausscheidende erhält eine Abfindung, die nach den Buchwerten zuzüglich des auf ihn entfallenden Anteils an offenen Rücklagen unter Zugrundelegung der auf den Tag des Ausscheidens aufzustellenden Bilanz zu berechnen ist.[11] Firmenwert und schwebende Geschäfte werden dabei nicht berücksichtigt.

---

11 Vgl. die Anmerkung oben zu Nr. 2. § 10 Abs. (1), Fn. 7.

(5)   Der Gesellschafter, dem die Kündigung zugeht kann binnen einer Monatsfrist nach Zugang der Kündigung die Auflösung der Gesellschaft fordern. Die Gesellschaft ist mit Zugang dieser Forderung beim kündigenden Gesellschafter aufgelöst.

§ 7

Tod eines Gesellschafters

(1)   Stirbt der Gesellschafter F, so wird die Gesellschaft nicht aufgelöst, sondern mit den Erben fortgesetzt. Die Erben sind berechtigt und verpflichtet, einen der Miterben zu bestimmen, der an Stelle des Gesellschafters F in die Gesellschaft eintritt. Die Vertretungsmacht geht in diesem Falle sofort auf den Gesellschafter G über. Erklären sich die Erben nicht binnen drei (3) Monaten nach dem Todesfall, so ist der Gesellschafter G berechtigt, das Geschäft unter der alten Firma allein fortzuführen. Die Erben erhalten in diesem Falle eine Abfindung, die nach einer auf den Todestag festgestellten Auseinandersetzungsbilanz ermittelt wird und in die die wahren Werte einzusetzen sind, jedoch kein Firmenwert. Das Abfindungsguthaben ist unverzinslich in acht (8) gleichen Vierteljahresraten auszuzahlen; die erste Rate ist am dritten Bankarbeitstag des auf den Todesfall folgenden Jahres fällig, frühestens allerdings einen (1) Monat nach Vorliegen der Abfindungsbilanz, bzw. in den Fällen des Abs. (3) nach Vorliegen des Schiedsgutachtens.

(2)   Stirbt der Gesellschafter G, so übernimmt der Gesellschafter F das Geschäft unter der bisherigen Firma mit allen Passiven und Aktiven. Die Abfindung der Erben des G erfolgt nach den Bestimmungen des vorgehenden Absatzes (1).

(3)   Einigen sich die Gesellschafter bzw. der Gesellschafter und benannte Erbe gemäß diesem Absatz (3) bzw. gemäß § 6 Abs. (4) nicht über die Errichtung der Bilanz und über ein Abfindungsguthaben, so entscheidet darüber ein Schiedsgutachter. Er muss Angehöriger der wirtschafts- und steuerberatenden Berufe sein und wird, wenn sich die Gesellschafter bzw. der Gesellschafter und der Erbe auf eine Person nicht einigen können, durch den Präsidenten der Industrie- und Handelskammer München ernannt. Sein Schiedsgutachten ist für alle Beteiligten verbindlich.

§ 8

Schlussbestimmungen

(1)   Siehe Nr. 1. § 7.

(2)   Die Kosten dieses Vertrags trägt die Gesellschaft.

München, den ....

gez. F   gez. G

4. Einrichtung einer Familien-OHG nach dem Tod des bisherigen Einzelunternehmers (z. B. Tabakwaren-Handlung)

Im Handelsregister des Amtsgerichts Mannheim ist unter HRA ____ die Firma Tabak Rauch, Inhaber H, mit dem Sitz in Mannheim eingetragen. Der Alleininhaber H, ist am ____ verstorben. Er war verheiratet mit I. Die Ehegatten lebten im gesetzlichen Güterstand. Aus der Ehe sind zwei Kinder hervorgegangen: J und K.

Alleinerbin nach H ist aufgrund des zwischen den Ehegatten H und I errichteten Testaments vom ____ seine Ehefrau I. Die beiden Kinder haben Pflichtteilsansprüche in Höhe von 1/8 des Nachlasswertes, die aber nicht geltend gemacht worden sind.[12]

Zur Fortführung des bisherigen Einzelunternehmens als Familiengesellschaft und zugleich zur Abgeltung aller wechselseitigen Ansprüche aus dem Nachlass auf Ableben des H vereinbaren die Beteiligten folgenden

Gesellschaftsvertrag

§ 1

Firma und Sitz

(1)   Die Firma Tabak Rauch, Inhaber H, Mannheim, wird mit Wirkung vom 1. Januar 20__ nach Maßgabe der folgenden Bestimmungen in Form einer offenen Handelsgesellschaft fortgeführt.

(2)   Die Firma der Gesellschaft lautet: „**Tabak Rauch OHG**".

(3)   Sitz der Gesellschaft ist Mannheim.

---

12 Zur Gestaltung der Erbfolge ist eine umfassende steuerliche Beratung unbedingt erforderlich.

§ 2

Gegenstand des Unternehmens

Gegenstand des Unternehmens ist der Groß- und Einzelhandel mit Tabakwaren aller Art.

§ 3

Beginn des Gesellschaft, Geschäftsjahr

(1)   Die offene Handelsgesellschaft beginnt am 1. Januar 20__.

(2)   Das Geschäftsjahr ist das Kalenderjahr.

§ 4

Gesellschafter und Einlagen

(1)   Persönlich haftende Gesellschafter sind:

Gesellschafter	Einlage (in EUR)	Prozentuale Einlage
I	100.000	50 %
J	50.000	25 %
K	50.000	25 %
Gesamt	**200.000**	**100 %**

(2)   Die vorstehend genannten Kapitalanteile sind Festkapitalien[13], die in Verhältnis zueinander nicht verändert werden können, es sei denn aufgrund eines einstimmigen Gesellschafterbeschlusses. Ausgenommen hiervon ist die Gesellschafterin I, die zu Lasten ihres Kapitalanteils Schenkungen in beliebiger Höhe zugunsten der Gesellschafter J und K vornehmen darf.

(3)   Die vorstehend genannten Einlagen werden wie folgt erbracht:

    a)   I bringt in die Gesellschaft das von ihr als Alleinerbin übernommene Einzelunternehmen, die Firma Tabak Rauch, zum Bilanzwert von EUR 200.000, abzüglich Pflichtanteilsansprüche der Gesellschafterinnen J und K in Höhe von insgesamt EUR 50.000, Restwert EUR 150.000 ein.

---

13 Es besteht auch die Möglichkeit, variable Kapitalanteile zu bestimmen, welche sich abhängig von den Gewinnanteilen und den Entnahmen des jeweiligen Gesellschafters jährlich ändern. Solche variable Kapitalanteile können aber auch zu jährlichen Veränderungen bei den Stimmrechten und Gewinnanteilen der Gesellschafter führen und sind deshalb praktisch komplex.

Maßgeblich hierfür ist die auf den 1. Januar 20__ aufzustellende Steuerbilanz. Sollte bei einer Buch- und Betriebsprüfung die Steuerbilanz geändert werden, so ändern sich die Einbringungswerte entsprechend.

b) J bringt ihren Pflichtteilanspruch in Höhe von EUR 25.000 ein.

c) K bringt ihren Pflichtteilanspruch in Höhe von EUR 25.000 ein.

(4) Zur Herbeiführung der vorstehend unter Abs. (1) genannten Beteiligungen schenkt I aus ihrem Kapitalkonto J und K jeweils EUR 25.000 mit der Auflagen, dass diese Beträge auf den Kapitalanteil der Beschenkten anzurechnen und zusammen mit diesem dem Unternehmen zu belassen sind. Die Beschenkten nehmen die Schenkung hiermit an.

(5) I ist damit einverstanden, dass der zu ihren Gunsten etwa verbleibende Überschussbetrag aus der Einbringung der Einzelfirma auf ihr Kapitalkonto II umgebucht wird.

(6) Für sämtliche Gesellschafter wird je ein Kapitalkonto II errichtet, dem die Entnahmen zu belasten, die Einlagen, Gewinne und Zinsen gutzuschreiben sind. Außerdem wird für jeden Gesellschafter ein besonderes Verlustkonto eingerichtet. Künftige Gewinnanteile sind vorweg, zum Ausgleich der Verlustkonten zu verwenden. Entnahmen sind nur bei ausgeglichenem Verlustkonto zulässig.

(7) Die Gesellschafter sind im Verhältnis der Kapitalkonten I am Gesellschaftsvermögen beteiligt.

§ 5

Kapitalkonten I und Kapitalkonten II

(1) Die Kapitalkonten I (Festkapitalien) sind unveränderlich und unverzinslich.

(2) Die Kapitalkonten II (variable Konten) sind mit 4 % *(oder: mit 2 % über dem jeweiligen Basiszinssatz (§ 247 BGB))* zu verzinsen.

§ 6

Gewinn- und Verlustverteilung, Tätigkeitsvergütungen

(1) Die Gesellschafter erhalten folgende monatliche Tätigkeitsvergütungen, die vor der Gewinnverteilung wie Betriebsausgaben – und zwar auch in Verlustjahren – zu behandeln sind:

Gesellschafter	Monatliche Tätigkeitsvergütung (in EUR)
I	...
J	...
K	...

(2) Am Gewinn, der nach Abzug der Verzinsung gemäß § 5 Abs. (2) und den Tätigkeitsvergütungen verbleibt, sowie am Verlust, auch soweit er durch die Verrechnung der Verzinsung und Tätigkeitsvergütungen entsteht, sind die Gesellschafter entsprechend ihrer Beteiligung an der Gesamteinlage beteiligt.

(3) Im Falle der Krankheit oder sonstigen Arbeitsunfähigkeit eines Gesellschafters wird die Tätigkeitsvergütung für die Dauer von drei (3) Monaten in voller Höhe, für die Dauer von weiteren drei (3) Monaten in Höhe von 50 % weiterbezahlt.

(4) Bei den Entnahmen ist durch die Gesellschafter stets darauf Rücksicht zu nehmen, dass die Liquidität des Unternehmens in ausreichendem Maße erhalten bleibt. Mit diesem Vorbehalt dürfen lediglich die Tätigkeitsvergütungen sowie die auf die Beteiligung entfallenden persönlichen Steuern frei durch jeden Gesellschafter nach der Feststellung des Jahresabschlusses entnommen werden. Über weitergehende Entnahmen beschließt die Gesellschafterversammlung mit einfacher Mehrheit.

§ 7
Geschäftsführung und Vertretung

(1) Zur Geschäftsführung und Vertretung der Gesellschaft ist jeder Gesellschafter stets allein berechtigt und verpflichtet.

(2) Folgende Geschäfte bedürfen der vorherigen Zustimmung sämtlicher Gesellschafter: Siehe Nr. 2. § 5 Abs. (3).

§ 8
Gesellschafterversammlung, Stimmrecht

(1) Die von den Gesellschaftern zu treffenden Bestimmungen erfolgen durch Beschluss der Gesellschafterversammlung. Die Versammlung ist beschlussfähig, wenn mindestens zwei Drittel der Gesellschafter vertreten sind.

(2)   Die Beschlüsse der Gesellschafterversammlung bedürfen der einfachen Mehrheit, soweit im Gesetz oder in diesem Vertrag nichts anderes bestimmt ist. Jeder Gesellschafter hat eine Stimme. Bei Stimmengleichheit entscheidet die Stimme des an Jahren ältesten Gesellschafters.

§ 9

Dauer der Gesellschaft, Kündigung

(1)   Siehe Nr. 2. § 9.

(2)   Die Anteile eines ausscheidenden Gesellschafters wachsen den verbleibenden Gesellschaftern im Verhältnis ihrer Beteiligung (Festkapitalkonto I) an.

§ 10

Tod eines Gesellschafters, Erben

(1)   Im Falle des Todes eines Gesellschafters wird die Gesellschaft nicht aufgelöst, sondern mit seinen Erben fortgesetzt.

(2)   Sind Anteile im Erbgang auf andere als die in Absatz (1) genannten Personen übergegangen, so scheidet der Anteilserwerber aus der Gesellschaft aus. Die in Absatz (1) genannten Personen haben hinsichtlich des vererbten Anteils ein Eintrittsrecht, das innerhalb von zwei (2) Monaten nach Eintritt des Erbfalls auszuüben ist. Die Errechnung und Auszahlung des Auseinandersetzungsguthabens der nicht eintritts- bzw. nachfolgeberechtigten Erben erfolgt nach § 11 dieses Vertrags.

(3)   Eine Erbengemeinschaft hat sich, bis zur Auseinandersetzung des Nachlasses in der Gesellschafterversammlung sowie gegenüber der Gesellschaft und den übrigen Gesellschaftern durch einen gemeinsamen Bevollmächtigten vertreten zu lassen. Solange ein gemeinsamer Bevollmächtigter nicht ernannt ist, ruht das Stimmrecht für den Gesellschaftsanteil des Erblassers.

(4)   Stirbt J, so werden die Erben, soweit es sich dabei um noch minderjährige Abkömmlinge der J handelt, unter Umwandlung des auf sie anteilig entfallenden Kapitalkontos der Verstorbenen in Kommanditeinlagen, Kommanditisten. Sie haben jedoch das Recht, der Gesellschaft wieder als persönlich haftende geschäftsführungs- und vertretungsberechtigte Gesellschafter beizutreten, wenn sie volljährig geworden sind, sofern vom Standpunkt der Gesellschaft aus hiergegen keine schwerwiegenden Bedenken geltend gemacht werden können.

§ 11

Auseinandersetzungsguthaben

Siehe Nr. 2., § 10.

§ 12

Sonstige Bestimmungen

(1)   Mündliche Abreden und Nebenreden sind nicht getroffen.

(2)   Änderungen und Ergänzungen dieses Vertrags bedürfen zu ihrer Wirksamkeit eines von allen Gesellschaftern gefassten und unterzeichneten Gesellschafterbeschlusses oder einer schriftlichen Vereinbarung aller Gesellschafter.

(3)   Sollte eine der Bestimmungen dieses Vertrags unwirksam sein oder werden, so wird die Gültigkeit der übrigen Bestimmungen hiervon nicht berührt. In einem solchen Falle ist die ungültige Bestimmung so umzudeuten oder zu ergänzen, dass der mit der ungültigen Bestimmung beabsichtigte wirtschaftliche Zweck weitestgehend erreicht wird. Dasselbe gilt für den Fall, dass sich in Zukunft eine regelungsbedürftige Vertragslücke ergeben sollte.

Bei allen Meinungsverschiedenheiten über den Inhalt und Auslegung des Gesellschaftsvertrags ist stets zu beachten, dass die Gesellschaft als Familiengesellschaft erhalten bleibt und dass das Unternehmen im Sinne seines Gründers fortgeführt wird.

(4)   Die Kosten dieses Vertrags und seines Vollzugs im Handelsregister trägt die Gesellschaft.

Mannheim, den …

gez. I   gez. J   gez. K

5. Einzelne Vertragsklauseln für besondere Fälle

a)   Sonderrechte des maßgebenden Seniorgesellschafters A

(1)   A ist jederzeit berechtigt, die Umwandlung seiner Beteiligung in eine Kommanditeinlage zu verlangen oder seine Beteiligung ganz oder teilweise, entgeltlich oder unentgeltlich, auf einen neu eintretenden, persönlich haftenden Gesellschafter zu übertragen.

Bei Gesellschafterbeschlüssen hat A, solange er der Gesellschaft angehört, und sei es auch nur als Kommanditist, stets ein doppeltes Stimmrecht. Bei Stimmengleichheit geben seine Stimmen den Ausschlag.

(2) Folgende Geschäfte bedürfen der vorherigen Zustimmung des Gesellschafters A:

a) der Erwerb, die Belastung und die Veräußerung von Grundstücken;

b) die Erteilung der Prokura;

c) die Anstellung von Arbeitnehmern mit einem Brutto-Jahresgehalt von EUR _____ und mehr;

d) der Abschluss von Geschäften aller Art, durch die die Gesellschaft im Einzelfall in Höhe von EUR _____ und mehr oder jährlich, für eine Laufzeit von mindestens fünf (5) Jahren oder mehr in Höhe von jährlich EUR _____ verpflichtet wird;

e) ... .

b)   Geschäftsverteilung zwischen den Gesellschaftern

(1) Jeder Gesellschafter ist für sich allein stets zur Geschäftsführung und Vertretung berechtigt. Der Gesellschafter A ist in erster Linie zuständig für die Geschäftskorrespondenz, die Buchhaltung und die Personalangelegenheiten. Sache des Gesellschafters B ist der Einkauf und das Lagerwesen. C ist verantwortlich für Herstellung und Vertrieb.

(2) Soweit ein Gesellschafter im Aufgabenbereich des anderen tätig wird, hat er diesen unverzüglich darüber zu unterrichten.

c)   Geschäftsführervergütung

Die in der Geschäftsführung der Gesellschaft tätigen Gesellschafter erhalten unabhängig vom Geschäftserfolg eine monatlich im Voraus zu zahlende Tätigkeitsvergütung von je EUR _____. Steigt der Umsatz *(oder: der Gewinn)* über jährlich EUR _____, so erhöht sich die Tätigkeitsvergütung wie folgt: ... .

(Oder:

Die Tätigkeitsvergütungen sind vor der Gewinnverteilung gemäß § ___ wie Betriebsausgaben zu behandeln, und zwar auch in Verlustjahren. Sie sind angemessen anzupassen, wenn sich der vom Statistischen

Bundesamt festgestellte Verbraucherpreisindex, und zwar der Durchschnittsindex für das gesamte Jahr, im Laufe der vereinbarten Vertragsdauer (auf der Basis des jeweils aktuellen Verbraucherpreisindexes = 100) um mehr als 10 Punkte nach oben oder unten verändert. Wird hierüber eine Einigung nicht erzielt, so soll ein von der Industrie- und Handelskammer ___ zu benennender Schiedsgutachter die angemessenen Tätigkeitsvergütungen für alle Beteiligten verbindlich feststellen.)

d) Erleichtertes Ausscheiden eines Gesellschafters

Anstelle einer Kündigung des Gesellschaftsvertrags kann jeder Gesellschafter mit einer Frist von mindestens sechs (6) Monaten zum Jahresende, erstmals zum 31.12.20__, seinen Austritt aus der Gesellschaft erklären, wenn er der Gesellschaft zugleich einen neuen Gesellschafter benennt, der bereit ist, unter Übernahme des Kapitalkontos und der Verpflichtungen des Ausscheidenden in die Gesellschaft einzutreten. Die verbleibenden Gesellschafter sind verpflichtet, den als Nachfolger Benannten in die Gesellschaft aufzunehmen, sofern keine sachlichen *(schwerwiegenden)* Bedenken gegen die Person oder die Qualifikation des neuen Gesellschafters geltend gemacht werden können.

e) Tod eines Gesellschafters

(1) Keine Regelung im Gesellschaftsvertrag:

Gesetzliche Folge: Ausscheiden des Gesellschafters aus der Gesellschaft (§ 131 Abs. 3 Nr. 1 HGB).

(2) Nachträglicher Beschluss über Fortsetzung der Gesellschaft mit den Erben

Stirbt ein Gesellschafter, so wird die Gesellschaft unter den übrigen Gesellschaftern und mit den Erben des Verstorbenen *(soweit es sich dabei um dessen Ehegatten und/oder dessen eheliche Abkömmlinge handelt)* fortgeführt. Die Erben werden – unter Umwandlung der Gesellschaft in eine Kommanditgesellschaft – Kommanditisten. Einer der Miterben soll, wenn er volljährig ist und die entsprechende Vorbildung nachweist, das Recht haben, wieder als persönlich haftender, geschäftsführungs- und vertretungsberechtigter Gesellschafter beizutreten. Unter mehreren an sich nachfolgeberechtigten Bewerbern treffen die Altgesellschafter die Wahl. Kommt eine Mehrheitsentscheidung nicht zustande, so entscheidet die Stimme des ältesten Gesellschafters.

6. Anmeldungen zum Handelsregister

(1) Neueintragung in einer OHG (Beispiel: oben Nr. 2)

An das Amtsgericht Mannheim

- Registergericht -

Zur Eintragung in das Handelsregister melden wir an:

Wir, C, D und E, wohnhaft in Heidelberg, haben unter der Firma „C, **D & E, Büromöbel-Großhandlung OHG"** eine offene Handelgesellschaft mit dem Sitz in Heidelberg gegründet. Die Gesellschaft hat am ___ begonnen; sie betreibt ein Großhandelsgeschäft mit Büromöbeln und hat ihren Sitz in Heidelberg, Geschäftsadresse ___ Zur Vertretung der Gesellschaft ist jeder Gesellschafter stets alleine berechtigt.

Heidelberg, den …

gez. C   gez. D   gez. E

(Es folgt der Beglaubigungsvermerk)[14]

(2) Fortführung einer schon bestehenden Einzelfirma (Beispiel: oben Nr. 3)

(a) Bisherige Firma wird nicht geändert, aber durch Firmenbestandteil „OHG" ergänzt:

An das Amtsgericht München

- Registergericht -

Zur Eintragung in das Handelsregister HRA ____ melden wir an:

Ich, der Kaufmann F, München, habe G, ebenda, als Gesellschafter in mein bisher unter der Firma „F Lebensmittel" im Handelsregister beim Amtsgericht München, Registergericht, HRA ____ eingetragenes Lebensmittelgeschäft aufgenommen. Wir haben zur Fortführung dieses Geschäftes unter der bisherigen Firma, aber mit dem Zusatz „OHG", eine offene Handelsgesellschaft errichtet. Die Gesellschaft hat am … begonnen; sie hat ihren Sitz in München.

---

14 Anmelden müssen alle Gesellschafter, Vertretung mit notarieller Vollmacht ist aber möglich.

Zur Vertretung der Gesellschaft ist nur der Gesellschafter F berechtigt.

Die Geschäftsanschrift lautet weiterhin: … .

München, den …

gez. F   gez. G

(Beglaubigungsvermerk)

(b) Bisherige Firma wird geändert:

An das Amtsgericht München
- Registergericht -

Zur Eintragung in das Handelsregister HRA ___ melden wir an:

Ich, der Kaufmann F, München, habe G, ebenfalls München, als Gesellschafter in meine unter der Firma „F Lebensmittel" eingetragene Handelsgesellschaft aufgenommen. Wir haben eine offene Handelsgesellschaft gegründet, die das Geschäft fortführen soll. Die Gesellschaft hat am ___ begonnen; sie hat ihren Sitz in München.

Die Firma hat sich geändert, sie lautet jetzt:

„Lebensmittel F & G OHG".

Die Geschäftsanschrift lautet weiterhin: … .

München, den …

gez. F   gez. G

(Beglaubigungsvermerk)

(3)   Erwerb einer einzelkaufmännischen Firma durch eine OHG

An das Amtsgericht Mannheim
- Registergericht -

Betr.: Fa. …, Mannheim, HRA ___ .

Ich, der Kaufmann H in Mannheim, habe mein unter diesem Namen im Handelsregister eingetragenes Eisenwarengeschäft an den A und B verkauft; ich bin damit einverstanden, dass das Geschäft unter der bisherigen Firma fortgeführt wird.

Wir, der Kaufmann A und der Buchhalter B, beide in Mannheim, haben zur Fortführung des Geschäftes eine offene Handelsgesellschaft gegründet unter der Firma:

„H Eisenwaren OHG"

Die Gesellschaft hat ihren Sitz in Mannheim, Geschäftsadresse .... Sie hat am ___ begonnen. Zur Vertretung sind beide Gesellschafter nur gemeinschaftlich berechtigt.

Die im Geschäft begründeten Forderungen und Verbindlichkeiten gehen auf die Erwerber nicht über.

Mannheim, den ...

gez. H   gez. A   gez. B

(Beglaubigungsvermerk)

IV. Literaturverzeichnis

Münchener Kommentar zum Handelsgesetzbuch	Band 2, Zweites Buch. Handelsgesellschaften und stille Gesellschaft, Erster Abschnitt. Offenen Handelsgesellschaft §§ 105 – 160, 2. Aufl., 2006
Münchener Handbuch der Gesellschaftsrechts	Band 1, BGB-Gesellschaft, Offene Handelsgesellschaft, Partnerschaftsgesellschaft, Partenreederei, EWIV, 3. Aufl., 2009
Beck'sches Handbuch der Personengesellschaften	3. Aufl., 2009
Baumbach / Hopt	Handelsgesetzbuch, 34. Aufl., 2010
Karsten Schmidt	Gesellschaftsrecht, 4. Aufl., 2002
Sudhoff	Personengesellschaften, 8. Aufl., 2005

Die Kommanditgesellschaft (KG)

Von Rechtsanwalt Prof. Dr. Siegfried Elsing, LL.M., Düsseldorf und
Rechtsanwalt Dr. Nicholas Kessler, LL.M. EMBA, Düsseldorf

11., neu bearbeitete Auflage 2010

ISBN 978-3-8005-4298-7

Inhaltsverzeichnis

Hinweis

Kursivdruck bedeutet, dass für dieselbe Vertragsbestimmung (z.B. die Regelung des Entgelts) verschiedene Formulierungen zur Auswahl gestellt oder als Beispiele angeführt werden. Regelmäßig müssen dann alle Formulierungen bis auf eine gestrichen werden, damit keine Widersprüche entstehen.

Einführung

Die Kommanditgesellschaft kann in vielfältiger Weise als gesellschaftsrechtliche Organisationsform eingesetzt werden. Sie wird bei Kapitalanlagegesellschaften ebenso als Rechtsform verwendet wie bei Familiengesellschaften. In der Variante der GmbH & Co. KG bietet die Kommanditgesellschaft der gewerblichen Wirtschaft eine willkommene Alternative zur Gesellschaft mit beschränkter Haftung.

Die Kommanditgesellschaft ist eine Personengesellschaft aus beschränkt und unbeschränkt haftenden Gesellschaftern. Der oder die *„persönlich haftende(n) Gesellschafter"* (auch Komplementäre genannt) haften persönlich und unbeschränkt mit ihrem gesamten Vermögen für die Gesellschaftsverbindlichkeiten.

Der oder die Kommanditisten haften für Gesellschaftsverbindlichkeiten dagegen nur bis zur Höhe ihrer Einlage unmittelbar. Sobald ein Kommanditist seine Einlage erbracht hat, ist seine Haftung grundsätzlich ausgeschlossen.

Die gesetzlichen Regelungen über die Kommanditgesellschaft sind vorwiegend in den §§ 161 ff. HGB in Verbindung mit §§ 105 ff. HGB und 705 ff. BGB enthalten. Die überwiegende Anzahl dieser Bestimmungen ist dispositiv. Sie eröffnen den Parteien also einen recht weiten Gestaltungsraum, der mit dem Ziel eines ausgewogenen Vertragswerkes ausgenutzt werden sollte. Diesen Spielraum berücksichtigen die in diesem Band vorgeschlagenen Formulierungen. Sie sind als Hinweise und Anregung für die konkrete Gestaltung eines Gesellschaftsvertrages zu verstehen. In jedem Fall sollte überprüft werden, ob die vorgeschlagene Regelung dem Einzelfall gerecht wird.

Seit der 10. Auflage hat der Gesetzgeber das auf die Kommanditgesellschaften anwendbare Recht in vielen Detailfragen geändert, etwa im Hinblick auf das neue Schuldrecht (SchuldRModG, BGBl. I 2001, 3138), das Registerrecht einschließlich der Einführung des elektronischen Handelsregisters (ERJuKoG, BGBl. I 2001, 3422; JuMoG, BGBl. 2004, 2198; EHUG, BGBl. 2006, 2553), auf Zahlungen an Gesellschafter und Antragspflichten in der Insolvenz der Gesellschaft (MoMiG, BGBl. I 2008, 2026) sowie auf das Bilanzrecht (BilModG, BGBl. I 2009, 1102). Der vorliegende Band trägt diesen Änderungen Rechnung.

2

A. Muster eines Gesellschaftsvertrages

Herr Bernd Abel,
geb. am 12.3.1953, Hauptstraße Nr. 10 in 69117 Heidelberg,

Herr Christian Baumann,
geb. am 21.12.1977, Grafenberger Allee Nr. 20 in 40237 Düsseldorf,

Frau Daniela Christ,
geb. am 6.3.1965, Hafenstraße Nr. 30 in 41460 Neuss, und

Frau Emilie Dorfner,
geb. am 28.11.1974, Mühlgasse Nr. 40 in 69151 Neckargemünd,

errichten hiermit eine Kommanditgesellschaft[1] mit dem folgenden Gesellschaftsvertrag.[2]

---

1 Seit der Neufassung der §§ 2, 105 Abs. 2 HGB im Jahre 1998 können auch Kleingewerbetreibende eine Kommanditgesellschaft gründen. Kleingewerbliche Unternehmen, die bis 1998 nicht eintragungsfähig waren, sind nunmehr sog. Kannkaufleute nach § 2 HGB, d. h. sie können das von ihnen betriebene Gewerbe im Handelsregister eintragen lassen, wobei die Eintragung konstitutive Wirkung hat. Über die §§ 161 Abs. 2, 105 Abs. 2 HGB ist dann die Gründung einer Kommanditgesellschaft möglich. Zur Auswirkung des Handelsrechtsreformgesetzes auf das Recht der Personengesellschaften vgl. *K. Schmidt*, NJW 1998, 2161 ff.

2 Der Abschluss eines Gesellschaftsvertrages zur Errichtung einer Kommanditgesellschaft ist grundsätzlich formfrei. Der Gesellschaftsvertrag kann also auch stillschweigend oder konkludent geschlossen werden – das ist häufig bei Gelegenheitsgesellschaften der Fall (vgl. *BGH*, Urteil vom 8.10.1984 – II ZR 223/83, BGHZ 92, 259, 264 = BB 1984, 2144; *Beck'sches Handbuch der Personengesellschaften*, § 2 Rn. 20 ff.). Eine schriftliche Niederlegung des Gesellschaftsvertrages empfiehlt sich jedoch aus Gründen der Rechtssicherheit. Ausnahmsweise ist eine notarielle Beurkundung erforderlich, wenn Sachen und Rechte eingebracht werden, die nur durch notariell beurkundeten Vertrag übertragen werden können. Einer notariellen Beurkundung bedarf z. B. die Verpflichtung, ein Grundstück (§ 311b Abs. 1 BGB; vgl. *BGH*, Urteil vom 25.3.1965 – II ZR 203/62, WM 1965, 744 f.; *BayObLG*, Urteil vom 20. November 1986 – 3 Z 107/86, BB 1987, 711, 712), das gesamte Vermögen oder einen Teil desselben (§ 311b Abs. 3 BGB) oder den Geschäftsanteil an einer GmbH (§ 15 Abs. 3 und Abs. 4 GmbH-Gesetz) einzubringen. Bei unentgeltlicher (schenkweiser) Beteiligung an der Gesellschaft ist die Formvorschrift des § 518 BGB zu beachten (grundlegend *BGH*, Urteil vom 2.7.1990 – II ZR 243/89, BGHZ 112, 40, 44 ff. = BB 1990, 1507), etwaige Formmängel werden jedoch regelmäßig mit Vollzug der Schenkung durch Einräumung oder Übertragung des Anteils geheilt.

§ 1
Firma und Sitz

(1) Die Firma der Gesellschaft lautet Bernd Abel KG.[3]

oder

Delikatessen Abel KG.

(2) Der Sitz der Gesellschaft ist Düsseldorf.

§ 2
Gegenstand des Unternehmens

(1) Gegenstand des Unternehmens ist der Handel mit Lebensmitteln aller Art.[4]

(2) Die Gesellschaft darf alle Geschäfte vornehmen, die den Gesellschaftszweck unmittelbar oder mittelbar zu fördern geeignet sind. Insbesondere darf sie Zweigniederlassungen errichten und sich an anderen Unternehmen mit ähnlichem Gegenstand beteiligen.[5]

---

3 Nach § 19 Abs. 1 Nr. 3 HGB muss die Firma einer Kommanditgesellschaft, auch wenn sie nach den §§ 21, 22, 24 HGB oder nach anderen gesetzlichen Vorschriften fortgeführt wird, die Bezeichnung *„Kommanditgesellschaft"* oder eine allgemein verständliche Abkürzung dieser Bezeichnung enthalten (typischerweise *„KG"*). Nach Fortfall des § 19 Abs. 4 HGB a. F. muss die Personenfirma einer KG nicht mehr zwingend den Familiennamen mindestens eines Komplementärs enthalten, vielmehr kann auch der (fiktive) Name eines Nichtgesellschafters gewählt werden, solange keine Irreführung vorliegt. Sachfirmen, Phantasiefirmen sowie Mischfirmen sind zulässig. Sie müssen aber zur Kennzeichnung geeignet sein und Unterscheidungskraft besitzen (§ 18 Abs. 1 HGB). Der zwingende Rechts- und Gesellschaftsformzusatz ist bei diesen Firmen besonders wichtig. Wenn in einer Kommanditgesellschaft *keine* natürliche Person persönlich haftet (Bsp.: einziger persönlich haftender Gesellschafter ist eine GmbH), muss die Firma aus Gründen des Verkehrsschutzes eine diese Haftungsbeschränkung klarstellende Bezeichnung enthalten (etwa *„GmbH & Co. KG"*). Zu Möglichkeiten der Firmenbildung bei einer Kommanditgesellschaft unter Beachtung des Irreführungsverbots aus § 18 Abs. 2 HGB: *Jung*, ZIP 1998, 677 ff.; *Kögel*, BB 1997, 793, 796 f.; *Heidinger*, in: Münchener Kommentar zum HGB, § 18 Rn. 106 ff.

4 Der Zweck einer Kommanditgesellschaft muss auf den Betrieb eines Handelsgewerbes i. S. d. §§ 1 bis 3 HGB gerichtet sein.

5 Der Gegenstand des Unternehmens muss nicht zwingend im Gesellschaftsvertrag festgelegt werden. Eine derartige Regelung empfiehlt sich jedoch, um willkürlichen Änderungen des betriebenen Geschäftes durch die geschäftsführenden Gesellschafter vorzubeugen. Dabei sollte der Gegenstand des Unternehmens aber auch nicht zu eng umgrenzt werden, um sinnvolle und notwendige Erweiterungen des Geschäftsbetriebes zu ermöglichen. Hilfreich ist die Festlegung eines Gesellschaftszwecks auch, wenn eine spätere Liquidation der Gesellschaft infolge der Erreichung ihres Zwecks in Betracht kommt.

§ 3
Gesellschafter, Kapitalanteile und Haftsummen

(1) Persönlich haftender Gesellschafter ist Bernd Abel mit einem Kapitalanteil (Einlage) von 25.000 € (in Worten: fünfundzwanzigtausend Euro).

(2) Kommanditisten[6] sind Christian Baumann, Daniela Christ und Emilie Dorfner mit einem Kapitalanteil (Einlage) von je von 10.000 € (in Worten: zehntausend Euro).

(3) Die Gesellschafter erbringen ihre Kapitalanteile durch Bareinlagen bei Abschluss dieses Gesellschaftsvertrages.

oder

Die Einlagen werden wie folgt erbracht:

Herr Abel durch Bareinlage bei Abschluss dieses Gesellschaftsvertrages.

Herr Baumann 10.000 € (in Worten: zehntausend Euro) bis zum [_____] in fünf gleichen Monatsraten, zahlbar jeweils am 1. des Monats, beginnend am [_____].

Frau Christ 7.500 € (in Worten: siebentausendfünfhundert Euro) durch Einbringung einer Ladeneinrichtung, deren Schätzwert durch das diesem Gesellschaftsvertrag beigefügte Sachverständigengutachten ermittelt wurde, 2.500 € (in Worten: zweitausendfünfhundert Euro) durch Bareinlage bei Abschluss dieses Gesellschaftsvertrages.

Frau Dorfner durch Abtretung ihrer Forderung gegen die Müller GmbH in Höhe von 10.000 € (in Worten: zehntausend Euro) gemäß Rechnung vom [_____]. Für die Bonität der Forderung leistet Frau Dorfner volle Gewähr.[7]

---

6   Kommanditisten haften den Gläubigern der Gesellschaft nur bis zu der Höhe der im Handelsregister eingetragenen Haftsumme (*„Einlage"*) unmittelbar; ihre Haftung ist ausgeschlossen, soweit die Haftsumme geleistet und nicht zurückbezahlt worden ist (§§ 171 Abs. 1, 172 HGB). Sie sind von der organschaftlichen Vertretung der Kommanditgesellschaft ausgeschlossen (§ 170 HGB); siehe auch Fn. 12.

7   Die Vereinbarung einer Sacheinlage (z. B. körperliche Gegenstände, Forderungen) anstelle einer Geldeinlage ist möglich. Es ist jedoch zu beachten, dass der Kommanditist von seiner Haftung gegenüber den Gläubigern nur in Höhe des *wirklichen* Wertes der erbrachten Sacheinlage befreit wird. Der von den Gesellschaftern angenommene Wert der Sacheinlage ist somit im Außenverhältnis irrelevant (*BGH*, Urteil vom 8.7.1985 – II ZR 269/84, BGHZ 95, 188, 197 = NJW 1985, 2947). Wird, wie im vorliegenden Fall, die Einlage durch Abtretung einer Forderung erbracht und kann der Schuldner die Forderung nicht leisten, wird der Kommanditist nicht von der Haftung befreit (vgl. *BGH*, Urteil vom 25. 6. 1973 – II ZR 133/70, NJW 1972, 1692, 1694). Gem. § 172 Abs. 4 HGB lebt die Haftung des Komman-

(4) Die Kapitalanteile der Gesellschafter sind fest.[8] Sie können nur durch Beschluss der Gesellschafterversammlung geändert werden.

(5) Die Kapitalanteile der Kommanditisten sind als ihre Haftsummen in das Handelsregister einzutragen.[9] Kommanditisten, die ihre Kapitalanteile (Einlagen) geleistet haben, sind nicht zum Nachschuss verpflichtet.

§ 4
Geschäftsführung und Vertretung

(1) Der persönlich haftende Gesellschafter ist zur Geschäftsführung und Vertretung der Gesellschaft allein berechtigt[10] und verpflichtet. Durch Beschluss der Gesellschafter kann der persönlich haftende Gesellschafter von den Beschränkungen des § 181 BGB allgemein oder für den Einzelfall befreit werden.[11]

---

ditisten wieder auf, wenn er seine Hafteinlage ganz oder teilweise dadurch zurückerhält, dass ihm Vermögenswerte der Gesellschaft ohne Ausgleich in selber Höhe zufließen (näher *K. Schmidt*, in: Münchener Kommentar zum HGB, § 172 Rn. 62 ff.)

8 Das HGB sieht feste Kapitalkonten der Gesellschafter nicht vor. Nach § 120 Abs. 2 HGB sollen Gewinne und Verluste über ein bewegliches Kapitalkonto gebucht werden, mit der Folge, dass sich die Beteiligung jedes Gesellschafters Jahr für Jahr verändert. Da der Kapitalanteil ziffernmäßiger Ausdruck der verhältnismäßigen Beteiligung am Gesellschaftsvermögen ist, wird im Gesellschaftsvertrag häufig geregelt, dass sich die Gewinn- und Verlustverteilung sowie das Stimmrecht nach dem Verhältnis der Kapitalanteile richten. In diesen Fällen empfiehlt es sich, das bestehende Verhältnis der Kapitalanteile auf dem Kapitalkonto ein für allemal festzulegen (dazu *Beck'sches Handbuch der Personengesellschaften*, § 5 Rn. 80 ff.).

9 Die Haftsumme des Kommanditisten ist von seiner Pflichteinlage zu unterscheiden. Die Haftsumme beschreibt den Betrag, auf dessen Höhe der Kommanditist den Gläubigern der Gesellschaft unmittelbar persönlich haftet (Außenverhältnis). Die Höhe der Haftsumme ergibt sich nach § 172 Abs. 1 HGB aus der Eintragung im Handelsregister. Die Pflichteinlage ist der Betrag, zu dessen Leistung sich der Kommanditist gegenüber seinen Mitgesellschaftern verpflichtet (Innenverhältnis). Die Haftsumme kann höher, aber auch niedriger als die Pflichteinlage sein. Die Leistung der Pflichteinlage befreit den Kommanditisten von seiner persönlichen Haftung nur insoweit, als er der Gesellschaft bei objektiver Bewertung einen Vermögenswert zuführt (vgl. *BGH*, Urteil vom 8.7.1985 – II ZR 269/84, BGHZ 95, 188, 197 = NJW 1985, 2947).

10 Das sog. Prinzip der Selbstorganschaft verbietet, dass sämtliche persönlich haftenden Gesellschafter von der Vertretung und Geschäftsführung der Kommanditgesellschaft ausgeschlossen und diese vollständig auf gesellschaftsfremde Dritte (Prokuristen etc.) übertragen werden (*BGH*, Urteil vom 22.1.1962 – II ZR 11/61, BGHZ 36, 293 = NJW 1962, 738; *BGH*, Urteil vom 16.11.1981 – II ZR 213/80, NJW 1982, 877, 878). Existiert nur ein persönlich haftender Gesellschafter, muss dieser also zwingend Alleinvertretungsmacht haben.

11 Nach § 181 BGB ist es dem geschäftsführenden Gesellschafter untersagt, im Namen der Gesellschaft mit sich im eigenen Namen oder als Vertreter eines Dritten ein Rechtsgeschäft vorzunehmen. Hiervon kann der geschäftsführende Gesellschafter im Gesellschaftsvertrag

(2) Durch Beschluss der Gesellschafter kann einem oder mehreren Kommanditisten Prokura eingeräumt und entzogen werden.[12]

(3) Die Geschäftsführungsbefugnis erstreckt sich auf die Vornahme aller Handlungen, die der gewöhnliche Betrieb des Unternehmens mit sich bringt. Darüber hinausgehenden Handlungen können die Kommanditisten widersprechen. Folgende Rechtsgeschäfte dürfen nur aufgrund eines zuvor gefassten Gesellschafterbeschlusses vorgenommen werden:

a) der Erwerb, die Veräußerung und die Belastung von Grundstücken;

b) die Bestellung von Sicherheiten, insbesondere Bürgschaften, Globalzessionen und Sicherungsübereignungen zugunsten Dritter durch die Gesellschaft;

c) die Gewährung eines Darlehens an einen Gesellschafter oder an einen Dritten;

d) [_____].[13]

§ 5
Vergütung des geschäftsführenden Gesellschafters

(1) Der geschäftsführende Gesellschafter erhält für seine Tätigkeit im ersten Geschäftsjahr der Gesellschaft eine monatliche Vergütung in Höhe von [_____].[14] Nach dem ersten Geschäftsjahr ist die monatliche Vergütung

---

befreit werden. Von dieser Möglichkeit sollte jedoch nur dann Gebrauch gemacht werden, wenn dies nach Art und Umfang des Unternehmens erforderlich und die Gefahr eines Missbrauchs gering ist.

12 Zwar ist der Kommanditist nach § 170 HGB nicht zur – organschaftlichen – Vertretung der Gesellschaft ermächtigt. Ihm kann jedoch Prokura (*BGH*, Urteil vom 27.6.1955 – II ZR 232/54, BGHZ 17, 392, 394 = BB 1955, 680) oder Generalvollmacht (*BGH*, Urteil vom 22.1.1962 – II ZR 11/61, BGHZ 36, 292, 295 = BB 1962, 233) erteilt werden – auch stillschweigend (*BGH*, Urteil vom 13.3.1972 – II ZR 164/69, BB 1972, 726). Zur Gesamtvertretung durch Komplementär und Kommanditist siehe *Brox*, FS Westermann (1974), 21 ff.

13 Gem. § 164 HGB sind die Kommanditisten von der Geschäftsführung ausgeschlossen. Auch können sie einer Handlung des persönlich haftenden Gesellschafters nur widersprechen, wenn diese über den gewöhnlichen Betrieb des Handelsgewerbes der Gesellschaft hinausgeht. Aus Gründen der Rechtssicherheit bietet es sich an, einen Katalog derjenigen Geschäfte zu definieren, die nicht ohne die Zustimmung der Kommanditisten vorgenommen werden dürfen.

14 Da die Geschäftsführung eine gesellschaftsvertragliche Pflicht ist, hat der geschäftsführende Gesellschafter grundsätzlich keinen Anspruch auf Vergütung. Eine Vergütung kann im Gesellschaftsvertrag jedoch vereinbart werden (*Beck'sches Handbuch der Personengesellschaften*, § 3 Rn. 130 ff.).

zu Beginn eines jeden Geschäftsjahres durch Gesellschafterbeschluss unter Berücksichtigung der Entwicklung der Lebenshaltungskosten und der Ertragslage der Gesellschaft neu festzusetzen.[15]

(2) Die monatliche Vergütung ist am Ende jeden Monats zahlbar und im Verhältnis der Gesellschafter zueinander als Aufwand zu behandeln.

(3) Angemessene Spesen und Auslagen werden gegen Einzelnachweis oder in Höhe der steuerlich zulässigen Pauschalbeträge ersetzt.

oder

Die Vergütung beträgt [_____]% des ausgewiesenen Jahresgewinns nach der Steuerbilanz. Für die Berechnung der Vergütung werden steuerliche Sonderabschreibungen in betriebswirtschaftliche Abschreibungen umgerechnet. Außerordentliche Erträge und Gewinne werden bei der Berechnung der Vergütung nicht berücksichtigt.

§ 6
Gesellschafterversammlung

(1) Eine ordentliche Gesellschafterversammlung findet einmal jährlich innerhalb der ersten acht Monate des Geschäftsjahres am Sitz der Gesellschaft statt, allerdings nicht später als zwei Monate nach Aufstellung des Jahresabschlusses für das vorangegangene Geschäftsjahr. Die Gesellschafter können beschließen, dass weitere ordentliche Gesellschafterversammlungen stattfinden sollen.

(2) Eine außerordentliche Gesellschafterversammlung ist durch den persönlich haftenden Gesellschafter einzuberufen, wenn es im Interesse der Gesellschaft erforderlich erscheint oder ein Kommanditist eine Einberufung unter Angabe des Zwecks und der Gründe verlangt. Entspricht der persönlich haftende Gesellschafter nicht unverzüglich einem solchen Einberufungsverlangen, so ist der Kommanditist berechtigt, selbst eine Gesellschafterversammlung unter Beachtung der Regelungen des Abs. (3) einzuberufen.

---

15 Unter dem Gesichtspunkt der gesellschaftlichen Treuepflicht sind die Gesellschafter nur dann gehalten, der Erhöhung der Tätigkeitsvergütung zuzustimmen, wenn deren Anpassung an veränderte Verhältnisse für eine verständige Weiterführung des Gesellschaftszwecks dringend geboten ist (*BGH*, Urteil vom 10.6.1965 – II ZR 6/63, BGHZ 44, 40 ff. = BB 1965, 845; *Westermann*, Handbuch der Personengesellschaften, § 24 Rn. 534).

(3) Gesellschafterversammlungen werden durch den persönlich haftenden Gesellschafter einberufen und geleitet. Die Einberufung hat schriftlich mit einer Frist von vierzehn Tagen zu erfolgen. Die Tagesordnung ist mit der Einladung bekannt zu geben.[16] Eine Gesellschafterversammlung kann nur mit Zustimmung aller Gesellschafter an einem anderen Ort als am Sitz der Gesellschaft abgehalten werden.

(4) Über eine Gesellschafterversammlung ist eine Niederschrift zu fertigen, die von dem geschäftsführenden Gesellschafter zu unterzeichnen ist.

§ 7
Gesellschafterbeschlüsse

(1) Die Beschlüsse der Gesellschafter werden in der Gesellschafterversammlung gefasst. Sie sind formlos gültig, soweit nicht in diesem Vertrag oder vom Gesetz eine besondere Form vorgeschrieben ist.

(2) Gesellschafterbeschlüsse können bei Zustimmung und Beteiligung aller Gesellschafter auch außerhalb einer Gesellschafterversammlung gefasst werden. Die Beschlussfassung hat in diesem Fall in schriftlicher, fernschriftlicher (Telegramm, Telex, Telefax) oder elektronischer (E-Mail) Form zu erfolgen. Auch kann in diesem Falle im Umlaufverfahren abgestimmt werden.

(3) Jeder Gesellschafter kann sich bei der Beschlussfassung durch einen anderen Gesellschafter oder durch ein kraft Gesetzes zur Verschwiegenheit verpflichtetes Mitglied der rechts-, wirtschafts- oder steuerberatenden Berufe vertreten lassen.

(4) Die Gesellschafterversammlung ist beschlussfähig, wenn mindestens 50% der Kapitalanteile anwesend oder vertreten sind. Im Falle der Beschlussunfähigkeit ist unverzüglich eine weitere Gesellschafterversammlung einzuberufen, die ohne Rücksicht auf die anwesenden oder vertretenen Kapitalanteile beschlussfähig ist. In der Ladung zu der weiteren Gesellschafterversammlung ist auf diesen Umstand hinzuweisen. Bei Gefahr in Verzug kann die Ladungsfrist für diese weitere Gesellschafterversammlung auf bis zu eine Woche abgekürzt werden.

---

16 Die Regelungen zur Einberufung und Niederschrift können auch strenger gestaltet werden. Häufig wird z. B. die Einberufung durch eingeschriebenen Brief vorgeschrieben. Letztlich sollten die Regelungen praktikabel und auf die Bedürfnisse der Gesellschaft zugeschnitten sein.

(5) Je volle 100,00 € auf den Kapitalkonten nach § 9 Abs. 2 dieses Gesellschaftsvertrages gewähren eine Stimme.[17]

(6) Die Gesellschafterbeschlüsse werden mit einfacher Mehrheit[18] der abgegebenen Stimmen gefasst, soweit nicht dieser Gesellschaftsvertrag oder zwingende gesetzliche Vorschriften eine andere Mehrheit vorschreiben.[19]

(7) Mit einer Mehrheit von [_____] der abgegebenen Stimmen muss beschlossen werden über:

a) Entziehung der Geschäftsführung, wobei dem betreffenden geschäftsführenden Gesellschafter kein Stimmrecht zusteht;

b) die Umbuchung von den Rücklagenkonten auf die Darlehenskonten der Gesellschafter (§ 9 Abs. 5 Satz 2 dieses Gesellschaftsvertrages);

c) Befreiung vom Wettbewerbsverbot (§ 10 Abs. 3 dieses Gesellschaftsvertrages), wobei dem zu befreienden Gesellschafter kein Stimmrecht zusteht;

d) die Feststellung der Jahresbilanz und der Gewinn- und Verlustrechnung;

e) die Bildung oder Auflösung von Rücklagen (§ 11 Abs. 3 dieses Gesellschaftsvertrages);

f) außerordentliche Entnahmen (§ 13 Abs. 4 dieses Gesellschaftsvertrages);

g) den Antrag auf Ausschließung eines Gesellschafters, wobei dem auszuschließenden Gesellschafter kein Stimmrecht zusteht (§ 18 Abs. 2 dieses Gesellschaftsvertrages);

---

17 Die vom Gesetz grundsätzlich vorgesehene Abstimmung nach Köpfen (§§ 161 Abs. 2, 119 Abs. 2 HGB) ist in den meisten Fällen nicht sachgerecht (vgl. *Westermann*, Handbuch der Personengesellschaften, § 24 Rn. 514a ff.).

18 Ohne eine solche Mehrheitsregelung würde das Einstimmigkeitsprinzip gelten (§§ 119 Abs. 1, 161 Abs. 2 HGB).

19 Im Interesse des Minderheitenschutzes wird diese Klausel regelmäßig dahingehend ausgelegt, dass sie nur Beschlüsse erfasst, welche die Geschäftsführung oder sonstige laufende Angelegenheiten betreffen. Für darüber hinausgehende Änderungen der Unternehmensverfassung oder des Gesellschaftsvertrages gilt das Mehrheitserfordernis (anstelle von Einstimmigkeit) nur dann, wenn dies dem Gesellschaftsvertrag entweder ausdrücklich oder im Wege einer *eindeutigen* Auslegung zu entnehmen ist (sog. Bestimmtheitsgrundsatz; diesem dienen Abs. 7 und 8). Siehe dazu *BGH*, Urteil vom 13.5.1985 – II ZR 170/84, BB 1985, 1623; *Marburger*, ZGR 1989, 146 ff. Selbst wenn der Gesellschaftsvertrag Vertragsänderungen durch Mehrheitsbeschluss zuließe, ergäben sich Grenzen aus dem Bestimmtheitsgrundsatz für Änderungen ungewöhnlichen Inhalts (*BGH*, Urteil vom 15.11.1982 – II ZR 62/82, NJW 1983, 1056, 1057).

h) die Auflösung der Gesellschaft;[20]

i) die Umwandlung der Gesellschaft in eine Kapitalgesellschaft.[21]

(8) Einstimmigkeit der anwesenden oder vertretenen Gesellschafter ist erforderlich für:

a) die Änderung der Kapitalanteile (§ 3 Abs. 4 dieses Gesellschaftsvertrages);[22]

b) Verfügungen eines Gesellschafters über seinen Gesellschaftsanteil, seinen Gewinnanspruch oder seinen Anspruch auf Auseinandersetzungsguthaben (§ 14 dieses Gesellschaftsvertrages);

c) die Aufnahme eines neuen Gesellschafters;

d) sonstige Änderungen dieses Gesellschaftsvertrages, soweit in diesem nicht ausdrücklich etwas anderes bestimmt ist.[23]

§ 8
Geschäftsjahr

Geschäftsjahr ist das Kalenderjahr. Das erste Geschäftsjahr endet am 31. Dezember des Jahres, in dem die Gesellschaft begonnen hat.[24]

---

20 Der Beschluss zur Umwandlung einer aufgelösten, aber noch nicht abgewickelten Gesellschaft in eine werbende Gesellschaft muss, wenn spezielle Regelungen im Gesellschaftsvertrag fehlen, einstimmig gefasst werden (*BGH*, Urteil vom 12.11.1952 – II ZR 260/51, BGHZ 8, 35, 42; *BGH*, Urteil vom 2.7.2007 – II ZR 181/06, BB 2007, 2310, 2311).

21 Dazu *BGH*, Urteil vom 15.11.1982 – II ZR 62/82, BGHZ 85, 351, 356 = NJW 1983, 1056.

22 Das Verhältnis der Kapitalanteile entscheidet über das Stimmrecht und damit über die Machtverteilung innerhalb der Gesellschaft. Zur Bewahrung des *status quo* sollte daher eine Änderung der Kapitalanteile im Regelfall nur mit Zustimmung *aller* Gesellschafter erlaubt werden.

23 Änderungen des Gesellschaftsvertrages durch eine (einfache oder qualifizierte) Mehrheit zu gestatten, birgt erhebliche Gefahren für die Minderheitsgesellschafter. Umgekehrt sind allzu umfangreiche „Vetorechte" der Minderheitsgesellschafter zu verhindern. Dieser Interessenkonflikt kann am ehesten durch ein abgestuftes System unterschiedlicher Mehrheitserfordernisse (einfache Mehrheit – Abs. 6, qualifizierte Mehrheit – Abs. 7, Einstimmigkeit – Abs. 8) und detaillierter Kataloge der ihnen unterfallenden Maßnahmen gelöst und auf die Bedürfnisse des Einzelfalles abgestimmt werden.

24 Nach § 4a Abs. 1 Nr. 2 EStG ist das Geschäftsjahr der Zeitraum, für den die Kommanditgesellschaft regelmäßig Abschlüsse erstellt. Die Umstellung des Wirtschaftsjahres auf einen vom Kalenderjahr abweichenden Zeitraum ist steuerlich nur wirksam, wenn sie im Einvernehmen mit dem Finanzamt vorgenommen wird (§ 4a Abs. 1 Nr. 2 S. 2 EStG; § 8b Nr. 2 Satz 2 EStDV). Ein Geschäftsjahr darf längstens 12 Monate umfassen (§ 240 Abs. 2 Satz 2 HGB).

§ 9
Gesellschafterkonten

(1) Für jeden Gesellschafter werden ein Kapitalkonto, ein Rücklagenkonto und ein Darlehenskonto geführt.[25]

(2) Auf dem Kapitalkonto wird der Kapitalanteil des Gesellschafters gebucht. Es ist unverzinslich.

(3) Auf dem Rücklagenkonto[26] werden die dem Gesellschafter zustehenden, jedoch nicht entnahmefähigen Gewinnanteile sowie die ihn betreffenden Verlustanteile gebucht. Es ist unverzinslich.

(4) Auf dem Darlehenskonto[27] werden die entnahmefähigen Gewinnanteile, Entnahmen, Tätigkeitsvergütungen, Zinsen sowie der sonstige Zahlungsverkehr zwischen der Gesellschaft und dem Gesellschafter gebucht. Das Darlehenskonto ist im Soll und Haben mit einem Zinssatz in Höhe von [____] Prozentpunkten über dem jeweiligen Basiszinssatz p. a. zu verzinsen. Die Zinsen gelten im Verhältnis der Gesellschafter zueinander als Aufwand bzw. Ertrag.

(5) Entnahmen der einzelnen Gesellschafter zu Lasten ihres Rücklagenkontos sind nicht zulässig. Die Gesellschafter können aber beschließen, dass Guthaben auf den Rücklagenkonten um einen für alle Gesellschafter einheitlichen Prozentsatz auf die Darlehenskonten umgebucht werden.

§ 10
Wettbewerbsverbot

(1) Jedem Gesellschafter ist es untersagt, unmittelbar oder mittelbar auf dem Geschäftsgebiet der Gesellschaft Geschäfte zu betreiben und abzuschließen oder der Gesellschaft auf andere Weise Konkurrenz zu machen.[28]

---

25 Die Dreiteilung der Konten (dazu *Westermann*, Handbuch der Personengesellschaften, § 26 Rn. 586 ff.) bietet den Vorteil einer klaren Trennung zwischen dem festen Kapitalanteil, nicht entnahmefähigen und entnahmefähigen Gewinnen. Folgt man dem gesetzlichen Model mit flexiblen Kapitalanteilen, ist die Einrichtung eines Kontos ausreichend, wobei dann jedoch nur schwer zwischen nicht entnahmefähigen und entnahmefähigen Gewinnen unterschieden werden kann und die Gefahr eines Wiederauflebens der persönlichen Haftung nach § 172 Abs. 4 HGB besteht. Dazu *BGH*, Urteil vom 20.4.1972 – II ZR 143/69, NJW 1972, 1755, 1756; *Huber*, ZGR 1988, 1 ff.
26 Häufig wird dieses Konto auch als „*Kapitalkonto II*" bezeichnet. Denn es bildet zusammen mit dem Kapitalkonto den Anteil des Gesellschafters an dem (Eigen-) Kapital der Gesellschaft.
27 Bei dem Darlehenskonto handelt es sich um ein Fremdgeldkonto.
28 Für die Dauer der Mitgliedschaft in der Gesellschaft besteht kein gesetzliches Wettbewerbsverbot für den Kommanditisten, §§ 165, 112 HGB. Nur wenn er einen maßgeblichen Ein-

(2)   Das Wettbewerbsverbot gilt auch nach dem Ausscheiden des Gesellschafters fort, und zwar für eine Dauer von [_____] Jahren.[29]

(3)   Einem Gesellschafter kann Befreiung von dem Wettbewerbsverbot nur durch Beschluss der übrigen Gesellschafter erteilt werden.

§ 11
Jahresabschluss

(1)   Der persönlich haftende Gesellschafter hat in den ersten sechs Monaten des Geschäftsjahres die Bilanz und die Gewinn- und Verlustrechnung (Jahresabschluss) über das vergangene Geschäftsjahr aufzustellen.[30] Die Handelsbilanz hat der zum Zwecke der Einkommensbesteuerung aufzustellenden Steuerbilanz zu entsprechen, soweit nicht zwingende handelsrechtliche Bestimmungen oder dieser Gesellschaftsvertrag etwas anderes bestimmen.[31] Wenn die Steuerbilanz bestandskräftig geändert wird, ist die Handelsbilanz zum nächstmöglichen Zeitpunkt an die Steuerbilanz anzupassen, soweit nicht zwingende handelsrechtliche Bestimmungen entgegenstehen.

---

fluss auf die Geschäftsführung nehmen kann, führt die Treuepflicht des Kommanditisten u. U. zu einem Wettbewerbsverbot (*Westermann*, Handbuch der Personengesellschaften, § 49 Rn. 2325; *BGH*, Urteil vom 4.12.2001 – X ZR 167/99, BB 2002, 324, 325). Bei der Formulierung des Wettbewerbsverbots ist auf dessen (räumlichen und gegenständlichen) Umfang und Inhalt zu achten, da ansonsten Nichtigkeit nach § 138 BGB (Sittenwidrigkeit) oder ein kartellrechtlicher Verstoß gegen § 1 GWB droht (vgl. *Westermann*, Handbuch der Personengesellschaften, § 24 Rn. 449 ff.; allgemein *Armbrüster*, ZIP 1997, 261 ff.). Weiterführend: *Kadarcas*, Das Wettbewerbsverbot in Personengesellschaften, 1967, 30 ff.; zum nachträglichen Wettbewerbsverbot in einer GmbH: *BGH*, Urteil vom 19.10.1993 – KZR 3/92, BB 1994, 95.

29   Das nachvertragliche Wettbewerbsverbot sollte möglichst nicht über zwei Jahre ausgedehnt werden, da es ansonsten sittenwidrig nach § 138 BGB sein könnte (vgl. *BGH*, Urteil vom 8.5.2000 – II ZR 308/98, BB 2000, 1420, 1421 – GbR; *BGH*, Urteil vom 16.10.1989 – II ZR 2/89, BB 1990, 11 – GmbH; zum Wettbewerbsverbot bei Unternehmensverkäufen: *Hirte*, ZHR 154 (1990), 443, 447 ff.).

30   Zu den Einzelheiten *Münchener Handbuch des Gesellschaftsrechts*, Band 2, § 21.

31   Die Kommanditgesellschaft muss eine sog. Handelsbilanz nach Maßgabe der handelsrechtlichen Bilanzierungsvorschriften (§§ 242 ff. HGB) aufstellen. Demgegenüber ist eine den steuerlichen Vorschriften genügende sog. Steuerbilanz – die auf der Handelsbilanz aufsetzt (Maßgeblichkeitsgrundsatz, § 5 Abs. 1 Satz 1 EStG) – freigestellt (§ 60 Abs. 2 Satz 2 EStDV). Zur Vereinfachung wird in kleineren und mittleren Unternehmen üblicherweise eine sog. „Einheitsbilanz" angestrebt, die die zwingenden handelsrechtlichen Vorschriften beachtet, im Übrigen aber steuerliche Bilanzierungs- und Bewertungsvorschriften zugrunde legt (dazu *Münchener Handbuch des Gesellschaftsrechts*, Band 2, § 21 Rn. 8 f.). Durch das BilMoG (BGBl. I 2009, 1102) ist dies allerdings wesentlich erschwert worden (vgl. *Herzig/ Briesemeister*, DB 2009, 1 ff.).

(2) Die Gesellschafterversammlung beschließt über den Jahresabschluss.[32] Der persönlich haftende Gesellschafter hat zu diesem Zweck unverzüglich nach Feststellung des Jahresabschlusses, spätestens aber vierzehn Tage vor der alljährlich stattfindenden ordentlichen Gesellschafterversammlung gem. § 6 Abs. 1 Satz 1 dieses Gesellschaftsvertrages, den übrigen Gesellschaftern eine Abschrift des Jahresabschlusses zukommen zu lassen.

oder

Der persönlich haftende Gesellschafter hat unverzüglich nach Feststellung des Jahresabschlusses jedem Kommanditisten eine Abschrift des Jahresabschlusses per eingeschriebenen Brief zu übermitteln. Einwendungen gegen die Richtigkeit des Jahresabschlusses können von den Kommanditisten gegenüber dem persönlich haftenden Gesellschafter nur durch eingeschriebenen Brief innerhalb einer Ausschlussfrist von zwei Monaten nach Empfang der Abschrift erhoben werden. Nach Ablauf der Frist gilt der Jahresabschluss als von den Kommanditisten genehmigt.

(3) Über die Bildung und Auflösung von Rücklagen entscheidet die Gesellschafterversammlung.[33]

§ 12
Ergebnisverteilung

(1) An Gewinnen und an Verlusten sind die Gesellschafter im Verhältnis ihrer Kapitalanteile beteiligt.[34]

---

32 Im Interesse der Kommanditisten sollte diese Regelung regelmäßig in Gesellschaftsverträgen enthalten sein, da nach dem gesetzlichen Modell, wie aus § 245 S. 2 HGB gefolgert wird, nur die persönlich haftenden Gesellschafter den Jahresabschluss feststellen (vgl. *Westermann*, Handbuch der Personengesellschaften, § 27 Rn. 596).

33 Das Recht der Personengesellschaft sieht weder die Bildung gesetzlicher noch freiwilliger Rücklagen vor. Deshalb ist es erforderlich, eine diesbezügliche Regelung im Gesellschaftsvertrag zu treffen. Da hierbei leicht die Rechte von Minderheitsgesellschaftern verletzt werden können, zwingt die *BGH*-Rechtsprechung dazu, für diesen besonderen Fall eine bestimmte Mehrheit ausdrücklich zu regeln (vgl. *BGH*, Urteil vom 10.5.1976 – II ZR 180/74, BB 1976, 948 f. mit Anmerkung von *Ulmer*), wie dies hier in § 7 Abs. 7 lit. e) des Mustervertrages geschieht.

34 Das gesetzliche Modell sieht lediglich vor, dass jedem Gesellschafter ein Gewinnanteil in Höhe von 4% seines Kapitalanteils zugeschrieben wird. Darüber hinausgehende Beträge sollen in einem *„angemessenen Verhältnis"* verteilt werden (§§ 121, 168 HGB), in der Regel durch einen Gewinnvoraus an den persönlich haftenden Gesellschafter sowie etwaige vergütungslos tätige Gesellschafter und Verteilung des Rests nach Kapitalanteilen (*Baumbach/Hopt*, § 168 Rn. 2). Diese Regelung ist nur eingeschränkt praxistauglich. Vor einer Vereinbarung zur Ergebnisverteilung sollte diese unbedingt auf ihre steuerlichen Auswirkungen hin überprüft werden (siehe auch *Bormann/Hellberg*, DB 1997, 2415 ff.).

(2) Von dem jährlichen Gewinn wird zunächst die an den geschäftsführenden Gesellschafter nach § 5 dieses Gesellschaftsvertrages zu zahlende Tätigkeitsvergütung als Aufwand abgezogen. Danach werden die Rücklagenkonten, soweit auf ihnen Verlustvorträge geboten sind, ausgeglichen. Dann werden die Darlehenskonten verzinst. Im Übrigen werden die Gewinnanteile den Darlehenskonten der Gesellschafter gutgeschrieben, soweit nicht die Gesellschafterversammlung etwas anderes beschließt.

(3) Die Gesellschafter können beschließen, dass ein einheitlicher Prozentsatz der Gewinnanteile, höchstens jedoch 30%, den Rücklagenkonten gutgeschrieben wird.

und/oder

Der persönliche haftende Gesellschafter kann bestimmen, dass von den verbleibenden Gewinnanteilen bis zu [____]% den Rücklagenkonten der Gesellschafter gutgeschrieben werden.

§ 13
Entnahmen[35]

(1) Entnahmen zu Lasten des Kapitalkontos und des Rücklagenkontos sind ausgeschlossen.

(2) Guthaben auf den Darlehenskonten können nach vorheriger schriftlicher Mitteilung durch den entsprechenden Gesellschafter gegenüber der Gesellschaft, die mindestens eine Woche vor der tatsächlichen Entnahme zugegangen sein muss, entnommen werden. Zwischen zwei Entnahmen eines Gesellschafters muss ein Zeitraum von mindestens drei Monaten liegen.

(3) Der geschäftsführende Gesellschafter ist berechtigt, seine Tätigkeitsvergütung nach § 5 dieses Gesellschaftsvertrages in monatlich gleichen Teilbeträgen jeweils zum Monatsende zu entnehmen.

und/oder

Der persönlich haftende Gesellschafter kann das Guthaben auf seinem Darlehenskonto jederzeit entnehmen.

(4) Im Übrigen sind außerordentliche Entnahmen aufgrund eines Beschlusses der Gesellschafter zulässig.

---

35 Im Rahmen der Entnahmeregelung ist das Interesse der Gesellschaft an Liquidität mit dem finanziellen Interesse der Gesellschafter zu vereinbaren. Die in diesem Zusammenhang möglichen Gestaltungen sind vielfältig. Die hier vorgeschlagenen Formulierungen werden in der Praxis häufig verwendet. *Westermann*, Handbuch der Personengesellschaften, § 28 Rn. 637a ff. gibt einen Überblick über mögliche Entnahmeregelungen.

§ 14
Verfügungen

(1) Rechtsgeschäftliche Verfügungen eines Gesellschafters über seinen Geschäftsanteil, seinen Gewinnanspruch oder seinen Anspruch auf Auseinandersetzungsguthaben, insbesondere die Abtretung, Sicherungsabtretung und Verpfändung, bedürfen der Zustimmung der Gesellschafterversammlung.[36]

(2) Die Gesellschafterversammlung hat der Abtretung (nicht jedoch der Sicherungsabtretung und der Verpfändung) zuzustimmen, wenn der Geschäftsanteil an den Ehegatten oder an einen Abkömmling abgetreten werden soll. Die Zustimmung ist auch zu erteilen, wenn dem Ehegatten oder einem Abkömmling ein Nießbrauchsrecht oder eine stille Beteiligung oder Unterbeteiligung eingeräumt werden soll.

§ 15
Tod eines Gesellschafters

(1) Beim Tod eines Kommanditisten wird die Gesellschaft mit dessen Erben fortgesetzt.[37] Die Konten des verstorbenen Gesellschafters sind unter den Erben im Verhältnis der ihnen von Todes wegen zugewandten Quoten aufzuteilen. Die Erben können ihre Rechte jedoch erst dann geltend machen, wenn sie ihre Berechtigung nachgewiesen haben. Sollten die Erben den Übergang der Kapitalanteile nicht innerhalb von drei Jahren seit dem Todestag des verstorbenen Kommanditisten der Gesellschaft nachgewiesen haben, so scheidet der Erblasser mit seinem Tode aus der Gesellschaft aus. Den Erben steht dann eine Abfindung gemäß § 19 dieses Gesellschaftsvertrages zu. Der Anspruch auf Abfindung verjährt zehn Jahre nach dem Todestag des verstorbenen Kommanditisten.

(2) Beim Tod des persönlich haftenden Gesellschafters scheidet dieser aus der Gesellschaft aus. Die Kommanditisten entscheiden innerhalb einer

---

36 Die Personengesellschaft beruht auf dem Prinzip der persönlichen Beziehungen der Gesellschafter. Dementsprechend sieht das Gesetz eine Abtretung von Anteilen an einer Personengesellschaft nicht vor. Trotzdem wird die Übertragung eines Gesellschaftsanteils im Ganzen für zulässig erachtet, wenn die anderen Gesellschafter zustimmen (*BGH,* Urteil vom 14.10.1957 – II ZR 109/56, BB 1958, 57 f.; *BGH,* Urteil vom 20.9.1962 – II ZR 209/61, BGHZ 38, 26 f. – Beteiligung Minderjähriger; *BGH,* Urteil vom 9.2.1976 – II ZR 65/75, NJW 1976, 894 – Anfechtung der Übertragung).

37 Nach der Neufassung des § 177 HGB führt der Tod eines Kommanditisten nicht mehr zur Auflösung der Gesellschaft, sondern die Gesellschaft wird mit den Erben des Kommanditisten fortgesetzt (*K. Schmidt,* DB 1998, 61, 63 ff.). Bei mehreren Erben tritt jeder von ihnen im Wege einer Sondererbfolge in die Gesellschaft ein; eine Erbengemeinschaft kann nicht Kommanditist sein (*Baumbach/Hopt,* § 177 Rn. 3).

Frist von zwei Monaten über die Fortsetzung der Gesellschaft mit einem neuen persönlich haftenden Gesellschafter.[38]

§ 16
Dauer der Gesellschaft und Kündigung

(1) Die Gesellschaft nimmt ihre Geschäfte erst nach ihrer Eintragung in das Handelsregister auf.[39]

(2) Die Gesellschaft wird auf unbestimmte Zeit eingegangen. Sie kann von jedem Gesellschafter zum Schluss eines Geschäftsjahres mit einer Frist von [____] Monaten ordentlich gekündigt werden.[40]

oder

Die Gesellschaft wird für die feste Dauer von [____] Jahren eingegangen, beginnend mit dem Tag ihrer Eintragung in das Handelsregister.

---

38 Nach der Neufassung der §§ 131, 139 HGB führt der Tod eines Komplementärs nicht mehr zur Auflösung der Gesellschaft, sondern lediglich zu dessen Ausscheiden. Wenn kein Gesellschafter Komplementär wird, ist die Kommanditgesellschaft aufgelöst. Die Kommanditisten können aber einen neuen Komplementär suchen. In Betracht kommt hier auch, dass die Kommanditisten selbst eine GmbH als Komplementärin gründen. Allerdings kann im Gesellschaftsvertrag bestimmt werden, dass die Gesellschaft mit den Erben des Komplementärs fortgesetzt wird. Gemäß §§ 139 Abs. 1, 161 Abs. 2 HGB kann der Erbe eines Komplementärs sein Verbleiben in der Gesellschaft davon abhängig machen, dass ihm unter Belassung des bisherigen Gewinnanteils die Stellung eines Kommanditisten eingeräumt und der auf ihn fallende Teil der Einlage des Erblassers als seine Kommanditeinlage anerkannt wird. Zur steuerlichen Gestaltung: *Feddersen/Kiem*, ZHR 159 (1995) 479 ff.; *Nitz*, BWNotZ 2004, 153 ff.; zu Abfindungsklausen nach der Erbschaftsteuerreform: *Casper/Altgen*, DStR 2008, 2319 ff.; *Wangler*, DStR 2009, 1501 ff.; zu Abfindungsklauseln und Pflichtteilsrecht: *Iversen*, NJW 2010, 183 ff.; zum Fortfall des einzigen Komplementärs: *Frey/Bredow*, ZIP 1998, 1621 ff.

39 Kommanditisten haben § 176 Abs. 1 HGB zu beachten, wonach sie für bis zur Eintragung in das Handelsregister begründete Verbindlichkeiten wie ein persönlich haftender Gesellschafter haften, wenn sie einem Geschäftsbeginn vor Eintragung in das Handelsregister zugestimmt haben – es sei denn, der Gesellschaftsgläubiger hat Kenntnis von der Kommanditistenstellung des Betroffenen (*BGH*, Urteil vom 7.7.1986 – II ZR 167/85, WM 1986, 1280). Die Klausel dient dazu, eine solche unbeschränkte persönliche Haftung des Kommanditisten zu verhindern (dazu *K. Schmidt*, in: Münchener Kommentar zum HGB, § 176 Rn. 12).

40 Wegen § 723 Abs. 3 BGB in Verbindung mit §§ 161 Abs. 2, 105 Abs. 3 HGB kann das ordentliche Kündigungsrecht bei der Kommanditgesellschaft nicht ausgeschlossen werden Allerdings kann die Gesellschaft für eine bestimmte (maximale oder minimale) Dauer eingegangen werden, während der eine ordentliche Kündigung ausgeschlossen ist (§ 723 Abs. 1 BGB). Diese Dauer darf aber nicht so lang sein, dass sie praktisch einem Ausschluss der ordentlichen Kündigung auf unbestimmte Zeit gleichkommt (vgl. *BGH*, Urteil vom 18.9.2006 – II ZR 137/04, NJW 2007, 295 – Sozietät von Anwälten; *Beck'sches Handbuch Personengesellschaften*, § 7 Rn. 31 ff.).

oder

Die Gesellschaft wird auf unbestimmte Zeit eingegangen. Sie kann von jedem Gesellschafter zum Schluss eines Geschäftsjahres mit einer Frist von [_____] Monaten ordentlich gekündigt werden, frühestens aber zum [_____].

(3) Die Kündigung hat durch eingeschriebenen Brief an den persönlich haftenden Gesellschafter zu erfolgen. Kündigt der persönlich haftende Gesellschafter, hat er sein Kündigungsschreiben allen übrigen Gesellschaftern zu übersenden. Maßgeblich für die Einhaltung der Kündigungsfrist im Falle der ordentlichen Kündigung ist das Datum des Einlieferungsscheins.

(4) Das Recht zur außerordentlichen Kündigung aus wichtigem Grund bleibt unberührt. Für die Erklärung der außerordentlichen Kündigung gilt Abs. (3) entsprechend.[41]

(5) Die Rechtsfolgen der Kündigung bestimmen sich nach § 18 dieses Gesellschaftsvertrages.

§ 17
Kündigungsfolgen

(1) Kündigt ein Kommanditist das Gesellschaftsverhältnis, scheidet er mit Ablauf der Kündigungsfrist aus der Gesellschaft aus.[42]

(2) Kündigt der persönlich haftende Gesellschafter das Gesellschaftsverhältnis, wird die Gesellschaft mit Ablauf der Kündigungsfrist aufgelöst und tritt in Liquidation, es sei denn, dass die übrigen Gesellschafter bis zum Ablauf der Kündigungsfrist unter gleichzeitiger Bestellung eines neuen persönlich haftenden Gesellschafters die Fortsetzung der Gesellschaft beschließen. Der Fortsetzungsbeschluss ist dem kündigenden Gesellschafter unverzüglich nach der Beschlussfassung mittels eingeschriebenen Briefs mitzuteilen. Der kündigende persönlich haftende Gesellschafter scheidet in diesem Fall mit Ablauf der Kündigungsfrist aus der Gesellschaft aus.

---

41 Das Recht zur außerordentlichen Kündigung aus wichtigem Grund mit der Folge eines sofortigen Ausscheidens des Gesellschafters aus der Gesellschaft (§§ 131 Abs. 3 Nr. 3, 161 Abs. 2 HGB) kann nicht ausgeschlossen oder – etwa durch einzuhaltende Fristen und Termine – beschränkt werden. Es ist aber zulässig, die Kündigung von der Einhaltung rein verfahrensmäßiger Voraussetzungen (z. B. Form und Erklärungsempfänger) abhängig zu machen.

42 Vgl. §§ 161 Abs. 2, 131 Abs. 3 Nr. 4 HGB. Alternativ kann auch die Auflösung der Gesellschaft vereinbart werden, was regelmäßig allerdings nicht dem Fortsetzungsinteresse der übrigen Gesellschafter entspricht.

§ 18
Ausscheiden und Ausschließung eines Gesellschafters

(1)   Ein Gesellschafter scheidet aus der Gesellschaft aus,[43]

a) wenn über sein Vermögen das Insolvenzverfahren eröffnet wird oder die Eröffnung eines Insolvenzverfahrens mangels Masse abgelehnt wird;

b) wenn durch einen Privatgläubiger des Gesellschafters in dessen Geschäftsanteil und/oder damit verbundene Rechte vollstreckt wird und die Vollstreckungsmaßnahme nicht binnen sechs Monaten nach ihrem Wirksamwerden nachweislich aufgehoben wird;

c) wenn ein Privatgläubiger des Gesellschafters die Gesellschaft gem. § 135 HGB kündigt; § 17 dieses Gesellschaftsvertrages gilt in diesem Fall entsprechend;

d) wenn er gem. § 133 HGB auf Auflösung der Gesellschaft geklagt hat, und zwar in dem Zeitpunkt, in dem das Auflösungsurteil rechtskräftig wird; die Gesellschaft wird von den übrigen Gesellschaftern fortgesetzt;[44]

e) in den Übrigen in diesem Gesellschaftsvertrag vorgesehenen Fällen.

(2)   Ein Gesellschafter kann durch Beschluss der Gesellschafterversammlung, bei dem ihm kein Stimmrecht zusteht, aus der Gesellschaft nur dann ausgeschlossen werden, wenn in seiner Person ein wichtiger Grund[45] im Sinne der §§ 140, 133 HGB vorliegt. Ein solcher wichtiger Grund liegt insbesondere vor,

---

43 Zum Ausscheiden von Gesellschaften aus einer Kommanditgesellschaft: *Demuth*, BB 2007, 1569 ff.

44 Gem. §§ 161 Abs. 2, 133 Abs. 3 HGB kann das Recht des Gesellschafters, die *Auflösung* der Gesellschaft aus wichtigem Grund zu verlangen, weder ausgeschlossen noch beschränkt werden. Die h. M. hält allerdings eine Klausel für zulässig, nach der ein die Auflösungsklage erhebender Gesellschafter bei Erfolg der Klage aus der Gesellschaft *ausscheidet*. Voraussetzung ist allerdings, dass dem Gesellschafter eine angemessene, d. h. wenigstens den Liquidationserlös nicht unterschreitende Abfindung zusteht (*K. Schmidt*, in: Münchener Kommentar zum HGB, § 133 Rn. 70; weniger streng *Schäfer*, in: Staub, Großkommentar zum HGB, § 133 Rn. 72, 74).

45 Bestimmungen, die den Ausschluss eines Gesellschafters ohne wichtigen Grund zulassen (sog. Hinauskündigungsklauseln) sind nach ständiger Rechtsprechung des *BGH* angesichts der damit verbundenen Gefahr eines Missbrauchs und der Willkür durch die Gesellschaftermehrheit wegen Sittenwidrigkeit (§ 138 BGB) grundsätzlich unwirksam, selbst wenn dem Ausscheidenden eine angemessene Abfindung zusteht (*Beck'sches Handbuch der Personengesellschaften*, § 7 Rn. 98 f.; allgemein *Weber/Hikel*, NJW 1986, 2752 ff.; *Hennerkes/Binz*, NJW 1983, 73 ff.; *Nassall*, NZG 2008, 851 ff.). Nur ausnahmsweise ist eine Hinauskündigungsklausel zulässig, wenn sie wegen besonderer Umstände sachlich gerechtfertigt ist; welche Umstände ausreichen, ist bislang allerdings noch wenig geklärt (vgl. etwa *BGH*,

a) wenn den übrigen Gesellschaftern eine weitere Zusammenarbeit mit diesem Gesellschafter nicht zuzumuten ist;

b) wenn ein Gesellschafter nicht binnen einer Frist von drei Monaten nach seinem Eintritt in die Gesellschaft mit seinem Ehegatten oder Lebenspartner entweder Gütertrennung oder eine modifizierte Zugewinngemeinschaft mit dem Inhalt vereinbart hat, dass im Falle der Scheidung bei der Ermittlung des Zugewinnausgleichs sein Geschäftsanteil – einschließlich der Guthaben auf sämtlichen Konten gem. § 9 dieses Gesellschaftsvertrages – außer Ansatz bleibt und für den Geschäftsanteil die Verfügungsbeschränkungen der §§ 1365 ff. BGB nicht gelten;[46]

c) [____].[47]

(3) Sind nur noch zwei Gesellschafter vorhanden und scheidet einer von ihnen, gleich aus welchem Grunde, aus der Gesellschaft aus, ist der verbleibende Gesellschafter berechtigt, das Geschäft ohne Liquidation mit Aktiven und Passiven zu übernehmen.

Urteil vom 9.7.1990 – II ZR 194/89, BGHZ 112, 103, 110 f. = BB 1990, 1578: treuhandähnliches Verhältnis bzgl. des Geschäftsanteils; *BGH*, Urteil vom 8.4.2004 – II ZR 165/02, BB 2004, 1017: *„Probezeit"* für den neuen Gesellschafter; *BGH*, Urteil vom 19.9.2005 – II ZR 173/04, BGHZ 164, 98, 103 ff. = BB 2005, 2430: Managermodell; *BGH*, Urteil vom 19.9.2005 – II ZR 342/03, BGHZ 164, 107 = BB 2005, 2427: Mitarbeitermodell). Von Bedeutung ist dabei auch, ob der auszuschließende Gesellschafter am Kapital der Gesellschaft beteiligt ist oder nicht. Um diese Unwägbarkeiten zu vermeiden, sollte alternativ über eine befristete Gesellschafterstellung nachgedacht werden (zu deren Zulässigkeit: *BayObLG*, Beschluss vom 9.11.1989 – BReg 3 Z 17/89, DB 1990, 168, 169).

46 Eine solche Regelung soll nicht nur den Gesellschafter vor Zugewinnausgleichsforderungen schützen, die seinen Verbleib in der Gesellschaft gefährden, sondern auch die Gesellschaft vor den Folgen einer andernfalls durchzuführenden Unternehmensbewertung, etwa die Gefährdung von Geheimhaltungsinteressen oder allzu umfangreiche Auskunftsverlangen (zur Zulässigkeit solcher Eheverträge und ihrer Grenzen: *Münch*, ZNotP 2004, 122, 126; *Rakete-Dombek*, NJW 2004, 1273, 1275; *Brambring*, DNotZ 2008, 724 ff.). Der Ausschluss der zugunsten von Ehegatten bzw. Lebenspartner bestehenden Zustimmungsvorbehalte in §§ 1365 ff. BGB beseitigt Unsicherheiten mit Blick auf die Wirksamkeit von Verfügungen über den Geschäftsanteil, die ohne Mitwirkung des Ehegatten bzw. Lebenspartners vorgenommen werden.

47 Es ist zwar zulässig festzulegen, welche Umstände einen wichtigen Grund zum Ausschluss eines Gesellschafters darstellen. Hierdurch kann ein Ausschluss gegenüber den Gründen im Sinne der § 140, 133 HGB sowohl erleichtert wie auch erschwert werden (*BGH*, Urteil vom 15.9.1997 – II ZR 97/96, BB 1998, 146). Doch markiert auch hier die Sittenwidrigkeit (§ 138 BGB) eine Grenze, die etwa dort überschritten wird, wo der vereinbarte Ausschließungsgrund in der Sache auf ein freies Ausschließungsrecht der übrigen Gesellschafter hinausläuft (vgl. dazu Fn. 45). Erforderlich ist wenigstens, dass es sich um hinreichend bestimmte, objektive Sachverhalte handelt, bei denen die zum Ausschluss berechtigenden Umstände nicht willkürlich von den übrigen Gesellschaftern herbeigeführt werden können (dazu *Münchener Handbuch des Gesellschaftsrechts*, Band 2, § 36 Rn. 36 ff.).

(4) Die Gesellschafter stimmen bereits jetzt für den Fall ihres Ausscheidens aus der Gesellschaft einer Fortführung der Firma durch die Gesellschaft zu.

§ 19
Abfindung

(1) Dem ausscheidenden Gesellschafter steht ein Anspruch auf Abfindung gegen die Gesellschaft zu. Das Abfindungsguthaben besteht aus dem gem. Abs. 2 zu bestimmenden Buchwert[48] seiner Beteiligung zuzüglich eines etwaigen Guthabens bzw. abzüglich eines etwaigen Debets, das sein Darlehenskonto im Zeitpunkt seines Ausscheidens aufweist.

(2) Der Buchwert der Beteiligung des ausscheidenden Gesellschafters wird durch Saldierung seines Kapital- und seines Rücklagenkontos gem. § 9 dieses Gesellschaftsvertrages nach Maßgabe der folgenden Regelungen ermittelt:

a) Scheidet ein Gesellschafter zum Schluss eines Geschäftsjahres aus, errechnet sich der Buchwert auf Grundlage der Bilanz für dieses Geschäftsjahr, bei einem anderen Zeitpunkt des Ausscheidens auf Grundlage der letzten Jahresbilanz.[49] In diesem letzteren Falle sind sowohl der ausscheidende Gesellschafter wie auch die Gesellschaft berechtigt, die Erstellung einer Bilanz zum Stichtag seines Ausscheidens zu verlangen, die dann die Grundlage für die Errechnung des Buchwertes bildet. Diese Bilanz wird nach denselben Grundsätzen aufgestellt wie die Jahresbilanz. Ihre Kosten tragen der ausscheidende Gesellschafter und die Gesellschaft zu gleichen Teilen.

---

48 Über die Bewertung der Beteiligung sind verschiedene betriebswirtschaftliche Methoden entwickelt worden, die in der Regel vom Vermögenswert oder vom Ertragswert oder von einer Kombination beider Werte ausgehen. Es ist ratsam, die Bewertungsmethode möglichst genau im Gesellschaftsvertrag festzulegen; zur Erläuterung: *Großfeld*, Das Recht der Unternehmensbewertung, 5. Auflage 2009.

49 Diese sog. Buchwertregelung, die im Allgemeinen die Interessen der Gesellschaft über das des ausscheidenden Gesellschafters stellt, hat nach §§ 3 Abs. 1 Nr. 2, 7 Abs. 7 ErbStG erbschaftsteuerliche Folgen für die übrigen Gesellschafter, die unbedingt zu beachten sind. Außerdem ist bei der Vereinbarung einer Buchwertklausel eine gewisse Vorsicht geboten. Sie ist zwar grundsätzlich zulässig, kann aber durch die spätere Entwicklung ihre Gültigkeit verlieren, nämlich dann, wenn zum Zeitpunkt der Kündigung der Buchwert so erheblich unter dem wahren Wert des Anteils liegt, dass die freie Willensentscheidung der Gesellschafter, aus der Gesellschaft auszuscheiden, durch die damit verbundene Vermögenseinbuße beeinträchtigt wird (zur Buchwertmethode, deren Grenzen und Alternativen siehe *Münchener Handbuch des Gesellschaftsrechts*, Band 2, § 38 Rn. 4 ff., 47 ff.; *Beck'sches Handbuch der Personengesellschaften*, § 7 Rn. 148 ff.).

b) Sofern neben der Handelsbilanz auch noch eine Steuerbilanz aufgestellt wird, ist für die Bestimmung des Buchwertes die Handelsbilanz maßgeblich.

c) Stille Reserven und ein Firmenwert werden bei der Berechnung des Buchwertes nicht berücksichtigt. An dem Gewinn und Verlust der beim Austritt schwebenden Geschäfte ist der ausscheidende Gesellschafter nicht beteiligt.

(3) Die Hälfte des Abfindungsguthabens ist vier Monate nach Ablauf des Geschäftsjahres fällig, in dem das Ausscheiden erfolgt ist, frühestens jedoch sechs Monate nach dem Tag des Ausscheidens. Ein weiteres Viertel des Abfindungsbetrages ist ein Jahr nach der Fälligkeit der ersten Rate und das letzte Viertel des Abfindungsbetrages ist zwei Jahre nach der Fälligkeit der ersten Rate zu zahlen. Das Abfindungsguthaben ist ab dem Tag des Ausscheidens mit [_____] Prozentpunkten über dem Basiszinssatz zu verzinsen, wobei die Zinsen mit den Raten zu zahlen sind. Die Gesellschaft ist zur vorzeitigen Zahlung des Abfindungsguthabens, auch in Teilbeträgen, ohne Zinsausgleich berechtigt.

§ 20
Auflösung der Gesellschaft

Bei Auflösung der Gesellschaft erfolgt die Liquidation durch den persönlich haftenden Gesellschafter.

§ 21
Beilegung von Streitigkeiten

(1) Über alle Streitigkeiten, die sich aus oder im Zusammenhang mit diesem Gesellschaftsvertrag zwischen der Gesellschaft und den Gesellschaftern oder zwischen den Gesellschaftern untereinander ergeben, einschließlich der Wirksamkeit dieses Gesellschaftsvertrages oder einzelner seiner Bestimmungen, entscheidet unter Ausschluss des ordentlichen Rechtswegs ein Schiedsgericht.

(2) Das Nähere regelt der diesem Gesellschaftsvertrag als Anlage beigefügte Schiedsvertrag vom [_____], den die Parteien in einer gesonderten Urkunde aufgenommen haben.[50]

---

50 Siehe Teil C. dieses Bandes. Schiedsvereinbarungen sind in Gesellschaftsverträgen von Personengesellschaften weit verbreitet, insbesondere wegen der Vertraulichkeit des Schiedsverfahrens. Sie sind grundsätzlich zulässig. Bei Publikumsgesellschaften ist zu beachten, dass

(3) Jeder neue Gesellschafter, der gleich aus welchem Rechtsgrund in die Gesellschaft eintritt, unterwirft sich dem Schiedsgericht entsprechend den in dieser Schiedsklausel und den in dem Schiedsvertrag getroffenen Bestimmungen. Er ist verpflichtet, den Schiedsvertrag zu unterzeichnen.[51]

oder (alternativ zu Abs. (1) bis (3)):

Für alle auf dem Gesellschaftsverhältnis beruhenden Streitigkeiten zwischen der Gesellschaft und den Gesellschaftern oder zwischen den Gesellschaftern untereinander ist der Sitz der Gesellschaft der ausschließliche Gerichtsstand.

§ 22
Schlussbestimmungen

(1) Dieser Gesellschaftsvertrag unterliegt dem Recht der Bundesrepublik Deutschland.

(2) Sollten Bestimmungen dieses Gesellschaftsvertrages ganz oder teilweise unwirksam oder unanwendbar sein oder später werden, so wird hiervon die Gültigkeit des Gesellschaftsvertrages im Übrigen nicht berührt. Das Gleiche gilt, soweit sich bei Durchführung des Gesellschaftsvertrages eine ergänzungsbedürftige Lücke ergeben sollte. Anstelle der unwirksamen oder unanwendbaren Bestimmungen oder zur Ausfüllung der Lücke soll eine angemessene Regelung gelten, die, soweit rechtlich möglich, wirtschaftlich dem am nächsten kommt, was die Gesellschafter gewollt haben oder nach dem Sinn und Zweck der Bestimmung gewollt haben würden, wenn sie bei Abschluss des Gesellschaftsvertrages den Punkt bedacht hätten. Das gilt auch dann, wenn die Unwirksamkeit etwa auf einem in dem Gesellschaftsvertrag vorgeschriebenen Maß der Leistung oder Zeit (Frist oder Termin) beruht. Es soll ein dem Gewollten möglichst nahe kommendes, rechtlich zulässiges Maß der Leistung

---

eine Schiedsklausel den Anleger (Verbraucher) erst dann bindet, wenn er mit seinem Beitritt einen gesonderten Schiedsvertrag abschließt. Dieser Schiedsvertrag muss die Anforderungen des § 1031 Abs. 5 ZPO erfüllen, d. h. er muss in einer von den Parteien eigenhändig unterzeichneten Urkunde enthalten sein. Andere Vereinbarungen als solche, die sich auf das Schiedsverfahren beziehen, darf die Urkunde nicht enthalten.

51 Die Bindung an die Schiedsvereinbarung geht auf den Einzel- und Gesamtrechtsnachfolger in die Gesellschafterstellung auch ohne gesonderten Beitritt (also auch ohne Beachtung der Form des § 1031 ZPO) über, selbst wenn die Schiedsvereinbarung in einer mit dem Gesellschaftsvertrag verbundenen gesonderten Urkunde enthalten ist (*Münch*, in: Münchener Kommentar zur ZPO, § 1029 Rn. 45 ff.; *BGH*, Urteil vom 2.10.1997 – II ZR 2/96, NJW 1998, 371, 371; *BGH*, Urteil vom 2.3.1978 – III ZR 99/76, NJW 1978, 1585).

oder Zeit (Frist oder Termin) an die Stelle des Vereinbarten treten. Die Gesellschafter sind verpflichtet, dasjenige, was nach dem Vorgenannten Geltung hat, durch eine förmliche Änderung des Gesellschaftsvertrages in der gebotenen Form, mindestens aber in Schriftform festzuhalten.

(3)   Änderungen, Ergänzungen oder Neufassungen dieses Gesellschafts-vertrages bedürfen der Schriftform. Eine Änderung dieser Schriftform-klausel oder ein Verzicht hierauf ist gleichfalls schriftformbedürftig.

(4)   Die Kosten dieses Gesellschaftsvertrages und späterer Änderungen trägt die Gesellschaft.

B. Anmeldungen zum Handelsregister[52]

Amtsgericht Düsseldorf
– Registergericht –
Werdener Str. 1
40227 Düsseldorf

Düsseldorf, den [＿＿＿＿]

Gründung der Bernd Abel KG

Wir haben eine Kommanditgesellschaft gegründet und melden zur Eintragung in das Handelsregister an:[53]

1.   Firma der Gesellschaft: Bernd Abel KG

2.   Sitz der Gesellschaft: Düsseldorf

3.   Geschäftsanschrift der Gesellschaft: Berliner Allee 4, 40212 Düsseldorf

4.   Gegenstand der Gesellschaft: Handel mit Lebensmitteln aller Art

5.   Persönlich haftender Gesellschafter: Herr Bernd Abel, geboren am 12.3.1953, Heidelberg

6.   Kommanditisten:

   a)   Herr Christian Baumann, geb. am 21.12.1977, Düsseldorf,
        mit einer Einlage von   10.000 €

---

52   Seit dem 1. Januar 2007 dürfen Anmeldungen (in öffentlich beglaubigter Form) und Dokumente nur noch elektronisch beim Registergericht eingereicht werden (§ 12 HGB). Das geschieht über den elektronischen *„Gerichtsbriefkasten"* (Verwaltungsbezeichnung: Elektronisches Gerichts- und Verwaltungsportal – EGVP), der nur über die spezielle Zugangs- und Übertragungssoftware erreichbar ist. In der Regel erledigt dies der Notar, der auch die erforderliche öffentliche Beglaubigung der Anmeldung vornimmt.

53   Die Gesellschaft ist bei dem Gericht, in dessen Bezirk sie ihren Sitz hat, zur Eintragung in das Handelsregister anzumelden. Der notwendige Inhalt der Anmeldung ergibt sich aus §§ 162, 106 Abs. 2 HGB, § 24 HRV. Das Erfordernis einer Angabe der Firmenzeichnung (§ 108 Abs. 2 HGB a. F.) und des Beginns der Gesellschaft (§ 106 Abs. 2 Nr. 3 HGB a. F.) sind entfallen.

b) Frau Daniela Christ, geb. am 6.3.1965, Neuss,
mit einer Einlage von   10.000 €

c) Frau Emilie Dorfner, geb. am 28.11.1974, Neckargemünd,
mit einer Einlage von   10.000 €

7. Vertretung der Gesellschaft:[54]

Die abstrakte Vertretungsregelung lautet: Der persönlich haftende Gesellschafter ist zur Vertretung der Gesellschaft allein berechtigt.

Zusätzlich besteht die folgende konkrete Vertretungsregelung: Herr Bernd Abel vertritt die Gesellschaft allein. Er ist von den Beschränkungen des § 181 BGB befreit.[55]

(öffentlich beglaubigte) Unterschriften[56]:

Bernd Abel
Christian Baumann
Daniela Christ
Emilie Dorfner

---

54 In der Anmeldung muss die (organschaftliche) *„Vertretungsmacht der Gesellschafter"* angegeben werden (§ 106 Abs. 2 Nr. 4 HGB), also zum einen die allgemeinen Vertretungsverhältnisse gem. Gesellschaftsvertrag (sog. *abstrakte* Vertretungsmacht) und zum anderen die sog. *konkrete* Vertretungsmacht einzelner Gesellschafter (siehe ferner *OLG Frankfurt*, Beschluss vom 28.7.2006 – 20 W 191/06, NZG 2006, 830 ff.). Angaben zu einer etwaigen rechtsgeschäftlichen Vertretungsmacht der Kommanditisten (z. B. Prokura) sind nicht eintragungsfähig.

55 Machen die Gesellschafter von der (hier in § 4 Abs. 1 Satz 2 des Mustervertrages vorgesehenen) Möglichkeit Gebrauch, den persönlich haftenden Gesellschafter von dem Verbot des Selbstkontrahierens (§ 181 BGB) zu befreien, so muss diese Abweichung der konkreten von der allgemeinen Vertretungsregelung in des Handelsregister eingetragen werden (vgl. Fn. 54; *OLG Frankfurt*, Beschluss vom 28.7.2006 – 20 W 191/06, NZG 2006, 830, 831).

56 Die Anmeldung muss von sämtlichen Gesellschaftern (Komplementären und Kommanditisten) vorgenommen werden (§§ 108, 161 Abs. 2 HGB). Es können aber Handelsregistervollmachten erteilt werden.

Amtsgericht Düsseldorf
– Registergericht –
Werdener Str. 1
40227 Düsseldorf

Düsseldorf, den [_____]

Bernd Abel KG, HRA [_____]

Bestellung eines Prokuristen;
Erhöhung der Haftsumme eines Kommanditisten;
Eintritt und Austritt eines Kommanditisten;
Umwandlung einer Kommandit- in eine Komplementärbeteiligung;
Änderung der Vertretungsregelung

Zur Eintragung in das Handelsregister melden wir an:

1.   Frau Daniela Christ, geb. am 6.3.1977, Düsseldorf, ist zur Prokuristin bestellt worden.[57]

2.   Die Kommanditeinlage (Haftsumme) der Frau Daniela Christ, geb. am 6.3.1977, Düsseldorf, ist von 10.000 € um 5.000 € auf 15.000 € erhöht worden.[58]

3.   Frau Frederike Emmermann, geb. am 1.8.1961, Mettmann, ist als Kommanditistin mit einer Einlage von 5.000 € in die Gesellschaft eingetreten.[59]

4.   Die bisherige Kommanditistin Frau Emilie Dorfner, geb. am 28.11.1974, Neckargemünd, ist mit Wirkung zum [_____] aus der Gesellschaft ausgeschieden.[60]

---

57   Siehe § 4 Abs. 2 des Mustervertrages sowie Fußnote 12.
58   Für die zusätzlich zu erbringende Einlage gelten die §§ 171, 172 HGB. Nach dem Rechtsgedanken des § 173 HGB haftet der Kommanditist mit der erhöhten Haftsumme auch für die vor der Erhöhung begründeten Verbindlichkeiten der Gesellschaft. Eine Erhöhung der Haftsumme ist durch sämtliche Gesellschafter zum Handelsregister anzumelden (§ 175 HGB).
59   Der neu eingetreten Kommanditist haftet nach Maßgabe der §§ 171, 172 HGB bis zur Höhe seiner Haftsumme auch in Bezug auf die bis zu seinem Eintritt begründeten Verbindlichkeiten der Gesellschaft (§ 173 HGB). Außerdem haftet er für die zwischen seinem Eintritt und dessen Eintragung ins Handelsregister begründeten Verbindlichkeiten der Gesellschaft unbeschränkt (§ 176 Abs. 2 HGB). Um dies zu verhindern, wird üblicherweise der Eintritt unter die aufschiebende Bedingung der Eintragung in das Handelsregister vereinbart.
60   Gem. §§ 160, 161 Abs. 2 HGB haftet der ausscheidende Kommanditist für die bis zu seinem Ausscheiden begründeten Verbindlichkeiten der KG für einen Zeitraum von fünf Jahren bis zur Höhe seiner Haftsumme (sog. Nachhaftung), allerdings nur insoweit, als ihm beim

5. Der bisherige Kommanditist Christian Baumann, geb. am 21.12.1977, Düsseldorf, ist am [＿＿＿] als Kommanditist aus der Gesellschaft ausgeschieden und gleichzeitig als persönlich haftender Gesellschafter in die Gesellschaft eingetreten.[61]

6. Mit Beschluss der Gesellschafter vom [＿＿＿] ist die abstrakte Vertretungsregelung wie folgt geändert worden[62]:

Die persönlich haftenden Gesellschafter sind jeweils nur gemeinsam zur Vertretung der Gesellschaft berechtigt. Scheidet der vorletzte persönlich haftende Gesellschafter aus, so ist der verbleibende persönlich haftende Gesellschafter alleinvertretungsberechtigt.

Zusätzlich bestehen die folgenden konkreten Vertretungsregelungen:

Herr Bernd Abel ist einzelvertretungsberechtigt und von den Beschränkungen des § 181 BGB befreit.

Christian Baumann ist gesamtvertretungsberechtigt zusammen mit einem weiteren persönlich haftenden Gesellschafter oder einem Prokuristen.

(öffentlich beglaubigte) Unterschriften[63]:

Bernd Abel
Christian Baumann
Daniela Christ
Emilie Dorfner
Frederike Emmermann

Ausscheiden seine Einlage zurückbezahlt wird (§ 172 Abs. 4 HGB). Um ein solches Wiederaufleben seiner Haftung aus § 171 Abs. 1 HGB zu verhindern, sollte der ausscheidende Kommanditist sein Abfindungsguthaben wenigstens in Höhe seiner Haftsumme stehen lassen (vgl. *Westermann*, Handbuch der Personengesellschaften, § 51 Rn. 3028 ff.).

61 Die Umwandlung einer Kommandit- in eine Komplementärbeteiligung wird in der Praxis üblicherweise durch den Austritt als Kommanditist und den sofortigen Eintritt als Komplementär erzielt. Gem. §§ 130, 161 Abs. 2 HGB haftet der neue persönlich haftende Gesellschafter unbeschränkt auch für die Altverbindlichkeiten (die Nachhaftung als ausgeschiedener Kommanditist gem. Fn. 60 tritt dahinter zurück). Der Eintritt eines weiteren persönlich haftenden Gesellschafters erfordert zahlreiche Änderungen des Mustervertrages, vor allem eine Modifikation der bislang auf einen einzelnen persönlich haftenden Gesellschafter ausgelegten Vertretungsregelung (vgl. Nr. 6 dieser Anmeldung).

62 Änderungen der (abstrakten und konkreten) Vertretungsmacht der persönlich haftenden Gesellschafter sind gem. §§ 107, 161 Abs. 2 HGB zum Handelsregister anzumelden.

63 Gem. §§ 108, 161 Abs. 2 HGB muss die Anmeldung von sämtlichen Gesellschaftern (Komplementäre und Kommanditisten) vorgenommen werden. Das gilt im Falle eines Eintritts auch für den eintretenden und im Falle des Austritts auch für den ausscheidenden Gesellschafter.

C. Schiedsvertrag

1. Herr Bernd Abel, Heidelberg

2. Herr Christian Baumann, Düsseldorf

3. Frau Daniela Christ, Neuss, und

4. Frau Emilie Dorfner, Neckargemünd
   – die „Gesellschafter" –

sind die Gesellschafter der

5. Bernd Abel KG
   – die „Gesellschaft" –

Die Gesellschafter und die Gesellschaft schließen den folgenden Schiedsvertrag:

§ 1
Gütliche Einigung; Schiedsgericht

(1)   Die Parteien dieses Schiedsvertrags werden sich bemühen, Streitigkeiten aus oder in Verbindung mit dem Gesellschaftsvertrag vom [_____] in gütlichem Einvernehmen beizulegen.

(2)   Schlägt der Versuch einer gütlichen Einigung fehl, so entscheidet über alle Streitigkeiten, die sich aus oder im Zusammenhang[64] mit diesem Gesellschaftsvertrag zwischen der Gesellschaft und den Gesellschaftern oder zwischen den Gesellschaftern untereinander[65] ergeben, einschließlich der Wirksamkeit dieses Gesellschaftsvertrages oder ein-

---

64 Zwar sind Schiedsvereinbarungen grundsätzlich weit auszulegen (*BGH*, Urteil vom 27.2.1970 – VII ZR 68/68, BGHZ 53, 315, 320 f. = NJW 1970, 1046). Gleichwohl erfasst eine Schiedsklausel in Bezug auf *„alle Streitigkeiten aus dem Gesellschaftsvertrag"* oder auf *„alle Streitigkeiten aus dem Gesellschafsverhältnis"* (sog. enge Schiedsklausel) grundsätzlich einen kleineren Kreis von Ansprüchen als eine Schiedsklausel in Bezug auf *„alle Streitigkeiten aus oder im Zusammenhang mit dem Gesellschaftsvertrag"* (sog. weite Schiedsklausel). Eine enge Schiedsklausel erfasst beispielsweise im Zweifel nicht den Anspruch auf Rückzahlung eines Darlehens, das die Gesellschaft an einen Gesellschafter für dessen private Zwecke ausgereicht hat (*BGH*, Urteil vom 4.10.2001 – III ZR 281/00, NJW-RR 2002, 387, 387).

65 Fehlerhafte Beschlüsse der Gesellschafter einer KG sind ohne Weiteres nichtig (nicht bloß anfechtbar wie nach §§ 243 ff. AktG). Diesbezügliche Streitigkeiten (sog. Beschlussmängelstreitigkeiten) sind daher im Wege einer Feststellungsklage (§ 256 ZPO) auszutragen, die

zelner seiner Bestimmungen, ein Schiedsgericht unter Ausschluss des ordentlichen Rechtswegs.[66]

§ 2
Zusammensetzung des Schiedsgerichts

(1) Das Schiedsgericht besteht aus drei Schiedsrichtern. Es soll sich um in wirtschaftlichen Angelegenheiten erfahrene Personen handeln.

(2) Mit Übersendung der Klage teilt die betreibende Partei der anderen Partei durch eingeschriebenen Brief den Namen des von ihr ernannten Schiedsrichters mit und fordert sie auf, innerhalb von 30 Tagen nach Datum des Einlieferungsscheins ihrerseits einen Schiedsrichter zu ernennen. Wird die Frist nicht eingehalten, ersucht die betreibende Partei den Präsidenten des Landgerichts Düsseldorf, einen geeigneten zweiten Schiedsrichter zu ernennen.

(3) Die beiden Schiedsrichter wählen innerhalb von zwei Wochen, nachdem der zweite Schiedsrichter ernannt wurde, einen Vorsitzenden. Kommt eine Einigung innerhalb dieser Frist nicht zustande, wird der Vorsitzende auf Antrag einer Partei durch den Präsidenten des Landgerichts Düsseldorf ernannt. Der Vorsitzende soll Volljurist sein.

(4) Mehrere Kläger haben in ihrer Schiedsklage gemeinsam einen Schiedsrichter zu ernennen. Wenn sich mehrere Kläger, die ihr Recht nur gemeinsam geltend machen können, nicht binnen einer angemessenen Frist auf die Person eines Schiedsrichters einigen können, ist jeder von ihnen berechtigt, den Präsidenten des Landgerichts Düsseldorf um die Ernennung eines gemeinsamen Schiedsrichters zu ersuchen.

---

gegen die den Mangel bestreitenden Mitgesellschafter zu richten ist. Beschlussmängelstreitigkeiten bei Personengesellschaften sind grundsätzlich schiedsfähig (*OLG Hamm*, Urteil vom 29.4.1992 – 8 U 298/91, GmbHR 1992, 759). Die für Kapitalgesellschaften insofern geltenden Einschränkungen (*BGH*, Urteil vom 6.4.2009 – II ZR 255/08, NJW 2009, 1962; siehe dazu die Ergänzenden Regeln für gesellschaftsrechtliche Streitigkeiten (ERGeS) der DIS und *Borris*, SchiedsVZ 2009, 299 ff.) lassen sich auf Personengesellschaften nicht ohne Weiteres übertragen, weil Entscheidungen über Beschlussmängel hier keine dem Kapitalgesellschaftsrecht vergleichbare Gestaltungswirkung entfalten.

66 Alternativ kann die Schiedsvereinbarung auch auf die Verfahrensordnung einer Schiedsgerichtsinstitution wie etwa der Deutschen Institution für Schiedsgerichtsbarkeit e. V. (DIS) verweisen. In diesem Falle genügt die von der DIS empfohlene Klausel: „*Alle Streitigkeiten, die sich im Zusammenhang mit dem Vertrag [Bezeichnung des Vertrages] oder über seine Gültigkeit ergeben, werden nach der Schiedsgerichtsordnung der Deutschen Institution für Schiedsgerichtsbarkeit e. V. (DIS) unter Ausschluss des ordentlichen Rechtswegs endgültig entschieden*". Daneben sollte dann nur noch Ort und Sprache des schiedsrichterlichen Verfahrens, die Anzahl der Schiedsrichter und ggf. das anwendbare materielle Recht bestimmt werden.

(5) Mehrere Beklagte haben gemeinsam einen Schiedsrichter zu ernennen.

§ 3
Das Verfahren vor dem Schiedsgericht

(1) Sitz des Schiedsgerichts ist Düsseldorf.

(2) Die Sprache des schiedsrichterlichen Verfahrens ist Deutsch.

(3) Für das Schiedsverfahren gilt das 10. Buch der ZPO (§§ 1025 ff. ZPO), soweit in diesem Schiedsvertrag nichts Abweichendes bestimmt ist.

§ 4
Vergütung des Schiedsgerichts

Die Tätigkeitsvergütung der Schiedsrichter bestimmt sich nach der „Vereinbarung über die Vergütung der Schiedsrichter" des deutschen Anwaltvereins.

§ 5
Sonstiges

(1) Dieser Schiedsvertrag unterliegt dem Recht der Bundesrepublik Deutschland.

(2) Ausgeschiedene Gesellschafter bleiben an diese Schiedsvereinbarung gebunden.

_____, den _____
(Ort, Datum)

(Unterschriften sämtlicher Gesellschafter und der Gesellschaft)

D. Beispiele für Gestaltungsformen der Kommanditgesellschaft

1. Die GmbH & Co. KG

Die Besonderheit bei der GmbH & Co. KG besteht darin, dass eine GmbH – die sog. Komplementär-GmbH – und nicht eine natürliche Person als (regelmäßig einziger) persönlich haftender Gesellschafter fungiert. Somit lässt sich die institutionalisierte Haftungsbeschränkung der GmbH mit der den Personengesellschaften eigentümlichen Flexibilität kombinieren. Immer mehr Unternehmer ziehen deshalb der GmbH die Rechtsform der GmbH & Co. KG vor.

Der Gesetzgeber hat diese Tendenz erkannt und deshalb zahlreiche, ursprünglich nur für die GmbH geltende Vorschriften, auch auf die GmbH & Co. KG erstreckt. Einschneidend ist dabei vor allem die Insolvenzantragspflicht des § 130a HGB (i. V. m. § 177a S. 1 HGB), wonach bei einer Kommanditgesellschaft, bei der kein Gesellschafter eine natürliche Person ist, im Falle der Zahlungsunfähigkeit oder Überschuldung die Eröffnung eines Insolvenzverfahrens beantragt werden muss. Die Pflicht aus § 130a HGB ist nach § 15a InsO strafbewehrt. Weiterhin müssen nach §§ 177a S. 2, 125a HGB auf allen Geschäftsbriefen der Gesellschaft neben den allgemeinen Angaben zu der KG auch die Firmen ihrer Komplementäre sowie die nach § 35a GmbH-Gesetz vorgeschriebenen Angaben enthalten sein (weiterführend: *Binz/Sorg*, Die GmbH & Co. KG, 11. Auflage 2010; *Reiserer/Biesinger*, Die GmbH & Co. KG, 10. Auflage 2009 – Heidelberger Musterverträge, Nr. 56; *Sommer*, Die Gesellschaftsverträge der GmbH & Co. KG, 3. Auflage 2005).

2. Die Familiengesellschaft

Auch wenn die Familiengesellschaft in Gesetzen (vgl. § 76 Abs. 4 BetrVG 1952) und Rechtsprechung (vgl. *BayObLG*, Beschluss vom 24.11.1994, NJW-RR 1995, 798 = BB 1995, 353) häufig erwähnt wird, ist sie kein eigenständiger Gesellschaftstypus. Der Familiengesellschaft gehören typischerweise überwiegend oder ausschließlich mehrere Familienangehörige an. Sie dient dem Erhalt der Vermögens- und Einkommensgrundlage der Gesellschafterfamilien. Die Gründung einer Familiengesellschaft ist häufig motiviert durch steuerliche Gründe. Die Gesellschafter wollen die Einkunftsquelle im Familienverband aufteilen, was sich wegen des Progressionsvorteils einkommensteuermindernd auswirkt. Aber auch der Erhalt eines Familienunternehmens als Einkommensquelle für künftige Generationen dient als Motiv für die Gründung einer Familiengesellschaft (weiterführend: *Beck'sches Handbuch für Personengesellschaften*, § 15).

3. Die Publikumsgesellschaft

Auch die Publikumspersonengesellschaft ist keine eigenständige Gesellschaftsform. Von einer Publikumspersonengesellschaft spricht man, wenn eine Personengesellschaft darauf angelegt ist, eine Vielzahl von Gesellschaftern auf dem freien Kapitalmarkt zu werben und aufgrund vorformulierter Vertragsgrundlagen aufzunehmen. Für die Publikumspersonengesellschaft wird häufig die Rechtsform der GmbH & Co. KG gewählt. Neben steuerlicher Transparenz bietet diese Rechtsform die organisatorischen und haftungsrechtlichen Vorzüge einer Kapitalgesellschaft bei gleichzeitiger Haftungsbeschränkung für Anleger (weiterführend: *Beck'sches Handbuch der Personengesellschaften*, § 16; *Wagner*, ZNotP 2009, 48 ff. und 101 ff.).

E. Literaturverzeichnis

Baumbach, Adolf/ Hopt, Klaus J.	Handelsgesetzbuch, 34. Auflage 2010
Müller, Welf/ Hoffmann, Wolf-Dieter	Beck'sches Handbuch der Personengesell- schaften, 3. Auflage 2009
Mueller-Thuns, Thomas	Hesselmann/Tillmann/Mueller-Thuns, Handbuch GmbH & Co., 20. Auflage 2009
Westermann, Harm Peter/ Wertenbruch, Johannes	Westermann, Handbuch der Personengesell- schaften, Loseblattsammlung, Stand: 46. Lieferung, Januar 2010
Schmidt, Karsten (Hrsg.)	Münchener Kommentar zum HGB, 2. Auflage 2007
Canaris, Claus-Wilhelm/ Habersack, Matthias/ Schäfer, Carsten	Staub, Handelsgesetzbuch, Großkommentar, Dritter Band, §§ 105– 160, 5. Auflage 2009

Die GmbH & Co. KG

Von Rechtsanwältin Dr. Kerstin Reiserer und
Rechtsanwalt Dr. Karl Benedikt Biesinger, Heidelberg

10., aktualisierte Auflage 2009

ISBN 978-3-8005-4308-3

Inhaltsverzeichnis

A. Einführung

Die Rechtsform der GmbH & Co. KG ist und bleibt eine der beliebtesten Rechtsformen, insbesondere für Familienunternehmen. Daran vermochten auch zahlreiche steuerliche Erleichterungen für Kapitalgesellschaften wie etwa die im Jahre 2000 eingeführte Verpflichtung der GmbH & Co. KG zur Rechnungslegung und Publizität nach den Regeln, die für Kapitalgesellschaften gelten, nichts zu ändern.

Ihren Ursprung hat die GmbH & Co. KG in einer Entscheidung des Bayerischen Obersten Landgerichts aus dem Jahre 1912,[1] der 1922 die Anerkennung durch das Reichsgericht folgte.[2] Ihren gesetzlichen Niederschlag hat die GmbH & Co. KG in zahlreichen Bestimmungen gefunden, u.a. in §§ 19 Abs. 2, 125a, 129a, 130a, 130b, 172 Abs. 6, 172a, 177a und 264a Abs. 1 HGB und § 4 MitbestG. Damit hat auch der Gesetzgeber die Rechtsform der GmbH & Co. KG nicht nur zur Kenntnis genommen, sondern anerkannt.

Auch wenn die GmbH & Co. KG ihre Geburt dem Steuerrecht verdankte, ihre ungebrochene Beliebtheit ist darin begründet, dass sie die der Kapitalgesellschaft eigene Haftungsbeschränkung mit der steuerrechtlichen und gesellschaftsrechtlichen Flexibilität, wie sie nur Personengesellschaften aufweisen, kombiniert.

1. Haftung

Die Haftungsbeschränkung wird dadurch erreicht, dass an die Stelle einer natürlichen Person als persönlich haftender Gesellschafter (Komplementär) eine Kapitalgesellschaft tritt, eine GmbH. Diese haftet zwar unbeschränkt mit ihrem gesamten (Gesellschafts-)Vermögen. Beschränkt ist allerdings die Haftung der hinter der GmbH & Co. KG stehenden natürlichen Personen, weil diese weder als Gesellschafter der Komplementär-GmbH noch als Kommanditisten der GmbH & Co. KG über ihre Einlageverpflichtungen hinaus haften. Zwar ist die Beschränkung der Haftung der hinter der Gesellschaft stehenden natürlichen Personen auch bei der GmbH oder der AG gegeben, bei diesen handelt es sich jedoch um Kapitalgesellschaften. Die GmbH & Co. KG (mit ihren verwandten Erscheinungsformen wie z.B. AG & Co. KG und Stiftung & Co. KG) ist die einzige Rechtsform, bei der die Haftung beschränkt ist und die eine Perso-

---

1 GmbHR 1914, 9.
2 Urt. v. 4. 7. 1922, RG 7, 101; BGHZ 45, 204, 207.

nengesellschaft darstellt. Während sie damit dem Recht der Personengesellschaften untersteht, unterliegen GmbH und AG dem Recht der Kapitalgesellschaften und damit ganz anderen handels- und steuerrechtlichen Regelungen.

2. Steuern

Die GmbH & Co. KG verbindet die Vorteile der Rechtsformen der Kapitalgesellschaften (Haftungsbeschränkung) mit den steuerlichen Vorteilen der Personengesellschaften.

Die steuerlichen Nachteile der Kapitalgesellschaft (AG, GmbH) lagen lange Zeit in einer steuerlichen Doppelbelastung, die bei den Personengesellschaften und damit der GmbH & Co. KG von vornherein nicht gegeben ist. Ein und dasselbe Vermögen und ein und derselbe Ertrag der Kapitalgesellschaft wurden zunächst auf der Ebene der Gesellschaft der Körperschaft- und Vermögensteuer unterworfen und ein weiteres Mal auf der Ebene der Gesellschafter der Einkommensteuer. Mit der Körperschaftsteuerreform im Jahre 1977 wurde die Doppelbelastung durch Einführung des Anrechnungsverfahrens, das die Anrechnung der gezahlten Körperschaftsteuer auf die individuelle Einkommensteuer zuließ, im Wesentlichen beseitigt. Seit Einführung des Halbeinkünfteverfahrens im Jahre 2001 wird die Doppelbelastung hierdurch weitestgehend vermieden.

Auch nach Beseitigung dieser steuerlichen Benachteiligung der Rechtsform der Kapitalgesellschaft gegenüber der Rechtsform der Personengesellschaft und damit auch des Wegfalls des gewichtigsten steuerlichen Vorzugs der GmbH & Co. KG gegenüber GmbH und AG ist die GmbH & Co. KG in steuerlicher Hinsicht nach wie vor eine attraktive Alternative zur GmbH oder zur AG.

Während die Rechtsform der Kapitalgesellschaft wegen der niedrigen Steuerbelastung auf Gesellschaftsebene bei Erzielung hoher Gewinne in Verbindung mit einer hohen Thesaurierungsquote vorteilhaft ist, ist diejenige der Personengesellschaft insbesondere im Hinblick auf die Reduzierung des Spitzensteuersatzes auf 42% bei entsprechender Gewinnausschüttung vorzugswürdig. Ein bedeutsamer Vorteil der Personengesellschaft liegt auch in der Möglichkeit der Anrechnung der Gewerbesteuer auf die Einkommensteuer gem. § 35 EStG.

Ein weiterer bedeutender Vorteil der GmbH & Co. KG liegt nach wie vor in der Möglichkeit der anteiligen Verrechnung von Verlusten der Gesellschaft auf der individuellen Einkommensteuerebene. Verglichen mit der GmbH und der AG ist die Rechtsform der GmbH & Co. KG auch beim Anteilskauf die attraktivere Rechtsform, weil sie die Geltendmachung von

Anschaffungskosten über die anteilige Abschreibung des Kaufpreises hinaus sowie grundsätzlich die volle Abzugsfähigkeit von Finanzierungskosten beim Unternehmenskauf ermöglicht. Demgegenüber ist beim Erwerb von Anteilen an einer Kapitalgesellschaft weder die steuerwirksame Abschreibung des Kaufpreises noch – wegen der Begrenzung beim Halbeinkünfteverfahren – die volle Abzugsfähigkeit der Finanzierungskosten gegeben.

Welche Rechtsform im Einzelfall in steuerlicher Hinsicht vorzuziehen ist, hängt neben den genannten von einer Vielzahl weiterer Faktoren, wie Geschäftsführerbezüge, Gewerbesteuerhebesätze, Pensionszusagen, Anlaufverlusten etc. ab. Letztlich wird eine verlässliche Einschätzung der in steuerlicher Hinsicht vorzugswürdigen Rechtsform nur in Zusammenarbeit mit dem jeweiligen Steuerberater unter Abwägung aller im Einzelfall steuerlich bedeutsamen Aspekte möglich sein.

Festzustellen ist jedoch, dass die Rechtsform der GmbH & Co. KG im Vergleich zu GmbH und AG in steuerlicher Hinsicht die weitaus flexiblere Rechtsform ist.

3. Geschäftsführung und Vertretung

Zur Geschäftsführung (§ 164 HGB) und Vertretung (§ 170 HGB) der GmbH & Co. KG ist allein die GmbH als deren Komplementärin berechtigt. Diese Rechte nimmt sie über ihre Geschäftsführer oder Bevollmächtigten (z.B. Handlungsbevollmächtigte, Prokuristen) wahr. Da die GmbH als Kapitalgesellschaft nicht den Grundsätzen der Selbstorganschaft unterliegt, wonach die organschaftliche Geschäftsführung und Vertretung nicht auf Personen übertragen werden darf, die nicht zugleich Gesellschafter der Gesellschaft sind, ist es über den „Umweg" Komplementär-GmbH letztlich doch möglich, die GmbH & Co. KG von einem Fremdgeschäftsführer, der weder Gesellschafter der Komplementär-GmbH noch der GmbH & Co. KG zu sein braucht, führen zu lassen. Unter anderem deshalb eignet sich die GmbH & Co. KG besser als andere Personengesellschaften zur Bewältigung der Unternehmensnachfolge, etwa wenn kein geeigneter Nachfolger aus dem Gesellschafterkreis vorhanden ist, aber ein Fremdgeschäftsführer verfügbar wäre.

Die gesellschafts- und steuerrechtlichen Vorteile bestätigen sich u.a. in der regelmäßig fehlenden Mitbestimmungspflicht, der geringeren Formenstrenge, der fehlenden Verpflichtung zur Veröffentlichung des Gesellschaftsvertrages im Handelsregister, der geringeren ertragsteuerlichen Belastung bei Vollausschüttung der Gewinne, der Bevorzugung bei der Erbschaftsteuer und der Verlustverrechnung mit anderen Einkunftsquellen.

Demgegenüber fallen die mit der Rechtsform der GmbH & Co. KG verbundenen Nachteile eher gering aus. Der Gewichtigste dürfte der mit dem Bestehen von zwei Gesellschaften verbundene höhere Aufwand bei der Erstellung von zwei Steuererklärungen und dem Erfordernis von zwei Buchhaltungen sein. Bei der am häufigsten gewählten Ausprägung der typischen GmbH & Co. KG, in der die Komplementär-GmbH keinen eigenen Geschäftsbetrieb unterhält, hält sich der Aufwand in erträglichen Grenzen.

4. Organstellung und Anstellung des Geschäftsführers der Komplementär-GmbH

a) Organstellung des Geschäftsführers

Der Geschäftsführer der GmbH steht in einer Doppelstellung: Er ist zum einen Organ der Gesellschaft und damit als deren Vertreter befugt, die Gesellschaft nach außen im gesamten Rechts- und Geschäftsverkehr zu vertreten. Diesbezüglich ergeben sich für die GmbH & Co. KG keine Besonderheiten. Die Bestellung des Geschäftsführers der Komplementär-GmbH erfolgt ausschließlich durch die GmbH. Die gleichen Grundsätze gelten für die Abberufung des Geschäftsführers, durch welche die dem Geschäftsführer eingeräumte Organstellung wieder beendet wird.

b) Anstellungsvertrag mit der Komplementär-GmbH

Wird der neben der Bestellung als Organ der Gesellschaft abzuschließende Anstellungsvertrag mit der Komplementär-GmbH abgeschlossen, ergeben sich regelmäßig keine Besonderheiten gegenüber dem bei einer reinen GmbH angestellten Geschäftsführer. Der Geschäftsführer ist somit nach überwiegender Ansicht kein Arbeitnehmer im Sinne der arbeitsrechtlichen Schutzgesetze. Für Streitigkeiten zwischen GmbH und Geschäftsführer sind die ordentlichen Gerichte zuständig.

Besonderheiten können sich allenfalls dann ergeben, wenn der Geschäftsführer keine Anteile an der GmbH hält und vor seiner Bestellung bereits bei der KG im Angestelltenverhältnis tätig war. In diesem Fall kann das bisherige Arbeitsverhältnis mit der KG auch während der Geschäftsführertätigkeit als ruhendes fortbestehen und nach der Abberufung des Geschäftsführers ohne besondere Vereinbarung wieder aufleben. Ist der Geschäftsführer der Komplementär-GmbH dagegen neben seiner Geschäftsführerposition weiterhin in nicht unerheblichem Umfang bei der KG tätig, hat er also neben seinem Geschäftsführerdienstvertrag mit der Komplementär-GmbH mit der KG weiterhin einen Arbeitsvertrag, besteht dieses Arbeitsverhältnis neben dem Geschäftsführerdienstverhältnis als eigenständiges Vertragsverhältnis fort.

c) Anstellungsvertrag mit der Kommanditgesellschaft

Obwohl Partner des Anstellungsvertrages in der Regel die betreffende Gesellschaft und der Geschäftsführer sind, wird bei der GmbH & Co. KG nicht selten der Geschäftsführerdienstvertrag des Geschäftsführers der Komplementär-GmbH nicht mit der GmbH, sondern mit der Kommanditgesellschaft geschlossen.

Die bisher herrschende Meinung ging in diesem Fall davon aus, dass der Geschäftsführer die Rechtsstellung eines Arbeitnehmers innehat, denn zur Komplementär-GmbH bestehe kein Anstellungsverhältnis und zur KG befinde sich der Geschäftsführer nicht in einer Organstellung. Die arbeitsrechtlichen Vorschriften, insbesondere die Zuständigkeit der Arbeitsgerichte und der Kündigungsschutz nach dem Kündigungsschutzgesetz würden demnach für diesen Geschäftsführer grundsätzlich eingreifen.[3]

Ob diese differenzierte Betrachtungsweise für die GmbH & Co. KG auch weiterhin erhalten bleibt, ist angesichts widersprechender Entscheidungen der Landesarbeitsgerichte und des BAG zu bezweifeln. So kommt es nach der Entscheidung des Landesarbeitsgerichtes Hamm vom 18. 8. 2004[4] für den Geschäftsführer der Komplementär-GmbH nicht darauf an, dass der Anstellungsvertrag nicht unmittelbar mit der Komplementär-GmbH geschlossen worden ist. Vielmehr wird auch in diesem Fall keine Arbeitnehmereigenschaft angenommen.[5] Da der GmbH-Geschäftsführer unabhängig davon, ob der Anstellungsvertrag mit der Komplementär-GmbH oder mit der KG besteht, in jedem Falle Arbeitgeberfunktionen ausübe, sei die Differenzierung in der GmbH & Co. KG danach, mit welcher Gesellschaft der Anstellungsvertrag abgeschlossen werde, nicht mehr sachgerecht.

Das BAG hat mit Beschluss vom 20. 8. 2003 die Zulässigkeit des Rechtswegs zu den Arbeitsgerichten verneint.[6]

---

3 BAG, Urt. v. 10. 7. 1980, NJW 1981, 302, zur Zuständigkeit der Arbeitsgerichte; BAG, Urt. v. 15. 4. 1982, DB 1983, 1442 LAG Hamm, zur Anwendung des Kündigungsschutzgesetzes.
4 Beschl. v. 18. 8. 2004 – 2 Ta 172/04, GmbHR 2004, 1588.
5 So auch OLG München, Beschl. v. 10. 4. 2003 – 7 W 656/03, GmbHR 2003, 776.
6 BAG, Beschl. v. 20. 8. 2003 – 5 AZB 79/02, BB 2003, 2352.

5. Mitbestimmung

Im Gegensatz zur GmbH ist die GmbH & Co. KG von der Mitbestimmung nach dem sog. Drittelbeteiligungsgesetz, wonach eine GmbH mit mehr als 500 Arbeitnehmer einen Aufsichtsrat, der zu einem Drittel aus Arbeitnehmern bestehen muss (§ 1 Abs. 1 Nr. 2 DrittelbG), zu bilden hat, nicht betroffen.

Nach der Grundkonzeption des am 1.7.1976 in Kraft getretenen Gesetzes über die Mitbestimmung der Arbeitnehmer (MitbestG) bleibt die GmbH & Co. KG als Personengesellschaft ebenfalls mitbestimmungsfrei. § 4 MitbestG macht hiervon jedoch eine – theoretisch zwar bedeutsame, praktisch aber eher nebensächliche – Ausnahme, indem er die Arbeitnehmer der GmbH & Co. KG den Arbeitnehmern ihrer Komplementär-GmbH hinzurechnet und diese, wenn sie sodann die Mindestzahl von 2000 Arbeitnehmern erreicht, unter weiteren Voraussetzungen mitbestimmungspflichtig wird. Diese weiteren Voraussetzungen sind, dass die Kommanditisten der GmbH & Co. KG die Mehrheit der Geschäftsanteile oder der Stimmen bei der Komplementär-GmbH innehaben, des Weiteren, dass die Komplementär-GmbH keinen eigenen Geschäftsbetrieb hat oder i.d.R. nicht mehr als 500 Arbeitnehmer beschäftigt.

6. Rechnungslegung

Mit Inkrafttreten des sog. Kapitalgesellschaften & Co-Richtliniengesetzes (KapCoRiLiG) vom 24. 2. 2000[7] ist der Vorteil, dass für die KG die für Kapitalgesellschaften geltenden Vorschriften der Rechnungslegung nicht gelten, weggefallen. Das KapCoRiLiG bestimmt nunmehr, dass für eine GmbH & Co. KG, bei der nicht wenigstens eine natürliche Person unbeschränkt persönlich haftet, dieselben Rechnungslegungsvorschriften wie für die GmbH zu beachten sind. Bestand der Jahresabschluss der GmbH & Co. KG bis dahin lediglich aus der Bilanz und der Gewinn- und Verlustrechnung, so ist er nunmehr bei einer mittelgroßen bzw. großen GmbH & Co. KG um einen Anhang und einen Lagebericht zu erweitern.

7. Fazit

Wie vorstehend dargelegt, hat die Rechtsform der GmbH & Co. KG gegenüber anderen Rechtsformen eine Reihe gesellschafts- und steuerrechtlicher Vorteile. Diese zeigen sich u.a. in der geringeren Formenstrenge, der fehlenden Verpflichtung zur Veröffentlichung des Gesellschaftsvertrages

---

7 BGBl. I 2000, 154.

im Handelsregister, der Bevorzugung bei der Erbschaftsteuer und der Verlustverrechnung mit anderen Einkunftsquellen.

Demgegenüber fallen die mit der Rechtsform der GmbH & Co. KG verbundenen Nachteile eher gering aus. Der Gewichtigste dürfte der mit dem Bestehen von zwei Gesellschaften verbundene höhere Aufwand bei der Erstellung zweier Steuererklärungen und dem Erfordernis von zwei Buchhaltungen sein. Bei der am häufigsten gewählten Ausprägung der typischen GmbH & Co. KG, in der die Komplementär-GmbH keinen eigenen Geschäftsbetrieb unterhält, hält sich der Aufwand in erträglichen Grenzen.

Wie alle Heidelberger Musterverträge wenden sich auch die vorliegenden Musterverträge für die KG und deren Komplementär-GmbH mit ihren Vorschlägen und Anregungen an den rechtlichen Berater, aber ganz besonders auch an den interessierten Laien. Ihnen wollen wir einen Überblick über die bei der Rechtsform der GmbH & Co. KG zu beachtenden Regelungsbereiche vermitteln. Naturgemäß können die vorliegenden Musterverträge mit ihren Gestaltungsvorschlägen und Regelungsvarianten die individuelle Beratung und die am jeweiligen Einzelfall orientierte Ausgestaltung der Gesellschaftsverträge nicht ersetzen. Dem vorliegenden Mustervertrag liegt die wohl häufigste Gestaltungsform der „typischen" GmbH & Co. KG zugrunde.

B. Gesellschaftsvertrag einer „typischen" GmbH & Co. KG

Die „typische" GmbH & Co. KG, auch so genannte „echte", „eigentliche" oder „GmbH & Co. KG im engeren Sinn", zeichnet sich dadurch aus, dass die GmbH die einzige persönlich haftende Gesellschafterin der GmbH & Co. KG ist und die Komplementäreigenschaft gleichzeitig den einzigen Zweck der GmbH darstellt.

Der folgende Mustervertrag geht von einer „typischen" GmbH & Co. KG aus, bei der sowohl die Komplementär-GmbH als auch die KG noch zu gründen sind.[8]

1. Gesellschaftsvertrag der Komplementär-GmbH[9]

I.

Hiermit errichten

1. Herr Hans Müller, Diplom-Kaufmann, Heidelberg

2. Frau Anneliese Petersen, Grafikerin, Neckargemünd

3. Frau Anna Hermsen, Diplom-Kauffrau, Eberbach

4. Herr Friedrich Maier, Drucker, Sinsheim

eine Gesellschaft mit beschränkter Haftung. Die Unterzeichner geben der Gesellschaft die als Anlage beigefügte Satzung. Die Anlage ist Bestandteil dieser Urkunde.

II.

Zu Geschäftsführern werden Herr Hans Müller und Herr Friedrich Maier bestellt.[10]

---

8 Denkbar sind auch die Aufnahme einer GmbH als Komplementärin in eine bereits bestehende KG oder in eine OHG sowie die Gründung einer GmbH & Co. KG nach dem Umwandlungsgesetz.

9 Dieser gliedert sich in zwei Teile: Die Einigung über die Errichtung der GmbH (Gründungsprotokoll) und die Satzung (vgl. *Lutter/Bayer*, in: Lutter/Hommelhoff, GmbHG, § 2 GmbHG Rn. 12).

10 Neben der hier gewählten Aufnahme der Geschäftsführerbestellung in das Gründungsprotokoll empfiehlt sich auch die Bestellung des Geschäftsführers in einem gesonderten Gesellschafterbeschluss nach §§ 6 Abs. 3 Satz 2, 46 Nr. 5 GmbHG. Dagegen wäre die Bestellung des Geschäftsführers im Gesellschaftsvertrag (Satzung) zwar gem. § 6 Abs. 3 Satz 2 GmbHG möglich. Sie ist jedoch wegen der Notwendigkeit einer Änderung des Gesellschaftsvertrages, die gem. § 53 Abs. 2 GmbHG der notariellen Beurkundung bedarf, mit Nachteilen verbunden.

Satzung

§ 1
Firma[11], Sitz

1. Die Firma der Gesellschaft lautet:
„Müller Medien Verwaltungs GmbH"

2. Sitz der Gesellschaft ist Heidelberg.

§ 2
Gegenstand des Unternehmens

Gegenstand des Unternehmens ist die Beteiligung als geschäftsführende und persönlich haftende Gesellschafterin an der Müller Medien GmbH & Co. KG mit dem Sitz in Heidelberg, die die Herstellung und den Vertrieb von Druckerzeugnissen aller Art zum Gegenstand hat.[12]

---

11 Reine Sachfirmenbezeichnungen genügen dem aus § 18 Abs. 1 HGB folgenden Gebot der Kennzeichnungs- und Unterscheidungskraft nicht und sind deshalb durch entsprechende individualisierende Zusätze zu ergänzen. Zu beachten ist auch, dass sich die Firma der Komplementär-GmbH von der der GmbH & Co. KG gem. § 30 HGB deutlich unterscheiden muss. Dies kann dadurch erreicht werden, dass für die GmbH & Co. KG eine völlig andere Firma als für die Komplementär-GmbH gewählt wird. Werden dagegen für die GmbH & Co. KG und die Komplementär-GmbH ähnliche Firmen gewählt, ist es üblich, für die Firma der GmbH einen Zusatz wie „Verwaltungs-", „Geschäftsführungs-", „Beteiligungs-", „Betriebs-" oder „Besitz"-Gesellschaft zu wählen, um den Erfordernissen des § 30 HGB zu genügen (vgl. *Binz/Sorg*, Die GmbH & Co. KG, § 11 Rn. 9 ff). Wird ein solcher Zusatz gewählt, muss dieser jedoch unter Beachtung des Grundsatzes der Firmenwahrheit § 18 Abs. 2 HGB in der Firmenbezeichnung der GmbH & Co. KG entfallen. Ansonsten könnte der Eindruck entstehen, auch die GmbH & Co. KG werde nur verwaltend oder geschäftsführend tätig (vgl. *Binz/Sorg*, a. a. O.; BGH, Beschl. v. 16. 3. 1981 – II ZB 9/80, GmbHR 1981, 292).

12 Der Gegenstand des Unternehmens muss den Tätigkeitsbereich der GmbH wiedergeben und die Zuordnung zu einem Geschäftszweig ermöglichen (*Baumbach/Hueck*, GmbHG, § 3 Rn. 10). Das BayObLG hielt darüber hinaus die Angabe des Gegenstandes der KG für erforderlich (Beschl. v. 15. 12. 1975 – BReg 2 Z 53/75 BayObLGZ 1975, 447), was in der Literatur weitgehend auf Ablehnung gestoßen ist, vgl. nur *Baumbach/Hueck*, a. a. O., § 3 Rn. 11) Obwohl auch das BayObLG mittlerweile zu erkennen gegeben hat, dass es an seiner Rechtsprechung nicht festhalten will (BayObLG, Beschl. v. 22. 6. 1995 – 3Z BR 71/95, BB 1995, 1814 = GmbHR 1995, 722 – obiter dictum), sollte bis zur endgültigen Klärung der Streitfrage der Gegenstand der KG mit aufgenommen werden, um langwierigen Auseinandersetzungen mit dem Registergericht aus dem Weg zu gehen.

11

§ 3
Stammkapital und Geschäftsanteile

1. Das Stammkapital beträgt € 25 000,–.[13]

2. Davon übernehmen:

a) Herr Hans Müller einen Geschäftsanteil im Nennbetrag zu € 10 000,–
b) Frau Anneliese Petersen   "   "   "   "   zu €   2 500,–
c) Frau Anna Hermsen   "   "   "   "   zu €   2 500,–
d) Herr Friedrich Maier   "   "   "   "   zu € 10 000,–

3. Alle Einlagen werden in Geld erbracht und sind vor Anmeldung zum Handelsregister in voller Höhe auf das Konto der Gesellschaft bei der .... Bank einzuzahlen.[14]

Bei einer beteiligungsidentischen GmbH & Co. KG zusätzlich:

4. Der Anteil jedes Gesellschafters am Stammkapital der Gesellschaft hat dem jeweiligen Anteil am Kapital der Müller Medien GmbH & Co. KG zu entsprechen. Jeder Gesellschafter ist gegenüber der Gesellschaft und gegenüber den einzelnen Gesellschaftern verpflichtet, alles Erforderliche zu tun, um diese Beteiligungsverhältnisse aufrecht zu erhalten oder wiederherzustellen, insbesondere den hierfür erforderlichen Maßnahmen zuzustimmen und alle erforderlichen Handlungen vorzunehmen.[15]

§ 4
Geschäftsjahr, Dauer der Gesellschaft

1. Das Geschäftsjahr ist das Kalenderjahr. Das erste Geschäftsjahr endet am 31.12. des Jahres, in welchem die Gesellschaft in das Handelsregister eingetragen wird.

---

13 Bei dieser Summe handelt es sich um den gesetzlich vorgeschriebenen Mindestbetrag für das Stammkapital, § 5 Abs. 1 GmbHG. An dem Stammkapital können sich die Gesellschafter in unterschiedlicher Höhe beteiligen, § 5 Abs. 3 GmbHG.

14 Jeder Gesellschafter muss auf seine Geschäftsanteile jeweils mindestens ein Viertel der Nennbeträge einzahlen. Der Gesamtbetrag der eingezahlten Einlagen muss mindestens € 12.500,– betragen, § 7 Abs. 2 Sätze 1 und 2 GmbHG. Im Gesellschaftsvertrag kann vereinbart werden, dass die restlichen Einlagenbeträge erst zu einem späteren Zeitpunkt oder auf Anforderung der Geschäftsführer einzuzahlen sind.

15 Diese Klausel ist bei einer beteiligungsidentischen GmbH & Co. KG zwingend aufzunehmen, um den Gleichlauf der Beteiligung an der Komplementär-GmbH und der KG sicherzustellen.

2. Die Gesellschaft beginnt mit der Eintragung ins Handelsregister.[16] Sie wird auf unbestimmte Zeit geschlossen.

3. Die Gesellschaft kann von jedem Gesellschafter zum Schluss eines Geschäftsjahres mit einer Frist von 6 Monaten gekündigt werden. Die Kündigung erfolgt durch eingeschriebenen Brief an die Geschäftsführung. Sie hat den Austritt des Kündigenden aus der Gesellschaft zur Folge. Die Gesellschaft wird mit den verbleibenden Gesellschaftern fortgeführt.[17]

4. Mit Ablauf der Kündigungsfrist scheidet der Kündigende aus der Gesellschaft aus.[18] Die Abfindung bestimmt sich nach § 12.

Bei einer beteiligungsidentischen GmbH & Co. KG zusätzlich:

5. Der kündigende Gesellschafter ist verpflichtet, zugleich seine Beteiligung an allen Gesellschaften zu kündigen, an denen die Müller Medien Verwaltungs GmbH als Komplementärin und er als Kommanditist beteiligt ist.[19]

---

16 Mit der Eintragung ins Handelsregister entsteht die GmbH als juristische Person, § 11 Abs. 1 GmbHG. In der Zeit zwischen der Errichtung der Gesellschaft durch notarielle Beurkundung des Gesellschaftsvertrages und der Eintragung ins Handelsregister besteht die GmbH dagegen als sogenannte „Vor-GmbH", die bereits die Merkmale der künftigen GmbH aufweist und mit der Eintragung ins Handelsregister in diese übergeht. Die Gründer haften in diesem Stadium unabhängig davon, ob sie ihre Einlage erbracht haben oder nicht nur gegenüber der Gesellschaft und zwar für alle vom Gesellschaftsvermögen nicht abgedeckten Verluste. Dritten gegenüber haften die Gründer nicht. Den Gläubigern der Gesellschaft bleibt es jedoch unbenommen, zunächst die Vor-GmbH in Anspruch zu nehmen und deren Ansprüche gegen die Gründer zu pfänden und sich überweisen zu lassen.

17 Das GmbHG sieht eine Kündigung der GmbH nicht vor, so dass ein Kündigungsrecht nur bei entsprechender Regelung im Gesellschaftsvertrag besteht. Hierbei kann die Auflösung der Gesellschaft oder das Ausscheiden des einzelnen Gesellschafters als Rechtsfolge der Kündigung vorgesehen werden. Ein Kündigungsrecht mit der Folge der Auflösung der Gesellschaft ist jedoch bei einer Komplementär-GmbH unüblich.

18 Anders als bei Personengesellschaften führt die Erklärung der Kündigung nicht automatisch zu einem Ausscheiden des Gesellschafters. Vielmehr ist hierfür die Einziehung oder Abtretung des Geschäftsanteils erforderlich. Da der Gesellschafter bis zur wirksamen Einziehung oder Abtretung des Geschäftsanteils gegen Zahlung einer Abfindung seine Gesellschafterstellung grundsätzlich behält, ist es empfehlenswert, im Gesellschaftsvertrag eine entsprechende Regelung aufzunehmen, die auch ein Ausscheiden des Gesellschafters mit sofortiger Wirkung und unabhängig von der Zahlung einer Abfindung vorsehen kann (BGH, Urt. v. 30. 6. 2003 – II ZR 326/01, BB 2003, 1749 = GmbHR 2003, 1062, 1063). Der BGH hat jedoch offen gelassen, ob in diesem Fall der Geschäftsanteil bis zu seiner Verwertung trägerlos ist oder treuhänderisch von der Gesellschaft gehalten wird.

19 Auch diese Regelung dient dazu, den Gleichlauf der Beteiligung an der KG und der Komplementär-GmbH zu sichern.

§ 5
Geschäftsführung und Vertretung

1. Die Gesellschaft hat einen oder mehrere Geschäftsführer. Sind mehrere Geschäftsführer bestellt, so wird die Gesellschaft von zwei Geschäftsführern oder einem Geschäftsführer gemeinsam mit einem Prokuristen vertreten. Ist nur ein Geschäftsführer bestellt, vertritt dieser die Gesellschaft allein.

oder

1. Die Gesellschaft hat einen oder mehrere Geschäftsführer. Sie sind einzeln geschäftsführungs- und vertretungsbefugt.

2. Die Gesellschafter können durch Beschluss der Gesellschafterversammlung einem oder mehreren Geschäftsführern für bestimmte Geschäfte die Befugnis zur Alleinvertretung und Befreiung von den Beschränkungen des § 181 BGB erteilen.[20]

3. Die Geschäftsführer sind von den Beschränkungen des § 181 BGB für Rechtsgeschäfte zwischen der Gesellschaft und der Müller Medien GmbH & Co. KG befreit.[21]

4. Erklärungen der Geschäftsführer, die den Gesellschaftsvertrag der Müller Medien GmbH & Co. KG betreffen, bedürfen einer vorherigen einstimmigen Zustimmung der Gesellschafter durch Gesellschafterbeschluss nach näherer Maßgabe der Regelungen in den Geschäftsführer-Dienstverträgen[22] und der Geschäftsordnung für Geschäftsführer. Gleiches gilt für Handlungen, die über den gewöhnlichen Geschäftsbetrieb hinausgehen.

---

20 Nur wenn die für Abs. 1 vorgeschlagene erste Alternative gewählt wird.

21 Eine Befreiung ist empfehlenswert, da sonst Rechtsgeschäfte zwischen der KG mit der Komplementär-GmbH, beide vertreten durch den Geschäftsführer der Letzteren, nicht möglich wären. Soll der Geschäftsführer der GmbH gleichzeitig auch Kommanditist der KG werden, wäre der Abschluss des Gesellschaftsvertrages der KG durch den Geschäftsführer im eigenen Namen als Kommanditist und als Vertreter der Komplementär-GmbH in deren Namen ohne eine Befreiung von § 181 BGB nicht möglich. Die ausdrückliche Befreiung von § 181 BGB muss zu diesem Zweck sowohl in der Satzung der GmbH als auch im Gesellschaftsvertrag der KG erfolgen. Die von der Befreiung betroffenen Gesellschaften sollten ausdrücklich genannt werden.

22 Vgl. zum GmbH-Geschäftsführervertrag *Reiserer*, Der GmbH-Geschäftsführer-Vertrag, Heidelberger Musterverträge Nr. 36, und *Reiserer/Heß-Emmerich/Peters*, Der GmbH-Geschäftsführer.

§ 6
Gesellschafterversammlung

1. Die ordentliche Gesellschafterversammlung findet vier Wochen nach Aufstellung der Bilanz für das vorhergehende Geschäftsjahr statt, im Übrigen nach Bedarf. Der Abhaltung einer Versammlung bedarf es nicht, wenn sich sämtliche Gesellschafter in schriftlicher oder elektronischer Form damit einverstanden erklären, dass der Gesellschafterbeschluss schriftlich, fernschriftlich, per Telefax, per E-Mail oder telefonisch gefasst wird[23]. Wird ein Beschluss nicht in Schriftform gefasst, so muss der Beschluss innerhalb von zwei Wochen von allen Geschäftsführern schriftlich bestätigt werden.

2. Die Geschäftsführung beruft die Gesellschafterversammlung mit einer Frist von zwei Wochen unter Angabe der Tagesordnung schriftlich ein. Die Einberufung ist auch formlos möglich, wenn alle Gesellschafter damit einverstanden sind.[24]

3. Die Gesellschafterversammlung findet am Sitz der Gesellschaft statt.

4. Die Gesellschafterversammlung ist beschlussfähig, wenn mindestens 75% des Stammkapitals vertreten sind. Fehlt es an dieser Voraussetzung, so ist innerhalb von vier Wochen eine neue Versammlung mit gleicher Tagesordnung einzuberufen, die dann immer beschlussfähig ist. Hierauf ist in der Einladung hinzuweisen.

5. Jeder Gesellschafter kann sich durch einen Mitgesellschafter oder durch einen beruflich zur Verschwiegenheit verpflichteten Bevollmächtigten der rechts- und steuerberatenden Berufe vertreten lassen. Die Vollmacht bedarf der Schriftform.

oder

Jeder Gesellschafter kann seine Rechte in der Gesellschafterversammlung nur persönlich wahrnehmen. Ist er durch Krankheit oder unabwendbaren Zufall an der Teilnahme gehindert, kann er sich durch einen Mitgesellschafter oder einen beruflich zur Verschwiegenheit verpflichteten Bevoll-

---

23 Die Regelung entspricht, abgesehen vom Formerfordernis bezüglich der Einwilligung in die Abstimmung im schriftlichen Verfahren, § 48 Abs. 2 Alt. 2 GmbHG.

24 § 51 Abs. 1 GmbHG sieht eine Einladung mittels eingeschriebenen Briefes vor. Gerade bei einer kleineren GmbH & Co. KG erweist sich diese Vorschrift jedoch als zu formalistisch. Die Einberufung kann durch jeden Geschäftsführer erfolgen, unabhängig davon, wie die Geschäftsführungs- und Vertretungsbefugnis im Gesellschaftsvertrag geregelt ist.

mächtigen der rechts- und steuerberatenden Berufe vertreten lassen. Die Vollmacht bedarf der Schriftform.

6. Die erschienenen und vertretenen Gesellschafter wählen mit einfacher Mehrheit einen Vorsitzenden. Dieser leitet die Gesellschafterversammlung.[25]

7. Über die Gesellschafterversammlung ist ein Protokoll zu fertigen. Dieses wird vom Leiter der Gesellschafterversammlung erstellt und enthält die anwesenden Gesellschafter bzw. deren Vertreter, etwaige Verzichte auf die Einhaltung von Form- und Fristvorschriften und alle Anträge und alle Beschlüsse einschließlich der jeweiligen Abstimmungsergebnisse.[26] Jedem Gesellschafter ist eine Abschrift des Protokolls zuzustellen.

§ 7
Gesellschafterbeschlüsse

1. Gesellschafterbeschlüsse werden mit einfacher Mehrheit der abgegebenen Stimmen gefasst, soweit nicht dieser Vertrag oder das Gesetz eine andere Mehrheit vorschreiben.

2. Sie können auch außerhalb einer Gesellschafterversammlung gefasst werden und sind formlos gültig, soweit nicht in diesem Vertrag oder vom Gesetz eine besondere Form vorgeschrieben ist.[27]

3. Jeder Euro eines Geschäftsanteils gewährt eine Stimme.[28]

---

25 Die Leitung der Gesellschafterversammlung durch einen Vorsitzenden ist zwar gesetzlich nicht vorgeschrieben, aber insbesondere bei größeren Gesellschaften zweckmäßig, um z.B. den Ausgang der Abstimmung festzuhalten und das Beschlussergebnis zu verkünden. Zwar bedarf der Gesellschafterbeschluss bei der GmbH im Hinblick auf seine Wirksamkeit keiner förmlichen Feststellung, diese spielt aber für die Anfechtbarkeit des Beschlusses eine große Rolle.

26 Die Protokollierung ist ebenfalls im Gesetz nicht vorgesehen. Allein um sicherzustellen, dass der Wortlaut eines Beschlusses unzweideutig feststeht und so unnötige Feststellungs- und Anfechtungsklagen zu vermeiden, ist eine Protokollierung dringend zu empfehlen.

27 Diese Befreiung von sämtlichen Formvorschriften ist zulässig, jedoch wohl nur bei kleineren Gesellschaften mit einer begrenzten Anzahl von Gesellschaftern sinnvoll.

28 Dies entspricht der gesetzlichen Rechtslage gemäß § 47 Abs. 2 GmbHG. Eine abweichende Regelung der Stimmrechte in der Satzung ist jedoch möglich und kann zum Beispiel das Stimmrecht nach Köpfen verteilen.

4. Änderungen oder Ergänzungen dieser Satzung können nur einstimmig beschlossen werden.[29] Mit einer Mehrheit von 75% der vorhandenen Stimmen muss beschlossen werden über:

– Auflösung der Gesellschaft,

– Beteiligung der Gesellschaft an anderen Gesellschaften als persönlich haftende Gesellschafterin,

– Beschlüsse, die eine Nachschusspflicht begründen,

– Feststellung des Jahresabschlusses,

– Verwendung des Ergebnisses,

– Bestellung und Abberufung von Geschäftsführern,

– Bestellung von Prokuristen,

– Zustimmung zu Verfügungen über Geschäftsanteile und Belastung von Geschäftsanteilen.

Bei der beteiligungsidentischen GmbH & Co. KG zusätzlich:

– Ausübung des Stimmrechts der Gesellschaft in der Gesellschafterversammlung einer KG, an der sie als persönlich haftende Gesellschafterin und ihre Gesellschafter als Kommanditisten beteiligt sind.[30]

5. Auch Gesellschafterbeschlüsse, die außerhalb einer Gesellschafterversammlung gefasst werden, sind von der Geschäftsführung zu protokollieren. Jeder Gesellschafter erhält eine Abschrift.

6. Etwaige Widersprüche gegen einen Gesellschafterbeschluss sind innerhalb einer Frist von einem Monat nach Erhalt der Abschrift an die Ge-

---

29 Für die Satzungsänderung schreibt § 52 Abs. 2 S. 1 GmbHG zwingend eine Mindestmehrheit von drei Vierteln der abgegebenen Stimmen vor. Weitere Erschwerungen sind zulässig. Andere Gesellschafterbeschlüsse werden grundsätzlich gem. § 47 Abs. 1 GmbHG mit einfacher Mehrheit gefasst. Für grundlegende Entscheidungen im Hinblick auf die Gesellschaft und deren Tätigwerden im Rechtsverkehr erscheint es zweckmäßig, im Gesellschaftsvertrag eine qualifizierte Mehrheit vorzusehen.

30 Die Bestimmung, derzufolge die Ausübung des Stimmrechts in der KG einem Beschluss der Gesellschafterversammlung der GmbH unterliegt, soll verhindern, dass das Stimmrecht zwischen den am Gesamtunternehmen beteiligten natürlichen Personen verzerrt wird, weil die GmbH neben den Kommanditisten eine eigene Stimme hat.

schäftsführung zu richten. Anderenfalls gilt die Niederschrift als genehmigt.[31]

§ 8
Wettbewerbsverbot[32]

1. Jedem Gesellschafter ist es untersagt, unmittelbar oder mittelbar auf dem Geschäftsgebiet der Gesellschaft oder einer Gesellschaft, an der diese als Komplementärin beteiligt ist, Geschäfte oder diesen Gesellschaften in anderer Weise Konkurrenz zu machen.[33]

2. Das Wettbewerbsverbot gem. Abs. 1 gilt auch nach dem Ausscheiden des Gesellschafters, und zwar für die Dauer von zwei Jahren.[34]

---

31 Die Monatsfrist des § 246 Abs. 1 AktG gilt für die Anfechtbarkeit von mangelhaften Gesellschafterbeschlüssen einer GmbH zwar nicht strikt, dient jedoch als Leitbild. Gesellschafterbeschlüsse einer GmbH sind danach innerhalb einer angemessenen Frist ab Kenntnis der Beschlussfassung anzufechten, wobei die Frist den Besonderheiten des Einzelfalles Rechnung tragen muss. Jedenfalls darf die Frist in keinem Fall weniger als einen Monat betragen (BGH, Urt. v. 21. 3. 1988 – II ZR 308/87, BGHZ 104, 72). Es empfiehlt sich mangels eindeutiger Gesetzeslage, eine Regelung in der Satzung zu treffen.

32 Angesichts der vielfältigen Probleme, die sich aus der Vereinbarung eines Wettbewerbsverbots ergeben können, sollte die Aufnahme einer entsprechenden Klausel gut überlegt sein und nur im Falle ihrer dringenden Erforderlichkeit erfolgen.

33 Ein Wettbewerbsverbot für die Gesellschafter einer GmbH ist gesetzlich nicht vorgesehen, kann sich jedoch analog § 112 HGB aus der Treuepflicht ergeben, sofern ein Wettbewerbsverbot entweder vertraglich vereinbart ist oder der betreffende Gesellschafter einen maßgeblichen Einfluss auf die Gesellschaft ausübt oder ausüben kann (*Lutter/Bayer,* a. a. O., § 14 Rn. 24; BGH, Urt. v. 5. 12. 1983 – II ZR 242/82, BGHZ 89, 162, 166). Da der Umfang, in dem die Gesellschafter einer GmbH einer Wettbewerbsbeschränkung unterliegen, umstritten ist, empfiehlt es sich, eine eindeutige Regelung im Gesellschaftsvertrag zu treffen.

34 Das nachvertragliche Wettbewerbsverbot ist auf das örtlich, zeitlich und gegenständlich angemessene Maß zu beschränken. Es kommt auf die Umstände des Einzelfalles an. Ein nachvertragliches Wettbewerbsverbot für mehr als zwei Jahre ist jedoch in der Regel unzulässig (vgl. BGH, Urt. v. 19. 10. 1993 – KZR 3/92, BB 1994, 95 = NJW 1994, 384). Insbesondere bei Gesellschaften, die ausschließlich die Funktion einer Komplementär-GmbH erfüllen sollen, ist die Angemessenheit des Wettbewerbsverbots in zeitlicher, örtlicher und gegenständlicher Hinsicht genau zu prüfen. Weiterhin sind die Grenzen der § 138 BGB und § 1 GWB zu beachten. Schließlich ist ein nachvertragliches Wettbewerbsverbot nur für Gesellschafter zulässig, die während ihrer Tätigkeit besonderes Wissen erworben haben, so dass die Gesellschaft ein besonderes Interesse am Schutz ihrer geschäftlichen Interessen hat. Dies trifft jedenfalls auf die geschäftsführenden oder beherrschenden Gesellschafter sowie den Gesellschafter einer personalistisch organisierten GmbH zu.

3. Jeder Gesellschafter verpflichtet sich, für die Dauer von zwei Jahren nach Ausscheiden aus der Gesellschaft keine Mandate von Auftraggebern zu übernehmen, die während der letzten drei Jahre vor seinem Ausscheiden von dem Gesellschafter betreut wurden. Dies gilt sowohl für Auftraggeber der Gesellschaft als auch für solche Gesellschaften, an der die Gesellschaft als Komplementärin beteiligt ist.[35]

4. Befreiung von dem Wettbewerbsverbot kann nur durch Beschluss der Gesellschafter gewährt werden. Hierbei ist gleichzeitig mit dem Beschluss über die Befreiung vom Wettbewerbsverbot ein Beschluss über eine Abgrenzungsvereinbarung zu fassen, die gegebenenfalls eine Gegenleistung für den Dispens vorsieht. Betroffene Gesellschafter haben im Hinblick auf den Befreiungsbeschluss und den Beschluss über die Abgrenzungsvereinbarung kein Stimmrecht.[36]

5. Durch Gesellschafterbeschluss kann die Zahlung einer Entschädigung für das nachvertragliche Wettbewerbsverbot bestimmt werden.[37]

§ 9
Jahresabschluss, Gewinnverteilung

1. Die Geschäftsführer haben den Jahresabschluss und – soweit vorgeschrieben – den Lagebericht innerhalb der gesetzlichen Fristen (§ 264

---

35 Ein umfassendes nachvertragliches Wettbewerbsverbot im Sinne von Abs. 2 der Klausel ist nur zulässig, wenn die Gesellschaft ein nachvollziehbares Interesse hieran hat. Daran kann es fehlen, wenn eine Kundenschutzklausel die Interessen der Gesellschaft angemessen schützen kann (OLG Düsseldorf, Urt. v. 10. 3. 2000 – 17 U 133/99 NZG 2000, 737). Will sich nur gegen die Abwerbung von Mandanten oder Kunden schützen, ist sinnvoll, eine entsprechende Kundenschutzklausel in den Gesellschaftsvertrag aufzunehmen, die im Falle der Unzulässigkeit eines umfassenden Wettbewerbsverbots nach Abs. 2 zur Anwendung kommt.

36 Der Mustervertrag sieht mit Abs. 4 eine sogenannte Öffnungsklausel vor. Danach kann durch Gesellschafterbeschluss eine Befreiung vom Wettbewerbsverbot erfolgen. Hierbei sind jedoch die steuerlichen Folgen einer solchen Befreiung zu beachten. Erfolgt die Befreiung ohne Gegenleistungspflicht des Gesellschafters, kann darin u.U. eine verdeckte Gewinnausschüttung liegen (vgl. hierzu *Weber-Grellet*, in: Schmidt, EStG, § 20 Rn. 73).

37 Für die Wirksamkeit eines Wettbewerbsverbots ist die Zahlung einer Entschädigung nicht unbedingt erforderlich. Nach der Rechtsprechung ist eine Karenzentschädigung jedoch zu zahlen, wenn das berufliche Fortkommen des Geschäftsführers der GmbH durch das Wettbewerbsverbot unbillig erschwert wird (vgl. *Michalski*, in: Römermann, Münchner Anwaltshandbuch GmbH-Recht, § 11 Rn. 41). Es erscheint daher sinnvoll, eine Klausel in den Gesellschaftsvertrag aufzunehmen, die den Beschluss über die Zahlung einer Abfindung durch die Gesellschafter vorsieht. So kann im jeweiligen Einzelfall angemessen auf ein Ausscheiden des Gesellschafters reagiert werden.

Abs. 1 HGB) aufzustellen und, soweit eine Prüfung gesetzlich oder durch Beschluss der Gesellschafterversammlung vorgeschrieben ist, den Abschlussprüfern zur Prüfung vorzulegen.

2. Die Geschäftsführer haben allen Gesellschaftern den Jahresabschluss, gegebenenfalls den Lagebericht und einen etwaigen Prüfungsbericht des Abschlussprüfers unverzüglich nach Fertigstellung gemeinsam mit ihrem Vorschlag zur Gewinnverwendung zur Beschlussfassung vorzulegen.

3. Die Gesellschafter entscheiden nach ihrem Ermessen über die Verwendung des Ergebnisses.[38] Die Verteilung des Gewinns erfolgt nach dem Verhältnis der Geschäftsanteile.[39]

§ 10
Vorerwerbsrecht, Verfügungen über Geschäftsanteile[40]

1. Beabsichtigt ein Gesellschafter, einen Geschäftsanteil oder einen Teil davon auf andere Personen zu übertragen, so hat er sie zunächst den Mitgesellschaftern nach Maßgabe folgender Bestimmungen anzubieten:

---

38 Erst mit dem Beschluss über die Verwendung entstehen Auszahlungsansprüche der Gesellschafter. Der Gewinn der GmbH wird von dieser versteuert. Nach dem Halbeinkünfteverfahren versteuert der Gesellschafter 50 % der ausgeschütteten Dividende, wobei eine Anrechnung der von der GmbH gezahlten Gewerbesteuer auf die Einkommensteuerschuld der Gesellschafter nicht erfolgt.

39 Die Verteilung des Gewinns entspricht hier der gesetzlichen Regelung nach § 29 Abs. 1 GmbHG. Eine abweichende Regelung wäre zwar möglich, ist jedoch nicht notwendig, da bei einer Komplementär-GmbH in der Regel kein nennenswerter Gewinn anfällt.

40 Bei der Verfügung über Geschäftsanteile ist unbedingt darauf zu achten, dass die steuerlichen Konsequenzen im Zusammenhang mit den Absprachen über die Gewinnverteilung zwischen dem Erwerber und dem ausscheidenden Gesellschafter berücksichtigt werden. Hierbei ergeben sich wegen der unterschiedlichen Besteuerungsgrundsätze von Personengesellschaften und Kapitalgesellschaften unterschiedliche Folgen für die Vereinbarung im Hinblick auf die Verteilung der zum Zeitpunkt der Übertragung bereits erwirtschafteten Gewinne. So wäre bei einer Abtretung des GmbH-Geschäftsanteils vor Ablauf des Geschäftsjahres bei gleichzeitiger Vereinbarung der Vorausabtretung des Gewinnanspruchs, der Gewinn sowohl von dem Erwerber gem. § 20 Abs. 2a EStG als auch von dem ausscheidenden Gesellschafter zu versteuern. Bei Abtretung des KG-Anteils und Vereinbarung, dass den bereits erwirtschafteten Gewinn der Erwerber erhalten soll, hätte dagegen der KG-Gesellschafter als Steuersubjekt diesen in der Zeit seiner Beteiligung erwirtschafteten Gewinn zu versteuern, ohne wirtschaftlich von diesem Gewinn profitieren zu können. Diese Konsequenzen sind bei der Übertragung der Gesellschaftsanteile unbedingt durch entsprechende Vereinbarungen zu vermeiden.

a) Der Geschäftsanteil oder der Teil eines Geschäftsanteils ist durch eingeschriebenen Brief unter Angabe des Preises und der sonstigen Bedingungen den übrigen Gesellschaftern anzubieten und die Gesellschaft ist hierüber zu benachrichtigen. Beabsichtigt ein Berechtigter, die angebotene Beteiligung zu diesen Bedingungen zu erwerben, so hat er dies innerhalb von zwei Monaten nach Zugang des Angebotsschreibens durch eingeschriebenen Brief mitzuteilen und die Gesellschaft hiervon schriftlich zu benachrichtigen.

b) Das Vorerwerbsrecht kann nur für die gesamte angebotene Beteiligung ausgeübt werden. Haben mehrere Gesellschafter ihre Erwerbsabsicht gemäß lit. a) mitgeteilt, so steht ihnen das Vorerwerbsrecht im Verhältnis ihrer Beteiligung zu, sofern sie keine anderen Vereinbarungen getroffen haben. Der Verkauf und die Abtretung der Beteiligung haben in notarieller Form binnen vier Wochen nach Ausübung des Vorerwerbsrechts zu erfolgen. Unteilbare Spitzenbeträge fallen dem Gesellschafter mit der geringsten Beteiligung zu.

c) Wird das Vorerwerbsrecht nicht fristgerecht ausgeübt oder wirkt der Erwerber nicht fristgerecht bei der Übertragung mit, so steht dieses Recht ersatzweise der Gesellschaft oder einem von ihr benannten Dritten zu. Das Vorerwerbsrecht ist in diesem Fall innerhalb eines Monats auszuüben. Lit. a) und b) gelten entsprechend.

d) Wird das Vorerwerbsrecht auch von der Gesellschaft nicht fristgerecht ausgeübt oder wirkt der von ihr benannte Dritte nicht fristgerecht mit, so ist der veräußerungswillige Gesellschafter – vorbehaltlich der erforderlichen Zustimmung zur Veräußerung durch die Gesellschaft – in der Verfügung über seinen Geschäftsanteil oder einen Teil eines Geschäftsanteils frei.

Bei der beteiligungsidentischen GmbH & Co. KG zusätzlich:

e) Das Vorerwerbsrecht nach Abs. 1 kann nur zusammen mit dem Vorerwerbsrecht gemäß § 15 des Gesellschaftsvertrages der Müller Medien GmbH & Co. KG ausgeübt werden.

2. Entgeltliche oder unentgeltliche Verfügungen eines Gesellschafters über einen Geschäftsanteil oder einen Teil davon, insbesondere Abtretung, Verpfändung, Bestellung eines Nießbrauchs oder sonstige Belastungen – auch soweit sie aufgrund eines Vorerwerbsrechts nach Abs. 1 erfolgen – bedürfen der vorherigen Zustimmung durch Gesellschafterbe-

schluss.[41] Bestehen Vorerwerbsrechte nach Abs. 1, so kann die Zustimmung erst wirksam erteilt werden, wenn das Vorerwerbsrecht entweder ausgeübt, auf seine Ausübung verzichtet oder die Frist zur Ausübung abgelaufen ist. Der betroffene Gesellschafter ist bei der Beschlussfassung über die Zustimmung vom Stimmrecht ausgeschlossen.

3. Die Zustimmung ist zu erteilen, wenn die Verfügung zugunsten eines Mitgesellschafters oder eines leiblichen Abkömmlings oder in Ausübung eines Vorerwerbsrechts nach Abs. 1 erfolgt.[42]

Bei der beteiligungsidentischen GmbH & Co. KG zusätzlich:

4. Die Zustimmung kann nur erteilt werden, wenn der abtretende Gesellschafter seine Kommanditbeteiligung an der Müller Medien GmbH & Co. KG an denselben Abtretungsempfänger überträgt.[43]

oder

Die Zustimmung kann nur erteilt werden, wenn der abtretende Gesellschafter gleichzeitig seine Kommanditbeteiligung an Gesellschaften, an denen die Gesellschaft als persönlich haftende Gesellschafterin und er als Kommanditist beteiligt ist, an denselben Abtretungsempfänger überträgt.

§ 11
Einziehung von Geschäftsanteilen

1. Die Einziehung von Geschäftsanteilen oder von Teilen davon ist mit der Zustimmung des betroffenen Gesellschafters jederzeit zulässig.[44]

2. Die Einziehung von Geschäftsanteilen oder von Teilen davon ist ohne Zustimmung des betroffenen Gesellschafters zulässig, wenn:

   a) über das Vermögen des Gesellschafters das Insolvenzverfahren eröffnet wird oder die Eröffnung des Insolvenzverfahrens mangels Masse abgelehnt wird;

---

41 Geschäftsanteile an der GmbH sind grundsätzlich frei veräußerlich, § 15 Abs. 1 GmbHG. Die Veräußerung kann jedoch durch eine entsprechende Regelung in der Satzung erschwert oder gänzlich ausgeschlossen werden.

42 Bei der Erleichterung der Abtretung an Mitgesellschafter sind jedoch die Auswirkungen des hierdurch verwässerten Beteiligungsverhältnisses zu beachten.

43 Die Klausel gewährleistet den Gleichlauf der Beteiligung an der Komplementär-GmbH und der GmbH & Co. KG.

44 Eine Einziehung ist gem. § 34 Abs. 1 GmbHG nur zulässig, wenn sie im Gesellschaftsvertrag vorgesehen ist.

b) der Gesellschafter Antrag auf Eröffnung des Insolvenzverfahrens über sein Vermögen stellt;

c) in den Gesellschaftsanteil, einen Teil desselben oder ein sonstiges Gesellschaftsrecht oder Ansprüche des Gesellschafters gegen die Gesellschaft die Zwangsvollstreckung betrieben wird;

d) der Gesellschafter Auflösungsklage erhebt;

e) ein wichtiger Grund im Sinne von § 133 HGB in der Person des Gesellschafters eintritt;

f) der Gesellschafter verstirbt und im Hinblick auf den Geschäftsanteil oder einen Teil davon ein Dritter Rechtsnachfolger wird, der nicht Gesellschafter, Ehegatte oder Abkömmling des verstorbenen Gesellschafters ist.

Bei der beteiligungsidentischen GmbH & Co. KG zusätzlich:

g) der Gesellschafter aus der Müller Medien GmbH & Co. KG ausscheidet oder ausgeschlossen wird;

oder

g) der Gesellschafter aus einer Gesellschaft, an der die Gesellschaft als Komplementärin beteiligt ist, ausscheidet oder ausgeschlossen wird;

h) der Gesellschafter seinen Gesellschaftsanteil an der Müller Medien GmbH & Co. KG ganz oder Teile davon abtritt, ohne gleichzeitig seinen Geschäftsanteil im selben Verhältnis an denselben Erwerber abzutreten;

i) ein Rechtsnachfolger nicht gleichzeitig mit Erlangung der Geschäftsanteile an der Gesellschaft Anteile an der Müller Medien GmbH & Co. KG in gleichem Umfang erwirbt, soweit dies der Herstellung gleicher Beteiligungsverhältnisse dient.

Die Aufzählung einzelner Einziehungsgründe lässt die Möglichkeit der Ausschließung in anderen Fällen unberührt.

3. Die Einziehung erfolgt durch Beschluss der Geschäftsführung.[45] Liegt für die Einziehung ein wichtiger Grund im Sinne des Abs. 2 a) bis i) vor,

---

45 Die Entziehung eines Geschäftsanteils setzt gem. § 46 Nr. 1 GmbHG grundsätzlich einen Beschluss der Gesellschafterversammlung voraus. Diese Aufgabe kann jedoch auch anderen Organen, wie dem Geschäftsführer, übertragen werden. Zur Durchführung der Einziehung ist weiterhin deren Erklärung gegenüber dem betroffenen Gesellschafter erforderlich, für deren Mitteilung ebenfalls die Gesellschafterversammlung grundsätzlich zuständig ist, die sie jedoch auf den Geschäftsführer übertragen kann.

erfolgt die Einziehung durch die Geschäftsführung aufgrund eines Beschlusses der Gesellschafterversammlung. Dem betroffenen Gesellschafter steht dabei ein Stimmrecht nicht zu.

4. Steht ein Geschäftsanteil mehreren Mitberechtigten ungeteilt zu, ist die Einziehung gemäß Abs. 2 auch dann zulässig, wenn die Einziehungsvoraussetzungen nur in der Person eines Mitberechtigten vorliegen.

5. Die Geschäftsführung kann in notariell beurkundeter Form beschließen, dass statt der Einziehung der Geschäftsanteil ganz oder zum Teil von der Gesellschaft zu übernehmen oder auf einen von ihr zu benennenden Gesellschafter oder, falls kein Gesellschafter zur Übernahme bereit ist, auf einen Dritten zu übertragen ist. Unter den Voraussetzungen des Abs. 2 a) bis i) entscheidet die Geschäftsführung aufgrund eines Beschlusses der Gesellschafterversammlung.

Bei der beteiligungsidentischen GmbH & Co. KG zusätzlich:

6. Wird statt der Einziehung die Übertragung beschlossen, darf diese nur gleichzeitig mit der Übertragung des Kommanditanteils an der Müller Medien GmbH & Co. KG an dieselbe Person erfolgen.

§ 12
Abfindung

1. In den Fällen der Kündigung gem. § 4 und der Einziehung oder Abtretung eines Geschäftsanteils nach § 11 steht dem betroffenen Gesellschafter eine Abfindung zu, die sich auf 80 % des nach Abs. 2 und Abs. 3 zu berechnenden anteiligen Unternehmenswertes im Zeitpunkt des Ausscheidens beläuft.[46] Die Einziehungsvergütung ist in fünf gleichen Jahresraten, deren erste sechs Monate nach dem Tag des Ausscheidens fällig wird, zu entrichten. Ist zu diesem Zeitpunkt die Vergütung noch nicht festgestellt, so sind angemessene Abschlagszahlungen entsprechend den in Satz 2 festgelegten

---

46 Grundsätzlich besteht nach der Gesetzeslage ein Anspruch auf vollwertige Abfindung (BGH, Urt. v. 16. 12. 1991, BGHZ 116, 370). Der Gesellschaftsvertrag kann jedoch hiervon abweichend die Art und Höhe der Abfindung, Berechnungsverfahren und Modalitäten der Auszahlung regeln (*Fastrich*, in: Baumbach/Hueck, a. a. O., § 34 Rn. 22 ff.). Bei der Wahl des Berechnungsverfahrens sind das Interesse des ausscheidenden Gesellschafters an einer angemessenen Bewertung des Geschäftsanteils und das Interesse der Gesellschaft, einen erheblichen Kapitalverlust zu verhindern, zu beachten. Die Grenze einer im Gesellschaftsvertrag vorgesehenen Abweichung von einer vollwertigen Abfindung bildet § 138 BGB.

Raten zu leisten. Die Abfindung ist vom Tag des Beschlusses an mit 2 % über dem Basiszinssatz zu verzinsen. Die Zinszahlung erfolgt zusammen mit der jeweiligen Rate. Der zur Zahlung der Abfindung Verpflichtete ist zu einer früheren vollständigen oder teilweisen Zahlung berechtigt.

2. Der anteilige Unternehmenswert ist in Anwendung der vom Institut der Wirtschaftsprüfer (IDW) herausgegebenen jeweiligen aktuellen Grundsätze zur Durchführung von Unternehmensbewertungen (derzeit: IDW S.... vom...) zu berechnen. Stehen derartige Bewertungsgrundsätze nicht mehr zur Verfügung, so haben sich die Parteien auf die Bewertungsmethode zu einigen.

Die Untergrenze des anteiligen Unternehmenswertes bildet der Buchwert des Geschäftsanteils.

3. Kommt eine Einigung über den dem Geschäftsanteil entsprechenden anteiligen Unternehmenswert nicht zustande, so haben sich die Parteien auf einen Sachverständigen zu einigen, der unter Beachtung der Grundsätze in Abs. 2 als Schiedsgutachter entscheidet. Der Schiedsgutachter muss ein in Fragen der Unternehmensbewertung erfahrener Wirtschaftsprüfer oder eine Wirtschaftsprüfungsgesellschaft sein; kommt binnen zwei Monaten nach Zustellung des Einziehungs- oder Abtretungsbeschlusses nicht entweder eine Einigung über die Abfindung oder über den Schiedsgutachter zustande, so ist der Schiedsgutachter auf Antrag einer der Parteien vom Institut der Wirtschaftsprüfer (IDW) zu benennen. Die Kosten des Sachverständigen trägt im Innenverhältnis der ausscheidende Gesellschafter.

4. Schuldner der Abfindung ist bei Einziehung des Geschäftsanteils die Gesellschaft.[47] Im Falle der Übertragung des Geschäftsanteils an Gesell-

---

47 Strittig ist die einkommensteuerrechtliche Behandlung der für die Einziehung von Geschäftsanteilen gezahlten Abfindungen. Die herrschende Meinung geht bei der Einziehung gegen Abfindung von einer Anteilsveräußerung im Sinne von § 17 EStG aus, soweit das Entgelt nicht überhöht ist. Übersteigt der Abfindungsanspruch den Verkehrswert, kann eine verdeckte Gewinnausschüttung vorliegen. Nach anderer Ansicht soll die entgeltliche Einziehung dagegen analog § 17 Abs. 4 EStG als wirtschaftliche Teilliquidation zu sehen sein, mit der Folge, dass es sich bei dem Entgelt um Einnahmen aus Kapitalvermögen handelt, soweit nicht gem. § 27 KStG i. d. F. des StSenkG Einlagen verwendet worden sind (vgl. hierzu *Weber-Grellet*, in: Schmidt, a. a O., § 17 Rn. 101 ff. und § 16 Rn. 450 ff.). Weiterhin sind in diesem Zusammenhang schenkungssteuerrechtliche Probleme zu beachten. Nach § 7 Abs. 7 ErbStG ist der auf Gesellschaftsvertrag beruhende Übergang des Geschäftsanteils eines Gesellschafters auf die Gesellschaft oder einen anderen Gesellschafter für die verbleibenden Gesellschafter als Schenkung anzusehen, sofern der Abfindungsanspruch hinter dem Steuerwert des Geschäftsanteils (§ 12 ErbStG, § 11 Abs. 2 BewG) zurückbleibt (§§ 3 Abs. 1 Nr. 2 Satz 2 und 3, 7 Abs. 7 ErbStG).

schafter oder Dritte wird die Vergütung nicht von der Gesellschaft, sondern vom Erwerber geschuldet.

§ 13
Vererbung von Geschäftsanteilen[48]

1. Beim Tode eines Gesellschafters wird die Gesellschaft mit seinen Erben fortgesetzt.

2. Nachfolger eines verstorbenen Gesellschafters können nur seine Abkömmlinge, sein überlebender Ehegatte, wenn Kinder nicht vorhanden sind, oder ein anderer Gesellschafter sein.

3. Haben nicht nachfolgeberechtigte Personen den Geschäftsanteil aufgrund des Todesfalles erworben, kann die Gesellschaft durch Beschluss innerhalb von drei Monaten nach Kenntnis des Erbfalls und der Erben die Abtretung an sich selbst verlangen oder nach ihrer Wahl den Geschäftsanteil einziehen.[49] Dem betroffenen Nachfolger des Gesellschafters steht hierbei kein Stimmrecht zu.

oder

3. Haben nicht nachfolgeberechtigte Personen den Geschäftsanteil aufgrund des Todesfalles erworben, so sind sie verpflichtet, ihn auf Verlangen der Gesellschaft an die Nachfolgeberechtigten oder, falls keine nachfolgeberechtigten Personen vorhanden sind, an die Gesellschaft abzutreten. Wird die Abtretung verweigert, kann der Anteil eingezogen werden.

4. In allen Fällen der Einziehung oder Abtretung des Geschäftsanteils nach Abs. 3 bestimmt sich die Abfindung nach § 12.[50]

---

48 Hierbei ist zu beachten, dass die Satzungsbestimmungen über die Vererbung von Geschäftsanteilen keine erbrechtliche Relevanz haben. Um eventuelle Ausgleichsansprüche unter den Erben zu vermeiden, ist darauf zu achten, dass die privatrechtlichen Verfügungen von Todes wegen (z. B. durch Testament oder Erbvertrag) die gesellschaftsrechtlichen Folgen des Erbfalls hinreichend berücksichtigen.

49 Eine zeitliche Begrenzung des Ausschließungsrechts ist hier zu empfehlen, da sonst die Annahme eines unzulässigen Ausschließungsrechts nach freiem Ermessen nahe liegt (vgl. hierzu *Binz/Sorg,* a. a. O., § 6 Rn. 108 ff.).

50 Der BGH hat auch eine entschädigungslose Einziehung bei Vererbung von Geschäftsanteilen an familienfremde Personen zur Erhaltung eines Familienunternehmens für zulässig gehalten (BGH, Urt. v. 20. 12. 1976 – II ZR 115/75, GmbHR 1977, 81). Auch hier sind wiederum die steuerrechtlichen Auswirkungen im Hinblick auf die verbleibenden Gesellschafter zu beachten.

5. Die Abtretung kann nur innerhalb einer Ausschlussfrist von 3 Monaten ab Eintritt des Erbfalles verlangt werden. Die Einziehung ist nur innerhalb einer Ausschlussfrist von 6 Monaten ab Eintritt des Erbfalles zulässig.

6. Mehrere Nachfolger können ihre Rechte nur durch einen gemeinsamen Bevollmächtigten wahrnehmen lassen. Dieser ist durch die Erben innerhalb einer Frist von 3 Monaten nach dem Eintritt des Erbfalles gegenüber der Gesellschaft zu benennen.

Bei der beteiligungsidentischen GmbH & Co. KG zusätzlich[51]:

7. Fällt der Anteil des Erblassers an der Gesellschaft aufgrund des Todesfalls anderen Personen zu als der ihm zustehende Kommanditanteil an der Müller Medien GmbH & Co. KG, so kann die Gesellschaft die Abtretung an sich verlangen oder nach ihrer Wahl den Geschäftsanteil einziehen.

oder

Fällt der Anteil des Erblassers an der Gesellschaft aufgrund des Todesfalls anderen Personen zu als der ihm zustehende Kommanditanteil an der Müller Medien GmbH & Co. KG, so kann die Gesellschaft verlangen, dass der GmbH-Anteil an den oder die Erben des Kommanditanteils abgetreten wird. Handelt es sich bei diesen nicht um gem. Abs. 2 nachfolgeberechtigte Personen oder erweist sich der Übergang beider Beteiligungen auf diese Personen aus anderen Gründen als nicht durchführbar, so kann die Gesellschaft die Abtretung an sich selbst verlangen oder nach ihrer Wahl den Geschäftsanteil einziehen.

In diesen Fällen der Abtretung oder Einziehung findet § 12 entsprechende Anwendung.

§ 14
Schiedsgericht

1. Über alle Streitigkeiten aus diesem Vertrag entscheidet ein Schiedsgericht.

2. Der Schiedsvertrag wird in eine besondere Urkunde aufgenommen, die diesem Vertrag als Anlage beigefügt ist.[52]

---

51 Durch diese Regelung soll wiederum der Gleichlauf der Beteiligungen an den Gesellschaften gewährleistet werden. Auch hier sollte für die Höhe des Entgelts auf § 12 des Gesellschaftsvertrages abgestellt werden.

52 Die schriftliche Niederlegung des Schiedsvertrags in einer gesonderten Urkunde ist gem. § 1027 Abs. 1 ZPO zwingend.

§ 15
Allgemeine Bestimmungen und Schlussbestimmungen

1. Bekanntmachungen der Gesellschaft erfolgen im elektronischen Bundesanzeiger, soweit die Veröffentlichung vorgeschrieben ist.[53]

2. Erfüllungsort ist der Sitz der Gesellschaft.

3. Sollten einzelne Bestimmungen sich ganz oder teilweise als unwirksam oder undurchführbar erweisen, so bleibt die Gültigkeit der übrigen Bestimmungen hiervon unberührt. Das Gleiche gilt, wenn sich herausstellen sollte, dass der Vertrag eine Regelungslücke enthält. Anstelle der unwirksamen oder undurchführbaren Bestimmungen oder zur Ausfüllung der Regelungslücke soll eine angemessene Regelung gelten, die dem am nächsten kommt, was die Gesellschafter gewollt hätten, wenn sie die Unwirksamkeit, Undurchführbarkeit oder Lückenhaftigkeit gekannt hätten. Das Gleiche gilt, wenn die Unwirksamkeit einer Bestimmung auf einem in dem Vertrag vorgeschriebenen Maß der Leistung oder Zeit (Frist oder Termin) beruht. In diesem Fall soll das Maß der Leistung oder Zeit (Frist oder Termin) als vereinbart gelten, das rechtlich zulässig ist und dem Gewollten möglichst nahe kommt.

4. Die Kosten der Beurkundung des Gesellschaftsvertrages, der Bekanntmachung, der Anmeldung der Gesellschaft, ihrer Eintragung ins Handelsregister und die Kosten der Gründungsberatung trägt die Gesellschaft bis zu einer Höhe von € ...[54] Von den Gesellschaftern in diesem Rahmen und zu diesem Zweck getätigte Aufwendungen werden erstattet; eingegangene Verpflichtungen werden übernommen.

---

53 Durch Art. 12 des Justizkommunikationsgesetzes vom 29. 3. 2005, das am 1. 4. 2005 in Kraft getreten ist, wurde eine neue Bestimmung in das GmbHG eingefügt. Diese sieht vor, dass die nach dem GmbHG erforderlichen Bekanntmachungen im elektronischen Bundesanzeiger bekannt zu machen sind, § 12 GmbHG.

54 Die Gesellschaftsgründung vollzieht sich grundsätzlich im Privatvermögen. Soll die Gesellschaft den Gründungsaufwand übernehmen, muss dies unter Angabe des Gesamtbetrages im Gesellschaftsvertrag geregelt sein (BGH, Beschl. v. 20. 2. 1989 – II ZB 10/88, ZIP 1989, 448).

2. Gesellschaftsvertrag der GmbH & Co. KG

Die

1. Müller Medien Verwaltungs GmbH, Heidelberg

vertreten durch ihre Geschäftsführer Hans Müller und Friedrich Maier

und

2. Herr Hans Müller, Heidelberg

3. Frau Anneliese Petersen, Neckargemünd

4. Frau Anna Hermsen, Eberbach

5. Herr Friedrich Maier, Sinsheim

errichten hiermit eine Kommanditgesellschaft mit dem folgenden Gesellschaftsvertrag:

§ 1
Firma, Sitz

1. Die Firma der Gesellschaft lautet:

Müller Medien GmbH & Co. KG[55].

2. Sitz der Gesellschaft ist Heidelberg.

§ 2
Gegenstand des Unternehmens[56]

1. Gegenstand des Unternehmens ist die Herstellung und der Vertrieb von Druckerzeugnissen aller Art.

---

55 §§ 18, 19 HGB finden Anwendung. Erforderlich ist danach insbesondere die Kennzeichnung der Gesellschaft als Kommanditgesellschaft und ein Hinweis auf die Haftungsbeschränkung (§ 19 Abs. 2 HGB). Die Aufnahme der Firma der Komplementär-GmbH wird im Gegensatz zur früheren Gesetzeslage nicht mehr gefordert (vgl. § 19 Abs. 2 HGB a.F.). Die Grundsätze der Firmenwahrheit und Firmenklarheit sind gem. § 18 Abs. 2 HGB ebenfalls zu beachten. Bei Zweifeln ist in Firmenfragen eine Einbeziehung der Industrie- und Handelskammer oder des Registergerichtes zu empfehlen.

56 Es ist zweckmäßig, den Gegenstand des Unternehmens nicht zu eng zu fassen und mögliche Erweiterungen des Geschäftszwecks zu berücksichtigen. Die Angabe des Unternehmensgegenstandes ist aus mehreren Gründen bedeutsam. So kann die Vertretungsmacht des persönlich haftenden Gesellschafters im Gesellschaftsvertrag zwar nicht mit Wirkung nach außen beschränkt werden, § 126 Abs. 2 HGB. Im Innenverhältnis muss sich die Geschäftsführung jedoch den durch den Gesellschaftsvertrag abgesteckten Rahmen ihrer Befugnisse entgegenhalten lassen, § 116 Abs. 1 und 2 HGB. Auch die gesetzlich vorgesehenen Rechte der Kommanditisten gem.

2. Die Gesellschaft kann unmittelbar oder mittelbar alle Handlungen vornehmen, die geeignet sind, den Unternehmenszweck zu fördern. Sie ist insbesondere berechtigt, Zweigniederlassungen zu gründen oder sich an Unternehmen mit dem gleichen oder ähnlichem Unternehmensgegenstand zu beteiligen.

§ 3
Gesellschafter, Einlagen, Haftsumme

1. Persönlich haftende Gesellschafterin der Kommanditgesellschaft ist die Müller Medien Verwaltungs GmbH, im Folgenden „Komplementärin" genannt. Sie ist zur Erbringung einer Einlage weder verpflichtet noch berechtigt.[57]

2. Kommanditisten sind:

Herr Hans Müller	mit einer Einlage von € 10 000,–
Frau Anneliese Petersen	mit einer Einlage von € 2 500,–
Frau Anna Hermsen	mit einer Einlage von € 2 500,–
Herr Friedrich Maier	mit einer Einlage von € 10 000,–[58]

---

§ 164 HGB bestimmen sich nach dem gewöhnlichen Betrieb des Handelsgewerbes, ein Begriff, dessen rechtliche und wirtschaftliche Abgrenzung sich ebenfalls nach dem Gegenstand des Unternehmens richtet. Schließlich spielt der Gegenstand des Unternehmens für das Wettbewerbsverbot des Komplementärs nach §§ 161 Abs. 2, 112 HGB eine Rolle.

57 Es ist handelsrechtlich zulässig, eine Kapitalbeteiligung der GmbH in Form einer Einlage vorzusehen oder hierauf – wie im vorliegenden Vertragsmuster – zu verzichten. Falls eine kapitalmäßige Beteiligung nicht vorgesehen wird, ist jedoch zu beachten, dass nach dem Urteil des Bundesfinanzhofs vom 3.2.1977 (Az. IV R 122/73, BStBl. II 1977, 346) der Komplementär-GmbH ein angemessenes Entgelt dafür zu zahlen ist, dass sie als alleinige Komplementärin das Risiko eingeht, für die Schulden der GmbH & Co. KG in Anspruch genommen zu werden, ohne hierfür – im Insolvenzfall – Ersatz aus dem Vermögen der GmbH & Co. KG zu erhalten. Falls die Erbringung einer Einlage durch die Komplementär-GmbH vorgesehen wird, hat dies Auswirkungen auf die Gewinnverteilung.

58 Wichtig ist hierbei die Unterscheidung zwischen der Haftsumme des Kommanditisten und seiner Pflichteinlage. Die Haftsumme spielt im Außenverhältnis eine Rolle, und nur sie ist gegenüber den Gläubigern von Bedeutung. Ihre Höhe ergibt sich aus der Eintragung ins Handelsregister, § 172 Abs. 1 HGB. Im Innenverhältnis kann dagegen mit den übrigen Gesellschaftern eine von der Haftsumme abweichende Pflichteinlage vereinbart werden. Wird die Haftsumme in Anspruch genommen, führt eine unter der Haftsumme liegende vereinbarte Pflichteinlage zu Ausgleichsansprüchen zwischen den Gesellschaftern im Innenverhältnis.

3. Alle Einlagen sind in bar sofort zu leisten.[59]

oder

Die Einlagen werden wie folgt erbracht:

a) Herr Müller

€ 8 000,– bis zum 31.12.2008

und weitere

€ 2 000,– in 4 gleichen Monatsraten, zahlbar jeweils zum 1. eines jeden Monats, beginnend am 1.1.2009.

b) Frau Petersen erbringt ihre Einlage, indem sie ihre gesamte Beteiligung der im Handelsregister des Amtsgerichts .... unter HRA .... eingetragenen .... GmbH & Co. KG auf die Gesellschaft überträgt. Der Wert der Sacheinlage wird zum Stichtag mit € ... angesetzt.

c) Frau Hermsen durch Bareinzahlung auf Anforderung der Komplementärin.

d) Herr Maier durch Abtretung seiner Forderung gegen die Franz Schulte GmbH, Mannheim, in Höhe von € ... Herr Maier gewährleistet, dass die abgetretene Forderung sowohl dem Grunde als auch der Höhe nach besteht, fällig und nicht mit Einreden behaftet ist.

4. Gegenüber Gesellschaftsgläubigern ist die Haftung der Kommanditisten auf die Höhe der Einlagen gemäß Abs. 2 (Haftsummen) beschränkt.

oder

Gegenüber Gesellschaftsgläubigern ist die Haftung der Kommanditisten auf nachfolgende Beträge beschränkt (Haftsumme):

Herr .... € ...

Frau .... € ...

---

59 Möglich ist auch die Erbringung der Einlagen durch Sacheinlage. Durch Sacheinlagen wird der Kommanditist jedoch im Hinblick auf seine Haftung gegenüber den Gläubigern nur in Höhe des wirklichen Wertes der Einlage befreit. Es kommt also hierbei nicht auf den von den Gesellschaftern festgesetzten Wert der Einlage an, sofern dieser vom wirklichen Wert abweicht. Die Einlage kann als Sacheinlage auch durch Einbringung von Unternehmen/Betrieben oder Beteiligungen erbracht werden. Hierbei sind die unterschiedlichen steuerlichen Folgen bei der Sacheinlage mit und ohne stille Reserven zu beachten. Wird die Sacheinlage aus dem steuerlichen Privatvermögen erbracht, hat die Einbringung, abgesehen von den Fällen der §§ 23, 15 und 17 EStG, keine steuerlichen Folgen für den Gesellschafter.

Bei einer beteiligungsidentischen GmbH & Co. KG zusätzlich:

5. Die Beteiligung jedes Kommanditisten an dem Stammkapital der Komplementärin soll dem Verhältnis seiner Beteiligung am Festkapital der Gesellschaft entsprechen. Jeder Kommanditist verpflichtet sich gegenüber der Gesellschaft und gegenüber den übrigen Gesellschaftern, alles Erforderliche zu tun, um diese Beteiligungsverhältnisse aufrechtzuerhalten oder wiederherzustellen.

§ 4
Änderungen der Einlagen und Haftsummen

1. Änderungen von Einlagen bedürfen eines einstimmigen Beschlusses aller vorhandenen Stimmen.

oder

Änderungen der Einlagen bedürfen eines mit einfacher Mehrheit aller vorhandenen Stimmen gefassten Beschlusses. Änderungen der Einlagen sind in diesem Fall nur soweit zulässig, bis die Summe aller Einlagen den Betrag von € ... erreicht hat. Die Erhöhung richtet sich hierbei nach dem Verhältnis der festen Kapitalkonten der Gesellschafter.

2. Abs. 1 gilt entsprechend für Änderungen der Haftsummen.

§ 5
Gesellschafterkonten[60]

1. Für jeden Gesellschafter wird ein Kapitalkonto und ein Verrechnungskonto geführt. Daneben wird für alle Gesellschafter der Gesell-

---

60 Eine Verpflichtung im Hinblick darauf, ob und in welcher Form Gesellschafterkonten geführt werden, sieht das HGB nicht vor. Jedoch hat sich die gesetzliche Regelung im Hinblick auf den variablen Kapitalanteil der Kommanditisten und des Komplementärs gem. §§ 161 Abs. 2, 120 Abs. 2, 169 Abs. 1 Satz 2 2. Halbsatz 2. Fall, 167 Abs. 2 HGB und das im Gesetz vorgesehene Gewinnkonto des Kommanditisten als unpraktikabel erwiesen. Deshalb finden sich in der Kautelarpraxis unterschiedliche Gestaltungsformen, so insbesondere das 2-Kontenmodell, 3-Kontenmodell und das 4-Kontenmodell (vgl. hierzu *Ihrig*, in: Sudhoff, Personengesellschaften, § 20 Rn. 25 ff.). Bei der Wahl eines Modells steht die Praktikabilität der Regelung im Vordergrund. So könnte eine komplizierte Kontenregelung bei einer kleinen, eher einfach strukturierten Gesellschaft zu zahlreichen Problemen und einem erhöhten Kostenaufwand führen, der in keinem angemessenen Verhältnis zu den Vorteilen einer entsprechenden Kontenregelung steht. In jedem Fall sollte bei der Gründung der Gesellschaft im Hinblick auf diese Problematik eine Absprache mit steuerlichen und

schaft gemeinsam ein Rücklagekonto und ein Verlustvortragskonto geführt.[61]

2. Die Einlagen gem. § 3 Abs. 2 werden auf dem Kapitalkonto gebucht. Die Kapitalkonten sind Festkonten und werden nicht verzinst.

3. Auf dem Verrechnungskonto werden die entnahmefähigen Gewinnanteile, Entnahmen, Zinsen, der Ausgaben- und Aufwendungsersatz, die Vorabvergütung sowie alle sonstigen Forderungen und Verbindlichkeiten zwischen der Gesellschaft und dem Gesellschafter gebucht.[62] Die Verrechnungskonten werden mit … Prozentpunkten über dem jeweiligen Basiszinssatz p.a. verzinst. Im Verhältnis der Gesellschafter zueinander gelten die Zinsen als Aufwand bzw. Ertrag.[63]

4. Die nicht entnahmefähigen Teile des Gewinns werden dem gemeinsamen Rücklagekonto gutgeschrieben. Bis zur Höhe eines Guthabens wird das Rücklagekonto mit den Verlusten belastet. Die Gesellschafter sind an dem Rücklagekonto im Verhältnis ihrer Kapitalanteile beteiligt. Das Rücklagekonto wird nicht verzinst.

5. Verluste der Gesellschaft, die nicht durch ein entsprechendes Guthaben auf dem gemeinsamen Rücklagekonto gedeckt sind, und Gewinne werden bis zum Ausgleich des Kontos auf dem gemeinsamen Verlustvortragskonto gebucht. Die Gesellschafter sind an dem Konto im Verhältnis ihrer Kapitalanteile beteiligt. Das Konto ist nicht verzinslich.

---

rechtlichen Beratern erfolgen. Für steuerliche Zwecke ist u.a. von wesentlicher Bedeutung, ob die laut Gesellschaftsvertrag zu führenden Gesellschafterkonten Kapital- oder Forderungscharakter haben (vgl. zur Rechtsprechung BMF-Schreiben vom 30. 5. 1997, BStBl. I, S. 627).

61 Im vorliegenden Vertragsformular wird von einem 4-Kontenmodell ausgegangen. Im Hinblick auf § 15a EStG und eine Verlustverrechnung kann die Wahl des 2- oder 3-Kontenmodells vorzugswürdig sein, bei dem die Verluste auf das Verrechnungskonto gebucht werden und so die Führung eines gesonderten Verlustvortragskontos entbehrlich ist.

62 Werden auf dem Verrechnungskonto auch Verluste gebucht (so im 2-Kontenmodell und 3-Kontenmodell), handelt es sich nach der Rechtsprechung des BFH um ein als Eigenkapital zu qualifizierendes Gesellschafterkonto. Auch hier sind wiederum bei der Wahl des jeweiligen Kontenmodells die steuerlichen Folgen zu beachten.

63 Es ist auch möglich, die Zinsen im Rahmen der Gewinnverteilung als Gewinnvoraus zu behandeln. Hierfür muss der Gesellschaftsvertrag im Rahmen der Ergebnisverteilung vorsehen, dass bei der Gewinnverteilung zunächst die Verrechnungskonten zu verzinsen sind. In diesem Fall werden jedoch bei einem negativen Jahresergebnis die Verrechnungskonten nicht verzinst.

§ 6
Geschäftsjahr, Dauer der Gesellschaft

1. Das Geschäftsjahr ist das Kalenderjahr. Das erste Geschäftsjahr ist ein Rumpfgeschäftsjahr und endet am 31.12.200... .

2. Die Gesellschaft beginnt am ....

oder

2. Die Gesellschaft beginnt mit Ablauf des Tages, an dem die Müller Medien GmbH & Co. KG ins Handelsregister eingetragen wird[64].

Sie wird auf unbestimmte Zeit eingegangen und kann zum Schluss eines Geschäftsjahres mit einer Frist von .... Monaten gekündigt werden. Die Kündigung erfolgt durch eingeschriebenen Brief an die Komplementärin.[65] Diese hat alle Gesellschafter von der Kündigung unverzüglich zu unterrichten. Für die Rechtzeitigkeit der Kündigung ist der Tag maßgeblich, an dem das Kündigungsschreiben zur Post aufgegeben wurde.

---

64 Bei der Regelung des Beginns der Gesellschaft ist § 176 HGB zu beachten. Danach haftet jeder Kommanditist, der dem Geschäftsbeginn vor Eintragung zugestimmt hat, für die bis zur Eintragung begründeten Verbindlichkeiten der Gesellschaft persönlich und unbeschränkt, es sei denn, „dass seine Beteiligung als Kommanditist dem Gläubiger bekannt war" (§ 176 Abs. 1 Satz 1 2. Halbsatz HGB). Nach dem Gesetzeswortlaut ist der § 176 Abs. 1 HGB jedoch nur anwendbar, wenn die noch nicht eingetragene KG auf den Betrieb eines Handelsgewerbes gem. § 1 Abs. 2 HGB gerichtet ist, denn nur in diesem Fall liegt bereits vor Eintragung in das Handelsregister eine KG im Sinne von § 161 HGB vor. Bei Gesellschaften, die erst kraft Eintragung zur KG werden (z.B. kleingewerbliche), greift die Vorschrift des § 176 Abs. 1 Satz 1 2. Halbsatz HGB dagegen nicht. Sie sind bis zur Eintragung BGB-Gesellschafter. Die Rechtsprechung des BGH, nach der ein BGB-Gesellschafter seine grundsätzlich uneingeschränkte persönliche Haftung nur durch Individualabreden im Außenverhältnis wirksam beschränken kann (BGH, Urt. v. 27. 9. 1999 – II ZR 371/98, ZIP 1999, 1755), führt zu einer Benachteiligung der Gesellschafter einer solchen (kleingewerblichen oder vermögensverwaltenden) Gesellschaft. Sie sind auf einen Haftungsausschluss mittels Individualabrede beschränkt, während der Gesellschafter einer vollkaufmännischen Gesellschaft dieselbe Wirkung durch bloße Mitteilung an den Gläubiger erzielen kann.

65 Der völlige Ausschluss eines Kündigungsrechts ist bei Personengesellschaften, die für unbestimmte Zeit eingegangen sind, nicht möglich (§ 723 Abs. 3 BGB i.V.m. §§ 161 Abs. 2, 105 Abs. 2 HGB). Das Kündigungsrecht kann zeitweilig ausgeschlossen oder erschwert werden, unzulässig ist jedoch eine Vereinbarung, die die Wirksamkeit einer Kündigung von einem Gesellschafterbeschluss abhängig macht oder

2. Der Kündigende scheidet mit der Wirksamkeit seiner Kündigung aus der Gesellschaft aus. Das Abfindungsguthaben des kündigenden Gesellschafters bestimmt sich nach § 18 dieses Gesellschaftsvertrages.

Zusätzlich bei der beteiligungsidentischen GmbH & Co. KG:

3. Der Kündigende ist verpflichtet, zugleich die bestehenden Beteiligungen an allen Gesellschaften zu kündigen, an denen die Müller Medien Verwaltungs GmbH als Komplementärin und er als Kommanditist beteiligt sind.[66]

§ 7
Geschäftsführung[67] und Vertretung

1. Die Komplementärin ist zur Geschäftsführung und Vertretung der Gesellschaft allein berechtigt und verpflichtet.

Ggf. zusätzlich:

Die Komplementärin ist von den Beschränkungen des § 181 BGB für alle Geschäfte zwischen der Komplementärin und der Gesellschaft befreit.[68]

---

für die Kündigung den Eintritt eines anderen Ereignisses, auf das der Kündigende keinen Einfluss hat, voraussetzt (vgl. *Binz/Sorg*, a. a. O., § 6 Rn. 50 f.). Zu beachten sind weiterhin die steuerlichen Folgen eines Ausscheidens aus der Gesellschaft (vgl. hierzu §§ 15, 16 EStG).

66 Um die Identität der Gesellschafter der GmbH & Co. KG und der Komplementär-GmbH zu wahren, ist in § 11 Abs. 2 des GmbH-Vertrages geregelt, dass die GmbH den Geschäftsanteil einziehen kann, wenn der Gesellschafter aus der KG ausscheidet.

67 Bei der Ausgestaltung der Geschäftsführungsbefugnis sind die steuerlichen Auswirkungen der gewählten Regelung unbedingt zu beachten. Je nach Ausgestaltung kann die steuerliche Einkunftsart auf der Ebene der Gesellschafter im Hinblick auf § 15 Abs. 3 Nr. 2 EStG variieren (vgl. hierzu *Wacker*, in: Schmidt, a. a. O., § 15 Rn. 222 ff.).

68 Eine Befreiung vom Verbot des Selbstkontrahierens (§ 181 BGB) ist erforderlich, da zwischen der Komplementär-GmbH und der KG kontinuierlich Rechtsgeschäfte abgeschlossen werden müssen. Sie ist im Gesellschaftsvertrag zu regeln (vgl. zur Befreiung vom Selbstkontrahierungsverbot im GmbH-Vertrag Fn. 21). Es wäre denkbar, die Geschäftsführer der GmbH auch im Hinblick auf persönliche Geschäfte der Geschäftsführer mit der KG vom Verbot des Selbstkontrahierens zu befreien. Eine solch weitgehende Befreiung wird in den meisten Fällen jedoch nicht gewollt sein.

2. Für Geschäfte, die über den gewöhnlichen Geschäftsbetrieb hinausgehen, bedarf die Komplementärin der Zustimmung der Gesellschafterversammlung.[69]

§ 8
Auslagenerstattung, Haftungsvergütung,
Vergütung für die Geschäftsführung

1. Die Komplementärin erhält alle Auslagen, die direkt oder indirekt durch die Geschäftsführung für die Gesellschaft veranlasst sind und zu der auch die Vergütung der Geschäftsführer der Komplementärin gehört, im Zeitpunkt ihrer Entstehung erstattet. Die Festsetzung der Höhe der Vergütungen (einschließlich Tantiemen und Ruhegehältern) für die Geschäftsführer der Komplementärin bedarf der Zustimmung durch die Gesellschafterversammlung der Gesellschaft.

2. Darüber hinaus erhält die Komplementärin für die Übernahme des Haftungsrisikos eine jährliche Vergütung in Höhe von € ... (in Worten: Euro ...).[70] Die Vergütung ist am Ende eines Geschäftsjahres fällig.

---

69 Gemäß § 164 HGB sind die Kommanditisten von der Führung der Geschäfte der Gesellschaft ausgeschlossen. Soweit sich die Handlungen der Komplementärin im Rahmen des gewöhnlichen Geschäftsbetriebs halten, können die Kommanditisten diesen nicht widersprechen. Der Gesellschaftsvertrag kann jedoch ein Zustimmungserfordernis für bestimmte Geschäfte – z.B. durch Aufnahme eines entsprechenden Katalogs im Gesellschaftsvertrag – vorsehen oder auch das Widerspruchsrecht nach § 164 HGB gänzlich ausschließen (BGH, Beschl. v. 6. 10. 1992 – KVR 24/91, BGHZ 119, 357). Im Außenverhältnis ist jedoch auch bei einem im Gesellschaftsvertrag vorgesehenen Zustimmungserfordernis das Geschäft i. d. R. auch ohne Erteilung der Zustimmung wirksam (vgl. § 126 Abs. 2 i. V. m. § 161 Abs. 2 HGB). Die Komplementärin macht sich dann aber im Innenverhältnis schadensersatzpflichtig. Sofern ein Katalog zustimmungspflichtiger Geschäfte in den Gesellschaftsvertrag aufgenommen werden soll, sind für die Auswahl der aufzunehmenden Geschäfte die Interessen der betroffenen Gesellschaft und der Gesellschafter zu berücksichtigen. Solche Klauseln enthalten typischerweise ein Zustimmungserfordernis für Geschäfte, die erhebliche Vermögensverschiebungen (Erwerb oder Übertragung von Grundstücksrechten, Erwerb von Unternehmen, Errichtung von Zweigniederlassungen, Aufnahme von langfristigen Darlehen, Übernahme von Bürgschaften) oder Maßnahmen zum Gegenstand haben, die auf die Tätigkeit der Gesellschaft besonderen Einfluss haben (Kündigung von Dienstverträgen mit leitenden Angestellten, Abschluss von Verträgen mit Gesellschaftern).

70 Nach dem BFH ist einer Komplementär-GmbH, die nicht durch eine Einlage am Kapital der KG beteiligt ist, ein angemessenes Entgelt für die Übernahme des Haftungsrisikos zu gewähren. Für dessen Bemessung bietet eine dem Risiko des Einzelfalls entsprechende bankübliche Avalprovision einen Anhalt (vgl. *Wacker*, in: Schmidt, a. a. O., § 15 Rn. 723; BFH Urt. v. 3. 2. 1977 – IV R 122/93, BStBl. II 1977, 346).

3. Im Weiteren erhält die Komplementärin für die Geschäftsführung eine jährliche Vergütung in Höhe von € ..., zahlbar in 12 Monatsraten jeweils zum ersten eines jeden Monats.

4. Die Auslagenerstattung nach Abs. 1, die Haftungsvergütung nach Abs. 2 und die Vergütung für die Geschäftsführung nach Abs. 3 stellen im Verhältnis der Gesellschafter zueinander Aufwand dar.[71]

§ 9
Gesellschafterversammlung

1. Die ordentliche Gesellschafterversammlung findet einmal jährlich innerhalb von vier Wochen nach Aufstellung des Jahresabschlusses für das vorhergehende Geschäftsjahr statt. Der Abhaltung einer Versammlung bedarf es nicht, wenn sich sämtliche Gesellschafter in schriftlicher oder elektronischer Form damit einverstanden erklären, dass der Gesellschafterbeschluss schriftlich, fernschriftlich, per Telefax, per E-Mail oder telefonisch gefasst wird. Wird ein Beschluss nicht in Schriftform gefasst, so muss der Beschluss innerhalb von zwei Wochen von allen Geschäftsführern schriftlich bestätigt werden.

2. Die Komplementärin beruft die Gesellschafterversammlung mit einer Frist von zwei Wochen unter Angabe der Tagesordnung und des Versammlungsortes schriftlich ein. Die Einberufung ist auch formlos möglich, wenn alle Gesellschafter damit einverstanden sind.[72]

3. Die Gesellschafterversammlungen finden am Sitz der Gesellschaft statt.

4. Die Gesellschafterversammlung ist beschlussfähig, wenn mindestens ... % des in § 3 Abs. 2 bezifferten Gesellschaftskapitals vertreten sind. Fehlt es an dieser Voraussetzung, so ist innerhalb von zwei Wochen eine neue Versammlung mit gleicher Tagesordnung einzuberufen, die unabhängig von dem vertretenen Gesellschaftskapital beschlussfähig ist. Hierauf ist in der Einladung hinzuweisen.

---

71 Möglich wäre auch die Behandlung der genannten Ausgaben als Gewinnvorab. Werden Haftungsvergütung, Aufwendungserstattung und Geschäftsführungsvergütung als Aufwand verbucht, werden sie steuerrechtlich dem Ergebnis der Gesellschaft zugerechnet.

72 Für die Gesellschafterversammlung einer KG sind im HGB keine Regelungen vorgesehen. Es gilt aber: Formvorschriften, die im Gesellschaftsvertrag für die Einberufung und Durchführung von Gesellschafterversammlungen vorgesehen sind, sind einzuhalten. Bei Nichteinhaltung sind die gefassten Beschlüsse nichtig. Ein Verzicht auf die Formvorschriften durch die Gesellschafter ist jedoch möglich, sollte aber unbedingt im Protokoll festgehalten werden.

5. Jeder Gesellschafter kann sich durch einen Mitgesellschafter oder durch einen beruflich zur Verschwiegenheit verpflichteten Bevollmächtigten der rechts- und steuerberatenden Berufe vertreten lassen. Die Vollmacht bedarf der Schriftform.

oder

Jeder Gesellschafter kann seine Rechte in der Gesellschafterversammlung nur persönlich wahrnehmen. Ist er durch Krankheit oder unabwendbaren Zufall an der Teilnahme gehindert, kann er sich durch einen Mitgesellschafter oder einen beruflich zur Verschwiegenheit verpflichteten Bevollmächtigen der rechts- und steuerberatenden Berufe vertreten lassen. Die Vollmacht bedarf der Schriftform.

6. Der Geschäftsführer der Komplementärin leitet die Gesellschafterversammlung. Hat die Komplementärin mehrere Geschäftsführer, wird die Gesellschafterversammlung von dem ältesten anwesenden Geschäftsführer geleitet. Ist keiner der Geschäftsführer anwesend, wird der Versammlungsleiter mit der Mehrheit der Stimmen der anwesenden Gesellschafter aus ihrem Kreis gewählt.

7. Über die Gesellschafterversammlung ist ein Protokoll zu fertigen. Dieses wird vom Leiter der Gesellschafterversammlung erstellt und hat zumindest die anwesenden Gesellschafter bzw. deren Vertreter, etwaige Verzichte auf die Einhaltung von Form- und Fristvorschriften und alle Anträge und alle Beschlüsse einschließlich der jeweiligen Abstimmungsergebnisse zu enthalten. Jedem Gesellschafter ist unverzüglich eine Abschrift des Protokolls zu übermitteln.

§ 10
Gesellschafterbeschlüsse

1. Haben die Gesellschafter in den Angelegenheiten der Gesellschaft Bestimmungen zu treffen, erfolgt dies durch Beschlussfassung.

2. Gesellschafterbeschlüsse werden mit der einfachen Mehrheit der Stimmen der anwesenden und vertretenen Gesellschafter gefasst, soweit nicht dieser Vertrag oder das Gesetz eine andere Mehrheit vorschreiben. Enthaltungen gelten als Nein-Stimmen.

3. Gesellschafterbeschlüsse können auch außerhalb einer Gesellschafterversammlung gefasst werden und sind formlos gültig, soweit nicht dieser Vertrag oder das Gesetz eine besondere Form vorschreiben. Im Falle von Satz 1 sind der Beschlussantrag und das Abstimmungsergebnis von der Komplementärin in einem Protokoll festzuhalten und Abschriften hiervon jedem Gesellschafter unverzüglich zu übermitteln.

4. Je € ... des jeweiligen Kapitalkontos gem. § 5 Abs. 1 und 2 gewähren eine Stimme.[73] Die Komplementärin hat ... Stimmen.[74]

oder

Die Komplementärin hat nur in den Angelegenheiten ein Stimmrecht, die ihre Rechte und Pflichten betreffen. Soweit dies der Fall ist, hat sie ... Stimmen.

5. Änderungen oder Ergänzungen des Gesellschaftsvertrages können nur mit den Stimmen aller vorhandenen Gesellschafter beschlossen werden.[75]
Mit einer Mehrheit von ... der Stimmen aller vorhandenen Gesellschafter[76] muss beschlossen werden über:

---

73 Für die Kommanditgesellschaft ist im HGB eine Abstimmung nach Köpfen vorgesehen, §§ 161 Abs. 2, 119 Abs. 2 HGB. Es ist jedoch zweckmäßig, den Abstimmungsmodus in beiden Gesellschaften gleich zu regeln und deshalb eine Regelung vorzusehen, die der des GmbH-Vertrages entspricht. Wird in dem Gesellschaftsvertrag eine Abstimmung nach Kapitalanteilen vorgesehen, ist jedoch stets zu bedenken, dass die Höhe des Kapitalanteils entsprechend der im Gesellschaftsvertrag vorgesehenen Möglichkeiten schwanken kann und sich hieraus Unsicherheiten über die Stimmrechte der einzelnen Gesellschafter im Abstimmungszeitpunkt ergeben können. Diese sind unbedingt zu vermeiden. Dem tragen u. a. die Regelungen in den §§ 4 Abs. 1 und 5 Abs. 2 Rechnung. Danach ist ein festes Kapitalkonto vorgesehen und eine Änderung der Höhe der Einlage gem. § 4 nur durch entsprechenden einstimmigen Gesellschafterbeschluss möglich.

74 Richtet sich das Stimmrecht eines Gesellschafters nach dem Gesellschaftsvertrag und hat die Komplementär-GmbH keine Einlage geleistet, stellt sich die Frage, wonach sich das Stimmrecht der Komplementärin richten soll. In Betracht kommt, das Stimmrecht von dem Stammkapital der GmbH abhängig zu machen. Sieht der Gesellschaftsvertrag zum Beispiel je € 1.000,– auf dem Kapitalkonto eine Stimme vor, so hat eine GmbH, deren Stammkapital € 50.000,– beträgt, 50 Stimmen. Strittig ist, ob das Stimmrecht der Komplementär-GmbH unter Ausklammerung des Kernbereichs der Mitgliedschaftsrechte ausgeschlossen werden kann. Für die beteiligungsidentische GmbH & Co. KG hat der BGH einen Ausschluss des Stimmrechts der Komplementär-GmbH – auch für Beschlüsse, die den Kernbereich der Mitgliedschaftsrechte betreffen für zulässig erachtet (BGH, Urt. v. 24. 5. 1993 – II ZR 73/92, NJW 1993, 2100).

75 Sieht der Gesellschaftsvertrag keine abweichende Regelung vor, so gilt der Grundsatz der Einstimmigkeit. Hierbei reicht die Einstimmigkeit der abgegebenen Stimmen nicht aus, vielmehr müssen alle zur Entscheidung über den Beschlussgegenstand berufenen Gesellschafter zustimmen. Der Gesellschaftsvertrag kann jedoch eine abweichende Regelung der Abstimmungserfordernisse, wie etwa die Möglichkeit eines Mehrheitsbeschlusses, vorsehen. Dabei ist zu beachten, dass in den Kernbereich der Mitgliedschaftsrechte nur mit Zustimmung des betroffenen Gesellschafters eingegriffen werden kann.

76 Denkbar wäre auch, die Stimmenmehrheit an die Mehrheit aller anwesenden und vertretenen Gesellschafter zu knüpfen.

– die Auflösung der Gesellschaft,

– die Feststellung des Jahresabschlusses,

– die Bestellung von Prokuristen,

– den Antrag auf Ausschließung eines Gesellschafters, wobei dem betroffenen Gesellschafter hierbei ein Stimmrecht nicht zusteht.

6. Werden gegen die Wirksamkeit eines Gesellschafterbeschlusses Einwendungen erhoben, so sind diese innerhalb eines Monats seit Zugang des den Beschluss betreffenden Protokolls durch Feststellungsklage geltend zu machen.[77] Die Klage ist gegen die Gesellschaft zu richten.

§ 11
Wettbewerbsverbot[78]

1. Jedem Gesellschafter ist es untersagt, unmittelbar oder mittelbar, gelegentlich oder gewerbsmäßig, auf eigene oder fremde Rechnung, unter ei-

---

77 Anders als das Kapitalgesellschaftsrecht ist dem Personengesellschaftsrecht die Unterscheidung von anfechtbaren und nichtigen Beschlüssen unbekannt. Fehlerhafte Gesellschafterbeschlüsse sind grundsätzlich nichtig; Einwendungen sind durch die Erhebung einer Feststellungsklage geltend zu machen. Für die Geltendmachung der Unwirksamkeit des Beschlusses kann im Gesellschaftsvertrag eine Frist vorgesehen werden, die jedoch die einmonatige Frist des § 246 AktG, der analog herangezogen werden kann, nicht unterschreiten darf. Darüber hinaus ist die Klage grundsätzlich gegen den jeweiligen widerstreitenden Mitgesellschafter zu richten. Der Gesellschaftsvertrag kann jedoch vorsehen, dass die Gesellschaft selbst Klagegegner ist.

78 Gem. §§ 112, 161 Abs. 2 HGB besteht nur für den persönlich haftenden Gesellschafter ein Wettbewerbsverbot. Dagegen findet gem. § 165 HGB das gesetzliche Wettbewerbsverbot auf den Kommanditisten grundsätzlich keine Anwendung. Ein Wettbewerbsverbot kann sich für diesen jedoch aus der gesellschaftsrechtlichen Treuepflicht ergeben, so etwa wenn ein Kommanditist in der Lage ist, einen beherrschenden Einfluss auf die KG auszuüben, z. B. durch eine wesentliche Beteiligung am Kommanditanteil und am Kapital der Komplementär-GmbH (vgl. BGH, Urt. v. 5. 12. 1983 – II ZR 242/82, BGHZ 89, 162 und *Riegger/Götze*, in: Heidenhain/Meister Münchener Vertragshandbuch, Bd. 1, Gesellschaftsrecht, Kap. III. 3 Anm. 16). Der Gesellschaftsvertrag kann eine von der Gesetzeslage abweichende Regelung im Hinblick auf das Wettbewerbsverbot vorsehen. Bei der Vereinbarung eines solchen Wettbewerbsverbots ist jedoch § 1 GWB zu beachten und zu prüfen, ob die Wettbewerbsabrede im Einzelfall objektiv geeignet ist, die Marktverhältnisse in der jeweiligen Branche zu beeinflussen, wobei die Beeinträchtigung nach ständiger Rechtsprechung spürbar sein muss (BGH, Beschl. v. 1. 12. 1981 – KRB 5/79 NJW 1982, 938). Die Frage nach der kartellrechtlichen Zulässigkeit des Wettbewerbsverbots wird sich bei kleineren Gesellschaften kaum stellen. Umstritten ist, ob im Gesellschaftsvertrag ein Wettbewerbsverbot für einen Kommanditisten, der lediglich kapitalis-

genem oder fremdem Namen auf dem Geschäftsgebiet der Gesellschaft Geschäfte zu betreiben und abzuschließen oder der Gesellschaft auf andere Weise Konkurrenz zu machen, soweit dies nach den gesetzlichen Vorschriften zulässig ist. Gleiches gilt für die mittelbare oder unmittelbare Beteiligung an einem Konkurrenzunternehmen in dem in Satz 1 beschriebenen zeitlichen und sachlichen Rahmen. Hiervon sind Beteiligungen an börsennotierten Kapitalgesellschaften in Höhe von weniger als einem Prozent des Grundkapitals ausgenommen. Eine Tätigkeit für die Komplementärin unterliegt diesem Wettbewerbsverbot nicht.

2. Das Wettbewerbsverbot gem. Abs. 1 gilt auch nach dem Ausscheiden des Gesellschafters für die Dauer von zwei Jahren ab dem Zeitpunkt des Ausscheidens.[79] Ein nachvertragliches Wettbewerbsverbot besteht dagegen nicht für Kommanditisten, die lediglich über die gesetzlichen Kontroll- und Informationsrechte verfügen.

3. Im Falle der Verletzung des Wettbewerbsverbots findet § 113 HGB entsprechende Anwendung.

4. Durch Beschluss der Gesellschafterversammlung, der mit einfacher Mehrheit gefasst wird, kann eine Befreiung vom Wettbewerbsverbot erteilt werden. Der betroffene Gesellschafter hat hierbei kein Stimmrecht.

§ 12
Jahresabschluss

1. Die Komplementärin hat den Jahresabschluss und – soweit vorgeschrieben – den Lagebericht innerhalb der gesetzlichen Fristen (§ 264 Abs. 1 HGB) unter Beachtung der handelsrechtlichen Vorschriften[80] aufzustellen

---

tisch beteiligt ist und dem keine über die gesetzlich vorgesehenen Informations- und Kontrollrechte hinausgehenden Rechte zustehen, vorgesehen werden kann (vgl. hierzu *Binz/Sorg*, a. a. O., § 5 Rn. 138 ff.).

79 Da Zweifel bestehen, ob sich aus der Treuepflicht auch ein nachvertragliches Wettbewerbsverbot ableiten lässt, sollte im Gesellschaftsvertrag ausdrücklich geregelt werden. Die Dauer sollte nicht zu lang bemessen werden und üblicherweise 2 Jahre nicht überschreiten. Zu beachten ist weiterhin, dass ein nachvertragliches Wettbewerbsverbot nur zulässig ist, wenn es dem Schutz eines berechtigten Interesses der Gesellschaft dient und in gegenständlicher, räumlicher und zeitlicher Hinsicht funktionsnotwendig ist (BGH, Urt. v. 19. 10. 1993 KZR 3/92, BB 1994, 95).

80 Denkbar wäre auch, im Gesellschaftsvertrag vorzusehen, dass bei Aufstellung des Jahresabschlusses die steuerrechtlichen Vorschriften über die Gewinnermittlung zu beachten sind, soweit zwingende handelsrechtliche Vorschriften dem nicht entgegenstehen. Eine solche Regelung kann bezwecken, die Aufstellung einer Steuerbilanz neben der Handelsbilanz zu vermeiden.

und – soweit eine Prüfung gesetzlich oder durch Beschluss der Gesellschafterversammlung vorgeschrieben ist – den Abschlussprüfern zur Prüfung vorzulegen.[81]

2. Der Jahresabschluss, ggf. zusammen mit dem Lagebericht und einem etwaigen Prüfungsbericht des Abschlussprüfers, ist unverzüglich nach seiner Aufstellung, der Lagebericht und der Bericht des Abschlussprüfers unverzüglich nach Fertigstellung, allen Gesellschaftern zuzuleiten. In jedem Fall müssen der Jahresabschluss, ggf. der Lagebericht und der Bericht des Abschlussprüfers, mindestens jedoch 2 Wochen vor der Beschlussfassung allen Gesellschaftern zur Beschlussfassung vorliegen.

3. Der Jahresabschluss ist mit der in § 10 Abs. 5 vorgesehenen Mehrheit festzustellen. Eine Abschrift des Jahresabschlusses ist jedem Kommanditisten unverzüglich zuzuleiten.

4. Wird im Rahmen einer steuerrechtlichen Außenprüfung der Jahresabschluss geändert, ist der geänderte Jahresabschluss nunmehr maßgeblich, soweit dies handelsrechtlich zulässig ist.[82]

§ 13
Ergebnisverteilung (Gewinn und Verlust)[83]

1. Die Gesellschafter nehmen am Gewinn und Verlust der Gesellschaft im Verhältnis ihrer Kapitalanteile teil.[84] Die gesetzliche Haftungsbeschränkung der Kommanditisten bleibt hiervon unberührt.[85]

---

81 Mit dem Kapitalgesellschaften & Co.-Richtliniengesetz vom 8. 3. 2000 haben sich die Vorschriften über die Erstellung eines Jahresabschlusses bei einer GmbH & Co. KG in bedeutendem Maße verändert. Für eine GmbH & Co. KG, bei der nur eine GmbH persönlich haftende Gesellschafterin ist, finden gem. § 264a HGB nun die Vorschriften, die für Kapitalgesellschaften gelten, d. h. die §§ 264–289 HGB, Anwendung.

82 Die Klausel soll den Gleichlauf zwischen Handels- und Steuerbilanz gewähren, die insbesondere im Hinblick auf die steuerrechtliche „umgekehrte Maßgeblichkeit" nach § 5 Abs. 1 Satz 2 EStG bedeutsam ist (vgl. hierzu *Weber-Grellet*, in: Schmidt, a. a. O., § 5 Rn. 40 ff.).

83 Nach den gesetzlichen Regelungen des § 168 Abs. 1 i.V.m. § 121 Abs. 1 und 2 HGB sind zunächst die Kapitalanteile mit je 4 % zu verzinsen. Der darüber hinausgehende Gewinn wird zwischen den Gesellschaftern in einem den Umständen nach angemessenen Verhältnis der Anteile verteilt. Der Gesellschaftsvertrag kann jedoch eine hiervon abweichende Regelung der Ergebnisverteilung treffen. Angesichts der weitgehend unklaren gesetzlichen Regelung wird hiervon in der Regel Gebrauch gemacht. Die Ausgestaltung der Regelungen über die Gewinnverteilung, insbesondere auch im Hinblick auf die Beteiligung der Komplementär-GmbH am Ergebnis, ist weitestgehend von steuerlichen Überlegungen geprägt. Bei der Formulierung der entsprechenden Klauseln im Gesellschaftsvertrag sollte deshalb ein Steuerberater mitwirken.

2. Soweit sich aus den nachfolgenden Bestimmungen in den Absätzen 3 und 4 keine abweichende Regelung ergibt, sind die Gewinnanteile der Gesellschafter deren Verrechnungskonten gutzuschreiben.[86]

3. Besteht ein Verlustvortrag, ist dieser durch die späteren Gewinne auszugleichen. Vor diesem Ausgleich können Gewinne weder dem Verrechnungskonto noch dem Rücklagekonto gutgeschrieben werden.

---

84 Nach dieser Formulierung ist die Beteiligung der Komplementär-GmbH am Gewinn und Verlust der Gesellschaft ausgeschlossen, soweit sie keine Vermögenseinlage erbracht hat. Die Beteiligung der GmbH an dem Gewinn ist zwar möglich, dabei sind jedoch insbesondere die einschlägigen steuerrechtlichen Vorschriften zu beachten. Ist im Gesellschaftsvertrag nicht – wie in § 8 – vorgesehen, dass die Auslagenerstattung und die Haftungsvergütung als Aufwand zu behandeln sind, muss die GmbH aus steuerrechtlichen Gründen einen Gewinnvoraus in Höhe der Auslagenerstattung und der Haftungsvergütung erhalten. Vor allem bei der GmbH & Co. KG im engeren Sinn bietet die Gewinnbeteiligung der Finanzverwaltung einen beliebten Ansatzpunkt für die Annahme einer verdeckten Gewinnausschüttung an den Kommanditisten, der gleichzeitig Gesellschafter der GmbH ist. Eine solche liegt nach ständiger Rechtsprechung des BFH (Urt. v. 24. 7. 1990 – VIII R 290/84 BB 1990, 2025 m. w. N.), bei einem unangemessen niedrigen Gewinnanteil der Komplementär-GmbH vor. Dagegen ist ein überhöhter Gewinnanteil der GmbH als verdeckte Einlage in die GmbH zu beurteilen (vgl. *Binz/Sorg*, a. a. O., § 16 Rn. 164 ff., und *Döllerer*, DStR 1991, 1033; BFH, Urt. v. 23. 8. 1990 – IV R 71/89, BStBl. II 1991, 173).

85 Die Klausel betrifft die gesetzliche Haftungsbeschränkung der Kommanditisten nach § 167 Abs. 3 HGB. Zwar ist die Aufnahme einer solchen Regelung nach der Rechtsprechung des OLG Karlsruhe (Urt. v. 25. 11. 1981 – GU 14/81 Kart BB 1982, 327), nicht zwingend erforderlich, aber aus Klarstellungsgründen sinnvoll. § 167 Abs. 3 HGB sieht vor, dass die Kommanditisten an Verlusten nur bis zum Betrag ihrer Kapitalanteile und ihrer rückständigen Einlagen teilnehmen. Dies bedeutet jedoch nicht, dass Kommanditisten keinen negativen Kapitalanteil haben können (*Baumbach/Hopt*, HGB, § 167 Rn. 5). Bevor eine Auszahlung von Gewinnen verlangt werden kann, ist dieser negative Kapitalanteil jedoch zuerst wieder auf Null zu bringen (*Baumbach/Hopt*, a. a. O, § 167 Rn. 5). Beim Ausscheiden eines Kommanditisten mit negativem Kapitalanteil ist dieser grundsätzlich nicht zum Nachschuss verpflichtet (*Baumbach/Hopt*, a. a. O., § 167 Rn. 5). Zur steuerlichen Behandlung negativer Kapitalkonten vgl. § 15a EStG.

86 Im vorliegenden Vertragsmuster wird die Verwendung des Jahresüberschusses vollständig im Gesellschaftsvertrag geregelt. Es wäre dagegen auch möglich, die Entscheidung über die Verwendung des Überschusses der Gesellschafterversammlung zu überlassen oder eine Kombination von einer teilweisen Vorwegnahme der Überschussverwendung und der Entscheidung der Gesellschafterversammlung hierüber vorzusehen. In jedem Fall sind die Entnahmevorschriften auf die entsprechenden Regelungen abzustimmen und dabei auch die steuerlichen Konsequenzen zu bedenken.

4. Das gemeinsame Rücklagekonto ist bis zur Höhe des Guthabens mit einem Verlust zu belasten. Ein darüber hinausgehender Verlust ist auf dem Verlustvortragskonto zu buchen.

5. Die Gesellschafter können mit einer Mehrheit aller Stimmen der vorhandenen Gesellschafter beschließen, dass dem gemeinsamen Rücklagekonto ein Teil des Gewinns, höchstens aber ... % des Jahresüberschusses, gutgeschrieben werden.

§ 14
Entnahmen[87]

1. Die Komplementärin darf zum jeweiligen Fälligkeitszeitpunkt die Beträge entnehmen, die ihr gemäß § 8 des Gesellschaftsvertrages zu erstatten sind. Darüber hinaus darf sie die Beträge entnehmen, die zur Bezahlung ihrer Steuern erforderlich sind.

2. Die Kommanditisten sind berechtigt, den ihren Verrechnungskonten gutgeschriebenen Anteil am Gewinn des abgelaufenen Geschäftsjahres zu entnehmen. Dabei ist eine Kündigungsfrist von .... Wochen einzuhalten.

oder

2. Die Kommanditisten sind berechtigt, den ihren Verrechnungskonten gutgeschriebenen Anteil am Gewinn des abgelaufenen Geschäftsjahres bis auf einen Betrag von ... % ihrer Kommanditeinlage ohne vorherige Ankündigung zu entnehmen. Darüber hinausgehende Beträge können nur unter Einhaltung der Kündigungsfrist von ... Wochen entnommen werden.

oder

2. Über die Entnahme von Gewinnanteilen der Kommanditisten, die deren Verrechnungskonto gutgeschrieben sind, entscheidet die Gesellschafterversammlung.

oder

---

87 Die gesetzlichen Regelungen zu Entnahmen der Gesellschafter finden sich in den §§ 122, 169 HGB. Hiervon wird in der Praxis jedoch meist abgewichen. Die Vereinbarung angemessener Entnahmeregelungen stößt dabei oft auf Schwierigkeiten, weil das Liquidationsbedürfnis der Gesellschaft und die finanziellen Interessen der Gesellschafter gegeneinander abgewogen werden müssen. Bei der Gestaltung der einzelnen Vorschriften ist demnach größte Sorgfalt geboten und die jeweiligen Umstände des Einzelfalles sind zu berücksichtigen. Die Beschränkung der Kommanditistenrechte kann z. B. Auswirkungen auf deren Stellung als Mitunternehmer haben.

2. Die Kommanditisten können jederzeit den ihrem Verrechnungskonto gutgeschriebenen Anteil am Gewinn des abgelaufenen Geschäftsjahres entnehmen.

3. Die Kommanditisten können die Auszahlung von Guthaben auf ihrem Verrechnungskonto ohne Einhaltung einer Kündigungsfrist verlangen, soweit die Beträge der Zahlung von persönlichen Steuern und öffentlichen Abgaben dienen, die auf die Beteiligung an der Gesellschaft und sämtliche Einkünfte hieraus entfallen (z. B. Einkommensteuer, Kirchensteuer, Solidaritätszuschlag etc.).[88] Dies gilt unabhängig davon, ob es sich um Vorauszahlungen, Abschlusszahlungen oder Nachzahlungen handelt. Das Entnahmerecht entsteht mit Fälligwerden der jeweiligen Zahlungspflicht. Verlangt ein Kommanditist die Auszahlung, so sind der Gesellschaft die Höhe und die Fälligkeit der Steuern nachzuweisen.

§ 15
Vorerwerbsrecht, Verfügungen über Gesellschaftsanteile

1. Beabsichtigt ein Kommanditist, Gesellschaftsanteile ganz oder teilweise auf andere Personen zu übertragen, so hat er sie zunächst den Mitgesellschaftern nach Maßgabe folgender Bestimmungen anzubieten:

a) Die Geschäftsanteile sind durch eingeschriebenen Brief unter Angabe des Preises und der sonstigen Bedingungen den übrigen Gesellschaftern anzubieten und die Gesellschaft ist hierüber zu benachrichtigen. Beabsichtigt ein Berechtigter, die angebotene Beteiligung zu diesen Bedingungen zu erwerben, so hat er dies innerhalb von zwei Monaten nach Zugang des Angebotsschreibens durch eingeschriebenen Brief mitzuteilen und die Gesellschaft hiervon schriftlich zu benachrichtigen.

b) Das Vorerwerbsrecht kann nur für die gesamte angebotene Beteiligung ausgeübt werden. Haben mehrere Gesellschafter ihre Erwerbsabsicht gemäß lit. a) mitgeteilt, so steht ihnen das Vorerwerbsrecht im Verhältnis ihrer Beteiligung zu, sofern sie keine anderen

---

88 Nach geltendem Steuerrecht wird der Gewinnanteil des Gesellschafters besteuert, unabhängig davon, ob und in welchem Umfang dieser dem Vermögen des Gesellschafters tatsächlich zugeflossen ist. Deshalb erscheint es sinnvoll, ein Steuerentnahmerecht vorzusehen. Im vorliegenden Mustervertragstext ist dagegen eine Entnahmebefugnis im Hinblick auf die auf den Gesellschaftsanteil entfallende Erbschaftsteuer nicht vorgesehen. Ein diesbezügliches Entnahmerecht kann sowohl im Gesellschaftsvertrag als auch durch gesonderten Gesellschafterbeschluss vorgesehen werden. Hierbei sind die erbschaftsteuerrechtlichen Regelungen und insbesondere § 13a Abs. 5 Nr. 3 ErbStG zu beachten.

Vereinbarungen getroffen haben. Der Verkauf und die Abtretung der Beteiligung hat binnen vier Wochen nach Ausübung des Vorerwerbsrechts zu erfolgen. Unteilbare Spitzenbeträge fallen dem Gesellschafter mit der geringsten Beteiligung zu.

c) Wird das Vorerwerbsrecht nicht fristgerecht ausgeübt oder wirkt der Erwerber nicht fristgerecht bei der Übertragung mit, so steht dieses Recht ersatzweise einem von der Gesellschaft benannten Dritten zu. Das Vorerwerbsrecht ist in diesem Fall innerhalb eines Monates auszuüben. Lit. a) und b) gelten entsprechend.

d) Wird das Vorerwerbsrecht auch von dem von der Gesellschaft benannten Dritten nicht fristgerecht ausgeübt, so ist der veräußerungswillige Gesellschafter – vorbehaltlich der erforderlichen Zustimmung zur Veräußerung durch die Gesellschaft – in der Verfügung über seinen Geschäftsanteil frei.

Bei der beteiligungsidentischen GmbH & Co. KG zusätzlich:

e) Das Vorerwerbsrecht nach Abs. 1 kann nur zusammen mit dem Vorerwerbsrecht gemäß § 10 des Gesellschaftsvertrages der Müller Medien Verwaltungs GmbH ausgeübt werden.

2. Entgeltliche oder unentgeltliche Verfügungen eines Gesellschafters über einen Gesellschaftsanteil oder einen Teil davon, insbesondere Abtretung[89], Verpfändung, Bestellung eines Nießbrauchs oder sonstige Belastungen – auch soweit sie aufgrund eines Vorerwerbsrechts nach Abs. 1 erfolgen – bedürfen der vorherigen Zustimmung durch Gesellschafterbeschluss.[90] Bestehen Vorerwerbsrechte nach Abs. 1, so kann die Zustimmung erst wirksam erteilt werden, wenn das Vorerwerbsrecht entweder ausgeübt, auf seine Ausübung verzichtet oder die Frist zur Ausübung ab-

---

89 Bei der Übertragung der Kommanditbeteiligung im Laufe eines Geschäftsjahres ist zu beachten, dass zwar zivilrechtlich dem Erwerber das Ergebnis des gesamten Jahres zuzurechnen ist, steuerrechtlich jedoch das Ergebnis zwischen dem Erwerber und dem Veräußerer nach dem Verhältnis ihrer Gesellschaftszugehörigkeit in dem Geschäftsjahr aufzuteilen ist (vgl. hierzu *Wacker*, in: Schmidt, a. a. O., § 15 Rn. 453). Diese wirtschaftlich nachteiligen Folgen sollten bei der Formulierung des die Übertragung des Kommanditanteils betreffenden Vertrages entsprechend berücksichtigt und zum Ausgleich gebracht werden.

90 Im Gegensatz zu Geschäftsanteilen an einer GmbH, die gem. § 15 Abs. 1 GmbHG frei veräußerlich sind, ist die Beteiligung an einer Personengesellschaft nur mit Zustimmung der anderen Gesellschafter möglich. Im Gesellschaftsvertrag können jedoch hiervon abweichende Regelungen getroffen werden. Denkbar wäre also auch eine Bestimmung, die den Kommanditisten das Recht einräumt, über ihren Kommanditanteil frei zu verfügen.

gelaufen ist. Der betroffene Gesellschafter ist bei der Beschlussfassung über die Zustimmung vom Stimmrecht ausgeschlossen.

3. Die Zustimmung ist zu erteilen, wenn die Verfügung zugunsten eines Mitgesellschafters des Ehegatten oder eines Abkömmlings oder in Ausübung eines Vorerwerbsrechts nach Abs. 1 erfolgt.

4. Der Gesellschafter ist, ohne dass er der Zustimmung durch Gesellschafterbeschluss bedarf und ohne dass ein Vorerwerbsrecht der übrigen Gesellschafter besteht, berechtigt, Gesellschaftsanteile auf eine Gesellschaft zu übertragen, in der er den bestimmenden Einfluss ausübt. Bei Wegfall des bestimmenden Einflusses ist er verpflichtet, dafür Sorge zu tragen, dass die Gesellschaftsanteile unverzüglich wieder auf ihn zurück übertragen werden.

Bei der beteiligungsidentischen GmbH & Co. KG zusätzlich:

5. Die Zustimmung kann nur erteilt werden, wenn der abtretende Gesellschafter zuvor seine Kommanditbeteiligung an der Komplementär-GmbH an denselben Abtretungsempfänger übertragen hat.[91]

§ 16
Vererbung von Geschäftsanteilen[92]

1. Beim Tode eines Gesellschafters wird die Gesellschaft nicht aufgelöst, sondern mit den Erben fortgesetzt, soweit sie gem. Abs. 2 nachfolgeberechtigt sind.[93]

---

91 Die Klausel gewährleistet den Gleichlauf der Beteiligung an der Komplementär-GmbH und der GmbH & Co. KG.

92 Die Formulierung einer Nachfolgeklausel im Gesellschaftsvertrag zieht unter Umständen erbrechtliche, gesellschaftsrechtliche und vor allem auch steuerrechtliche Probleme nach sich. Deshalb sollte eine solche Klausel nur mit anwaltlicher Hilfe und unter Einbeziehung eines Steuerberaters formuliert werden. Vgl. zu den einzelnen Gestaltungsmöglichkeiten auch *van Randenborgh*, in: Sudhoff, Personengesellschaften a. a. O., § 16.

93 Im Gesellschaftsvertrag könnte auch vereinbart werden, dass die Gesellschaft nur mit einem Abkömmling fortgesetzt wird, dass die Gesellschafter beschließen können, die Gesellschaft ohne die Erben fortzusetzen, oder dass die Gesellschaft ohne die Erben des verstorbenen Gesellschafters fortgesetzt wird. In jedem Fall sind bei der Formulierung der gesellschaftsvertraglichen Nachfolgeregelungen die steuerlichen Folgen zu beachten. Die Konsequenzen testamentarischer Regelungen über die Erbfolge in Personengesellschaften sind dabei seit dem Beschluss des Großen BFH-Senates vom 5. 7. 1990 (Az. GrS 2/89) nicht nur erbschaftsteuerrechtlich, sondern auch einkommensteuerrechtlich sorgfältig abzuschätzen. Darüber hinaus sollte stets eine Abstimmung mit den testamentarischen Verfügungen des jeweiligen Erblassers erfolgen, da ansonsten die testamentarische Regelung leer laufen oder zu nicht beabsichtigten Ausgleichsansprüchen zwischen den Erben führen kann.

2. Nachfolger eines verstorbenen Gesellschafters können nur seine Abkömmlinge, sein überlebender Ehegatte, wenn Kinder nicht vorhanden sind, oder ein anderer Gesellschafter sein.

oder

2. Die nach dem Tod eines Gesellschafters verbleibenden Gesellschafter können innerhalb von ... Monaten nach Bekanntwerden des Todes beschließen, die Gesellschaft ohne die Erben des verstorbenen Gesellschafters fortzusetzen. Die Erben scheiden mit Wirksamwerden des Beschlusses rückwirkend aus der Gesellschaft aus.

oder

2. Nach dem Tod eines Gesellschafters sind diejenigen Personen, die er durch Verfügung von Todes wegen zu seinen Rechtsnachfolgern in den Gesellschaftsanteil bestimmt hat, berechtigt, mit Wirkung auf den Zeitpunkt des Todes des Gesellschafters in die Gesellschaft einzutreten. Das Eintrittsrecht ist innerhalb von ... Monaten nach Bekanntwerden des Todes des Gesellschafters durch eingeschriebenen Brief gegenüber der Gesellschaft zu erklären. Solange bis der Eintrittsberechtigte von seinem Eintrittsrecht nicht Gebrauch gemacht hat oder die Eintrittsfrist noch nicht abgelaufen ist, werden die Gesellschaftsanteile des verstorbenen Gesellschafters von den verbliebenen Gesellschaftern treuhänderisch gehalten. Sobald der Eintrittsberechtigte von seinem Eintrittsrecht durch Erklärung gegenüber der Gesellschaft Gebrauch gemacht hat, haben die verbliebenen Gesellschafter die treuhänderisch gehaltenen Gesellschaftsanteile unentgeltlich auf den Eintrittsberechtigten zu übertragen.

3. Erben, mit denen die Gesellschaft nach Abs. 1 und 2 nicht fortgesetzt wird, haben keinen Anspruch auf eine Abfindung.[94]

oder

3. Erben, mit denen die Gesellschaft nach Abs. 1 und 2 nicht fortgesetzt wird, haben einen Anspruch auf eine Abfindung nach näherer Maßgabe der Bestimmungen unter § 18 dieses Gesellschaftsvertrages.

4. Mehrere Nachfolger können ihre Rechte nur durch einen gemeinsamen Bevollmächtigten wahrnehmen lassen. Dies gilt nicht für das Recht zur Kündigung der Gesellschaft. Der Bevollmächtigte ist durch die Erben in-

---

94 Der Ausschluss des Abfindungsanspruchs des ausscheidenden Erben im Gesellschaftsvertrag ist nach der Rechtsprechung des BGH zulässig. Hiervon bleiben Ausgleichsansprüche im Verhältnis des Nachfolgers zu seinen Miterben unberührt. Diese richten sich nach den erbrechtlichen Bestimmungen.

nerhalb einer Frist von … Monaten nach dem Eintritt des Erbfalles gegenüber der Gesellschaft zu benennen. Bis zur Benennung eines Bevollmächtigten und der Vorlage einer schriftlichen Vollmacht ruht das Stimmrecht der Erben.

5. Ist im Hinblick auf den Kommanditanteil des Verstorbenen Testamentsvollstreckung angeordnet, werden die Rechte der in die Gesellschaft eintretenden Erben durch den Testamentsvollstrecker ausgeübt[95]. In diesem Fall muss bis zum Ende der Testamentvollstreckung ein Bevollmächtigter nach Abs. 4 nicht bestellt werden.

Bei der beteiligungsidentischen GmbH & Co. KG zusätzlich:

6. Rechtsnachfolger im Sinne von Abs. 1 und 2 kann nur werden, wer gleichzeitig auch Rechtsnachfolger des verstorbenen Gesellschafters im Hinblick auf dessen Geschäftsanteil an der Komplementär-GmbH wird.

§ 17
Ausschließung und Ausscheiden von Gesellschaftern

1. Mit der in § 10 Abs. 5 vorgesehenen Mehrheit kann die Ausschließung eines Gesellschafters beschlossen werden, wenn ein wichtiger Grund vorliegt.

2. Ein wichtiger Grund liegt insbesondere vor, wenn:

a) in der Person des Gesellschafters ein wichtiger Grund vorliegt, der nach den Vorschriften der §§ 140, 133 HGB den gerichtlichen Ausschluss aus der Gesellschaft ermöglichen würde,

b) in den Gesellschaftsanteil, einen Teil desselben oder ein sonstiges Gesellschaftsrecht oder Ansprüche des Gesellschafters gegen die Gesellschaft die Zwangsvollstreckung betrieben wird,

c) über das Vermögen des Gesellschafters das Insolvenzverfahren eröffnet wird oder die Eröffnung des Insolvenzverfahrens mangels Masse abgelehnt wird,

---

95 Die Testamentsvollstreckung kann für den Kommanditanteil nach der Rechtsprechung vorgesehen werden (BGH, Urt. v. 14. 5. 1986 – IVa ZR 155/84, BGHZ 98, 55). Hierfür ist jedoch eine Zustimmung der Mitgesellschafter notwendig, die im Gesellschaftsvertrag enthalten sein kann. Die Ausübung der Gesellschafterrechte obliegt dann dem Testamentsvollstrecker. Sofern jedoch die persönliche Haftung des Erben begründet oder in den Kernbereich seiner Mitgliedschaftsrechte eingegriffen wird, bedarf der Testamentvollstrecker dessen Zustimmung (*Baumbach/Hopt*, a. a. O., § 139 Rn. 27).

d) der Gesellschafter Antrag auf Eröffnung des Insolvenzverfahrens über sein Vermögen stellt,

e) der Gesellschafter heiratet, ohne mit seinem Ehegatten rechtswirksam vereinbart zu haben, dass bei Beendigung des Güterstandes die Beteiligung an der Gesellschaft bei der Berechnung des Zugewinns des Gesellschafters außer Betracht bleibt,

f) der Gesellschafter eine Vereinbarung, nach der die Beteiligung an der Gesellschaft bei der Berechnung des Zugewinns des Gesellschafters außer Betracht bleibt, aufhebt.

Bei der beteiligungsidentischen GmbH & Co. KG zusätzlich:

g) der Geschäftsanteil des Gesellschafters an der Komplementär-GmbH gem. § 11 der Satzung der GmbH eingezogen wird.

3. Die Gesellschafterversammlung kann beschließen, dass statt des Ausschlusses der Geschäftsanteil ganz oder zum Teil auf einen von ihr zu benennenden Gesellschafter oder auf einen Dritten zu übertragen ist. Fasst die Gesellschafterversammlung einen entsprechenden Beschluss, hat der betroffene Gesellschafter seinen Gesellschaftsanteil unverzüglich nach Maßgabe des Beschlusses abzutreten.

4. Bei der Beschlussfassung über die Ausschließung oder die gem. Abs. 3 an deren Stelle tretende Abtretung ist das Stimmrecht des betroffenen Gesellschafters ausgeschlossen.

5. Der Ausschließungs- oder Abtretungsbeschluss kann nur innerhalb einer Frist von 6 Monaten nach Kenntniserlangung der übrigen Gesellschafter von den Tatsachen, die den Ausschluss rechtfertigen, gefasst werden.[96]

6. Die Ausschließung wird – soweit gesetzlich nicht ein früherer Zeitpunkt hierfür vorgesehen ist – mit der Mitteilung des Ausschließungsbeschlusses an den betroffenen Gesellschafter wirksam. Die Mitteilung hat durch eingeschriebenen Brief zu erfolgen. Bis zur rechtskräftigen Feststellung seiner Unwirksamkeit ist der Beschluss als wirksam zu behandeln.

Bei der beteiligungsidentischen GmbH & Co. KG zusätzlich:

7. Die Ausschließung kann nur beschlossen werden, wenn zugleich der Geschäftsanteil des betroffenen Gesellschafters an der Komplementärin eingezogen wird.

---

96 Vgl. zur zeitlichen Beschränkung des Ausschließungsrechts *Binz/Sorg*, a. a. O., § 6 Rn. 134.

§ 18
Abfindung[97]

1. Im Falle des Ausscheidens eines Gesellschafters hat der betroffene Gesellschafter einen Anspruch auf Abfindung, die sich auf 80 % des nach Abs. 2 und Abs. 3 zu berechnenden anteiligen Unternehmenswertes im Zeitpunkt des Ausscheidens beläuft. Im Hinblick auf das Verrechnungskonto des ausscheidenden Gesellschafters gilt Abs. 4.

2. Der anteilige Unternehmenswert ist in Anwendung der vom Institut der Wirtschaftsprüfer (IDW) herausgegebenen jeweiligen aktuellen Grundsätze zur Durchführung von Unternehmensbewertungen (derzeit: IDW S ... vom ...), bezogen auf den Stichtag des Ausscheidens, zu berechnen. Stehen derartige Bewertungsgrundsätze nicht mehr zur Verfügung, so haben sich die Parteien auf die Bewertungsmethode zu einigen. An den zum Zeitpunkt seines Ausscheidens schwebenden Geschäften nimmt der Ausgeschiedene nicht mehr teil.[98]

Die Untergrenze des anteiligen Unternehmenswertes bildet der Buchwert des Geschäftsanteils.

3. Kommt eine Einigung über den dem Geschäftsanteil entsprechenden anteiligen Unternehmenswert nicht zustande, so haben sich die Parteien auf einen Sachverständigen zu einigen, der unter Beachtung der Grund-

---

97 Entgegen dem Wortlaut des § 738 Abs. 1 Satz 2 BGB, der über die §§ 162 Abs. 2, 105 Abs. 2 HGB anwendbar ist, hat der ausscheidende Gesellschafter grundsätzlich einen Anspruch auf eine Abfindung, die sich nach dem wahren Wert (Verkehrswert) seines Anteils am Unternehmen einschließlich aller stillen Reserven und des Geschäftswertes bemisst (Fortführungs-, nicht Liquidationswert). Da eine so ermittelte Abfindung jedoch den Fortbestand der Gesellschaft häufig gefährden würde, finden sich in der Praxis eine Vielzahl von unterschiedlichen Abfindungsklauseln (vgl. hierzu *Binz/Sorg,* a. a. O., § 6 Rn. 136 ff.). Bei der vertraglichen Beschränkung des Abfindungsanspruches durch die Wahl einer entsprechenden Bewertungsmethode für die Ermittlung des Unternehmenswertes ist im Hinblick auf § 138 BGB und § 723 Abs. 3 BGB, der auch für Personengesellschaften gilt, Vorsicht geboten. Im vorliegenden Vertragsmuster wurde die Berechnung der Abfindungshöhe nach dem Ertragswertverfahren gewählt. Diese Lösung hat den Vorteil der Rechtssicherheit, da sie auch von der Rechtsprechung anderen Bewertungsverfahren wie z.B. dem Buchwertverfahren oder dem Stuttgarter Verfahren vorgezogen wird (BGH, Urt. v. 16. 12. 1991 II ZR 58/91 NJW 1992, 892).

98 Grundsätzlich verbleibt bei der Wahl des Ertragswertverfahrens für die Berücksichtigung der schwebenden Geschäfte nach § 740 BGB kein Raum mehr (*Baumbach/Hopt,* a. a. O., § 131 Rn. 47). Aus Klarstellungsgründen sollte die Anwendbarkeit des § 740 BGB dennoch im Gesellschaftsvertrag ausdrücklich ausgeschlossen werden.

sätze in Abs. 2 als Schiedsgutachter entscheidet. Der Schiedsgutachter muss ein in Fragen der Unternehmensbewertung erfahrener Wirtschaftsprüfer oder eine Wirtschaftsprüfungsgesellschaft sein; kommt binnen zwei Monaten nach der Fassung des Ausschließungsbeschlusses nicht entweder eine Einigung über die Abfindung oder über den Schiedsgutachter zustande, so ist der Schiedsgutachter auf Antrag einer der Parteien vom Institut der Wirtschaftsprüfer (IDW) zu benennen. Die Kosten des Sachverständigen trägt im Innenverhältnis der ausscheidende Gesellschafter.

4. Ein auf seinem Verrechnungskonto bestehendes Guthaben ist dem ausscheidenden Gesellschafter innerhalb einer Frist von .... Monaten ab dem Zeitpunkt des Ausscheidens auszuzahlen. Ein negatives Verrechnungskonto in diesem Zeitpunkt ist auszugleichen. Für die Rückzahlung von Darlehen, die der ausscheidende Gesellschafter der Gesellschaft gewährt hat, sind die Bestimmungen in den jeweiligen Darlehensverträgen maßgeblich.

5. Die Abfindung ist in fünf gleichen Jahresraten, deren erste sechs Monate nach dem Tag des Ausscheidens fällig wird, zu entrichten. Ist zu diesem Zeitpunkt die Vergütung noch nicht festgestellt, so sind angemessene Abschlagszahlungen entsprechend den in Satz 1 festgelegten Raten zu leisten. Die Abfindung ist vom Tag des Beschlusses an mit 2 % über dem jeweiligen Basiszinssatz p.a. zu verzinsen. Die Zinszahlung erfolgt zusammen mit der jeweiligen Rate. Der zur Zahlung der Abfindung Verpflichtete ist zu einer früheren vollständigen oder teilweisen Zahlung berechtigt.

6. Der ausscheidende Gesellschafter kann weder Sicherheit für seinen Auszahlungsanspruch noch Freistellung von der Inanspruchnahme durch einen Gesellschaftsgläubiger verlangen.

§ 19
Auflösung der Gesellschaft, Liquidation

1. Bei Auflösung der Gesellschaft erfolgt die Liquidation durch die Komplementärin. Der Umfang ihrer Geschäftsführungs- und Vertretungsmacht wird durch die Eröffnung der Liquidation nicht berührt.[99]

2. Verbleibt nach Befriedigung der Gläubiger ein Liquidationsgewinn, so ist dieser im Verhältnis der Kapitalkonten unter den Kommanditisten zu verteilen.

---

99 Nach den gesetzlichen Bestimmungen der §§ 145ff HGB sind sämtliche Gesellschafter Liquidatoren, sofern der Gesellschaftsvertrag nichts anderes bestimmt. Steuerlich wird die Liquidation der Gesellschaft als Aufgabe des Geschäftsbetriebes von § 16 EStG erfasst.

§ 20
Schiedsgericht

1. Über alle Streitigkeiten aus diesem Vertrag entscheidet ein Schiedsgericht.

2. Der Schiedsvertrag wird in eine besondere Urkunde aufgenommen, die diesem Vertrag als Anlage beigefügt ist.

§ 21
Schlussbestimmungen

1. Erfüllungsort ist der Sitz der Gesellschaft.

2. Der Vertrag bleibt auch dann gültig, wenn einzelne Bestimmungen sich als ungültig erweisen sollten. Die betreffende Bestimmung ist dann durch die Gesellschafterversammlung so zu ändern oder zu ersetzen, dass die ursprünglich mit der ungültigen Bestimmung angestrebten wirtschaftlichen und/oder rechtlichen Zwecke soweit wie möglich erreicht werden.

3. Ergänzungen und Änderungen dieses Vertrages bedürfen der Schriftform, soweit nicht von Gesetzes wegen notarielle Beurkundung vorgeschrieben ist. Kein Gesellschafter kann sich auf eine vom Vertrag abweichende tatsächliche Übung berufen, solange die Abweichung nicht schriftlich niedergelegt ist.

4. Die Kosten dieses Vertrages und seiner Durchführung trägt die Gesellschaft.

C. Beispiel für die Handelsregisteranmeldung einer GmbH & Co. KG

Anmeldungen zur Eintragung in das Handelsregister sind nach der Neufassung des § 12 Abs. 1 HGB durch das Gesetz über elektronische Handelsregister und Genossenschaftsregister sowie das Unternehmensregister (EHUG) elektronisch in öffentlich beglaubigter Form einzureichen. Im Folgenden soll die Anmeldung einer GmbH & Co. KG am Beispiel der in den vorangehenden Ausführungen erläuterten Mustergesellschaft dargestellt werden:[100]

Amtsgericht _____
– Handelsregister A –

_____

_____

Anmeldung der Müller Medien GmbH & Co. KG zum Handelsregister

Zur Eintragung in das Handelsregister melden wir, sämtliche Gesellschafter, an:

1. Wir betreiben die Herstellung und den Vertrieb von Druckerzeugnissen aller Art in der Rechtsform einer Kommanditgesellschaft. Deren Firma lautet:

Müller Medien GmbH & Co. KG.

Sitz der Gesellschaft ist Heidelberg. Ihre Geschäfträume befinden sich in ....

2. An der Gesellschaft sind beteiligt:

Müller Medien Verwaltungs GmbH, ... Heidelberg, eingetragen im HRB .... des Amtsgerichts ...., als persönlich haftende Gesellschafterin,

Hans Müller, geb. am ...., ... Heidelberg, als Kommanditist mit einer Hafteinlage von € 10 000,–,

---

100 Zu den Anforderungen an die Anmeldung siehe u. a. §§ 106, 108, 162 HGB.

Anneliese Petersen, geb. am ...., ... Neckargemünd, als Kommanditistin mit einer Hafteinlage von € 2 500,–,

Anna Hermsen, geb. am ...., ... Eberbach, als Kommanditistin mit einer Hafteinlage von € 2 500,–,

Friedrich Maier, geb. am ...., ... Sinsheim, als Kommanditist mit einer Hafteinlage von € 10 000,–.

3. Zur Vertretung der Gesellschaft ist allein die Müller Medien Verwaltungs GmbH berechtigt.

Je nach Regelung im Gesellschaftsvertrag gegebenenfalls zusätzlich:

Die Müller Medien Verwaltungs GmbH ist von den Beschränkungen des § 181 BGB für alle Geschäfte zwischen ihr und der Gesellschaft befreit.

....
Hans Müller für sich und   Anneliese Petersen
für die Müller Medien
Verwaltungs GmbH[101]

....
Anna Hermsen   Friedrich Maier für sich und
                                               für die Müller Medien
                                               Verwaltungs GmbH[102]

---

101 Für einen Kommanditisten, der zugleich Geschäftsführer der Komplementär-GmbH ist, genügt eine einzige Unterschrift, wenn deutlich wird, dass er für sich und für die Komplementär-GmbH handelt (vgl. *Baumbach/Hopt,* a. a. O., Anhang nach § 177a Rn. 13 m. w. N.). Das Erfordernis des Hinterlegens einer Unterschriftsprobe, § 12 HGB a.F., ist aufgrund der Neufassung von § 12 HGB durch das EHUG entfallen.
102 Vgl. Fn. 101.

D. Literaturverzeichnis

Baumbach, Adolf/ Hopt, Klaus J.	HGB, 33. Auflage 2008
Baumbach, Adolf/ Hueck, Alfred	GmbHG, 18. Auflage 2006
Binz, Mark/ Sorg, Martin	Die GmbH & Co. KG, 10. Auflage 2005
Döllerer, Georg	Überhöhter Gewinnanteil der GmbH in einer GmbH & Co. KG als verdeckte Einlage, DStR 1991, 1033
Heidenhain, Martin/ Meister, Burkhardt W.	Münchener Vertragshandbuch, Band 1, Gesellschaftsrecht, 6. Auflage 2005
Lutter, Marcus/ Hommelhoff, Peter	GmbHG, 16. Auflage 2004
Reiserer, Kerstin	Der GmbH-Geschäftsführer-Vertrag, Heidelberger Musterverträge Nr. 36, 15. Auflage 2008
Reiserer, Kerstin/ Heß-Emmerich, Ulrike/ Peters,	Der GmbH-Geschäftsführer, 3. Auflage 2008
Römermann, Volker	Münchener Anwaltshandbuch GmbH-Recht, 2. Auflage 2009
Schmidt, Ludwig	EstG, Kommentar, 28. Auflage 2009
Sudhoff, Heinrich	Personengesellschaften, 8. Auflage 2005

Die stille Gesellschaft

Von Dr. iur. Karl Benedikt Biesinger, Rechtsanwalt in Heidelberg

10., neu bearbeitete Auflage 2009

ISBN 978-3-8005-4272-7

Inhaltsverzeichnis

I. Einleitung

1. Allgemeines

a. Definition

Die stille Gesellschaft ist eine Gesellschaft bürgerlichen Rechts in Form einer Innengesellschaft ohne eigenes Gesellschaftsvermögen, die zwischen dem Inhaber eines Handelsgeschäfts und dem stillen Gesellschafter geschlossen wird.

b. Rechtsgrundlage

Gesetzliche Regelungen speziell für die stille Gesellschaft finden sich in den §§ 230–236 HGB. Sie sind indes lückenhaft und werden ergänzt durch die allgemeinen Regelungen über Gesellschaften bürgerlichen Rechts (§§ 705 ff. BGB). Allerdings stellen lediglich die grundsätzliche Gewinnbeteiligung, § 231 Abs. 2 Hs. 2 HGB, das Informationsrecht, § 233 Abs. 3 HGB, und das Kündigungsrecht, § 234 Abs. 1 S. 2 HGB, § 723 Abs. 3 BGB, zwingende Normen dar, die restlichen Vorschriften dagegen sind dispositiv. Die gesetzlichen Vorschriften finden damit überwiegend nur Anwendung, soweit der Gesellschaftsvertrag nichts anderes regelt.

Aus der Abdingbarkeit der gesetzlichen Regelungen folgt, dass bei der Ausgestaltung der stillen Gesellschaft ein erheblicher Gestaltungsspielraum besteht. Insbesondere kann die Rechtsposition des stillen Gesellschafters verbessert werden, indem er Einfluss auf die Geschäftsführung erhält und/oder neben der Gewinnbeteiligung auch am Geschäftswert und den stillen Reserven des Inhabers beteiligt wird. Dann liegt eine sog. atypisch stille Gesellschaft vor, was insbesondere bei der steuerlichen Behandlung zu Unterschieden führt (siehe dazu unter 5. und 7.).

c. Rechtsnatur

Inhaber und stiller Gesellschafter verfolgen durch den Zusammenschluss mit der Förderung des Handelsgewerbes des Inhabers einen gemeinsamen Zweck. Der Zusammenschluss ist damit eine echte Gesellschaft und wird durch Gesellschaftsvertrag errichtet (siehe dazu unter 3.). Die stille Gesellschaft tritt jedoch nicht nach außen auf und nimmt nicht am Rechtsverkehr teil. Sie ist damit eine reine Innengesellschaft und kann als solche weder Trägerin von Rechten und Pflichten sein noch Gesellschaftsvermögen bilden. Die Einlage des stillen Gesellschafters geht somit nicht in ein gemeinsames Gesellschaftsvermögen, sondern in das Vermögen des Handelsgewerbes des Inhabers über, § 230 Abs. 1 HGB.

d. Ausgestaltung

Nach dem gesetzlichen Leitbild (typisch stille Gesellschaft) beteiligt sich der stille Gesellschafter mit einer Einlage an dem Handelsgewerbe des anderen Gesellschafters (Inhaber) und erhält als Gegenleistung für die Einlage eine gewinnabhängige Beteiligung am Handelsgewerbe des Inhabers. Die Beteiligung am Verlust kann dabei ausgeschlossen werden, § 231 Abs. 2 HGB.

Möglich ist auch eine Beteiligung nur an einem Teil eines Handelsgewerbes, etwa einem bestimmten Unternehmenssegment oder einer Niederlassung. Nicht möglich dagegen ist die stille Beteiligung an einer BGB- oder einer Freiberuflergesellschaft. In diesem Fall kommt lediglich eine weitere BGB-Gesellschaft zustande, auf die möglicherweise die Vorschriften der §§ 230 ff. HGB analoge Anwendung finden (BGH, Urteil vom 22.6.1981 – II ZR 94/80, NJW 1982, 99; BGH, Urteil vom 18.9.2006 – II ZR 225/04, ZIP 2006, 2090). Einen Rückgriff auf diese Regelungen bedarf es freilich dann nicht, wenn der Gesellschaftsvertrag die regelungsbedürftigen Punkte klar und erschöpfend beinhaltet.

Einlage kann jede vermögenswerte Leistung sein, die in Geld messbar und übertragbar ist. Sie wird auf dem Einlagenkonto des stillen Gesellschafters ausgewiesen. Der Wert der Einlage ist grundsätzlich zwischen den Gesellschaftern frei bestimmbar. Anders als im Recht der Kapitalgesellschaften ist damit grundsätzlich auch eine Über- oder Unterbewertung möglich. Die zivilrechtlich freie Bestimmbarkeit entbindet aber nicht von etwaigen steuerrechtlichen Konsequenzen, weil die Einlagenleistung bzw. die Gewährung eines Gesellschaftsanteiles bei einer gravierenden Unter- bzw. Überbewertung als (gemischte) Schenkung eingestuft werden und folglich Schenkungsteuer auslösen kann.

Die Einlage ist dabei gemäß § 230 Abs. 1 HGB so zu leisten, dass sie in das Vermögen des Inhabers übergeht. Durch die Einlagenleistung des stillen Gesellschafters entsteht mithin kein eigenes gesamthänderisch gebundenes Gesellschaftsvermögen der stillen Gesellschaft. Auch wird der stille Gesellschafter am Handelsgewerbe des Inhabers nicht direkt beteiligt und der Inhaber haftet gem. § 230 Abs. 2 HGB für die im Handelsgewerbe begründeten Verbindlichkeiten weiterhin allein.

Ferner bleibt ausschließlich der Inhaber zur Geschäftsführung des Handelsgewerbes und der stillen Gesellschaft berechtigt und verpflichtet. Lediglich Grundlagengeschäfte bedürfen der Zustimmung des stillen Gesellschafters und ihm steht das Kontrollrecht gemäß § 233 HGB zu, nach dem er den Jahresabschluss des Inhabers in Abschrift und zu dessen Prüfung Einsicht in die Bücher und Papiere verlangen kann. Freilich werden dem stillen Gesellschafter in der Praxis regelmäßig weiterreichende Informationsrechte und/oder Zustimmungsvorbehalte eingeräumt.

Bei der Auseinandersetzung der Gesellschaft erhält der stille Gesellschafter seine Einlage zurück, soweit sie nicht von der Verlustbeteiligung aufgezehrt worden ist. Die zum Auflösungszeitpunkt schwebenden Geschäfte des Handelsgewerbes wickelt der Inhaber ab und der stille Gesellschafter nimmt an deren Gewinn und gegebenenfalls Verlust teil, gem. § 235 Abs. 2 HGB. Wegen deren schwierigen und unter Umständen lange andauernden Abwicklung wird die Gewinnbeteiligung des stillen Gesellschafters an diesen schwebenden Geschäften jedoch regelmäßig gesellschaftsvertraglich abbedungen (siehe Muster 1, § 12 Abs. 2). Eine Beteiligung an den stillen Reserven oder dem Firmenwert steht dem typisch stillen Gesellschafter im Gegensatz zum atypisch stillen Gesellschafter grundsätzlich nicht zu.

e. Publizität

Weder die stille Gesellschaft noch der stille Gesellschafter als solcher sind im Handelsregister einzutragen, wenn der Inhaber ein Einzelkaufmann oder eine Personengesellschaft ist. In diesen Fällen ist somit die Möglichkeit einer anonymen und einfachen Beteiligung an dem Handelsgewerbe eines anderen gegeben.

Bei der Beteiligung an einer Aktiengesellschaft (AG & Still) und unter Umständen auch bei einer GmbH (dazu unter 6.) müssen die Gesellschaft und der stille Gesellschafter in das Handelsregister eingetragen werden, weil der Gesellschaftsvertrag in diesen Fällen als ein formbedürftiger Gewinnabführungsvertrag zu qualifizieren ist (§§ 294 Abs. 1 Nr. 2, 294 AktG).

2. Abgrenzungen

Die stille Gesellschaft kann je nach ihrer rechtlichen, wirtschaftlichen und steuerlichen Ausgestaltung zwischen einer Kommanditgesellschaft und einem partiarischen Darlehen eingeordnet werden. Zwar lässt sie sich grundsätzlich dogmatisch von beiden klar abgrenzen. Die Abgrenzung kann jedoch im Einzelfall je nach individueller Ausgestaltung des Gesellschaftsvertrags Schwierigkeiten bereiten. Für die Abgrenzung ist entscheidend darauf abzustellen, was die Vertragsparteien wirtschaftlich gewollt haben (vgl. etwa BFH, Urteil vom 8.4.2008 – VIII R 3/05, DStR 2008, 1629). Die gewählte Formulierung hat nur indizielle Bedeutung. Die Motive der Beteiligten für ihre Beteiligung dürfen nicht mit dem erforderlichen gemeinsamen Zweck der Gesellschafter vermengt werden (BFH a.a.O., DStR 2008, 1629).

Die stille Gesellschaft ist zunächst von der **unmittelbaren Beteiligung** am Handelsgewerbe des Inhabers zu unterscheiden: Der stille Gesellschafter wird nicht (Mit-) Gesellschafter des Inhabers und ist weder an dessen Gesellschaftsvermögen noch dinglich am Handelsgewerbe noch an in dessen Betrieb geschlossenen Geschäften unmittelbar beteiligt, gem. § 232 Abs. 2 HGB. Für Verbindlichkeiten des Inhabers haftet der stille Gesellschafter gegenüber Dritten im Gegensatz zu einem (unmittelbaren) Gesellschafter nicht, auch nicht etwa wie der Kommanditist begrenzt auf seine Einlage. Der stille Gesellschafter ist ferner grundsätzlich weder geschäftsführungsbefugt noch stimmberechtigt und hat damit anders als ein unmittelbarer Gesellschafter keine Einflussnahmemöglichkeit auf die Führung des Handelsgewerbes. Durch die Ausgestaltung des Gesellschaftsvertrags kann die Stellung des stillen Gesellschafters freilich der eines Kommanditisten angenähert werden (sog. atypisch stille Gesellschaft, dazu unter 5.).

Die stille Gesellschaft unterscheidet sich weiter vom **partiarischen Darlehen**, bei dem die Darlehensverzinsung ebenfalls gewinnabhängig und nur aus einem erwirtschafteten Überschuss zu leisten ist. Unterscheidungskriterium ist hauptsächlich der Zweck der Vereinbarung, der beim Darlehen als Austauschvertrag in der Verfolgung jeweils eigener Interessen, bei der stillen Gesellschaft dagegen in der Erreichung eines gemeinsamen Zwecks liegt (Förderung des Handelsgewerbes des Inhabers). Indizien für eine stille Gesellschaft sind ferner die Verlustbeteiligung des stillen Gesellschafters sowie die Informations- und Kontrollrechte bezüglich des Handelsgewerbes des Inhabers, die regelmäßig nur dem stillen Gesellschafter, nicht aber einem Darlehensgeber zugestanden werden.

Die **Unterbeteiligung** ist eine Beteiligung an einer Gesellschafterstellung. Sie ist wie die stille Gesellschaft eine nur mittelbare Beteiligung an der Gesellschaft bzw. dem Handelsgewerbe selbst. Sie erstreckt sich jedoch im Gegensatz zur stillen Gesellschaft nicht auf ein Handelsgewerbe des Inhabers oder einen Teil hiervon, sondern lediglich auf den Gesellschaftsanteil eines Gesellschafters. Parteien der Unterbeteiligung sind damit nur der einzelne Gesellschafter und der Unterbeteiligte, nicht aber der Inhaber des Handelsgewerbes als solches.

Bei **Nießbrauch** und **Treuhand** an einem Unternehmen oder einem Gesellschaftsanteil fehlt regelmäßig der Beitrag (Einlage) des Begünstigten, der das Handelsgewerbe des Inhabers fördern soll. Vielmehr übt der Treuhänder lediglich die Gesellschafterstellung aufgrund einer schuldrechtlichen Vereinbarung für den Treugeber aus und der Nießbrauch beschränkt sich auf die Fruchtziehung, was der Abschöpfung der Gewinne entspricht. Bei Nießbrauch und Treuhand fehlt somit ebenfalls die gemeinsame Zweckerreichung als Charakteristikum der (stillen) Gesellschaft.

3. Anwendungsbereich und Zielgruppen

Die stille Gesellschaft ermöglicht eine einfache, schnelle, anonyme und kostengünstige Beteiligung an (Teilen von) Handelsgewerben. Durch die weitgehende Dispositivität der gesetzlichen Regelungen haben die Gesellschafter zudem größtmögliche inhaltliche Gestaltungsfreiheit.

Die stille Gesellschaft dürfte in der Praxis überwiegend als eine Art **Kreditverhältnis** als Alternative zu einem (partiarischen) Darlehen errichtet werden. Für den stillen Gesellschafter lässt sich regelmäßig ein höherer Ertrag als bei einem Darlehenszins erwirtschaften. Der Inhaber ist in der Gestaltung der Vereinbarung wesentlich freier als bei einem Bankdarlehen.

Die stille Gesellschaft bietet sich ferner als Alternative zu einer unmittelbaren Beteiligung an, insbesondere wenn einer direkten Beteiligung ein **Wettbewerbs- oder Beteiligungsverbot** entgegensteht. Zu prüfen ist dabei aber stets, ob nicht nur eine reine und deshalb unter Umständen unwirksame Umgehung des jeweiligen gesetzlichen oder vertraglichen Verbotes vorliegt.

Ferner spielen bei der Wahl der Beteiligung häufig **steuerliche Erwägungen** eine Rolle, insbesondere bei der Doppelbeteiligung an der GmbH & Still. Auch hier gilt jedoch der Grundsatz, dass eine rechtliche Gestaltung nie ausschließlich aus steuerlichen Gründen, sondern stets unter Einbezug der zivil- und gesellschaftsrechtlichen Konsequenzen gewählt werden sollte. Dies gilt insbesondere für die Entscheidung über eine Beteiligungs- oder Rechtsform.

Interessant ist die stille Gesellschaft weiter als Alternative zur Kommanditistenstellung bei der **Vorbereitung der Unternehmensnachfolge** durch Beteiligung von Familienmitgliedern oder Mitarbeitern, bei der Vermögensverteilung innerhalb der Familie oder bei einer Beteiligung an nur einem Vermögenssegment.

4. Gründungsvorgang, Abschluss und Inhalt des Gesellschaftsvertrags

Die stille Gesellschaft wird durch den Abschluss eines Gesellschaftsvertrags gegründet. Für den Abschluss des Gesellschaftsvertrags gelten grundsätzlich keine besonderen Bestimmungen. Die Wirksamkeit des Gesellschaftsvertrags bestimmt sich vielmehr nach den allgemeinen Grundsätzen und die inhaltliche Ausgestaltung unterliegt weitgehend der freien Vereinbarung der Parteien:

Der Vertrag über die Errichtung einer stillen Gesellschaft bedarf als Gesellschaftsvertrag einer BGB-(Innen-)Gesellschaft grundsätzlich **keiner bestimmten Form**. Dies gilt gleichermaßen für eine Vollmacht zur Gründung einer stillen Gesellschaft. Ein Formzwang kann sich jedoch aus anderen Vorschriften ergeben. Dies ist der Fall, wenn die Einlage des stillen Gesellschafters die Vornahme eines formbedürftigen Rechtsgeschäfts erfordert oder wenn sich der Inhaber verpflichtet, im Rahmen der Auseinandersetzung formbedürftige Rechtsgeschäfte vorzunehmen. Als formbedürftige Rechtsgeschäfte kommen insbesondere in Betracht die Übereignung eines Grundstücks, § 311b Abs. 1 BGB, oder die (Verpflichtung zur) Abtretung eines Geschäftsanteils einer GmbH, § 15 Abs. 3, 4 GmbHG.

Keiner Beurkundung bedarf es dagegen grundsätzlich dann, wenn der Inhaber dem stillen Gesellschafter etwa im Wege der vorweggenommenen Erbfolge eine bereits bestehende stille Beteiligung oder den Gegenstand der Einlage schenkt, den dieser sodann in die stille Gesellschaft einbringt. Ein etwa bestehender Formmangel wäre dann jedenfalls durch die Bewirkung der Schenkung gem. § 518 Abs. 2 BGB geheilt. Vorsicht ist allerdings geboten, wenn die Schenkung durch eine Umbuchung auf ein Konto des stillen Gesellschafters vollzogen werden soll. Hier hatte der BGH ursprünglich Formbedürftigkeit angenommen und zugleich die Heilung des Formverstoßes durch Vollzug der Schenkung in der Form der Einbuchung abgelehnt (BGH, Urteil vom 24.9.1952 – II ZR 136/51, NJW 1952, 1412). In jüngerer Zeit ist indes eine Tendenz zur Änderung dieser Rechtsprechung zu erkennen (vgl. etwa OLG Düsseldorf, Urteil vom 17.12.1998 – 6 U 193/97, NZG 1999, 652, 653). Unabhängig von der zivilrechtlichen (Form-) Wirksamkeit ist zudem fraglich, ob die durch Umbuchung errichtete stille Gesellschaft **steuerlich anerkannt** wird (vgl. etwa BFH, Urteil vom 14.5.2003 – X R 14/99, ZEV 2003, 475, 478). Wird die steuerliche Anerkennung versagt, wird die Einlage und die Gewinnbeteiligung steuerrechtlich dem Schenker und nicht dem Beschenkten zugerechnet.

In jedem Fall ist es allein schon aus Gründen der Klarheit und Beweisfunktion empfehlenswert, den Gesellschaftsvertrag **schriftlich** abzufassen.

Ebenfalls nach den allgemeinen Regelungen bestimmen sich die **Vertretungsmacht**, die **Mitwirkung Minderjähriger** und das Erfordernis sonstiger Zustimmungspflichten. **Mängel** beim Abschluss des Gesellschaftsvertrags führen grundsätzlich nicht zur Unwirksamkeit der Gesellschaft, sondern sind nach den Regeln der sog. fehlerhaften Gesellschaft zu behandeln (BGH, Urteil vom 21.3.2005 – II ZR 149/03, BB 2005, 1023).

Der **Inhalt** des Gesellschaftsvertrags kann vorbehaltlich weniger zwingender Regelungen von den Parteien nach freiem Ermessen festgelegt werden. Mindestens müssen die Gesellschafter, die Einlage des stillen Gesellschafters und das Handelsgewerbe des Inhabers bestimmt werden. Dringend zu empfehlen ist es ferner, zumindest die Gewinn- und Verlustbeteiligung konkret festzulegen, weil ansonsten nur ein „angemessener" Anteil als bedungen gilt, § 231 Abs. 1 HGB. Da die Regelungen in den §§ 230 ff. HGB weder abschließend noch zwingend sind, empfiehlt sich weiter eine möglichst konkrete Festlegung der jeweiligen Rechte und Pflichten sowie insbesondere eine klare Regelung der Höhe und der Auszahlungsmodalitäten der Abfindung des stillen Gesellschafters bei Beendigung und Auseinandersetzung der Gesellschaft. Die nachfolgenden Muster sehen jeweils eine solche klare Regelung vor.

Eine **Inhaltskontrolle** des Gesellschaftsvertrags anhand der Vorschriften über allgemeine Geschäftsbedingungen gemäß §§ 305 ff. BGB findet nicht statt. Gemäß § 310 Abs. 4 BGB finden die §§ 305 ff. BGB auf Verträge auf dem Gebiet des Gesellschaftsrechts keine Anwendung. Diese Nichtanwendung hat der BGH für stille Gesellschaften ausdrücklich bestätigt (BGH, Urteil vom 10.10.1994 – II ZR 32/94, NJW 1995, 192 für den damals geltenden § 23 AGBG; offengelassen dagegen in BGH, Urteil vom 27.11.2000 – ZR II 218/00, NJW 2001, 1270).

5. Typisch und atypisch stille Gesellschaft

Eine **typisch stille Gesellschaft** liegt vor, wenn die Organisation der Gesellschaft und die Innenbeziehungen der Gesellschafter weitgehend den §§ 230 ff. HGB entsprechen. In der Praxis dürfte diese Form der stillen Gesellschaft wegen der Lückenhaftigkeit der §§ 230 ff. HGB und der regelmäßig zu allgemeinen Fassung der §§ 705 ff. BGB die Ausnahme sein.

Weichen die Bestimmungen des Gesellschaftsvertrags von den gesetzlichen Vorschriften ab und werden dem stillen Gesellschafter weitergehende Rechte zuerkannt, so liegt eine **atypisch stille Gesellschaft** vor. Zivil- oder gesellschaftsrechtlich hat diese Unterscheidung wegen der geltenden Vertrags- und Gestaltungsfreiheit keine besondere Relevanz. Besondere praktische Bedeutung kommt ihr aber in steuerlicher Hinsicht zu: Die atypisch stille Beteiligung wird regelmäßig (einkommen-)steuerrechtlich als **gewerbliche Mitunternehmerschaft** behandelt mit der Folge, dass der stille Gesellschafter durch seine Gewinnbeteiligung Einkünfte aus Gewerbebetrieb erzielt (dazu unten 6.). Ein stiller Gesellschafter ist dann Mitunternehmer, wenn er Mitunternehmerrisiko trägt und Mitunternehmerinitiative entfalten kann. **Mitunternehmerrisiko** bedeutet eine Teilnahme am Erfolg oder Misserfolg eines Unternehmens. Dieses Risiko trägt der stille Gesellschafter regelmäßig dann, wenn er neben seiner Gewinnbeteiligung auch an den stillen Reserven des Anlagevermögens einschließlich eines Geschäftswerts und damit an der Wertentwicklung des Handelsgewerbes insgesamt beteiligt ist. **Mitunternehmerinitiative** kann der stille Gesellschafter dann entfalten, wenn er zur Geschäftsführung des Inhabers berechtigt ist oder wenn er auf die Geschäftsführung des Inhabers etwa mittels zustimmungspflichtiger Geschäfte nicht nur unerheblich Einfluss nehmen kann.

Die Frage, ob eine atypisch oder eine typisch stille Gesellschaft vorliegt, ist nach ständiger Rechtsprechung des Bundesfinanzhofs aufgrund einer Gesamtbetrachtung unter Berücksichtigung aller Umstände des Einzelfalls zu entscheiden. Danach reicht es für die Annahme einer (a)typisch stillen Gesellschaft jedenfalls nicht aus, dass sie lediglich im Vertragswerk als solche bezeichnet wird. Maßgebend ist vielmehr, welche Regelungen der Gesellschaftsvertrag im Einzelnen enthält und welche rechtlichen und wirtschaftlichen Wirkungen diese Regelungen im jeweiligen Einzelfall nach Maßgabe seiner Besonderheiten haben (BFH, Urteil vom 18.2.1993 – IV R 192/91, BFH/NV 1993, 647).

Ist ein stiller Gesellschafter am Gewinn und Verlust sowie an den stillen Reserven und am Geschäftswert beteiligt, so ist er bereits dann Mitunternehmer, wenn ihm die Einsichts- und Kontrollrechte des § 233 HGB zustehen (BFH, Urteil vom 11.12.1990 – VIII R 122/86, DStR 1991, 457). Ist das Mitunternehmerrisiko dagegen weniger stark ausgeprägt, kann dies durch eine verstärkte Mitunternehmerinitiative ausgeglichen werden. Dabei können neben der alleinigen Geschäftsführertätigkeit des stillen Gesellschafters weitere Gesichtspunkte wie Pachtverhältnisse oder hoher Kapitaleinsatz mit entsprechend hoher Gewinnbeteiligung für die Mitunternehmerstellung des stillen Gesellschafters sprechen. Ist der stille Gesellschafter alleinvertretungsberechtigter Geschäftsführer der Inhaberin, liegt aufgrund der verstärkten Mitunternehmerinitiative auch dann eine Mitunternehmerschaft vor, wenn der stille Gesellschafter nicht an den stillen Reserven beteiligt ist (FG Baden-Württemberg, Urteil vom 30.3.2006 – 3 K 7/02, FD-MA 2007, 232045).

6. Die GmbH & Still

Eine stille Beteiligung ist auch an einer Kapitalgesellschaft möglich. Praktische Bedeutung erlangt vor allem die stille Beteiligung an einer GmbH, die sog. GmbH & Still. Die GmbH & Still ist sowohl als typisch als auch als atypisch stille Beteiligung möglich. Die Abgrenzung erfolgt grundsätzlich anhand der bereits dargestellten Kriterien. Zur Frage, unter welchen Voraussetzungen bei der GmbH & Still die Einlage als Eigenkapital bzw. Eigenkapitalersatz zu qualifizieren ist, s. unter 8.

Eine besondere Gestaltungsform liegt bei der sog. **Doppelbeteiligung** vor, bei der sich einzelne oder sämtliche Gesellschafter der Inhaber-GmbH zusätzlich als stille Gesellschafter an der GmbH beteiligen. Eine solche Beteiligung stellt das Muster 3 dar.

Beteiligen sich die GmbH-Gesellschafter im Wege einer sog. Doppelbeteiligung, wird regelmäßig eine atypisch stille Gesellschaft vorliegen und die stillen Gesellschafter werden damit in steuerlicher Hinsicht Mitunternehmer sein. Dies gilt insbesondere, wenn der stille Gesellschafter Geschäftsführer der GmbH ist oder durch seine (beherrschende) Gesellschafterstellung maßgeblichen Einfluss auf deren Geschäftsführung nehmen kann. Der Grund hierfür ist, dass die Rechtsprechung bei der Abgrenzung von typisch und atypisch stiller Gesellschaft nicht nur die Bestimmungen des Gesellschaftsvertrags heranzieht, sondern darüber hinaus wirtschaftliche und rechtliche Beziehungen zwischen dem stillen Gesellschafter und der Gesellschaft berücksichtigt, wie zum Beispiel die Stellung als alleinvertretungsberechtigter Geschäftsführer der Inhaberin (FG Baden-Württemberg, Urteil vom 30.3.2006 – 3 K 7/02, FD-MA 2007, 232045), einen Geschäftsführungsvertrag, Pacht- und Darlehensverträge oder eine direkte bzw. indirekte Beteiligung am Inhaber des Handelsgeschäfts selbst (BFH, Urteil vom 20.11.1990, VIII R 15/87, DStR 1991, 309).

Umstritten und noch nicht abschließend durch höchstrichterliche Rechtsprechung geklärt ist die Frage, ob der Gesellschaftsvertrag einer GmbH & Still dem **Schriftformerfordernis des § 291 AktG** unterliegt und ob die stille Gesellschaft entsprechend § 294 AktG in das **Handelsregister** eingetragen werden muss. Die §§ 291 ff. AktG sind unmittelbar nur auf die Aktiengesellschaft und damit auf die AG & Still anwendbar. Die wohl herrschende Meinung lehnt für die Beteiligungen an einer GmbH eine analoge Anwendung dieser Vorschriften ab (BayObLG, Urteil vom 18.2.2003, 3 ZBR 233/02, NZG 2003, 636; für eine analoge Anwendung dagegen Hessisches FG, Urteil vom 5.9.2006 – 11 K 2034/03, FD-MA 2007, 226131).

Beim **Inhalt** des Gesellschaftsvertrags steht den Parteien der GmbH & Still grundsätzlich derselbe Gestaltungsspielraum wie bei der Beteiligung an einer Personengesellschaft zu. Im Falle einer Doppelbeteiligung sollte jedoch Wert darauf gelegt werden, einen Gleichlauf zu den Bestimmungen des GmbH-Vertrags zu erreichen. Das Muster 3 berücksichtigt dies bei der Geschäftsführung, den Kündigungsmöglichkeiten, der Liquidation, der Rechtsnachfolge und der (Teil-) Übertragung der Gesellschaftsanteile. Dagegen kann bei der Doppelbeteiligung auf solche Bestimmungen, die den stillen Gesellschafter vor der künstlichen Verminderung des Gewinns des Inhabers schützen sollen, regelmäßig verzichtet werden. Das liegt darin begründet, dass der stille Gesellschafter in seiner Eigenschaft als GmbH-Gesellschafter Einfluss auf diese Verminderung hat und überdies als GmbH-Gesellschafter wiederum von einer solchen Verminderung profitiert.

7. Besteuerung

Die Gewinnanteile des **typisch stillen** Gesellschafters, der seine Beteiligung im Privatvermögen hält, sind Kapitaleinkünfte im Sinne des § 20 Abs. 1 Nr. 4 EStG. Die der Beteiligung zurechenbaren Verlustanteile stellen Werbungskosten dar. Ist das Auseinandersetzungsguthaben höher als der Nennbetrag der gewährten Einlage, ist der Differenzbetrag seit dem 1.1.2009 als Veräußerungsgewinn steuerbar, §§ 20 Abs. 1 S. 1 Nr. 4, S. 2 HS 2 EStG. Wird zusätzlich zur Einlage oder zum Auseinandersetzungsguthaben ein weiterer Betrag als Abfindung ausbezahlt, ist dieser als „besonderes Entgelt" ebenfalls Kapitaleinkunft und gemäß § 20 Abs. 3 EStG zu versteuern (Niedersächsisches FG, Urteil vom 1.12.2005 – 11 K 127/03, DStRE 2006, 1517 zum damals geltenden § 20 Abs. 2 Nr. 1 EStG).

Gehört die Beteiligung des typisch stillen Gesellschafters zu dessen Betriebsvermögen, bezieht er gewerbliche Einkünfte, die gemäß § 15 EStG oder § 8 Abs. 2 KStG zu versteuern sind.

Der **atypisch stille** Gesellschafter ist steuerlich Mitunternehmer. Er erzielt Einkünfte aus Gewerbebetrieb, die gemäß § 15 Abs. 1 Nr. 2 EStG zu versteuern sind. Er wird damit so besteuert wie ein Gesellschafter einer Kommanditgesellschaft. Erzielt der atypisch stille Gesellschafter bei der Liquidation der Gesellschaft einen Veräußerungsgewinn, ist dieser gemäß §§ 16, 34 EStG zu versteuern.

Die Art der **Besteuerung des Inhabers** wird durch die stille Gesellschaft nicht berührt. Da die Gewinnbeteiligung des stillen Gesellschafters aber den Gewinn des Inhabers verändert, kommt ihr auch steuerrechtliche Bedeutung zu: Die Gewinnanteile des stillen Gesellschafters stellen Betriebsausgaben gem. § 4 Abs. 4 EStG des Inhabers dar, die Verlustanteile Betriebseinnahmen. Zudem hat der Inhaber die Kapitalertragsteuer für die Gewinne des stillen Gesellschafters gemäß § 43 Abs. 1 Nr. 3 EStG abzuführen.

Bei der **Besteuerung der GmbH & Still** ergeben sich keine Abweichungen von den oben genannten Grundsätzen: Die Inhaberin unterliegt der Körperschaftsteuer, beim stillen Gesellschafter richtet sich die Besteuerung danach, ob eine atypisch oder eine typisch stille Beteiligung vorliegt. Im Falle einer Doppelbeteiligung ist indes zu beachten, dass eine unangemessen hohe Gewinnbeteiligung steuerlich als verdeckte Gewinnausschüttung gemäß § 8 Abs. 3 KStG gewertet werden kann, die das zu versteuernde Einkommen der GmbH nicht mindert.

8. Insolvenz

Die stille Gesellschaft ist als Innengesellschaft ohne eigenes Gesellschaftsvermögen nicht insolvenzfähig. Die Insolvenz eines Gesellschafters führt dagegen grundsätzlich zur Auflösung der stillen Gesellschaft, § 236 Abs. 1 HGB, § 728 Abs. 2 S. 1 BGB.

Bei der **Insolvenz des Inhabers** ist grundsätzlich ein Abschluss auf den Tag der Eröffnung des Insolvenzverfahrens aufzustellen und das Guthaben des stillen Gesellschafters zu ermitteln. Mit diesem Guthaben ist der stille Gesellschafter Insolvenzgläubiger, § 38 InsO i.V.m. § 236 Abs. 1 HGB. Er ist damit im Vergleich zu den Gesellschaftern des Inhabers privilegiert, da deren Einlagen im Insolvenzverfahren nur letztrangig berücksichtigt werden und regelmäßig ausfallen. Allerdings stellt die Rückgewähr der Einlage eine gem. § 136 InsO anfechtbare Rechtshandlung dar, wenn die zugrundeliegende Vereinbarung innerhalb eines Jahres vor Stellung des Insolvenzantrags getroffen wurde.

Bei der **Insolvenz des stillen Gesellschafters** fällt dessen Auseinandersetzungsguthaben in die Insolvenzmasse und ist von dem Insolvenzverwalter geltend zu machen.

9. Einlage als Fremdkapital, Ausnahmen und Eigenkapitalersatzrecht

Die Einlage des stillen Gesellschafters ist **grundsätzlich Fremdkapital**, nicht Eigenkapital. Dies gilt auch für die atypisch stille Gesellschaft. Daraus folgt, dass die Einlage als Verbindlichkeit bei der Frage der Überschuldung zu berücksichtigen ist und dass der stille Gesellschafter mit der Forderung auf Einlagenrückgewähr Insolvenzgläubiger ist (vgl. oben 8.).

Die Einlage ist indes dann als Eigenkapital zu qualifizieren, wenn eine entsprechende Gesellschafterabrede getroffen, eine Rangrücktrittsvereinbarung geschlossen oder eine gesetzliche Anordnung gegeben ist. Eine gesetzliche Anordnung besteht insbesondere durch die Vorschriften der Kapitalerhaltung, §§ 30 f. GmbHG sowie durch das Eigenkapitalersatzrecht, seit dem

1.11.2008 rechtsformübergreifend geregelt in den §§ 19 Abs. 3, 39 Abs. 1 Nr. 5, Abs. 4 und 5, 135 InsO. Es ist anerkannt, dass die Einlage des stillen Gesellschafters insoweit eine Rechtshandlung ist, die einem Gesellschafter-darlehen wirtschaftlich entspricht. Obwohl das Gesetz seit der Neufassung des Eigenkapitalersatzrechts nur von Leistungen eines Gesellschafters selbst spricht, wollte der Gesetzgeber den personellen Anwendungsbereich des Eigenkapitalersatzrechts nicht restriktiver ausgestalten, weshalb es im Rahmen der bisherigen Rechtsprechung auch weiterhin auf gesellschafter-gleiche Dritte Anwendung finden soll (dazu *Mock*, DStR 2008, 1645, 1646).

Voraussetzung für die **Qualifikation als Eigenkapital** ist zunächst, dass es sich beim Inhaber des Handelsgeschäfts um keine natürliche Person und um keine Gesellschaft handelt, bei der eine natürliche Person persönlich haftet, §§ 19 Abs. 3 S. 1, 39 Abs. 4 S. 1 InsO. Diese Voraussetzung liegt stets bei der Kapitalgesellschaft & Still sowie regelmäßig bei der GmbH & Co. KG & Still vor.

Weitere Voraussetzung ist, dass der stille Gesellschafter die Geschicke des Handelsgewerbes ähnlich wie ein Gesellschafter bestimmen kann sowie am Vermögen und Ertrag beteiligt ist. Wann dies jeweils vorliegt, ist Frage des Einzelfalles. Maßgebend ist, ob die Rechtsposition des stillen Gesell-schafters der eines unmittelbaren Gesellschafters entspricht (BGH, Urteil vom 17.12.1984 – ZR 36/84, NJW 1985, 1079 für die Publikums-KG; BGH, Urteil vom 13.2.2006 – II ZR 62/04, BB 2006, 792 für die GmbH & Still).

Schließlich ist Voraussetzung, dass der stille Gesellschafter geschäftsfüh-rend bei der Inhabergesellschaft tätig wird und dass er mit mehr als 10% an deren Haftkapital beteiligt ist, § 39 Abs. 5 InsO.

Rechtsfolge der Qualifikation als Eigenkapital bzw. Eigenkapitalersatz ist zunächst, dass die Einlage des stillen Gesellschafters gem. § 30 Abs. 1 GmbHG dann nicht ausbezahlt werden darf, wenn eine Unterbilanz be-steht, bzw. eine dennoch ausbezahlte Einlage gem. § 31 Abs. 1 GmbHG zurückzuzahlen ist.

Rechtsfolge ist ferner, dass der Anspruch auf Einlagenrückgewähr im Rahmen der Überschuldungsprüfung gem. § 19 Abs. 2 und 3 InsO nicht zu berücksichtigen ist. Des Weiteren ist der stille Gesellschafter mit seiner Forderung auf Einlagenrückgewähr gemäß § 39 Abs. 1 Nr. 5 InsO nur letztrangiger Insolvenzgläubiger. Schließlich ist die Rückgewähr der Ein-lage oder die Bestellung einer entsprechenden Sicherheit gem. § 135 InsO bzw. § 6 Nr. 2, 11 AnfG anfechtbar.

II. Gesellschaftsvertrag über eine typisch stille Beteiligung
– Muster 1 –

Zwischen der

Daniel Maschinen KG, Heidelberg,

vertreten durch den persönlich haftenden Gesellschafter[1]
Ferdinand Daniel, Heidelberg

– nachfolgend „**Inhaberin**" genannt –,

und

Herrn Tilman Moritz, Waldshut,

– nachfolgend „**stiller Gesellschafter**"[2] genannt –

wird hiermit nach Maßgabe der folgenden Bestimmungen eine typisch stille Gesellschaft errichtet:

§ 1 Grundlagen der Gesellschaft, Einlage

(1) Die Inhaberin betreibt in Heidelberg die Produktion, den Vertrieb einschließlich Im- und Export und die Vermarktung von Maschinen für die Produktion von Autoteilen und Autozubehör.

(2) Der stille Gesellschafter beteiligt sich nach Maßgabe der folgenden Bestimmungen mit Wirkung zum[3] __ als stiller Gesellschafter an dem in Abs. 1 genannten Handelsgewerbe der Inhaberin.

---

1 Die Gründung einer typisch stillen Gesellschaft greift grundsätzlich nicht spürbar in die Rechte der Inhaberin ein und wird daher regelmäßig von der Geschäftsführungsbefugnis des Geschäftsführers erfasst. Jedenfalls aber haben die Geschäftsführer Vertretungsmacht im Außenverhältnis. Der Geschäftsführer kann damit eine typisch stille Gesellschaft gründen, ohne die Zustimmung der Gesellschafter einholen zu müssen. Sieht der Gesellschaftsvertrag jedoch etwas anderes vor oder handelt es sich im Einzelfall um ein außergewöhnliches Geschäft gem. § 116 Abs. 2 HGB, bedarf es der Mitwirkung sämtlicher Gesellschafter durch Gesellschafterbeschluss, §§ 116 Abs. 2, 119, 164 HGB. Zur Rechtslage bei der atypisch stillen Gesellschaft, siehe Muster 2.

2 Stiller Gesellschafter kann grundsätzlich jede Person sein, die insoweit teilrechtsfähig ist, insbesondere auch Gesamthandsgemeinschaften, Erbengemeinschaften und Körperschaften des öffentlichen Rechts, *K.Schmidt*, HGB, § 230 Rn. 34

3 Wird keine besondere Regelung zum Beginn der Beteiligung getroffen, erfolgt sie mit Entstehen der Gesellschaft. Ist ein anderer Termin gewünscht, etwa der Beginn eines neuen Geschäftsjahres, können die Parteien dies frei bestimmen.

(3) Der stille Gesellschafter leistet eine Einlage in Höhe von EUR 50.000,– (in Worten: fünfzigtausend Euro). Die Einlage ist in bar[4] zu erbringen und fällig zum Beginn der Beteiligung des stillen Gesellschafters gemäß Abs. (2).

(4) Soweit nachfolgend nicht etwas anderes bestimmt ist, finden die §§ 230–236 HGB und 705 ff. BGB Anwendung.

§ 2 Beteiligungsquote, Änderung der Kapitalverhältnisse

(1) Der stille Gesellschafter ist an dem Gewinn und Verlust der Inhaberin in einer Höhe von ___ % (in Worten: ___ Prozent) nach Maßgabe der §§ 3 und 12 f. beteiligt. An etwaigen Verlusten nimmt der stille Gesellschafter jedoch nur bis zur Höhe seiner Einlage teil.[5,6]

---

4 Die Einlage kann in jeder vermögenswerten Leistung bestehen. Außer Bareinlagen können etwa Gegenstände, Dienstleistungen, Patente oder Know-how eingebracht werden. Die Bewirkung der Einlage richtet sich dabei nach den allgemeinen sachenrechtlichen Vorschriften, z.b. sind Gegenstände zu übereignen und Forderungen sowie Rechte abzutreten.

5 Der Vertrag sieht an zwei Stellen eine Verlustbeschränkung des stillen Gesellschafters vor: § 2 Abs. (2) entspricht § 232 Abs. 2 HGB und regelt die jährliche Verlustbeteiligung, die auf dem Verlustkonto des stillen Gesellschafters gebucht wird. Sie ist jeweils jährlich auf den Betrag der Einlage beschränkt. Daneben regelt § 12 Abs. (4), dass ein negativer Saldo nur dann ausgeglichen werden muss, wenn er auf Vorwegentnahmen basiert.

Die §§ 2 Abs. (2) und 12 Abs. (4) des Musters dienen insoweit der Klarstellung, denn der stille Gesellschafter, der am Verlust beteiligt ist, nimmt an diesem nur bis zum Betrag seiner eingezahlten oder rückständigen Einlage teil, § 232 Abs. 2 S. 1 HGB. Eine weitergehende „Haftung" kommt nicht in Betracht. Insbesondere besteht vorbehaltlich einer einstimmig getroffenen Regelung im Gesellschaftsvertrag gem. § 707 BGB keine Nachschusspflicht. Ferner findet § 172 Abs. 4 S. 2 HGB keine Anwendung, sodass die gebuchten oder entnommenen Gewinne grundsätzlich nicht zurückzubezahlen sind. Eine Rückzahlungsverpflichtung kann sich indes aus § 31 Abs. 1 GmbHG, aus Eigenkapitalersatzrecht und nach einer Anfechtung nach InsO oder AnfG ergeben (vgl. dazu Einführung Ziff. 8 und 9).

6 Die Verlustbeteiligung kann gem. § 231 Abs. 2 HGB auch gänzlich ausgeschlossen werden („An einem etwaigen Verlust der Inhaberin ist der stille Gesellschafter nicht beteiligt"); dann müssten sämtliche Klauseln dieses Vertrags, die eine Verlustbeteiligung enthalten angepasst werden, insbesondere könnte dann auf ein Verlustkonto verzichtet werden.

Bei einer stillen Gesellschaft ohne Verlustbeteiligung kann die Abgrenzung zum partiarischen Darlehen schwierig werden (siehe dazu Einführung Ziff. 2). Zentrales Abgrenzungskriterium ist der Zweck der Beteiligung: Bei der stillen Gesellschaft wird über die reine Kreditvergabe hinaus die Erreichung eines gemeinsamen Zwecks verfolgt, nämlich die Förderung des Handelsgewerbes der Inhaberin.

(2) Der Berechnung der Beteiligungsquote liegt ein entsprechendes Verhältnis der Einlage des stillen Gesellschafters und des haftenden Kapitals der Inhaberin zuzüglich aller weiteren Einlagen zugrunde, wobei das haftende Kapital der Inhaberin auf Basis des mutmaßlichen Veräußerungswertes ihres Handelsgewerbes ermittelt wurde.

(3) Ändert sich das haftende Kapital der Inhaberin, so ist dem stillen Gesellschafter Gelegenheit zu geben, seine Einlage verhältnismäßig anzupassen. Eine erforderliche Zahlung des stillen Gesellschafters ist spätestens zwei Wochen nach der Feststellung ihrer Höhe zu leisten. Macht der stille Gesellschafter nicht oder nicht fristgerecht von der Möglichkeit der Anpassung Gebrauch, so verändert sich sein Gewinn- und Verlustanteil entsprechend.

(4) Beteiligt die Inhaberin weitere stille Gesellschafter an ihrem Handelsgewerbe, ist die Beteiligung eines jeden stillen Gesellschafters angemessen neu festzusetzen.[7] Soweit nicht ausdrücklich etwas anderes vereinbart ist, bestimmt sich das Verhältnis nach Abs. (2) mit der Maßgabe, dass sämtliche Einlagen der stillen Gesellschafter bei der Beteiligungsquote dem haftenden Kapital der Inhaberin zugeordnet werden.

§ 3 Konten und Entnahmerechte des stillen Gesellschafters

(1) Für den stillen Gesellschafter werden bei der Inhaberin ein Einlagenkonto, ein Privatkonto und ein Verlustkonto als Kapitalgegenkonto geführt.

(2) Auf dem Einlagenkonto wird die Einlage des stillen Gesellschafters verbucht. Das Konto ist fest und unverzinslich.

(3) Auf dem Verlustkonto werden die auf den stillen Gesellschafter entfallenden Verlustanteile verbucht. Ist das Verlustkonto belastet, so werden alle künftigen Gewinnanteile dem Verlustkonto gutgeschrieben, bis dieses vollständig ausgeglichen ist.

(4) Auf dem Privatkonto werden alle übrigen Buchungen, insbesondere die Zinsen, die nicht mit Verlustanteilen zu verrechnenden Gewinnan-

---

7 Beteiligen sich mehrere Personen als stille Gesellschafter an dem Handelsgewerbe der Inhaberin, wird die Inhaberin typischerweise mit jedem Beteiligten eine eigene, von den übrigen Beteiligungen unabhängige stille Gesellschaft gründen. Das hat den Vorteil, dass die Rechte und Pflichten im Gesellschaftsvertrag insbesondere in steuerlicher Hinsicht „individualistisch" ausgestaltet werden können. Die Beteiligung einer Personenmehrheit als gesamthänderischer stiller Gesellschafter ist dagegen zwar möglich, regelmäßig aber nicht zweckmäßig.

teile und die Entnahmen verbucht. Das Konto ist im Soll und Haben mit __ Prozentpunkten über dem jeweiligen Basiszinssatz gem. § 247 BGB zu verzinsen; die Zinsen sind jährlich abzurechnen und gutzuschreiben.

(5) Der stille Gesellschafter kann das positive Guthaben auf dem Privatkonto jederzeit und in voller Höhe entnehmen. Entnahmen über das positive Guthaben hinaus (Vorwegentnahmen) sind ihm nur mit vorheriger Zustimmung der Inhaberin oder zur Zahlung seiner Steuern im Zusammenhang mit dieser Gesellschaft erlaubt, im letztgenannten Fall jedoch nicht über den Betrag seines voraussichtlichen Gewinnanteils am nächsten Jahresergebnis hinaus.

(6) Die Inhaberin ist zur jederzeitigen Auszahlung des auf dem Privatkonto des stillen Gesellschafters befindlichen Guthabens berechtigt.[8]

§ 4 Jahresabschluss

(1) Die Inhaberin hat innerhalb von sechs Monaten[9] nach Ablauf eines jeden Geschäftsjahres ihren Jahresabschluss zu erstellen und dem stillen Gesellschafter abschriftlich zu übermitteln. Einwände gegen den Jahresabschluss kann der stille Gesellschafter nur innerhalb von sechs Wochen nach Erhalt des Jahresabschlusses geltend machen.

(2) Der Jahresabschluss hat den handelsrechtlichen Vorschriften, insbesondere den Grundsätzen ordnungsmäßiger Buchführung zu entsprechen und zwar mit der Maßgabe, dass Abschreibungen nach § 253 Abs. 4 HGB nicht zulässig sind und dass ein niedrigerer Wertansatz nach § 253 Abs. 2 S. 3, Abs. 3 oder 4 HGB nicht beibehalten werden darf, wenn die Gründe dafür nicht mehr bestehen.

---

8 Da das Privatkonto gemäß § 3 Abs. (4) verzinslich ausgestaltet ist, besteht gegebenenfalls ein Anreiz für den stillen Gesellschafter, sein Guthaben nicht zu entnehmen, sondern auf dem Privatkonto zu belassen. Dies korrespondiert freilich mit einer zusätzlichen Zinsverpflichtung, der sich die Gesellschaft nach dieser Klausel begeben kann.

9 Kapitalgesellschaften haben innerhalb der ersten drei Monate nach Ende des Geschäftsjahres den Jahresabschluss aufzustellen, kleine Kapitalgesellschaften innerhalb von sechs Monaten, § 264 Abs. 1 Satz 2 HGB. Personengesellschaften und Einzelkaufleute haben den Jahresabschluss gemäß § 243 Abs. 3 HGB „innerhalb der einem ordnungsgemäßen Geschäftsgang entsprechenden Zeit" aufzustellen. Die Rechtsprechung geht dabei ebenfalls von einer Sechs-Monats-Frist aus, die nur ausnahmsweise geringfügig überschritten werden darf (OLG Düsseldorf, Urteil vom 27. 9. 1979 – 5 Ss 391–410/79 I, NJW 1980, 1292).

(3) Werden, z.B. aufgrund einer steuerlichen Außenprüfung, andere Ansätze für die Handelsbilanz verbindlich als die im ursprünglichen Jahresabschluss enthaltenen, so sind diese auch für den stillen Gesellschafter maßgeblich.

§ 5 Ermittlung des Gewinn- bzw. Verlustanteils

(1) Für die Gewinn- und Verlustbeteiligung des stillen Gesellschafters ist von dem Gewinn oder Verlust auszugehen, der sich aus dem gem. § 4 aufgestellten Jahresabschluss der Inhaberin ergibt.[10]

(2) Soweit darin enthalten, sind dem Gewinn hinzuzusetzen bzw. von einem Verlust abzusetzen:[11]

   (a) der auf den stillen Gesellschafter entfallende Gewinn- bzw. Verlustanteil;[12]

   (b) Einstellungen in sowie Gewinne und Verluste aus der Auflösung freier Rücklagen;[13]

---

10 Die Gesellschaft ist nicht selbst zur Aufstellung eines Jahresabschlusses verpflichtet. Ein solcher ist indes als Grundlage für die Verteilung von Gewinn und Verlust am Ende eines Geschäftsjahres erforderlich. Da der stille Gesellschafter am Handelsgewerbe der Inhaberin beteiligt ist, ist deren Jahresabschluss zugrunde zulegen. Der Jahresabschluss besteht gemäß § 242 Abs. 3 HGB aus der Bilanz und einer Gewinn- und Verlustrechnung.

11 Grundlage für die Gewinn- und Verlustbeteiligung des stillen Gesellschafters ist der Jahresabschluss der Inhaberin. Da es im Rahmen der Buchführungs- und Bilanzierungsvorschriften Möglichkeiten gibt, auf Gewinn und Verlust Einfluss zu nehmen und einen Gewinn „künstlich" zu mindern, sollte durch die folgenden Regelungen sichergestellt werden, dass die „künstlichen" Minderungen den Gewinnanteil des stillen Gesellschafters nicht schmälern, sondern der stille Gesellschafter angemessen am tatsächlichen Gewinn beteiligt wird.
Die Bestimmung schützt damit die Interessen des stillen Gesellschafters. Somit kann auf sie auch verzichtet werden, etwa zur Vermeidung des dadurch zusätzlich entstehenden Aufwandes oder wenn der stille Gesellschafter nicht schutzwürdig ist, weil er auf andere Weise auf die Erstellung des Jahresabschlusses Einfluss nehmen kann, insbesondere wenn er bei einer Doppelbeteiligung bei der GmbH & Still selbst Geschäftsführer oder Gesellschafter der Inhaberin ist.

12 Der Gewinn des stillen Gesellschafters ist Betriebsausgabe der Inhaberin, mindert damit deren Gewinn und sollte für die Berechnung der Beteiligung des stillen Gesellschafters unberücksichtigt bleiben.

13 Der typisch stille Gesellschafter trägt kein Unternehmerrisiko und ist lediglich an dem „Betriebsgewinn" beteiligt, d.h. an dem Gewinn, der sich aus dem Geschäftsbetrieb ergibt. Nicht beteiligt ist er an Wertveränderungen des Geschäftsbetriebes selbst, etwa durch Wertsteigerungen des Anlagevermögens, der stiller Reserven, des Firmenwertes etc. Damit ist er auch an dem Erlös nicht zu beteiligen, der sich etwa aus der Auflösung von Rücklagen realisiert.

(c) Tätigkeitsvergütungen der Gesellschafter der Inhaberin sowie des stillen Gesellschafters.

(3) Der auf den stillen Gesellschafter gemäß den vorstehenden Vorschriften entfallende Gewinn- oder Verlustanteil ist auf höchstens 30% seiner Einlage beschränkt.[14]

§ 6 Geschäftsjahr

Das Geschäftsjahr der Gesellschaft entspricht dem Geschäftsjahr der Inhaberin.

§ 7 Geschäftsführung, Zustimmungsvorbehalt

(1) Die Geschäftsführung der Gesellschaft steht allein der Inhaberin zu.[15]

(2) Die Inhaberin bedarf zu folgenden Geschäften der vorherigen schriftlichen Zustimmung des stillen Gesellschafters:[16]

Auf der anderen Seite mindert die Einstellung in (Gewinn-) Rücklagen den bilanztechnischen Gewinn des laufenden Geschäftsjahres. Um sicherzustellen, dass der stille Gesellschafter dennoch am gesamten (tatsächlichen) Gewinn der Inhaberin beteiligt wird, sind die Einstellungen in voller Höhe zu berücksichtigen.

14 Die Höhe der Gewinnbeteiligung kann grundsätzlich nach freiem Ermessen der Beteiligten festgelegt werden. Allerdings ist aus steuerlicher Sicht die Rechtsprechung zur Angemessenheit von Gewinnbeteiligungen familienangehöriger stiller Gesellschafter zu berücksichtigen: Bei entgeltlichem Erwerb der Beteiligung mit Verlustbeteiligung anerkennt der BFH eine Gewinnbeteiligung bis zu 35% des tatsächlichen Wertes der Beteiligung (BFH, Urteil vom 21.9.2000 – IV R 50/99, NJW-RR 2001, 607, 609; vgl. zudem EStR H 15.9 (5) der Einkommensteuer-Richtlinie 2005 mit Hinweisen 2006), ohne Verlustbeteiligung lediglich 25% (BFH, Urteil vom 27.3.2001 – I R 52/00, BFH/NV 2002, 537). Bei unentgeltlichem Erwerb der Beteiligung mit Verlustbeteiligung anerkennt der BFH eine Gewinnbeteiligung bis zu 15% des tatsächlichen Wertes der Beteiligung (BFH, Urteil vom 31.5.1989 – III R 91/87, NJW 1990, 1622, 1624; BFH, Urteil vom 21.9.2000 – IV R 50/99, NJW-RR 2001, 607, 609), ohne Verlustbeteiligung lediglich 12% (EStR H 15.9 (3) und (5) der Einkommenssteuer-Richtlinie 2005 mit Hinweisen 2006). Eine Überschreitung dieser Obergrenzen führt zu einer steuerlichen Gewinnzurechnung auf der Grundlage „angemessener" Beteiligung. Diese Grundsätze gelten auch für die atypisch stille Gesellschaft (*K.Schmidt*, MüKo HGB, § 231, Rn. 15, 16; *Weigl*, S. 167).

15 Die stille Gesellschaft ist reine Innengesellschaft und tritt nicht im Rechtsverkehr auf. Eine Regelung bezüglich der Vertretungsmacht ist damit entbehrlich.

16 Der stille Gesellschafter ist grundsätzlich von der Geschäftsführung der Gesellschaft und von der der Inhaberin ausgeschlossen. Dennoch besteht ein berechtigtes Interesse des stillen Gesellschafters, bei den wichtigsten Entscheidungen und Maßnahmen, die das Handelsgewerbe der Inhaberin als Gegenstand des Gesellschaftszwecks betreffen, mitwirken und seine Interessen dadurch schützen zu können. Es ist daher zweckmäßig, die im Folgenden aufgezählten Rechtshandlungen von seiner vorherigen Zustimmung abhängig zu machen.

(a) Änderung der wesentlichen Grundlagen des Geschäftsbetriebs, insbesondere des Geschäftsjahres, der Firma, des Sitzes oder der Unternehmensform;

(b) Änderung des Unternehmensgegenstandes,

(c) Beendigung des Geschäftsbetriebes sowie dessen wesentliche Beschränkung oder Erweiterung;

(d) Veräußerung oder Verpachtung des Unternehmens als Ganzes oder von wesentlichen Teilen oder Beteiligungen des Unternehmens;[17]

(e) (…)[18]

(3) Die Zustimmung darf nicht willkürlich, d. h. ohne sachlichen Grund, verweigert werden. Erklärt der stille Gesellschafter nicht binnen zwei Wochen nach Zugang der Aufforderung zur Zustimmung schriftlich entweder die Verweigerung der Zustimmung oder die Angabe von Gründen für eine angemessene Verlängerung der Erklärungsfrist, so gilt die Zustimmung als erteilt, wenn die Inhaberin hierauf in der Aufforderung ausdrücklich hingewiesen hat.

(4) Bei Missachtung des Zustimmungserfordernisses kann der stille Gesellschafter den Ersatz des ihm entstehenden Schadens verlangen und unter den Voraussetzungen des § 11 kündigen. Der stille Gesellschafter kann auch die Wiederherstellung des ohne die pflichtwidrige Maßnahme bestehenden Zustands verlangen.

§ 8 Kontroll- und Informationsrechte des stillen Gesellschafters

(1) Der stille Gesellschafter kann sich von den Angelegenheiten der Inhaberin persönlich unterrichten, die Geschäftsbücher und die Papiere der Inhaberin einsehen und sich aus ihnen eine Übersicht über den Stand des Gesellschaftsvermögens verschaffen.[19] Dies gilt auch nach

---

17 Während sich die stille Beteiligung bei einer Umwandlung im Rahmen der Gesamtrechtsnachfolge unverändert an dem übernehmenden Rechtsträger fortsetzt und lediglich der Gesellschaftsvertrag entsprechend anzupassen ist, bedarf es bei der Einzelrechtsnachfolge einer Vertragsübernahme und damit sowohl der Zustimmung des stillen Gesellschafters als auch des neuen Inhabers.

18 Grundsätzlich können darüber hinaus noch weitere Rechtshandlungen in den Katalog aufgenommen werden. Dann läuft die Gesellschaft aber Gefahr, als atypisch stille Gesellschaft eingeordnet zu werden.

19 Die Regelung gewährt dem stillen Gesellschafter die Informations- und Kontrollrechte, die einem Gesellschafter einer BGB-Gesellschaft gemäß § 716 BGB zustehen.

dem Ausscheiden des stillen Gesellschafters oder der Beendigung der Gesellschaft in dem zur Überprüfung des Auseinandersetzungsguthabens erforderlichen Umfang.[20]

(2) Der stille Gesellschafter darf bei der Wahrnehmung seiner Kontroll- und Informationsrechte einen zur Berufsverschwiegenheit verpflichteten Dritten hinzuziehen, insbesondere einen Steuerberater oder einen Wirtschaftsprüfer.

(3) Der stille Gesellschafter hat über alle ihm bekannt gewordenen Angelegenheiten der Gesellschaft Stillschweigen zu bewahren, sofern die Inhaberin der Offenbarung nicht vorher schriftlich zugestimmt hat oder er gesetzlich, behördlich oder gerichtlich zur Offenlegung verpflichtet ist. Die Pflicht zur Verschwiegenheit gilt nach Beendigung der Gesellschaft für einen Zeitraum von fünf Jahren weiter.

§ 9 Übertragung der stillen Beteiligung[21]

(1) Der stille Gesellschafter ist berechtigt, seine Beteiligung ganz oder zum Teil auf seinen Ehegatten oder auf Abkömmlinge zu übertragen. Die Übertragung nach Satz 1 kann nur einheitlich für das Einlagen-, Privat- und Verlustkonto erfolgen. Im Übrigen bedarf die Übertragung der Beteiligung oder Teilen davon der vorherigen schriftlichen Zustimmung der Inhaberin.

(2) Absatz (1) gilt entsprechend für die Belastung der Beteiligung mit einem Nießbrauch.

---

20 Ohne eine entsprechende Regelung hätte der stille Gesellschafter nach Beendigung der Gesellschaft Informations- und Kontrollrechte nur gemäß §§ 810, 242 BGB. Es ist daher zu empfehlen, ihm ausdrücklich die Rechte, die ihm bezüglich der Gewinn- und Verlustbeteiligung zustehen, auch nach Beendigung der Gesellschaft für die Berechnung der Abfindung zu gewähren.

21 Die Übertragung der gesamten Beteiligung stellt einen Gesellschafterwechsel und damit eine Änderung des Gesellschaftsvertrags dar, die der Mitwirkung und Zustimmung der Inhaberin und des neuen stillen Gesellschafters bedarf. Die Inhaberin kann ihre Zustimmung zur Übertragung an bestimmte Personen aber bereits im Gesellschaftsvertrag erteilen. Je geringer die Einflussnahmemöglichkeit des stillen Gesellschafters auf die Geschäftstätigkeit der Inhaberin ist, desto breiter kann der Kreis der potenziellen Erwerber in der Regel gezogen werden.
Bei einer nur teilweisen Übertragung ist das Abspaltungsverbot gem. § 717 S. 1 BGB zu beachten, nach dem bestimmte Rechte nicht von der Gesellschafterstellung abgetrennt werden können und unübertragbar sind. Möglich ist aber eine teilweise Übertragung/Abtretung einzelner Vermögensrechte gem. § 717 S. 2 BGB, sofern deren Abtretbarkeit nicht durch Vereinbarung ausgeschlossen ist.

§ 10 Wegfall eines Gesellschafters

(1) Wird die Inhaberin aufgelöst, so führt dies nicht zur Beendigung der Gesellschaft; dem stillen Gesellschafter steht jedoch das Recht zur Kündigung nach § 11 zu.[22]

(2) Mit dem Tode des stillen Gesellschafters wird die Gesellschaft mit dessen Erben fortgeführt. Mehrere Erben haben für die Angelegenheiten der Gesellschaft einen gemeinsamen Bevollmächtigten zu bestellen. Bis zum Nachweis der Erbfolge durch Erbschein oder einer mit der Eröffnungsniederschrift des Nachlassgerichts versehenen letztwilligen Verfügung ruhen die Kontroll- und Informationsrechte des stillen Gesellschafters nach § 8.

(3) Stirbt der stille Gesellschafter vor dem in § 11 Abs. 2 genannten Zeitpunkt und wird die Gesellschaft nach Abs. 2 mit den Erben fortgesetzt, haben die Inhaberin und die Erben des stillen Gesellschafters jeweils das Recht, diesen Vertrag innerhalb einer Frist von drei Monaten ab dem Todestag des stillen Gesellschafters schriftlich zu kündigen.[23]

§ 11 Dauer der Gesellschaft, Kündigung

(1) Die Gesellschaft ist auf unbestimmte Zeit geschlossen.

(2) Die Gesellschaft kann von jedem Gesellschafter mit einer Frist von 6 Monaten zum Schluss des Geschäftsjahres gekündigt werden, erstmals jedoch zum 31.12.20__.[24]

---

22 § 727 BGB bestimmt die Auflösung einer BGB-Gesellschaft beim Tod eines Gesellschafters, wenn der Gesellschaftsvertrag nichts anderes vorsieht. Ist eine KG Geschäftsinhaberin bei einer stillen Gesellschaft, so beendigt die Auflösung der KG nicht ohne Weiteres die stille Gesellschaft. Auch eine Kündigung aus wichtigem Grund kann dann vom stillen Gesellschafter nur nach Lage des Einzelfalls, nicht schon aufgrund der Auflösung der KG, ausgesprochen werden (BGH, Urteil vom 12.7.1982 – II ZR 157/81, BGHZ 84, 380).

23 Eine solche beidseitige Kündigungsmöglichkeit ist regelmäßig zweckmäßig, wenn die persönliche Verbindung des stillen Gesellschafters maßgeblich für die Gesellschaft ist oder wenn insbesondere bei einer langfristig eingegangenen Gesellschaft einer etwaigen Erbengemeinschaft die Auseinandersetzung zeitnah ermöglicht werden soll.

24 Die Regelung orientiert sich an §§ 234, 132 HGB, nach denen eine unbefristete Gesellschaft vorbehaltlich anderer Regelungen im Gesellschaftsvertrag nur zum Ende des Geschäftsjahres mit einer Frist von sechs Monaten gekündigt werden kann. Die Regelung sieht zugleich eine Befristung vor, während der die Gesellschaft nur außerordentlich gekündigt werden kann. Auf diese Weise kann eine langfristige Beteiligung der stillen Gesellschafter gesichert werden.

(3) Jeder Gesellschafter kann die Gesellschaft ohne Einhaltung einer Frist aus wichtigem Grund kündigen. Ein solcher liegt insbesondere vor bei

a) Auflösung der Inhaberin;

b) Eröffnung des Insolvenzverfahrens über das Vermögen der Inhaberin;[25]

c) Einleitung von Zwangsvollstreckungsmaßnahmen gegen die Inhaberin oder in die Beteiligung des stillen Gesellschafters, wenn diese nicht innerhalb von zwei Monaten wieder aufgehoben worden sind.

(4) Die Kündigung bedarf der Schriftform.

§ 12 Auseinandersetzung

(1) Bei Beendigung der Gesellschaft steht dem stillen Gesellschafter ein Auseinandersetzungsguthaben (Abfindung) zu. Die Abfindung errechnet sich aus dem Saldo des Einlagen-, Verlust- und Privatkontos nach Maßgabe der Abs. (2) bis (5). Stille Reserven sowie der Firmenbzw. Geschäftswert sind bei der Berechnung der Abfindung nicht zu berücksichtigen.

(2) Ein Positivsaldo auf dem Privatkonto wird nicht mit einem Negativsaldo auf dem Verlustkonto saldiert. Das Ergebnis schwebender Geschäfte ist abweichend von § 235 Abs. 2 HGB nur zu berücksichtigen, soweit dies § 3 zulässt.[26]

---

25 Diese Klausel könnte zur Klarstellung aufgenommen werden. Zwar wird eine stille Gesellschaft als BGB-Innengesellschaft bei Insolvenz eines Gesellschafters grundsätzlich gem. § 728 Abs. 2 S. 1 BGB aufgelöst. Da auch § 236 HGB von der Auflösung und Auseinandersetzung ausgeht, nimmt die heute h.M. an, die Auflösung der stillen Gesellschaft bei Insolvenz des Inhabers sei zwingend (OLG Brandenburg, Urteil vom 9.6.2004 – 7 U 212/03, GmbHR 2004, 1390; *Baumbach/Hopt*, HGB, § 131 Rn. 5 m.w.N.). Einer Kündigung bedürfte es in diesem Fall nicht.
Indes vertrat der BGH früher eine andere Rechtsauffassung, die er bislang noch nicht ausdrücklich aufgegeben hat. Nach dem BGH, Urteil vom 24.2.1969 – II ZR 123/67, BGHZ 51, 352, besteht eine stille Gesellschaft auch nach Eröffnung des Insolvenzverfahrens über das Vermögen der Inhaberin fort, weil eine dem § 728 BGB entsprechende Vorschrift in der damals geltenden VerglO fehlte.

26 Nach der gesetzlichen Regelung nimmt der stille Gesellschafter gem. § 235 Abs. 2 HGB an den Geschäften, die bei der Auflösung noch nicht abgewickelt sind (schwebende Geschäfte), teil und kann gem. § 235 Abs. 3 HGB am Schluss eines jeds Geschäftsjahres Rechenschaft über die inzwischen beendeten Geschäfte, Auszahlung des ihn gebührenden Betrages und Auskunft über die weiterhin schwebenden Geschäfte verlangen. Diese Regelung würde die Liquidation der Gesellschaft unter

(3) Für den auf den Auflösungszeitpunkt zu ermittelnden Gewinn- bzw. Verlustanteil des stillen Gesellschafters gilt § 3; erfolgt die Auflösung der Gesellschaft nicht zum Ende eines Geschäftsjahres, ist eine Zwischenbilanz aufzustellen.

(4) Nachträgliche Änderungen bzw. Berichtigungen des nach Abs. 2 maßgeblichen Jahresabschlusses sind nur zu berücksichtigen, sofern sie bis spätestens zur Fälligkeit der letzten Rate nach § 13 Abs. 1 erfolgt sind.

(5) Ergibt sich gemäß Abs. 1 ein negativer Saldo, hat der stille Gesellschafter diesen nur auszugleichen, soweit er auf einem entsprechenden Negativsaldo seines Privatkontos beruht.[27]

(6) Etwa anfallende Kosten der Feststellung des Auseinandersetzungsguthabens trägt die Inhaberin. Wurde die Gesellschaft aus wichtigem Grund gekündigt, den ein Gesellschafter zu vertreten hat, trägt dieser die erforderlichen Kosten.

§ 13 Fälligkeit der Abfindung

(1) Die Abfindung des stillen Gesellschafters hat die Inhaberin in drei aufeinanderfolgenden halbjährlichen Raten[28] in jeweils gleicher Höhe auszuzahlen. Die erste Rate ist fällig einen Monat nach Vorliegen der maßgeblichen Bilanz. Etwaige Berichtigungen des Auseinandersetzungsguthabens sind unverzüglich bei der Ratenbemessung zu berücksichtigen bzw. auszugleichen. Kündigt der stille Gesellschafter die Gesellschaft aus wichtigem Grund, den die Inhaberin zu vertreten hat, wird die Abfindung sofort und in voller Höhe fällig.

Umständen über einen langen Zeitraum erstrecken. Daher sieht die Regelung vor, den stillen Gesellschafter nicht an den schwebenden Geschäften zu beteiligen.
Möglich ist weiter, die Abfindung um einen bestimmten, bereits im Gesellschaftsvertrag festgelegten Betrag für die Abgeltung der noch schwebenden Geschäfte zu erhöhen. So wäre der stille Gesellschafter (anteilig) an den schwebenden Geschäften beteiligt, der Aufwand der Abrechnung wäre den Parteien jedoch erspart.

27 Diese Regelung dient der Klarstellung: Ein negatives Guthaben auf dem Privatkonto kann nicht im Rahmen der Verlustbeteiligung, sondern nur durch Vorwegentnahmen entstehen, § 3 Abs. (3) Satz 1, Abs. (5). Der Ausgleich des Privatkontos stellt damit in diesem Fall keine Beteiligung an den Verlusten der Inhaberin dar, sondern gleicht nur die Entnahmen aus, die der stille Gesellschafter im Vorgriff auf erhoffte, aber nicht eingetretene Gewinne tätigte.

28 Die Aufnahme einer Ratenzahlung ist in der Regel zweckmäßig, um die Inhaberin nicht unnötig mit einer hohen einmaligen Zahlungsverpflichtung zu belasten.
Sofern im Gesellschaftsvertrag noch keine Ratenzahlung festgelegt wird, sollte zumindest die Verpflichtung des stillen Gesellschafters aufgenommen werden, auf Verlangen der Inhaberin bei Auseinandersetzung eine Ratenzahlung zu vereinbaren bzw. ein solches nicht ohne wichtigen Grund zurückzuweisen.

Alternativ[29] zu Satz 2, Sätze (1) und (3) bleiben unberührt:

Die erste Rate ist fällig drei Monate nach Beendigung der Gesellschaft. Sofern die maßgebliche Bilanz bei Fälligkeit einer jeweiligen Rate noch nicht aufgestellt ist, hat die Inhaberin den Betrag als Abschlag zu zahlen, den sie nach Maßgabe der zuletzt aufgestellten Bilanz jeweils als Abfindungsrate zahlen müsste. Die als Abschlag geleisteten Zahlungen werden nach Aufstellung der maßgeblichen Bilanz auf die tatsächliche Abfindung angerechnet; eine Überzahlung hat der stille Gesellschafter zurückzuerstatten. *(Alternative Ende)*

(2) Die Inhaberin hat die Abfindung ab dem Zeitpunkt der Beendigung der Gesellschaft mit einem jährlichen Zins von zwei Prozentpunkten über dem jeweiligen Basiszinssatz zu verzinsen; die Zinsen sind mit der jeweiligen Rate zahlbar. Die Inhaberin ist zur vorzeitigen Tilgung berechtigt.

(3) Ist der stille Gesellschafter gemäß § 12 Abs. 5 zum Ausgleich eines negativen Saldos verpflichtet, hat er die Ausgleichszahlung unverzüglich nach Feststellung des Ergebnisses zu leisten.

(4) Das Entnahmerecht des stillen Gesellschafters gemäß § 3 Abs. 5 bleibt von vorstehenden Regelungen unberührt; die Entnahmen nach dem Auflösungszeitpunkt erfolgen in Anrechnung auf die Abfindung.

§ 14 Schiedsabrede

Können sich die Gesellschafter nicht einigen über

– die Berechnung und die Höhe der Gewinn- bzw. Verlustbeteiligung des stillen Gesellschafters (§§ 2, 3) oder

– die Anpassung der Beteiligung des stillen Gesellschafters (§ 3 Abs. 3 und 4) oder

– die Berechnung, die Höhe (§ 11) und/oder die Auszahlung (§ 12) der Abfindung des stillen Gesellschafters

---

29 Die Regelung macht die Fälligkeit von der Erstellung der Bilanz abhängig. Diese muss allerdings gemäß § 4 Abs. (1) erst binnen sechs Monaten erstellt werden. Die Inhaberin kann diese Frist grundsätzlich ausnutzen und die Feststellung der Abfindung somit hinauszögern.
Die Alternative macht die Abfindung dagegen von der Beendigung der Gesellschaft abhängig, die die Inhaberin nicht einseitig beeinflussen kann. Die Alternative muss dann aber auch den Fall regeln, dass bei Fälligkeit der Abfindung die Bilanz noch nicht aufgestellt ist und der konkret zu zahlende Betrag damit noch nicht feststeht. Die Alternative kommt in Betracht, wenn in jedem Fall zeitnah nach Beendigung (irgend-)eine Zahlung erfolgen soll.

entscheidet ein vom Präsidenten der Industrie- und Handelskammer Rhein-Neckar zu bestimmender Wirtschaftsprüfer als Schiedsgutachter[30] mit verbindlicher Wirkung für die Gesellschafter nach billigem Ermessen. Die Kosten des Schiedsgutachtens tragen die Gesellschafter je zur Hälfte.

§ 15 Schlussbestimmungen

(1) Sollten Bestimmungen dieses Vertrags oder eine künftig in ihn aufgenommene Bestimmung ganz oder teilweise unwirksam oder undurchführbar sein oder werden, so bleibt die Gültigkeit der übrigen Bestimmungen hiervon unberührt. Das Gleiche gilt, falls sich herausstellen sollte, dass der Vertrag eine Regelungslücke enthält. Anstelle der unwirksamen oder undurchführbaren Bestimmungen oder zur Ausfüllung der Regelungslücke soll eine angemessene Regelung gelten, die dem am nächsten kommt, was die Gesellschafter rechtlich und wirtschaftlich gewollt hätten, wenn sie die Unwirksamkeit, Undurchführbarkeit oder Lückenhaftigkeit gekannt hätten.

(2) Ergänzungen, Änderungen sowie alle weiteren die Gesellschaft betreffenden Vereinbarungen der Gesellschafter bedürfen der Schriftform, sofern nicht gesetzlich eine strengere Form zwingend vorgeschrieben ist. Das gilt auch für einen Verzicht auf die Schriftform. Kein Gesellschafter kann sich zudem auf eine vom Vertrag abweichende tatsächliche Übung berufen, solange sie nicht schriftlich fixiert ist.

---

30 Möglich ist es auch, den Parteien zunächst die Gelegenheit zu geben, einvernehmlich einen Schiedsgutachter zu bestimmen und erst dann, wenn dies innerhalb einer bestimmten Frist nicht gelingt, einem Dritten die Bestimmung aufzuerlegen. In Fällen streitiger Auseinandersetzung gelingt in der Praxis indes eine solche einvernehmliche Bestimmung meist nicht, sodass es letztlich doch einer Bestimmung durch einen Dritten bedarf. Freilich können die Parteien sich jederzeit einvernehmlich auf einen bestimmten Schiedsgutachter einigen und den Vertrag bezüglich dieses Punktes abändern.

III. Gesellschaftsvertrag über eine atypisch stille Beteiligung
– Muster 2 –

Zwischen der

Daniel Maschinen KG, Heidelberg,

vertreten durch den persönlich haftenden Gesellschafter
Philipp Daniel, Heidelberg,

– nachfolgend „**Inhaberin**" genannt –,

und

Herrn Tilman Moritz, Waldshut,

– nachfolgend „**stiller Gesellschafter**" genannt –

wird hiermit nach erteilter Zustimmung aller Gesellschafter der Inhaberin gemäß Niederschrift des Gesellschafterbeschlusses vom ___[31] nach Maßgabe der folgenden Bestimmungen eine atypisch stille Gesellschaft errichtet:

§ 1 Grundlagen der Gesellschaft, Einlage

(Wie § 1 Vertragsmuster 1 – Typisch stille Gesellschaft)

§ 2 Beteiligungsquote, Änderung der Kapitalverhältnisse

(1) Unabhängig vom Geschäftsergebnis der Inhaberin und neben seiner gewinnabhängigen Beteiligung gemäß Abs. (2) erhält der stille Gesellschafter eine jährliche Mindestverzinsung von __ % seiner Einlage.[32]

(2) Der stille Gesellschafter ist an dem Gewinn und Verlust der Inhaberin sowie – bei der Auseinandersetzung – an den stillen Reserven und am

---

31 Die Gründung einer atypisch stillen Gesellschaft, bei der der stille Gesellschafter am Vermögen des Inhabers beteiligt wird, ist regelmäßig nicht von der Geschäftsführungsbefugnis und nach h.M. auch nicht von der Vertretungsmacht erfasst. Vielmehr bedarf es der Mitwirkung sämtlicher Gesellschafter durch Gesellschafterbeschluss, §§ 116 Abs. 2, 119, 164 HGB.

32 Eine Mindestverzinsung sichert dem stillen Gesellschafter auch in wirtschaftlich schlechten Jahren der Inhaberin eine gewisse Rendite. Sie führt auf der anderen Seite zu einer gewinnunabhängigen Belastung der Inhaberin. Ob es sinnvoll ist, einen Teil der Beteiligung gewinnunabhängig zu gestalten, ist nach den Umständen des Einzelfalles zu entscheiden. Bei Einlagen, die vor dem Hintergrund der Sanierung der Inhaberin geleistet wurden, ist eine Mindestverzinsung in der Regel nicht zweckmäßig.

Firmen- bzw. Geschäftswert[33] in einer Höhe von ___ % (in Worten: ___ Prozent) nach Maßgabe der §§ 3 und 12 f. beteiligt. An etwaigen Verlusten nimmt der stille Gesellschafter jedoch nur bis zur Höhe seiner Einlage teil.

(3) (Wie § 2 (2) Vertragsmuster 1 – Typisch stille Gesellschaft)

(4) (Wie § 2 (3) Vertragsmuster 1 – Typisch stille Gesellschaft)

(5) (Wie § 2 (4) Vertragsmuster 1 – Typisch stille Gesellschaft)

§ 3 Konten und Entnahmerechte des stillen Gesellschafters

(Wie § 3 Vertragsmuster 1 – Typisch stille Gesellschaft)

§ 4 Jahresabschluss

(Wie § 4 Vertragsmuster 1 – Typisch stille Gesellschaft)

§ 5 Ermittlung des Gewinn- bzw. Verlustanteils[34]

(1) Für die Gewinn- und Verlustbeteiligung des stillen Gesellschafters ist von dem Gewinn oder Verlust auszugehen, der sich aus dem gem. § 4 aufgestellten Jahresabschluss der Inhaberin ergibt.

(2) Soweit darin enthalten, sind dem Gewinn hinzuzusetzen bzw. von einem Verlust abzusetzen:

(a) der auf den stillen Gesellschafter entfallende Gewinn- bzw. Verlustanteil;[35]

(b) Tätigkeitsvergütungen der Gesellschafter der Inhaberin sowie des stillen Gesellschafters gemäß § 3 Abs. 1.

(3) Der auf den stillen Gesellschafter gemäß den vorstehenden Vorschriften entfallende Gewinn- oder Verlustanteil ist auf höchstens 30% seiner Einlage beschränkt.

---

33 Ein Merkmal der atypisch stillen Gesellschaft ist in der Regel die steuerliche Qualifikation als gewerbliche Mitunternehmerschaft, die sich durch Mitunternehmerrisiko und Mitunternehmerinitiative auszeichnet. Mitunternehmerrisiko besteht in der Regel dann, wenn der stille Gesellschafter, wie hier, am Geschäftswert der Inhaberin beteiligt ist.

34 Entspricht § 5 des Musters 1 mit der einzigen Änderung, dass § 5 Abs. (2) lit. (b) gestrichen wurde. Der Korrektur der Einstellungen in sowie der Auflösung freier Rücklagen im Jahresabschluss bedarf es dann nicht mehr, wenn der stille Gesellschafter bei der Auseinandersetzung an den stillen Reserven beteiligt ist, vgl. § 12 Abs. (6).

35 Der Gewinn des stillen Gesellschafters ist Betriebsausgabe der Inhaberin, mindert damit deren Gewinn und sollte für die Berechnung der Beteiligung des stillen Gesellschafters unberücksichtigt bleiben.

§ 6 Geschäftsjahr

(Wie § 6 Vertragsmuster 1 – Typisch stille Gesellschaft)

§ 7 Geschäftsführung, Zustimmungsvorbehalt

(1) (Wie § 7 (1) Vertragsmuster 1 – Typisch stille Gesellschaft)

(2) Die Inhaberin bedarf zu folgenden Geschäften der Zustimmung des stillen Gesellschafters:[36]

(a) Änderung der wesentlichen Grundlagen des Geschäftsbetriebs, insbesondere des Geschäftsjahres, der Firma, des Sitzes oder der Unternehmensform;

(b) Änderung des Unternehmensgegenstandes,

(c) Beendigung des Geschäftsbetriebes sowie dessen wesentliche Beschränkung oder Erweiterung;

(d) Veräußerung oder Verpachtung des Unternehmens als Ganzes oder von wesentlichen Teilen oder Beteiligungen des Unternehmens;

(e) Außergewöhnliche Geschäfte, soweit sie nicht im Einzelfall zum gewöhnlichen Betrieb des Handelsgewerbes gehören, insbesondere die Errichtung von Zweigniederlassungen und weiterer Betriebsstätten;

(f) Gründung gewinnabhängiger Beteiligungen an der Inhaberin, insbesondere stille Beteiligungen oder partiarischer Rechtsverhältnisse, sowie Abschluss von Dienstverträgen mit einem Jahresgehalt von mehr als EUR ___ oder mit der Zusage einer Gewinnbeteiligung;

(g) (...)

(3) (Wie § 7 (3) Vertragsmuster 1 – Typisch stille Gesellschaft)

(4) (Wie § 7 (4) Vertragsmuster 1 – Typisch stille Gesellschaft)

---

36 Mitunternehmerinitiative kann der stille Gesellschafter entfalten, wenn ihm gewisse Rechte bezüglich der Geschäftsführung zustehen. Zwar ist ein stiller Gesellschafter, der am Gewinn und Verlust sowie an den stillen Reserven und am Geschäftswert beteiligt ist, bereits dann Mitunternehmer, wenn ihm die Einsichts- und Kontrollrechte des § 233 HGB zustehen (BFH vom 11.12.1990 – VIII R 122/86, DStR 1991, 457). Regelmäßig ist es indes zweckmäßig, die Mitunternehmerinitiative zu verstärken, um sicherzustellen, dass die Mitunternehmerschaft auch in steuerlicher Hinsicht anerkannt wird. Das Muster sieht daher eine stärkere Einflussnahmemöglichkeit vor als bei der typisch stillen Gesellschaft (Muster 1).

§ 8 Kontroll- und Informationsrechte des stillen Gesellschafters
(Wie § 8 Vertragsmuster 1 – Typisch stille Gesellschaft)

§ 9 Übertragung der stillen Beteiligung
(Wie § 9 Vertragsmuster 1 – Typisch stille Gesellschaft)

§ 10 Wegfall eines Gesellschafters
(Wie § 10 Vertragsmuster 1 – Typisch stille Gesellschaft)

§ 11 Dauer der Gesellschaft, Kündigung
(Wie § 11 Vertragsmuster 1 – Typisch stille Gesellschaft)

§ 12 Auseinandersetzung[37]

(1) Bei Beendigung der Gesellschaft steht dem stillen Gesellschafter eine Abfindung zu. Sie errechnet sich aus dem Saldo des Einlagen-, Verlust- und Privatkontos nach Maßgabe der Abs. (2) bis (5) und aus dem gemäß Abs. (6) auf den stillen Gesellschafter entfallenden Anteil an den stillen Reserven und dem Firmen- bzw. Geschäftswert der Inhaberin

(2) (Wie § 12 (2) Vertragsmuster 1 – Typisch stille Gesellschaft)

(3) (Wie § 12 (3) Vertragsmuster 1 – Typisch stille Gesellschaft)

(4) (Wie § 12 (4) Vertragsmuster 1 – Typisch stille Gesellschaft)

(5) (Wie § 12 (5) Vertragsmuster 1 – Typisch stille Gesellschaft)

(6) Das Abfindungsguthaben erhöht sich um den Anteil des stillen Gesellschafters an den stillen Reserven in den Aktiven der Inhaberin, der __% ihres Wertes beträgt. Zu deren Ermittlung sind Grundstücke und Gebäude von einem Sachverständigen zu schätzen, die übrigen Aktiven nach den steuerlichen Bewertungsvorschriften anzusetzen, steuerfreie Rücklagen, die während der Dauer der stillen Gesellschaft gebildet wurden, aufzulösen und ein etwaiger Firmen- bzw. Geschäftswert zu berücksichtigen.

(7) (Wie § 12 (6) Vertragsmuster 1 – Typisch stille Gesellschaft)

---

37 Entspricht § 12 der typisch stillen Gesellschaft. Da der stille Gesellschafter am Geschäftswert und den stillen Gesellschaftern beteiligt ist, ist die Abfindung entsprechend zu erhöhen. Abs. (1) und (6) wurden daher angepasst.

§ 13 Fälligkeit des Auseinandersetzungsguthabens

(Wie § 13 Vertragsmuster 1 – Typisch stille Gesellschaft)

§ 14 Schiedsabrede

(Wie § 14 Vertragsmuster 1 – Typisch stille Gesellschaft)

§ 15 Wettbewerbsverbot[38]

(1) Während der Dauer des Vertrags ist die Inhaberin nicht berechtigt, auf dem Gebiet der stillen Gesellschaft weitere Geschäfte als ihr Handelsgewerbe zu betreiben, Konkurrenzunternehmen zu errichten, sich an derartigen Unternehmen mittelbar oder unmittelbar zu beteiligen oder der stillen Gesellschaft auf andere Weise Konkurrenz zu machen.

(2) Abs. 1 gilt sinngemäß für den stillen Gesellschafter.

§ 16 Schlussbestimmungen

(Wie § 15 Vertragsmuster 1 – Typisch stille Gesellschaft)

---

38 § 112 HGB sieht für die Gesellschafter einer OHG ein Wettbewerbsverbot vor. Gemäß § 165 HGB gilt dies auch für den Komplementär einer KG, nicht aber für deren Kommanditisten. Die Vorschriften sind weder direkt noch analog anwendbar, sodass eine vertragliche Regelung erforderlich ist. Unter Berücksichtigung des Einzelfalles ist zu erwägen, ob die Regelung auch auf die Gesellschafter der Inhaberin ausgedehnt werden muss.

IV. Gesellschaftsvertrag über eine atypisch stille Beteiligung an einer GmbH in der Form einer sog. Doppelbeteiligung („GmbH & atypisch still")

– Muster 3 –

Zwischen der

Daniel Maschinen GmbH, Heidelberg,

vertreten durch den einzelvertretungsberechtigten Geschäftsführer[39] Philipp Daniel, Heidelberg,

– nachfolgend „**Inhaberin**" genannt –,

und

1. Herrn Tilman Moritz, Waldshut,

2. Herrn Florian Richter, Waiblingen,

3. Frau Gabriele Lichtenberg, Heidelberg,

– nachfolgend jeweils „**stille Gesellschafter**" genannt –

wird hiermit nach erteilter Zustimmung aller Gesellschafter der Inhaberin gemäß Niederschrift des Gesellschafterbeschlusses vom _____[40] nach Maßgabe der folgenden Bestimmungen eine atypisch stille Gesellschaft errichtet:

§ 1 Grundlagen der Gesellschaft, Einlage

(1) Die Inhaberin betreibt in Heidelberg ein Handelsgewerbe, das zum Gegenstand die Produktion, den Vertrieb einschließlich Im- und Export und die Vermarktung von Maschinen für die Produktion von Autoteilen und Autozubehör hat. Das Stammkapital beträgt EUR 60.000,–. An der Inhaberin sind die Gesellschafter Herr Moritz, Herr Richter und Frau Lichtenberg mit einem Geschäftsanteil von jeweils EUR 20.000,– beteiligt.

---

39 Siehe Fn. 1 und 31.

40 Die Frage der Notwendigkeit eines Gesellschafterbeschlusses bestimmt sich bei der GmbH & Still grundsätzlich ebenfalls nach der Abgrenzung, ob eine typisch stille Gesellschaft (dann regelmäßig höchstens im Innenverhältnis erforderlich) oder eine atypisch stille Gesellschaft (dann regelmäßig auch im Außenverhältnis erforderlich) vorliegt, vgl. Fn. 1 und 31.

(2) Die stillen Gesellschafter beteiligen sich nach Maßgabe der folgenden Bestimmungen mit Wirkung zum[41] __ jeweils als stiller Gesellschafter an dem in Abs. 1 genannten Handelsgewerbe der Inhaberin.

(3) Die stillen Gesellschafter leisten eine Einlage in Höhe von EUR 60.000,– (in Worten: sechzigtausend Euro). Die Einlage ist in bar zu erbringen und fällig zum Beginn der Beteiligung des stillen Gesellschafters gemäß Abs. (2).

(4) Die stillen Gesellschafter und die Inhaberin gründen jeweils eine stille Gesellschaft. Die stillen Gesellschaften sind von den anderen stillen Beteiligungen rechtlich unabhängig, soweit in diesem Vertrag nicht ausdrücklich etwas anderes bestimmt wird.

(5) Soweit nachfolgend nicht etwas anderes bestimmt ist, finden die §§ 230–236 HGB und 705 ff. BGB Anwendung.

§ 2 Beteiligungsquote, Änderung der Kapitalverhältnisse

(1) Die stillen Gesellschafter sind an dem Gewinn und Verlust der Inhaberin sowie – bei der Auseinandersetzung – an den stillen Reserven und am Firmen- bzw. Geschäftswert[42] jeweils in einer Höhe von 25% (in Worten: fünfundzwanzig Prozent) nach Maßgabe der §§ 3 und 12 f. beteiligt.[43] An etwaigen Verlusten nehmen die stillen Gesellschafter jedoch nur bis zur Höhe ihrer Einlage teil.

(2) Ändert sich das haftende Kapital der Inhaberin, so ist dem stillen Gesellschafter Gelegenheit zu geben, seine Einlage verhältnismäßig anzupassen. Eine erforderliche Zahlung des stillen Gesellschafters ist spätestens zwei Wochen nach der Feststellung ihrer Höhe zu leisten.

---

41 Siehe Fn. 3.

42 Siehe Fn. 33.

43 Während bei der gewöhnlichen stillen Gesellschaft die Gewinnbeteiligung vor allem im Hinblick auf die steuerliche Anerkennung angemessen zu erfolgen hat, droht bei unangemessener Gewinnbeteiligung bei der Doppelbeteiligung einer GmbH & Still eine verdeckte Gewinnausschüttung. Maßstab für die Angemessenheit der Beteiligung ist daher der Fremdvergleich, d.h. der Vergleichswert mit dem sich ein an der GmbH nicht beteiligter außenstehender Dritter an der Inhaberin beteiligen würde. Einem solchen Fremdvergleich entspricht zunächst die Beteiligung, die der Kapitalbeteiligung objektiv entspricht. Das Muster sieht genau eine solche Beteiligung vor, da die Inhaberin genau den Betrag als Stammkapital aufweist, den jeder der drei stillen Gesellschafter als Einlage einbringt.
Teilweise wird darüber hinaus empfohlen, dieses Kapitalverhältnis noch zugunsten der Inhaberin zu verschieben oder ihr einen die jeweilige Beteiligung mindernden Vorabgewinn auszuschütten (*Weigl*, S. 155).

Macht der stille Gesellschafter nicht oder nicht fristgerecht von der Möglichkeit der Anpassung Gebrauch, so verändert sich sein Gewinn- und Verlustanteil entsprechend.

(3) Beteiligt die Inhaberin weitere stille Gesellschafter an ihrem Handelsgewerbe, ist die Beteiligung eines jeden stillen Gesellschafters angemessen neu festzusetzen. Soweit nicht ausdrücklich etwas anderes vereinbart ist, bestimmt sich das Verhältnis nach Abs. (2) mit der Maßgabe, dass sämtliche Einlagen der stillen Gesellschafter bei der Beteiligungsquote dem haftenden Kapital der Inhaberin zugeordnet werden.

§ 3 Konten und Entnahmerechte des stillen Gesellschafters

(1) Für die stillen Gesellschafter werden bei der Inhaberin jeweils ein Einlagenkonto, ein Privatkonto und ein Verlustkonto als Kapitalgegenkonto geführt.

(2) Auf dem Einlagenkonto wird die Einlage der stillen Gesellschafter verbucht. Das Konto ist fest und unverzinslich.

(3) Auf dem Verlustkonto werden die auf den jeweiligen stillen Gesellschafter entfallenden Verlustanteile verbucht. Ist das Verlustkonto belastet, so werden alle künftigen Gewinnanteile dem Verlustkonto gutgeschrieben, bis dieses vollständig ausgeglichen ist.

(4) Auf dem Privatkonto werden alle übrigen Buchungen, insbesondere die Zinsen, die nicht mit Verlustanteilen zu verrechnenden Gewinnanteile und die Entnahmen verbucht. Das Konto ist im Soll und Haben mit __ Prozentpunkten über dem jeweiligen Basiszinssatz gem. § 247 BGB zu verzinsen; die Zinsen sind jährlich abzurechnen und gutzuschreiben.

(5) Die stillen Gesellschafter können das positive Guthaben auf dem jeweiligen Privatkonto jederzeit und in voller Höhe entnehmen. Entnahmen über das positive Guthaben hinaus (Vorwegentnahmen) sind nur mit vorheriger Zustimmung der Inhaberin oder zur Zahlung der Steuern im Zusammenhang mit der jeweiligen stillen Gesellschaft erlaubt, im letztgenannten Fall jedoch nicht über den Betrag seines voraussichtlichen Gewinnanteils am nächsten Jahresergebnis.

(6) Die Inhaberin ist zur jederzeitigen Auszahlung des auf dem Privatkonto des jeweiligen stillen Gesellschafters befindlichen Guthabens berechtigt.[44]

---

44 Siehe Fn. 8.

§ 4 Jahresabschluss

(1) Die Inhaberin hat innerhalb von sechs Monaten[45] nach Ablauf eines jeden Geschäftsjahres ihren Jahresabschluss zu erstellen und jedem stillen Gesellschafter abschriftlich zu übermitteln. Einwände gegen den Jahresabschluss können die stillen Gesellschafter nur innerhalb von sechs Wochen nach Erhalt des Jahresabschlusses geltend machen.

(2) Der Jahresabschluss hat den handelsrechtlichen Vorschriften, insbesondere den Grundsätzen ordnungsmäßiger Buchführung zu entsprechen und zwar mit der Maßgabe, dass Abschreibungen nach § 253 Abs. 4 HGB nicht zulässig sind und dass ein niedrigerer Wertansatz nach § 253 Abs. 2 S. 3, Abs. 3 oder 4 HGB nicht beibehalten werden darf, wenn die Gründe dafür nicht mehr bestehen.

(3) Werden, z.b. aufgrund einer steuerlichen Außenprüfung, andere Ansätze für die Handelsbilanz verbindlich als die im ursprünglichen Jahresabschluss enthaltenen, so sind diese auch für die stillen Gesellschafter maßgeblich.

§ 5 Ermittlung des Gewinn- bzw. Verlustanteils

(1) Für die Gewinn- und Verlustbeteiligung des stillen Gesellschafters ist von dem Gewinn oder Verlust auszugehen, der sich vor Berücksichtigung der Gewinn- und Verlustanteile sämtlicher stillen Gesellschafter und vor Abzug etwa von der Inhaberin zu zahlender Körperschaft- und/oder Vermögensteuer aus dem gem. § 4 aufgestellten Jahresabschluss der Inhaberin ergibt.[46]

(2) Der auf den stillen Gesellschafter gemäß den vorstehenden Vorschriften entfallende Gewinn- oder Verlustanteil ist auf höchstens 30% seiner Einlage beschränkt.

§ 6 Geschäftsjahr

Das Geschäftsjahr der Gesellschaft entspricht dem Geschäftsjahr der Inhaberin.

---

45 Siehe Fn. 9.

46 Eine Korrektur des Jahresabschlusses der Inhaberin ist bei einer Doppelbeteiligung regelmäßig nicht erforderlich, weil die stillen Gesellschafter zugleich als Gesellschafter der Inhaberin maßgebenden Einfluss auf die Erstellung des Jahresabschlusses nehmen können. Zudem nehmen die stillen Gesellschafter als Gesellschafter der Inhaberin unmittelbar an einer wie auch immer gearteten Beeinflussung des Jahresabschlusses teil.

§ 7 Geschäftsführung, Zustimmungsvorbehalt

(1) Die Geschäftsführung der Gesellschaft steht allein der Inhaberin zu.[47]

(2) Die Inhaberin bedarf zu folgenden Geschäften einer Zustimmung von 2/3 der Stimmen sämtlicher stillen Gesellschafter, für die die Bestimmungen dieses Vertrags gelten, wobei jede EUR 50 einer Einlage je eine Stimme gewähren:[48]

    (a) Änderung der wesentlichen Grundlagen des Geschäftsbetriebs, insbesondere des Geschäftsjahres, der Firma, des Sitzes oder der Unternehmensform;

    (b) Änderung des Unternehmensgegenstandes,

    (c) Beendigung des Geschäftsbetriebes sowie dessen wesentliche Beschränkung oder Erweiterung;

    (d) Veräußerung oder Verpachtung des Unternehmens als Ganzes oder von wesentlichen Teilen oder Beteiligungen des Unternehmens;[49]

(3) Die Inhaberin bedarf ferner zur Abänderung oder einvernehmlichen Aufhebung, nicht dagegen zur einseitigen Kündigung, der stillen Beteiligungen dieses Vertrags der einstimmigen Zustimmung sämtlicher stillen Gesellschafter.[50]

(4) Die Zustimmung darf nicht willkürlich, d. h. ohne sachlichen Grund, verweigert werden. Erklärt der stille Gesellschafter nicht binnen zwei Wochen nach Zugang der Aufforderung zur Zustimmung schriftlich entweder die Verweigerung der Zustimmung oder die Angabe von Gründen für eine angemessene Verlängerung der Erklärungsfrist, so gilt die Zustimmung als erteilt, wenn die Inhaberin hierauf in der Aufforderung ausdrücklich hingewiesen hat.

---

47 Die stille Gesellschaft ist reine Innengesellschaft und tritt nicht im Rechtsverkehr auf. Eine Regelung bezüglich der Vertretungsmacht ist damit entbehrlich.

48 Abs. (2) kommt letztlich keine besondere materielle Bedeutung zu, da die stillen Gesellschafter bei der Doppelbeteiligung als Gesellschafter der Inhaberin auf die Geschäftsführung derselben unmittelbaren Einfluss nehmen können und insbesondere gem. § 37 GmbH gegenüber den Geschäftsführern weisungsbefugt sind.
Bei der Doppelbeteiligung sollte indes sichergestellt sein, dass ein Gleichlauf der Gesellschafterrechte bei der Inhaberin und der stillen Gesellschaft erhalten bleibt. Insbesondere ist die im Muster vorgesehene 2/3-Mehrheit dann anzupassen, wenn die Satzung der Inhaberin eine andere qualifizierte Mehrheit vorsieht.

49 Vgl. Fn. 17.

50 Abs. (3) ist erforderlich, um den Gleichlauf der Beteiligungen bei der Doppelbeteiligung zu erhalten. Da die stillen Gesellschaften gem. § 1 Abs. 4 des Musters rechtlich unabhängig sind, ist eine solche gegenseitige Zustimmungspflicht erforderlich.

(5) Bei Missachtung des Zustimmungserfordernisses kann jeder stille Gesellschafter, der dem zustimmungspflichtigen Geschäft nicht zugestimmt hat, den Ersatz des ihm entstehenden Schadens verlangen und unter den Voraussetzungen des § 11 kündigen. Der jeweilige stille Gesellschafter kann auch die Wiederherstellung des ohne die pflichtwidrige Maßnahme bestehenden Zustands verlangen.

§ 8 Kontroll- und Informationsrechte des stillen Gesellschafters

(1) Der stille Gesellschafter kann sich von den Angelegenheiten der Inhaberin persönlich unterrichten, die Geschäftsbücher und die Papiere der Inhaberin einsehen und sich aus ihnen eine Übersicht über den Stand des Gesellschaftsvermögens zu verschaffen.[51] Dies gilt auch nach dem Ausscheiden des stillen Gesellschafters oder der Beendigung der Gesellschaft in dem zur Überprüfung des Auseinandersetzungsguthabens erforderlichen Umfang.[52]

(2) Der stille Gesellschafter darf bei der Wahrnehmung seiner Kontroll- und Informationsrechte einen zur Berufsverschwiegenheit verpflichteten Dritten hinzuziehen, insbesondere einen Steuerberater oder einen Wirtschaftsprüfer.

(3) Der stille Gesellschafter hat über alle ihm bekannt gewordenen Angelegenheiten der Gesellschaft Stillschweigen zu bewahren, sofern die Inhaberin der Offenbarung nicht vorher schriftlich zugestimmt hat oder er gesetzlich, behördlich oder gerichtlich zur Offenlegung verpflichtet ist. Die Pflicht zur Verschwiegenheit gilt nach Beendigung der Gesellschaft für einen Zeitraum von fünf Jahren weiter.

§ 9 Übertragung der stillen Beteiligung[53]

(1) Jeder stille Gesellschafter bedarf zur vollständigen oder teilweisen Übertragung seiner stillen Beteiligung der vorherigen schriftlichen Zustimmung der Inhaberin.

(2) Abweichend von Absatz (1) bedarf eine Übertragung dann keiner gesonderten Zustimmung der Inhaberin, wenn der stille Gesellschafter die stille Beteiligung zusammen und im gleichen Verhältnis mit seinem Geschäftsanteil an der Inhaberin entsprechend den dafür gelten-

---

51 Siehe Fn. 19.
52 Siehe Fn. 20.
53 Siehe Fn. 21.

38

den Satzungsregelungen überträgt.[54] Die Übertragung nach Satz 1 kann nur einheitlich für das Einlagen-, Privat- und Verlustkonto erfolgen.

(2) Die Absätze (1) und (2) gelten entsprechend für die Belastung der Beteiligung mit einem Nießbrauch, die Einräumung einer Unterbeteiligung und die Begründung eines Treuhandverhältnisses.

§ 10 Wegfall eines Gesellschafters

(1) Wird die Inhaberin aufgelöst, so führt dies nicht zur Beendigung der Gesellschaft; dem stillen Gesellschafter steht jedoch das Recht zur Kündigung nach § 11 zu.[55]

(2) Mit dem Tode des stillen Gesellschafters wird die Gesellschaft mit dessen Erben fortgeführt. Mehrere Erben haben für die Angelegenheiten der Gesellschaft einen gemeinsamen Bevollmächtigten zu bestellen. Bis zum Nachweis der Erbfolge durch Erbschein oder einer mit der Eröffnungsniederschrift des Nachlassgerichts versehenen letztwilligen Verfügung ruhen die Kontroll- und Informationsrechte des stillen Gesellschafters nach § 8.

(3) Stirbt der stille Gesellschafter vor dem in § 11 Abs. 2 genannten Zeitpunkt und wird die Gesellschaft nach Abs. 2 mit den Erben fortgesetzt, haben die Inhaberin und die Erben des stillen Gesellschafters jeweils das Recht, diesen Vertrag innerhalb einer Frist von drei Monaten ab dem Todestag des stillen Gesellschafters schriftlich zu kündigen.[56]

§ 11 Dauer der Gesellschaft, Kündigung

(1) Die Gesellschaft ist auf unbestimmte Zeit geschlossen.

(2) Die Gesellschaft kann von jedem Gesellschafter mit einer Frist von 6 Monaten zum Schluss des Geschäftsjahres gekündigt werden, erstmals jedoch zum 31.12.20__.[57]

---

54 Jeder stille Gesellschafter ist bei einer Doppelbeteiligung regelmäßig in dem Verhältnis an der Inhaberin beteiligt, in dem er an deren Stammkapital beteiligt ist. Dieser Gleichlauf ist damit auch bei der Übertragung der stillen Beteiligung zu beachten und zu sichern.

55 Siehe Fn. 22.

56 Siehe Fn. 23.

57 Siehe Fn. 24.

(3) Jeder Gesellschafter kann die Gesellschaft ohne Einhaltung einer Frist aus wichtigem Grund kündigen. Ein solcher liegt insbesondere vor bei

a) Auflösung der Inhaberin;

b) Eröffnung des Insolvenzverfahrens über das Vermögen der Inhaberin;[58]

c) Einleitung von Zwangsvollstreckungsmaßnahmen gegen die Inhaberin oder in die Beteiligung des stillen Gesellschafters, wenn diese nicht innerhalb von zwei Monaten wieder aufgehoben wurden.

d) Ausscheiden des stillen Gesellschafters als Gesellschafter der Inhaberin; das Ausscheiden gilt für den stillen Gesellschafter und für die Inhaberin als wichtiger Grund.

(4) Die Kündigung bedarf der Schriftform.

§ 12 Auseinandersetzung

(1) Bei Beendigung der Gesellschaft steht dem stillen Gesellschafter ein Auseinandersetzungsguthaben (Abfindung) zu. Die Abfindung errechnet sich aus dem Saldo des Einlagen-, Verlust- und Privatkontos nach Maßgabe der Abs. (2) bis (5) und aus dem gemäß Abs. (6) auf den stillen Gesellschafter entfallenden Anteil an den stillen Reserven und dem Firmen- bzw. Geschäftswert der Inhaberin.

(2) Ein Positivsaldo auf dem Privatkonto wird nicht mit einem Negativsaldo auf dem Verlustkonto saldiert. Das Ergebnis schwebender Geschäfte ist abweichend von § 235 Abs. 2 HGB nur zu berücksichtigen, soweit dies § 3 zulässt.[59]

(3) Für den auf den Auflösungszeitpunkt zu ermittelnden Gewinn- bzw. Verlustanteil des stillen Gesellschafters gilt § 3; erfolgt die Auflösung der Gesellschaft nicht zum Ende eines Geschäftsjahres, ist eine Zwischenbilanz aufzustellen.

(4) Nachträgliche Änderungen bzw. Berichtigungen des nach Abs. 2 maßgeblichen Jahresabschlusses sind nur zu berücksichtigen, sofern sie bis spätestens zur Fälligkeit der letzten Rate nach § 13 Abs. 1 erfolgt sind.

(5) Ergibt sich gemäß Abs. 1 ein negativer Saldo, hat der stille Gesellschafter diesen nur auszugleichen, soweit er auf einem entsprechenden Negativsaldo seines Privatkontos beruht.[60]

---

58 Siehe Fn. 25.
59 Siehe Fn. 26.
60 Siehe Fn. 27.

(6) Das Abfindungsguthaben erhöht sich um den Anteil des stillen Gesellschafters an den stillen Reserven in den Aktiven der Inhaberin, der __ % ihres Wertes beträgt. Zu deren Ermittlung sind Grundstücke und Gebäude von einem Sachverständigen zu schätzen, die übrigen Aktiven nach den steuerlichen Bewertungsvorschriften anzusetzen, steuerfreie Rücklagen, die während der Dauer der stillen Gesellschaft gebildet wurden, aufzulösen und ein etwaiger Firmen- bzw. Geschäftswert zu berücksichtigen.

(7) Etwa anfallende Kosten der Feststellung des Auseinandersetzungsguthabens trägt die Inhaberin. Wurde die Gesellschaft aus wichtigem Grund gekündigt, den ein Gesellschafter zu vertreten hat, trägt dieser die erforderlichen Kosten.

§ 13 Fälligkeit der Abfindung

(1) Die Abfindung des stillen Gesellschafters hat die Inhaberin in drei aufeinanderfolgenden halbjährlichen Raten[61] in jeweils gleicher Höhe auszuzahlen. Die erste Rate ist fällig einen Monat nach Vorliegen der maßgeblichen Bilanz. Etwaige Berichtigungen des Auseinandersetzungsguthabens sind unverzüglich bei der Ratenbemessung zu berücksichtigen bzw. auszugleichen. Kündigt der stille Gesellschafter die Gesellschaft aus wichtigem Grund, den die Inhaberin zu vertreten hat, wird die Abfindung sofort und in voller Höhe fällig.

Alternativ[62] zu Satz 2, Sätze (1) und (3) bleiben unberührt:

Die erste Rate ist fällig drei Monate nach Beendigung der Gesellschaft. Sofern die maßgebliche Bilanz bei Fälligkeit einer jeweiligen Rate noch nicht aufgestellt ist, hat die Inhaberin den Betrag als Abschlag zu zahlen, den sie nach Maßgabe der zuletzt aufgestellten Bilanz jeweils als Abfindungsrate zahlen müsste. Die als Abschlag geleisteten Zahlungen werden nach Aufstellung der maßgeblichen Bilanz auf die tatsächliche Abfindung angerechnet; eine Überzahlung hat der stille Gesellschafter zurückzuerstatten. *(Alternative Ende)*

(2) Die Inhaberin hat die Abfindung ab dem Zeitpunkt der Beendigung der Gesellschaft mit einem jährlichen Zins von zwei Prozentpunkten über dem jeweiligen Basiszinssatz zu verzinsen; die Zinsen sind mit der jeweiligen Rate zahlbar. Die Inhaberin ist zur vorzeitigen Tilgung berechtigt.

---

61 Siehe Fn. 28.
62 Siehe Fn. 29.

(3) Ist der stille Gesellschafter gemäß § 12 Abs. 5 zum Ausgleich eines negativen Saldos verpflichtet, hat er die Ausgleichszahlung unverzüglich nach Feststellung des Ergebnisses zu leisten.

(4) Das Entnahmerecht des stillen Gesellschafters gemäß § 3 Abs. 5 bleibt von vorstehenden Regelungen unberührt; die Entnahmen nach dem Auflösungszeitpunkt erfolgen in Anrechnung auf die Abfindung.

§ 14 Schiedsabrede

Können sich die Gesellschafter nicht einigen über

- die Berechnung und die Höhe der Gewinn- bzw. Verlustbeteiligung des stillen Gesellschafters (§§ 2, 3) oder

- die Anpassung der Beteiligung des stillen Gesellschafters (§ 3 Abs. 3 und 4) oder

- die Berechnung, die Höhe (§ 11) und/oder die Auszahlung (§ 12) der Abfindung des stillen Gesellschafters

entscheidet ein vom Präsidenten der Industrie- und Handelskammer Rhein-Neckar zu bestimmender Wirtschaftsprüfer als Schiedsgutachter[63] mit verbindlicher Wirkung für die Gesellschafter nach billigem Ermessen. Die Kosten des Schiedsgutachtens tragen die Gesellschafter je zur Hälfte.

§ 15 Wettbewerbsverbot

(1) Während der Dauer des Vertrags ist die Inhaberin nicht berechtigt, auf dem Gebiet der stillen Gesellschaft weitere Geschäfte als ihr Handelsgewerbe zu betreiben, Konkurrenzunternehmen zu errichten, sich an derartigen Unternehmen mittelbar oder unmittelbar zu beteiligen oder der stillen Gesellschaft auf andere Weise Konkurrenz zu machen.

(2) Abs. 1 gilt sinngemäß für den stillen Gesellschafter.[64]

---

63 Siehe Fn. 30.

64 Für die Gesellschafter einer GmbH besteht ohne entsprechende Regelung in der Satzung grundsätzlich kein Wettbewerbsverbot. Geschäftsführer einer GmbH dagegen unterliegen während der Dauer ihres Amtes auch ohne ausdrückliche Regelung einem Wettbewerbsverbot (*Baumbach/Hueck*, HGB, § 35 Rn. 41f.).
Auf ein Wettbewerbsverbot für die stillen Gesellschafter kann demnach dann verzichtet werden, wenn sämtliche stillen Gesellschafter zugleich auch Geschäftsführer der Inhaberin sind oder wenn die Satzung der Inhaberin eine entsprechende Regelung trifft.

§ 16 Schlussbestimmungen

(1) Sollten Bestimmungen dieses Vertrags oder eine künftig in ihn aufgenommene Bestimmung ganz oder teilweise unwirksam oder undurchführbar sein oder werden, so bleibt die Gültigkeit der übrigen Bestimmungen hiervon unberührt. Das Gleiche gilt, falls sich herausstellen sollte, dass der Vertrag eine Regelungslücke enthält. Anstelle der unwirksamen oder undurchführbaren Bestimmungen oder zur Ausfüllung der Regelungslücke soll eine angemessene Regelung gelten, die dem am nächsten kommt, was die Gesellschafter rechtlich und wirtschaftlich gewollt hätten, wenn sie die Unwirksamkeit, Undurchführbarkeit oder Lückenhaftigkeit gekannt hätten.

(2) Ergänzungen, Änderungen sowie alle weiteren die Gesellschaft betreffenden Vereinbarungen der Gesellschafter bedürfen der Schriftform, sofern nicht gesetzlich eine strengere Form zwingend vorgeschrieben ist. Das gilt auch für einen Verzicht auf die Schriftform. Kein Gesellschafter kann sich zudem auf eine vom Vertrag abweichende tatsächliche Übung berufen, solange sie nicht schriftlich fixiert ist.

ARGE **F**

Heidelberger Musterverträge · Heft 132

Der Arbeitsgemeinschaftsvertrag (ARGE)

Von Rechtsanwalt Dr. Dirk Weitze, LL.M., Fachanwalt für Handels- und Gesellschaftsrecht, Fachanwalt für Steuerrecht und Rechtsanwalt Dr. Jan van Dyk, Fachanwalt für Bau- und Architektenrecht, Fachanwalt für Verwaltungsrecht

1. Auflage 2010

ISBN 978-3-8005-4299-4

Inhaltsverzeichnis

I. Vorbemerkungen

Unter einer Arbeitsgemeinschaft versteht man im Allgemeinen den Zusammenschluss von Einzelpersonen, Gruppen und/oder Institutionen zum Erfahrungsaustausch oder gemeinsamen Handeln. Ausgehend von dieser Definition sind die praktischen Anwendungsgebiete einer Arbeitsgemeinschaft vielfältig, da quasi jede personen- bzw. unternehmensübergreifende Zusammenarbeit auf gesellschaftsrechtlicher Grundlage oder auf informeller Ebene bei hinreichender Zweckbestimmung als Arbeitsgemeinschaft qualifiziert werden kann. An dieser Stelle sind als praktische Beispiele die Arbeitsgemeinschaften von Leistungsträgern im Sozialbereich, der geläufige Zusammenschluss von Abfallbetrieben auf dem kommunalen Entsorgungssektor oder die freiberuflichen AR-GEN von Architekten und Statikern zwecks Planung größerer Vorhaben zu nennen. Im wirtschaftlichen Verkehr ist die ARGE vor allem beim Zusammenschluss von Unternehmen der Bauwirtschaft zu einem feststehenden Terminus gereift. Die ARGE dient hierbei der gemeinsamen Ausführung eines den Mitgliedern der ARGE gemeinschaftlich erteilten Auftrages, was dazu führt, dass dieser Zusammenschluss grundsätzlich nur zum Zweck der Durchführung eines konkreten Bauvorhabens besteht. Aufgrund dieser Zweckbestimmung wird die ARGE auch als Gelegenheitsgesellschaft bezeichnet.

Neben der klassischen Bau-ARGE sind in der Praxis auch Kooperationsverhältnisse von Unternehmen verschiedener Fachrichtungen zu verzeichnen. In Abgrenzung zur Bau-ARGE werden diese vertikalen Kooperationsverhältnisse, die ursprünglich v.a. im Anlagen- und Kraftwerksbau verbreitet waren, in der Praxis als Konsortium bezeichnet, ohne dass damit ein wesentlicher struktureller Unterschied einhergeht. Zur Regelung der gesellschaftsinternen Grundlagen wurden von der Kautelarpraxis verschiedene Musterverträge entwickelt. Der in der Praxis nahezu ausnahmslos verwendete Mustervertrag zur Bau-ARGE zeichnet sich im Wesentlichen dadurch aus, dass dieser in höchst komplexer Weise den Aufbau einer zumindest teilverselbständigten Organisationsstruktur vorsieht.

Der nachfolgende Mustervertrag orientiert sich vornehmlich an solchen Bau-ARGEN, bei denen nur ein Mindestmaß an korporativer Verselbständigung von den ARGE-Partnern angestrebt wird. Daneben eignet sich dieser Mustervertrag auch für gewerkeübergreifende Kooperationen sowie andere Gelegenheitsgesellschaften zur gemeinsamen Auftragsdurchführung. Beim nachfolgenden Vertragsentwurf handelt es sich um ein abstraktes Muster, das eine erforderliche rechtliche Beratung im Einzelfall nicht ersetzen kann.

Ein besonderer Dank sei an dieser Stelle Herrn Rechtsanwalt Dr. Jochen Böning für seine wertvolle Mitarbeit bei der Kommentierung dieses Mustervertrages ausgesprochen.

D. Weitze
J. van Dyk

II. Mustervertrag

Arbeitsgemeinschaftsvertrag

zwischen

1. ....

   – nachfolgend Gesellschafter 1. genannt –

2. ....

   – nachfolgend Gesellschafter 2. genannt –

Die ARGE-Partner werden nachstehend gemeinsam auch „Gesellschafter" genannt.

§ 1 Rechtsform, Name, Zweck

1. Die Arbeitsgemeinschaft (im Folgenden: „ARGE" oder „Gesellschaft") ist eine Gesellschaft bürgerlichen Rechts. Sie führt im Rechtsverkehr den Namen:

   „ARGE XYZ"

2. Sitz der Gesellschaft ist _____.

3. Zweck der ARGE ist die gemeinsame Durchführung der den Gesellschaftern durch Auftrag

   vom _____

   von _____

   erteilten Arbeiten zur

   _____

   („Hauptvertrag")

   Die Ausführung von Neben- und Zusatzarbeiten ist zulässig, sofern diese in einem engen räumlichen, zeitlichen und sachlichen Zusammenhang mit dem Hauptauftrag stehen.

   Die gemeinsame Durchführung des Auftrages erfolgt durch Aufteilung der Vertragsarbeiten auf die einzelnen ARGE-Partner nach Maßgabe der nachfolgenden Bestimmungen dieses Vertrages.

4. Die Gesellschafter gehen übereinstimmend davon aus, dass es sich bei dieser ARGE um eine Gelegenheitsgesellschaft in der Rechtsform einer Gesellschaft bürgerlichen Rechts handelt, da deren alleiniger Zweck in der Erfüllung eines einzigen (Werk-)Vertrages besteht und damit keine auf Wiederholung angelegte, eigene Geschäftätigkeit der

3

ARGE entfaltet wird. Aufgrund der gesellschaftsinternen Leistungsvergabe erfordert die ARGE keinen eigenständigen, nach Art und Umfang in kaufmännischer Weise eingerichteten Geschäftsbetrieb.

§ 2 Dauer der Gesellschaft

Die Gesellschaft beginnt mit der Aufnahme der Durchführung des in § 1 Abs. 3 genannten Auftrags und endet mit der vollständigen Erfüllung der sich aus ihm ergebenden Rechte und Pflichten, jedoch nicht vor Ablauf der Gewährleistungsfrist und Rückgabe gestellter Sicherheiten.

§ 3 Gesellschafterleistungen, Haftung

1. Mit der Beauftragung der von der ARGE zu erbringenden Leistung werden gleichzeitig die Gesellschafter von der ARGE als Nachunternehmer beauftragt. Der jeweils den Gesellschaftern übertragene Leistungsumfang ergibt sich aus der diesem Vertrag beigefügten Anlage.

   Jeder ARGE-Partner arbeitet im eigenen Namen und auf eigene Rechnung zu den identischen Bedingungen, wie sie zwischen dem Auftraggeber der ARGE und der ARGE selbst gelten.

2. Für den auf ihn entfallenden Leistungsanteil übernimmt jeder ARGE-Partner im Innenverhältnis die aus dem Vertragsschluss mit dem Auftraggeber entstehenden Verpflichtungen und Risiken so, als ob jeder ARGE-Partner für seinen Liefer- und Leistungsanteil einen separaten Vertrag mit dem Auftraggeber abgeschlossen hätte.

   Jeder ARGE-Partner stellt für seinen Leistungsanteil die ARGE und die anderen Gesellschafter von allen Ansprüchen frei, die an diese im Zusammenhang mit diesen Leistungen gestellt werden. Die Haftung der ARGE und der Gesellschafter im Außenverhältnis bleibt unberührt.

3. Die Gesellschafter stellen ihre Nachunternehmerrechnungen an die ARGE, die diese als Rechnungen der ARGE an den Auftraggeber weiterreicht. Ein Anerkenntnis der von den Gesellschaftern in Rechnung gestellten Leistungen durch die ARGE ist hiermit nicht verbunden. Zahlungen auf die Nachunternehmerrechnungen erfolgen erst nach erfolgter Zahlung des Auftraggebers an die ARGE.

§ 4 Beteiligung

1. Das Beteiligungsverhältnis der Gesellschafter ergibt sich aus dem Umfang der ihnen als Nachunternehmer übertragenen Arbeiten und wird vorläufig wie folgt festgelegt:

Gesellschafter 1	mit _____ v.H.
Gesellschafter 2	mit _____ v.H.
	insgesamt 100%

Die endgültige Festlegung erfolgt nach Abschluss aller Arbeiten unter Einbeziehung aller Neben- und Zusatzarbeiten, die in einem räumlichen, zeitlichen und sachlichen Zusammenhang zu dem Hauptauftrag stehen.

2. Kommt es während des Bestehens der ARGE zu einer gesellschaftsrechtlichen Umwandlung eines Gesellschafters, z.b. durch Verschmelzung, Ausgliederung oder Spaltung, so übernimmt diese neue Gesellschaft die Anteile des umgewandelten Gesellschafters mit dinglicher Wirkung ohne besonderen Übertragungsakt.

§ 5 Konsortialführung, Vertretung

1. Die ARGE wird gegenüber dem Auftraggeber und gegenüber Dritten durch den Gesellschafter _____ als Konsortialführer vertreten. Die übrigen Gesellschafter sind zur Mitwirkung berechtigt und verpflichtet. Sie sind berechtigt, an allen, das jeweilige Nachunternehmerverhältnis betreffenden Verhandlungen teilzunehmen.

2. Der Konsortialführer hat die Interessen aller Gesellschafter gegenüber dem Auftraggeber, den Behörden oder sonstigen Dritten, mit denen Verhandlungen die Auftragsdurchführung betreffend zu führen sind, zu vertreten oder wahrzunehmen. Die Gesellschafter sind berechtigt und verpflichtet, an allen Verhandlungen, die ihr jeweiliges Nachunternehmerverhältnis betreffen, teilzunehmen. Der Konsortialführer wird die Gesellschafter rechtzeitig über anstehende Verhandlungen informieren und ihnen alle ihm zur Verfügung stehenden Unterlagen und Informationen, die zur Vorbereitung der jeweiligen Verhandlung dienlich sind, unverzüglich zur Verfügung zu stellen.

3. Der Konsortialführer ist nicht berechtigt, ohne vorherige Zustimmung der Gesellschafterversammlung namens der ARGE oder eines der Gesellschafter rechtsverbindliche Erklärungen für die ARGE oder einen Gesellschafter abzugeben oder Verpflichtungen für diese einzugehen. Dies gilt insbesondere im Bereich der Mängelhaftung. Jegliche Anerkennung und Ausführung von Arbeiten wegen Mängelhaftung bedürfen der vorherigen schriftlichen Zustimmung des jeweils betroffenen Gesellschafters.

4. Der Konsortialführer hat alle Gesellschafter über alle wesentlichen Geschäftsvorfälle, insbesondere durch Übersendung von Durchschlägen

und Abschriften des Schriftwechsels unverzüglich zu unterrichten. Er hat bis zum 10. des Folgemonats einen Monatskurzbericht für die Gesellschafter zu erstellen.

5. Die Vergütung für die Konsortialführung beträgt pauschal __ v.H. des Umsatzes.

§ 6 Gesellschafterversammlung

1. Die Gesellschafterversammlung ist das Beschlussorgan der ARGE. Ihre Beschlüsse werden durch den Konsortialführer vollzogen. Die Gesellschafterversammlung entscheidet in allen die ARGE betreffenden Fragen nach Maßgabe des Arbeitsgemeinschaftsvertrages sowie in allen Angelegenheiten, die von wesentlicher Bedeutung für die gemeinsame Zweckerreichung der ARGE sind oder die ihr von einem der Gesellschafter zur Beschlussfassung vorgelegt worden sind.

Die Gesellschafterversammlung beschließt insbesondere über:

a) Vergabe von Nachunternehmerleistungen,
b) Abberufung der Konsortialführung,
c) Ausschluss eines Gesellschafters aus wichtigem Grund,
d) Änderungen des Arbeitsgemeinschaftsvertrages,
e) (optional)

2. Jeder Gesellschafter ist mit einer Stimme in der Gesellschafterversammlung vertreten. Die Gesellschafter bestellen jeweils einen Vertreter sowie einen Stellvertreter für die Gesellschafterversammlung. In Ausnahmefällen können andere als die benannten Personen die Gesellschafter in der Gesellschafterversammlung vertreten, soweit diese vom Vertreter oder dessen Stellvertreter zur Ausübung der Gesellschafterrechte bevollmächtigt worden sind. Die Vollmacht bedarf der Schriftform.

3. Sämtliche Beschlüsse der Gesellschafterversammlung bedürfen der Einstimmigkeit der anwesenden Gesellschafter.

4. Sitzungen der Gesellschafterversammlung finden nach Bedarf und auf Antrag eines Gesellschafters statt. Die Einberufung zur Gesellschafterversammlung erfolgt schriftlich durch den Konsortialführer. Sie muss den Zeitpunkt, den Ort und die Tagesordnung angeben. Die Ladungsfrist beträgt zwei Wochen. Der Tag der Absendung der Ladung und der Tag der Sitzung werden hierbei nicht mitgezählt.

Wird die Einberufung der Gesellschafterversammlung von einem Gesellschafter beantragt, muss diese spätestens binnen drei Wochen nach Antragstellung am Sitz der Gesellschaft stattfinden. Kommt der Konsortialführer diesem Einberufungsverlangen nicht innerhalb dieser Frist nach, kann der Gesellschafter, der die Einberufung der Gesellschafterversammlung beantragt hat, selbst die Gesellschafterversammlung einberufen. Die Gesellschafterversammlung hat am Sitz der Gesellschaft stattzufinden. Die Ladungsfrist beträgt zwei Wochen. Satz 5 gilt entsprechend.

5. Die Gesellschafterversammlung kann auf die Einhaltung sämtlicher Frist-, Form- und Ladungsvorschriften für eine ordnungsgemäße Einberufung verzichten, wenn alle Gesellschafter damit einverstanden sind.

6. Bei Einverständnis aller Gesellschafter können Gesellschafterbeschlüsse auch telefonisch, elektronisch, im Umlaufverfahren oder in sonst geeigneter Weise, insbesondere durch eine Kombination der Verfahren, gefasst werden.

7. Über die Beschlüsse der Gesellschafterversammlung, gleichgültig ob sie in förmlicher Versammlung oder in anderer Weise gefasst worden sind, soll zu Dokumentationszwecken eine Niederschrift vom Konsortialführer angefertigt werden. Die Niederschrift ist den Gesellschaftern zu übersenden.

§ 7 Finanzen, Bürgschaften

1. Die Abwicklung der Zahlungen der ARGE erfolgt über ein für die ARGE einzurichtendes Bankkonto. Für dieses Konto ist der Konsortialführer zusammen mit einem weiteren Gesellschafter zeichnungsberechtigt.

2. Die Konsortialführung hat sicherzustellen, dass eingehende Zahlungen des Auftraggebers unverzüglich an den Gesellschafter weitergeleitet werden, auf dessen Liefer- und Leistungsanteil die Zahlung des Auftraggebers ganz oder anteilig entfällt. Sie ist jedoch berechtigt, jeweils anteilig die Vergütung für die Konsortialführung gem. § 5 Abs. 5 abzuziehen und einzubehalten.

3. Die nach dem Hauptauftrag erforderlichen Bürgschaften sind von den Gesellschaftern entsprechend ihrem Beteiligungsverhältnis zur Verfügung zu stellen.

§ 8 Versicherungen, Beiträge

1. Sämtliche Sachversicherungen werden von den Gesellschaftern für ihren jeweiligen Leistungsanteil zu eigenen Lasten abgeschlossen.

2. Soweit die ARGE zu Beiträgen, Umlagen und dergl. separat veranlagt wird, erfolgt die Zahlung solcher Umlagen zu Lasten der Gesellschafter im Verhältnis ihrer Beteiligung.

§ 9 Auflösung der Gesellschaft, Kündigung

1. Die ARGE wird durch Beschluss der Gesellschafter oder durch die Eröffnung des Insolvenzverfahrens über das Vermögen der Gesellschaft aufgelöst.

2. Das Recht zur ordentlichen Kündigung der Gesellschaft wird ausgeschlossen. Hiervon unberührt bleibt das Recht eines jeden Gesellschafters die Gesellschaft aus wichtigem Grund zu kündigen.

§ 10 Ausscheiden eines Gesellschafters

1. Ein Gesellschafter kann durch Beschluss der übrigen Gesellschafter aus der ARGE ausgeschlossen werden, wenn

   a) über sein Vermögen das Insolvenzverfahren beantragt wird;

   b) durch einen Gläubiger die Zwangsvollstreckung in den Gesellschaftsanteil, den Gewinnanteil oder das Auseinandersetzungsguthaben betrieben wird und der Gesellschafter nicht innerhalb eines Monats, gerechnet von der Zustellung des Pfändungs- und Überweisungsbeschlusses an die Gesellschaft, die Aufhebung der Pfändung bewirkt hat;

   c) der Gesellschafter einen wichtigen Grund gesetzt hat. Ein wichtiger Grund liegt insbesondere vor, wenn der Gesellschafter trotz schriftlicher Aufforderung des Konsortialführers und angemessener Fristsetzung die ihm als Nachunternehmer übertragenen Arbeiten nicht fristgerecht oder den Anforderungen des Auftraggebers entsprechend nicht fach- und sachgerecht ausgeführt hat.

   Der betroffene Gesellschafter hat dabei kein Stimmrecht und scheidet mit dem Wirksamwerden des Beschlusses aus der ARGE aus. Der Gesellschafterbeschluss ist dem auszuschließenden Gesellschafter in einer von allen Gesellschaftern unterschriebenen Ausfertigung durch Einwurf-Einschreiben oder gegen Empfangsbekenntnis bekannt zu geben. Dieser Beschluss kann vom betroffenen Gesellschafter nur innerhalb eines Monats nach Bekanntgabe durch Klage gegen die Gesellschaft angefochten werden.

2. Ein Gesellschafter scheidet aus der ARGE aus, ohne dass es eines Beschlusses der Gesellschafterversammlung bedarf, wenn

a) über sein Vermögen das Insolvenzverfahren eröffnet oder die Eröffnung des Verfahrens mangels Masse abgelehnt wird;

b) der Gesellschafter eine eidesstattliche Versicherung nach § 807 ZPO abgibt oder gegen ihn Haft zur Abgabe der eidesstattlichen Versicherung angeordnet wird.

Der betroffene Gesellschafter scheidet mit dem Eintritt des Ereignisses aus der ARGE aus.

3. In allen Fällen des Ausscheidens eines Gesellschafters wird die ARGE von den übrigen Gesellschaftern fortgesetzt. Verbleibt nur ein Gesellschafter, so übernimmt dieser ohne besonderen Übertragungsakt mit dinglicher Wirkung die Anteile des ausscheidenden Gesellschafters. Der verbleibende Gesellschafter führt die Geschäfte der ARGE mit allen Rechten und Pflichten fort.

4. Für die Haftung des ausgeschiedenen Gesellschafters nach seinem Ausscheiden gilt unbeschadet der Regelung in § 3 Abs. 2, dass der Gesellschafter am Gewinn und Verlust der bis zum Stichtag seines Ausscheidens ausgeführten Arbeiten teilnimmt.

5. Der ausgeschiedene Gesellschafter besitzt einen Abfindungsanspruch, der auf der Grundlage einer auf den Stichtag des Ausscheidens zu erstellenden Auseinandersetzungsbilanz zu ermitteln ist. Im Rahmen dieser Auseinandersetzungsbilanz ist das Gewährleistungsrisiko pauschal mit 2 % des Auftragswertes der zum Stichtag erbrachten Leistungen anzusetzen, es sei denn, dass im Zeitpunkt der Bilanzaufstellung ein höherer Ansatz begründet ist.

6. Die Auseinandersetzungsbilanz ist innerhalb von drei Monaten nach dem Ausscheiden des Gesellschafters vom Konsortialführer zu erstellen. Einwendungen gegen die Auseinandersetzungsbilanz können vom betroffenen Gesellschafter nur durch Einspruch innerhalb eines Monats nach Bekanntgabe der Auseinandersetzungsbilanz erhoben werden. Der Einspruch ist schriftlich beim Konsortialführer einzulegen. Die abschließende Einspruchsbegründung ist schriftlich binnen eines weiteren Monats nachzureichen. Hiernach sind weitere Einwendungen ausgeschlossen.

§ 11 Zusätzliche Vereinbarungen

(optional)

§ 12 Formerfordernis

Mündliche Nebenabreden bestehen nicht. Eine Änderung der Bestimmungen dieses Arbeitsgemeinschaftsvertrages erfolgt nur in Schriftform. Weitergehende gesetzliche Formvorschriften bleiben unberührt.

§ 13 Salvatorische Klausel

Sollten einzelne Bestimmungen dieses Vertrages unwirksam sein oder werden, so wird die Rechtswirksamkeit der übrigen Bestimmungen dadurch nicht berührt. Die betreffende Bestimmung ist durch eine wirksame zu ersetzen, die dem angestrebten wirtschaftlichen Zweck möglichst nahe kommt.

§ 14 Gerichtsstand

Die Gesellschafter vereinbaren die ausschließliche Zuständigkeit der ordentlichen Gerichte für alle auf dem Gesellschaftsverhältnis beruhenden Streitigkeiten. Soweit dies rechtlich zulässig vereinbart werden kann, wird _____ als Gerichtsstand vereinbart.

Ort, Datum

_____   _____
Unterschrift Gesellschafter 1   Unterschrift Gesellschafter 2

III. Kommentierung

1. Rechtsnatur einer Arbeitsgemeinschaft

Die Rechtsnatur einer Arbeitsgemeinschaft ist umstritten. Dies gilt jedenfalls für solche Arbeitsgemeinschaften in der Bauwirtschaft, die ein Bauvorhaben mit einem erheblichen Auftragsvolumen ausführen. In der Praxis sind nicht selten ARGEN zu beobachten, die Infrastrukturprojekte mit einem Auftragsvolumen von mehreren hundert Millionen Euro abwickeln. Während auch diese Bau-ARGEN bis zur Reform des Handelsrechts im Jahr 1998 völlig unstreitig als *Gesellschaften bürgerlichen Rechts* (GbR) qualifiziert wurden, ist diese Rechtsformqualifikation durch einige Urteile verschiedener Instanz- und Berufungsgerichte ins Wanken geraten.[1] In der Zwischenzeit mehren sich die Stimmen, die davon ausgehen, dass eine ARGE in bestimmten Konstellationen die Rechtsform einer *offenen Handelsgesellschaft* (oHG) einnehmen kann. Diese Rechtsformdiskussion wird auch nicht davon beeinflusst, dass der in der Praxis weit verbreitete Mustervertrag[2] ausdrücklich die Gründung einer GbR vorsieht, da sich beim Vorliegen der gesetzlichen Tatbestandsvoraussetzungen eine GbR kraft Gesetz in eine oHG umwandelt.

Konkret stellt sich in der Praxis die Frage, ob eine ARGE die tatbestandsmäßigen Voraussetzungen einer oHG erfüllt, mit der Rechtsfolge, dass diese unabhängig vom erklärten Parteiwillen als oHG am Rechtsverkehr teilnähme. Mit der Novellierung des Kaufmannsrechts durch das Handelsrechtsreformgesetz (HRefG) vom 22.6.1998 hat der Gesetzgeber den Katalog der Grundhandelsgewerbe abgeschafft und durch die Regelung in § 1 Abs. 2 HGB ersetzt, wonach jedes gewerbliche Unternehmen ein Handelsgewerbe betreibt, es sei denn, dass das Unternehmen nach Art oder Umfang einen in kaufmännischer Weise eingerichteten Geschäftsbetrieb nicht erfordert. Bei der ARGE entbrennt an dieser Stelle die Diskussion, ob diese gewerblich tätig ist, da nur eine planmäßige, d.h. auf Dauer angelegte Tätigkeit die notwendige Gewerbebetriebseigenschaft vermitteln kann. Da sich der Gesellschaftszweck einer ARGE jedoch auf die Ausführung eines einzigen Bauauftrages beschränkt und damit eine Wiederholungsabsicht i.e.S. nicht besteht, geht die (wohl) überwiegende Meinung in

---

1 Vgl. statt vieler: OLG Dresden v. 20.11.2001, 2 U 1928/01, BauR 2002, 1414 ff. (ARGE als oHG).
2 Vgl. § 2.4 ARGE-Mustervertrag, hrsg. vom Hauptverband der Deutschen Bauindustrie, Fassung 2005.

Literatur und Rechtsprechung weiterhin davon aus, dass eine ARGE die Rechtsform einer GbR einnimmt.[3] Auch der X. Senat beim BGH hat zwischenzeitlich durch einen Beschluss vom 21.1.2009[4] entschieden, dass eine ARGE „ohne anderslautende sichere Anhaltspunkte" als GbR zu qualifizieren sei.

Zu diesem Streitstand ist anzumerken, dass die Diskussion aus unserer Sicht noch keineswegs abgeschlossen ist. Auch die vorerwähnte Entscheidung des BGH wird entgegen anderer Stimmen in der Literatur noch nicht den Schlusspunkt in dieser Diskussion setzen.[5] Soweit in den einschlägigen Urteilen und Fachbeiträgen aufgrund des beschränkten Gesellschaftszwecks nicht nur die Planmäßigkeit einer ARGE in Frage gestellt wird, sondern sogar Zweifel erhoben werden, ob eine ARGE überhaupt eine „anbietende Tätigkeit am Markt" erbringe,[6] lassen diese Beiträge u.E. die tatsächliche Verselbständigung der Organisationseinheit einer ARGE und deren Auftreten am Markt außer Betracht. Die praktischen Auswirkungen dieser Rechtsformqualifikation bestehen u.a. darin, dass auf die Rechtsgeschäfte einer ARGE die Vorschriften über die Handelsgeschäfte nach §§ 343 ff. HGB keine Anwendung finden. Diese Rechtsfolge erscheint in seiner praktischen Auswirkung grotesk. Es macht wenig Sinn, wenn z.B. eine ARGE zur Erstellung eines Großprojektes beim Materialeinkauf nicht verpflichtet wäre, die kaufmännische Rügeobliegenheit nach §§ 377, 378 HGB zu beachten oder ein im Nachunternehmervertrag vereinbartes Abtretungsverbot mangels Anwendbarkeit des § 354a HGB weiterhin seine Wirksamkeit behielte.[7]

Soweit von den Gerichten bisweilen Kriterien wie das Auftragsvolumen,[8] die tatsächliche Dauer der Projektausführung[9] oder die funktionale Aufteilung in eine technische und kaufmännische Geschäftsführung[10] zur Prüfung der Gewerbebetriebseigenschaft herangezogen werden, gehen diese Urteile nicht über das Stadium sachverhaltsbezogener Einzelfallentscheidungen hinaus. Rechtssicherheit ließe sich in diesem Zusammenhang (wohl) nur dadurch erzielen, dass der Gesetzgeber in einem neuen § 105 Abs. 3 HGB eine klarstellende Regelung für alle Gelegenheitsgesellschaf-

---

3 Vgl. zum Streitstand: Jagenburg/Schröder-*Baldringer*, ARGE-Vertrag, Einl., Rn. 24 ff.

4 BGH v. 21.1.2009, Xa ARZ 273/08, NJW-RR 2009, 173.

5 So aber *Schonebeck*, Anm. zu BGH v. 21.1.2009, IBR 2009, 211.

6 So *Thierau/Messerschmidt*, NZBau 2007, 129 (131).

7 Vgl. OLG Karlsruhe v. 7.3.2006, 17 U 73/05, IBR 2006, 332.

8 OLG Dresden, a.a.O.; OLG Frankfurt v. 10.12.2004, 21 AR 138/04, NZBau 2005, 590.

9 LG Berlin v. 4.11.2002, 21 O 154/02, BauR 2003, 136.

10 LG Berlin, a.a.O.

ten, deren Gesellschaftszweck sich auf die Erfüllung eines einzigen (Werk-)Vertrages beschränkt, schafft und diese unter bestimmten Voraussetzungen als weiteren Anwendungsfall einer oHG definiert oder *ipso iure* ausschließt.[11] Die bisherigen Abgrenzungskriterien sind jedenfalls kaum geeignet, eine zuverlässige Rechtsformabgrenzung vorzunehmen und damit der tatsächlichen Stellung einer ARGE im Rechtsverkehr gerecht zu werden.[12]

Aus pragmatischer Sicht geht dieser Mustervertrag gleichwohl davon aus, dass die auf der Grundlage dieses Vertrages errichtete ARGE die Rechtsform einer GbR einnimmt. Diese Annahme beruht u.a. auf der vertraglichen Festlegung in § 1 Abs. 4, dass die ARGE aufgrund der gesellschaftsinternen Auftragsvergabe im Wesentlichen nur gegenüber dem Auftraggeber am Markt auftritt. Die konkrete Auftragsabwicklung erfolgt durch die Gesellschafter im Rahmen von Nachunternehmervertragsverhältnissen. Zudem verzichtet der Mustervertrag weitestgehend auf eine korporative Verselbständigung der ARGE, sodass die maßgeblichen Kriterien eines Gewerbebetriebs nicht erfüllt sind.

---

11 So bereits: *Weitze*, Die Arbeitsgemeinschaft in der Bauwirtschaft, 51 ff.
12 Im Ergebnis auch: MünchHdbGesR I/*Mantler*, § 26, Rn. 20 ff.

2. Erläuterungen zum Mustervertrag

Zu § 1 Rechtsform, Name, Zweck

Ausgehend von den grundlegenden Feststellungen zur Rechtsnatur einer ARGE geht der Mustervertrag davon aus, dass die auf der Grundlage dieses Vertrages gegründete ARGE die Rechtsform einer GbR einnimmt. Mit dieser Rechtsformqualifikation geht einher, dass die gesetzlichen Vorschriften der §§ 705 ff. BGB auf die Rechtsverhältnisse der ARGE Anwendung finden. Von diesen gesetzlichen Vorschriften kann grundsätzlich im Rahmen der Vertragsfreiheit abgewichen werden, soweit die Vorschriften nicht kraft Gesetz oder durch die Rechtsprechung als zwingende Normen anerkannt sind. Der Mustervertrag sieht ein in sich abgestimmtes Regelungswerk vor, welches insbesondere in Fragen der Geschäftsführung, der Binnenorganisation, der Gesellschafter-Beitragspflichten und den Regelungen zum Ausscheiden eines Gesellschafters erheblich vom gesetzlichen Leitbild der GbR abweicht. Soweit der Mustervertrag keine spezielle Regelung enthält, greifen die gesetzlichen Vorschriften der §§ 705 ff. BGB subsidiär ein. Bei einer unklaren oder fehlenden Regelung gebührt jedoch regelmäßig der erläuternden und ergänzenden Vertragsauslegung ein Vorrang vor der Anwendung dispositiven Gesellschaftsrechts. Der Mustervertrag stellt dies durch die Aufnahme einer Salvatorischen Klausel in § 13 sicher.

Die Vorschriften der §§ 105 ff. HGB finden nur insoweit Anwendung, wie diese aufgrund der von der Rechtsprechung anerkannten Teilrechtsfähigkeit der GbR grundlegend auf deren Rechtsverhältnisse übertragbar sind.[13] Dies gilt insbesondere für das Haftungskonstitut der akzessorischen Gesellschafterhaftung nach § 128 HGB, welches von der Rechtsprechung auf die GbR übertragen wird.[14]

Zur präzisen Festlegung der Zweckbestimmung der ARGE sieht der Mustervertrag in Absatz 3 vor, dass der auszuführende Auftrag genau beschrieben wird. Der Vertrag stellt klar, dass ausschließlich Neben- und Zusatzarbeiten, die in einem engen räumlichen, zeitlichen und sachlichen Zusammenhang mit dem Hauptauftrag stehen, vom Gesellschaftszweck erfasst werden. Werden darüber hinausgehende Arbeiten durchgeführt, verliert die ARGE ihren Charakter als Gelegenheitsgesellschaft und wandelt sich kraft Gesetz in eine kaufmännische Handelsgesellschaft in der Rechtsform einer oHG um.

---

13 Vgl. BGH v. 29.1.2001, II ZR 331/00, NJW 2001, 1056 ff.
14 *Krause-Allenstein,* BauR 2007, 617 ff. (zu Haftungsfragen bei einer ARGE).

Zu § 2 Dauer der Gesellschaft

Die ARGE beginnt grundsätzlich mit der Aufnahme der gemeinsamen Geschäftstätigkeit. Geschäftstätigkeit meint hierbei jede Tätigkeit, die einen Bezug auf die Vorbereitung und Abwicklung der vertragsgegenständlichen Maßnahme hat. Keine gemeinsame Geschäftstätigkeit i.S.d. Regelung liegt hingegen vor, wenn sich die ARGE-Partner bereits vor der Auftragserteilung in der Angebotsphase zu einer Bietergemeinschaft zusammenschließen. Hier sollten aus Gründen der klaren vertraglichen Abgrenzung zwischen der Angebots- und Ausführungsphase jeweils eigenständige gesellschaftsvertragliche Regelungen getroffen werden. Die Beendigung einer GbR erfolgt regelmäßig zweistufig durch die Auflösung der Gesellschaft und deren anschließende Vollbeendigung. Auf die ARGE als Gelegenheitsgesellschaft findet der gesetzliche Auflösungstatbestand des § 726 BGB Anwendung, sodass mit dem Erreichen des in § 2 beschriebenen Gesellschaftszwecks die ARGE aufgelöst wird. Das Abwicklungsstadium endet mit der Erfüllung sämtlicher, sich aus dem erteilten Auftrag ergebenden Rechte und Pflichten. Dieser Zeitpunkt wird regelmäßig mit dem Ablauf der Gewährleistungsfristen einhergehen, sodass nach der Rückgabe der gestellten Sicherheiten die Vollbeendigung der ARGE eintritt.

Zu § 3 Gesellschafterleistungen, Haftung

Zu Abs. 1

Gemäß § 705 BGB verpflichten sich die Gesellschafter durch den Gesellschaftsvertrag gegenseitig, die Erreichung eines gemeinsamen Zweckes in der durch den Vertrag bestimmten Weise zu fördern, insbesondere die vereinbarten Beiträge zu leisten. Die generelle Formulierung des Gesetzes, bei der die Erfüllung der Beitragspflicht auf verschiedene Art und Weise erfolgen kann, wird vorliegend durch die Übertragung konkreter Leistungspflichten auf der Grundlage gleichzeitiger und identischer Nachunternehmerverträge präzisiert. Zur Konkretisierung der übertragenen Leistungen wird auf eine Anlage verwiesen, die sinnvollerweise aus dem Leistungsverzeichnis des zwischen dem Auftraggeber und der ARGE geltenden Vertrages besteht und durch entsprechende Kennzeichnung eine titel-, los- oder positionsweise Zuordnung der Leistungen zu den Gesellschaftern ermöglicht.

Die gesellschaftsrechtliche Beitragsleistung erfolgt durch die Erfüllung der gleichzeitig mit der Beauftragung der ARGE abgeschlossenen Nachunternehmerverträge durch die Gesellschafter. Mit der Beauftragung / Zuschlagserteilung durch den Auftraggeber an die ARGE kommt gleichzeitig der zwischen den Gesellschaftern und der ARGE abzuschließende Nachunternehmervertrag zustande, ohne dass es eines weiteren Aktes bedarf. Durch die ausdrückliche Hervorhebung der Identität der Inhalte der Verträge – Vertrag zwischen Auftraggeber und ARGE einerseits sowie Nachunternehmerverträge zwischen ARGE und Gesellschaftern andererseits – soll die lückenlose Übertragung der der ARGE obliegenden Pflichten auf die einzelnen Gesellschafter als Nachunternehmer bewirkt werden. Die Identität gilt nicht nur für die unmittelbare Leistungserbringung, sondern auch für sämtliche Vertragspflichten, Verantwortlichkeiten und Rechte, so beispielsweise für Mängelansprüche, Untervergaben etc.

Zu Abs. 2

Mit diesen Regelungen wird nochmals zum Ausdruck gebracht, dass die ARGE unmittelbar selbst keine Bau- oder sonstigen Leistungen erbringt, also nicht operativ tätig ist, die Leistungserbringung vielmehr durch die Gesellschafter auf der Grundlage gleichzeitig abgeschlossener Nachunternehmerverträge erfolgt. Für die aus diesem Vertragsverhältnis resultierenden Pflichten und Risiken ist jeder Gesellschafter allein verantwortlich, was durch die gegenüber den übrigen Gesellschaftern und der ARGE geltende Freistellungsverpflichtung nochmals hervorgehoben wird. Von dieser Regelung werden beispielsweise die von einem Gesellschafter zu verantwortenden Behinderungen in der Leistungserbringung eines anderen Gesellschafters erfasst, die dann zu einer insgesamt verzögerten Leistungserbringung der ARGE gegenüber ihrem Auftraggeber führen können. Der für die Behinderung verantwortliche Gesellschafter hat nicht nur den dem anderen Gesellschafter unter Umständen entstandenen Mehraufwand (z.B. für Beschleunigungsmaßnahmen), sondern auch einen etwaigen Schaden (Stillstand in der Ausführung) ebenso zu erstatten wie die der ARGE im Verhältnis zum Auftraggeber entstandenen Nachteile (z.B. Vertragsstrafe). Hervorgehoben wird weiter, dass die aus der Nachunternehmerbeauftragung folgende Risikoverteilung mit der Freistellungsverpflichtung zunächst Wirkung ausschließlich im Innenverhältnis entfaltet, es also bei der Verantwortlichkeit der ARGE im Verhältnis zum Auftraggeber oder Dritten ebenso bleibt wie bei der Haftung der Gesellschafter für gegenüber der ARGE gerichteten Ansprüche.

Zu Abs. 3

Die Identität der Vertragsverhältnisse zwischen dem Auftraggeber und der ARGE sowie zwischen der ARGE und den Gesellschaftern / Nachunternehmern gilt selbstverständlich auch für die im jeweiligen Hauptvertrag niedergelegten Zahlungsbedingungen. Neben Terminen und Leis-

tungsständen sei in diesem Zusammenhang auch auf die im Einzelfall bei-
zubringenden Bestandsunterlagen oder ausführungsbegleitend zu erstellenden Prüfzeugnisse hinzuweisen, die in letzter Zeit vielfach in Bauver-
trägen ausdrücklich als Fälligkeitsvoraussetzung einzelner Zahlungen nor-
miert werden.

Der Rechnungsausgleich soll erst nach erfolgter Zahlung durch den Auftraggeber erfolgen. Hierdurch soll bei Verzögerungen des Zahlungsaus-
gleichs durch den Auftraggeber vermieden werden, dass die ARGE in
Vorlage treten muss. Mit dieser Stundung durch den Gesellschafter ist ein
Verzicht auf die Verzinsung nicht verbunden. Bei unterbliebener Zahlung
trotz Fälligkeit, ist den Gesellschaftern zu empfehlen, die ARGE unter
Fristsetzung zum Zahlungsausgleich aufzufordern. Dies wird die ARGE
gleichlautend an ihren Auftraggeber durchstellen und – bei Berechtigung
und Fälligkeit des Zahlungsanspruchs – ebenfalls Anspruch auf Verzinsung der nicht beglichenen Forderung haben.

Zu § 4 Beteiligung

Zu Abs. 1

Nach der gesetzlichen Regelung richtet sich der Gewinn- und Verlustanteil nach der Anzahl der Gesellschafter, also nach Kopfteilen. Die Verteilung bzw. Beteiligung nach Kopfteilen entspricht im Regelfall aber nicht
dem Umfang der von den Gesellschaftern tatsächlich erbrachten Leistung.
Insofern besteht ein Bedürfnis der Gesellschafter für eine von der gesetzlichen Ausgangslage abweichende vertragliche Regelung.

Die Festlegung der Beteiligung nach dem Umfang der dem Gesellschafter
übertragenen Arbeiten erfolgt aus Gründen der Praktikabilität und dürfte
regelmäßig auch sachgerecht sein. Es bietet sich an, den prozentualen Anteil der Auftragsvolumina der mit den Gesellschaftern geschlossenen
Nachunternehmerverträgen im Verhältnis zum Hauptauftrag der ARGE
zu berechnen und für die vorläufige Festlegung der Beteiligung zugrunde
zu legen. In diesem Zusammenhang sei nochmals ausdrücklich darauf hingewiesen, dass es sich bei der vorläufigen Festlegung der Beteiligung, also
der Anteile am Gewinn und Verlust, um eine bloß interne Regelung handelt, sodass es bei der unbeschränkt gesamtschuldnerischen Haftung der
Gesellschafter im Außenverhältnis verbleibt.

Sofern keine anderslautende Vereinbarung zwischen den Gesellschaftern
getroffen wurde, geht das Gesetz (§ 706 Abs. 1 BGB) von der Verpflichtung der Gesellschafter aus, gleiche Beiträge zu leisten. Die Gleichheit in
der Beitragspflicht schlägt sich dann naturgemäß auch in der Gleichheit

der Beteiligung nieder (§ 722 Abs. 1 BGB: „… *einen gleichen Anteil am Gewinn und Verlust.*"). Durch die Übertragung einzelner Titel oder Lose auf einen Gesellschafter wird die Gleichheit in der Beitragspflicht durchbrochen, sodass konsequenterweise auch eine hierauf angepasste Verteilung des Gewinns und eines etwaigen Verlustes sachgerecht ist. Diese Verteilung ist aber nicht so zu verstehen, dass den Gesellschaftern in Höhe der festgelegten Beteiligung ein selbstständiges Anteilsrecht am Vermögen der ARGE zusteht. Es bleibt vielmehr Gesamthandsvermögen. Es ist auch sach- und interessengerecht, Gewinn und Verlust nach Abschluss der Leistungen einer Überprüfung zu unterziehen und neu festzulegen. Da die Gesellschafter ihre Nachunternehmerrechnungen an die ARGE stellen, die diese als Abrechnungen der ARGE an den Auftraggeber weiterreicht (vgl. § 3 Abs. 3 des Mustervertrages), kann die endgültige Festlegung problemlos nach dem Inhalt des geprüften Rücklaufexemplars der Schlussrechnung der ARGE vorgenommen werden. Bei streitigen Positionen zwischen Auftraggeber und ARGE kann die Festlegung nach dem Inhalt des geprüften Rücklaufexemplars auch nur den Charakter einer Zwischenfassung haben mit der Folge, dass eine endgültige Festlegung erst nach Beilegung der unterschiedlichen Auffassungen im Verhandlungswege oder aber durch Inanspruchnahme gerichtlicher Hilfe erfolgt.

Zu Abs. 2

Mit dieser Regelung sollen Unklarheiten, die durch einen Rechtsformwechsel eines Gesellschafters der ARGE entstehen können, vermieden werden. Die Anteile des umgewandelten Gesellschafters gehen ohne weiteren Übertragungsakt unmittelbar auf die neue Gesellschaft über, sodass die Fortführung der Geschäfte der ARGE mit allen Rechten und Pflichten erhalten bleibt. Veränderungen im persönlichen Bestand der Gesellschafter lassen die rechtliche Identität der ARGE in ihrer Form als Gesamthandsgemeinschaft unberührt.

Zu § 5 Konsortialführung, Vertretung

a.) Kommentierung

Zwar kommt der ARGE als GbR eine Teilrechtsfähigkeit zu,[15] eine selbstständige juristische Person des privaten Rechts, wie beispielsweise die AG oder die GmbH es sind, ist die ARGE aber nicht. Dogmatisch ist es daher nicht ganz zutreffend, von Organen der ARGE, durch die diese handelt

---

15 Vgl. BGH v. 29.1.2001, II ZR 331/00, NJW 2001, 1056 ff.

und vertreten wird, zu sprechen. Gleichwohl hat sich dies in der wirtschaftlichen und rechtlichen Praxis eingebürgert.[16]

Die Organe der ARGE sind die Gesellschafterversammlung (vgl. § 6 des Mustervertrages) und die Konsortialführung bzw. technische und kaufmännische Geschäftsführung. Die Gesellschafterversammlung ist das oberste Organ der ARGE. Zu ihren Aufgaben zählt im Wesentlichen die generelle Überwachung der Geschäftstätigkeit der ARGE. Ferner ist sie für alle Fragen, die ihr nach dem Vertrag zugewiesen sind oder für die Themen von grundsätzlicher Bedeutung zuständig (s. u. § 6).

Grundsätzlich steht gemäß § 709 BGB die Führung der Gesellschaft allen Gesellschaftern gemeinschaftlich zu. Allerdings ist die gemeinschaftliche Geschäftsführung in allen Belangen im Regelfall nicht praktikabel, sodass bereits § 710 Satz 1 BGB vorsieht, dass im Gesellschaftsvertrag einem oder mehreren Gesellschaftern die Führung der Geschäfte übertragen werden kann und dann die übrigen Gesellschafter von der Geschäftsführung ausgeschlossen sind. Insgesamt sind die Regelungen der §§ 709–711 BGB vorbehaltlich des Grundsatzes der Selbstorganschaft in vollem Umfang dispositiver Natur.[17] Der Mustervertrag formt insoweit die grundsätzlich zur Disposition gestellte gemeinschaftliche Geschäftsführung zu einer im Außenverhältnis unbeschränkten Vertretungsbefugnis durch einen Gesellschafter, dem sogenannten Konsortialführer, um. Im Außenverhältnis, insbesondere gegenüber dem Auftraggeber, ist die Vertretungsbefugnis nicht beschränkt. Demgegenüber kann die Gesellschafterversammlung als oberstes Organ der ARGE im Innenverhältnis Beschränkungen aussprechen.

Neben der rein rechtsgeschäftlichen Vertretung der ARGE zählt zum Aufgabenbereich des Konsortialführers auch die Führung der Geschäfte der ARGE, also alles was tatsächlich zum ordentlichen Geschäftsbetrieb zählt, wie beispielsweise das Stellen von Rechnungen, Überwachung des Zahlungsverkehrs, Einberufung zur Gesellschafterversammlung etc. Dem im Außenverhältnis unbeschränkten Alleinvertretungsrecht korrespondiert im Innenverhältnis eine umfassende Informationspflicht gegenüber den übrigen Gesellschaftern. Die umfassende Informationspflicht des Konsortialführers gegenüber den anderen Gesellschaftern ist Ausfluss des den von der Geschäftsführung ausgeschlossenen Gesellschaftern zustehenden Kontrollrechts, wie es auch schon in § 716 BGB vorgesehen ist.

---

16 Vgl. hierzu: Jagenburg/Schröder-*Baldringer*, ARGE-Vertrag, § 5, Rn. 222 m.w.N.
17 MüKo-*Ulmer/Schäfer*, BGB, § 709, Rn. 16, 17.

Nur bei umfassender Information kann die im Außenverhältnis unbeschränkte Vertretungsmacht vertrauensvoll übertragen und ausgeübt werden. Zur Abgeltung des mit der Wahrnehmung der Konsortialführung und der Erfüllung der damit einhergehenden Informationspflichten verbundenen Aufwands erhält der bestellte Gesellschafter eine pauschalierte Vergütung in Höhe eines von den Gesellschaftern bei Vertragsschluss festzulegenden Prozentsatzes des Nettoumsatzes.

Zwar ist der Konsortialführer im Außenverhältnis unbeschränkt vertretungsberechtigt, er muss sich aber im Innenverhältnis an etwaige Weisungen, beispielsweise in Form von Beschlüssen, der Gesellschafterversammlung halten. Der Konsortialführer muss die Geschäftsführung persönlich ausüben, kann aber einen einzelnen Gehilfen hinzuziehen (vgl § 664 Abs. 1 BGB). Bei Überschreitung der im Innenverhältnis gegebenen Beschränkungen macht sich der zum Konsortialführer bestellte Gesellschafter für den der ARGE hierdurch entstandenen Schaden ersatzpflichtig. Insofern ist der Konsortialführer stets gut beraten, sich an die Beschlüsse der Gesellschafterversammlung zu halten.

Die Frage, ob bei Ausschluss sämtlicher Gesellschafter der ARGE von der Geschäftsführung ein gesellschaftsfremder Dritter zur Geschäftsführung und Vertretung der ARGE bestellt werden kann, ist umstritten.[18] Insbesondere bei leistungsmäßig kleineren oder zweigliedrigen ARGEN dürfte diese Frage ohne praktische Relevanz sein und kann an dieser Stelle vernachlässigt werden.

b.) Abwandlung

(1) Vertragstext

§ 5 Geschäftsführung, Vertretung

1. Die ARGE tritt nach außen als selbständiger Leistungserbringer auf und wird durch die Geschäftsführung gegenüber dem Auftraggeber und Dritten vertreten. Sie besteht aus der technischen und kaufmännischen Geschäftsführung. In wesentlichen und grundsätzlichen Belangen haben die Geschäftsführer das gegenseitige Einvernehmen herzustellen und erforderlichenfalls die Entscheidung der Gesellschafterversammlung einzuholen.

---

18 Vgl. hierzu Jagenburg/Schröder-*Baldringer*, ARGE-Vertrag, § 5, Rn. 222.

2. Im Außenverhältnis sind sowohl die technische, als auch die kaufmännische Geschäftsführung einzelvertretungsberechtigt.

3. Die technische Geschäftsführung wird dem Gesellschafter _____ übertragen. Er vertritt die ARGE gegenüber dem Auftraggeber und Dritten in allen technischen Belangen. Er unterzeichnet mit dem Namen der ARGE und dem Zusatz „Technische Geschäftsführung".

Die technische Geschäftsführung umfasst insbesondere die Koordination der einzelnen Liefer- und Leistungsteile der Gesellschafter sowie die Verhandlungen mit dem Auftraggeber über wesentliche Fragen der Projektdurchführung, über Auslegung, Änderungen und Erweiterungen des Auftrags sowie über die Genehmigung von Nachträgen im Einvernehmen mit der Gesellschafterversammlung.

Die technische Geschäftsführung stellt den technischen Projektleiter der ARGE. Die Gesellschafter bestellen jeweils als verantwortlichen Vertreter einen Projektführer.

4. Die kaufmännische Geschäftsführung wird dem Gesellschafter _____ übertragen.

Er vertritt die ARGE gegenüber dem Auftraggeber und Dritten in allen kaufmännischen Belangen. Er unterzeichnet mit dem Namen der ARGE und dem Zusatz „Kaufmännische Geschäftsführung".

Die kaufmännische Geschäftsführung ist verantwortlich für die ordnungsgemäße Durchführung sämtlicher kaufmännischer Arbeiten der ARGE und umfasst insbesondere die Einrichtung und Überwachung des kaufmännischen Rechnungswesens, der Buchhaltung, die Aufstellung der Schlussbilanz und einer etwaigen Auseinandersetzungsbilanz sowie die Bearbeitung der Steuerangelegenheiten der ARGE.

Die kaufmännische Geschäftsführung stellt den kaufmännischen Projektleiter.

5. Die jeweilige Geschäftsführung der ARGE ist nicht berechtigt, ohne vorherige Zustimmung der Gesellschafterversammlung namens der ARGE oder eines der Gesellschafter rechtsverbindliche Erklärungen für die ARGE oder einen Gesellschafter abzugeben oder Verpflichtungen für diese einzugehen. Dies gilt insbesondere im Bereich der Mängelhaftung. Jegliche Anerkennung und Ausführung von Arbeiten wegen Mängelhaftung bedürfen der vorherigen schriftlichen Zustimmung des jeweils betroffenen Gesellschafters.

6. Die jeweilige Geschäftsführung hat alle Gesellschafter über alle wesentlichen Geschäftsvorfälle, insbesondere durch Übersendung von Durchschlägen und Abschriften des Schriftwechsels unverzüglich zu unterrichten. Sie hat bis zum 10. des Folgemonats einen Monatskurzbericht für die Gesellschafter zu erstellen. Das Berichtswesen erfolgt nach den Organisationsvorschriften und Formblättern der jeweiligen Geschäftsführung.

7. Die Vergütung für die Geschäftsführung beträgt:

a) für die technische Geschäftsführung

v. H. des Umsatzes

b) für die kaufmännische Geschäftsführung

v. H. des Umsatzes

(2) Kommentierung

Gerade bei mehrgliedrigen oder leistungsmäßig umfangreicheren ARGEN haben die Gesellschafter statt der unbeschränkten Vertretungsbefugnis eines einzelnen Gesellschafters bei Ausschluss der übrigen Gesellschafter (siehe oben) die Vertretungsmacht in einen technischen und kaufmännischen Bereich aufgeteilt. Neben der konkreten Verteilung der Aufgaben in der Geschäftsführung geht hiermit auch eine Beschränkung der Geschäftsführungsbefugnis und Vertretungsmacht einher. Wegen der in § 5 Abs. 2 normierten Einzelvertretungsberechtigung im Außenverhältnis wirkt die Beschränkung nur intern. Die Aufgaben der Geschäftsführungsbereiche sind in den Absätzen 3 und 4 beschrieben. Die Aufzählungen haben keinen Anspruch auf Vollständigkeit, sondern haben lediglich beispielhaften Charakter, wie aus der Formulierung „insbesondere" folgt. Sofern in technischen oder aber kaufmännischen Angelegenheiten eine Geschäftsführungsmaßnahme erforderlich ist, muss dies von der für den jeweiligen Sachbereich zuständigen Geschäftsführung ergriffen und ordnungsgemäß ausgeführt werden, selbst wenn es sich hierbei um, von den beispielhaft aufgeführten Regelfällen, abweichende Maßnahmen handelt.

(3) Synopse Konsortialführung/Geschäftsführung

Bei einer zweigeteilten Geschäftsführung sind nachfolgende Formulierungen zu ersetzen:

Ersetze in	durch
§ 6 Abs. 1 S. 2 *den Konsortialführer*	die zuständige Geschäftsführung
§ 6 Abs. 1 S. 4 lit. b *der Konsortialführung*	der Geschäftsführung
§ 6 Abs. 4 S. 2 *den Konsortialführer*	die technische Geschäftsführung
§ 6 Abs. 4 S. 7 *der Konsortialführer*	die technische Geschäftsführung
§ 6 Abs. 7 S. 1 *vom Konsortialführer*	von der technischen Geschäftsführung
§ 7 Abs. 1 S. 2 *der Konsortialführer*	die kaufmännische Geschäftsführung
§ 7 Abs. 2 S. 1 *Konsortialführung*	kaufmännische Geschäftsführung
§ 7 Abs. 2 S. 2 *die Konsortialführung gem. § 5 Abs. 5*	die technische und kaufmännische Geschäftsführung gem. § 5 Abs. 7
§ 10 Abs. 1 lit. c, S. 2 *des Konsortialführers*	der technischen Geschäftsführung
§ 10 Abs 6 S. 1 *vom Konsortialführer*	von der kaufmännischen Geschäftsführung
§ 10 Abs. 6 S. 3 *beim Konsortialführer*	bei der kaufmännischen Geschäftsführung

Zu § 6 Gesellschafterversammlung

Grundsätzlich ist bei der Gesellschaft bürgerlichen Rechts die Gesellschafterversammlung nach dem Gesetz nicht vorgesehen. Dies erklärt sich mit der gesetzlichen Regelung des § 709 BGB, nach der Gesellschafterbeschlüsse grundsätzlich einstimmig zu fassen sind. Regelungen zum Schutz von Minderheitsgesellschaftern, wozu Bestimmungen über die Durchführung von Gesellschafterversammlungen gehören, sind demnach eigentlich entbehrlich. Auch hier gilt jedoch, dass die Gesellschafter insofern frei sind, eine solche Gesellschafterversammlung als Organ der internen Willensbildung zu implementieren.[19] Dies ist auch bei Vorliegen des Einstimmigkeitserfordernisses sinnvoll, da hierdurch ein Rahmen zwischen den Parteien vorgegeben wird, der gerade in den Fällen, in denen sich die Gesellschafter uneinig sind, es ermöglicht, die entstandenen bzw. zu lösenden Konflikte zu klären und eine Entscheidung zu treffen.

Da das Gesetz eine Gesellschafterversammlung nicht vorsieht, sind die Parteien auch grundsätzlich darin frei, die organisatorischen Regelungen einer solchen Gesellschafterversammlung zu bestimmen. Insofern bietet sich die hier auch gewählte Orientierung an den üblichen Regelungen aus dem Recht der GmbH bzw. der Personenhandelsgesellschaften an.

Zu Abs. 1

Beschlüsse der Gesellschafter werden nach Abs. 1 grundsätzlich in der Gesellschafterversammlung gefasst. Die Beschlussfassung dient der Willensbildung durch die Gesamtheit der Gesellschafter, die nach entsprechender Beschlussfassung für alle Gesellschafter verbindlich ist. Der Beschluss ist insoweit ein mehrseitiges Rechtsgeschäft, welches durch Stimmabgabe der jeweiligen Gesellschafter der Gesellschaft zustande kommt. Diese Stimmabgabe stellt eine Willenserklärung auf Zustimmung, Ablehnung oder Stimmenthaltung dar. Absatz 1 des Mustervertrages sieht eine nicht abschließende beispielhafte Aufzählung von Punkten, über die zwingend die Gesellschafterversammlung zu beschließen hat, vor. Je nach Einzelfall kann es sich anbieten bzw. empfehlen, hier weitere Punkte aufzunehmen.

Zu Abs. 2

Nach § 709 Abs. 2 BGB sind bei der Gesellschaft bürgerlichen Rechts die Stimmen aller Gesellschafter gleich zu gewichten. Dem entspricht die Regelung in Abs. 2, wonach jedem Gesellschafter unabhängig von seinem Beitrag eine Stimme zusteht. Gleichwohl wäre es auch hier möglich, dass die Gesellschafter vereinbaren, dass ihre Stimmen von der gesetzlichen Regelung abweichend zu ermitteln sind. Üblicherweise wird dann eine Stimmenverteilung nach den aus den Beiträgen gebildeten Anteilen vorgesehen. Dafür ist jedoch Voraussetzung, dass sich die Parteien von vornherein auf das jeweilige Verhältnis ihrer Beiträge zueinander verständigen (vgl. auch die Kommentierung zu § 4).

---

19 Vgl. MüKo-*Ulmer*, BGB, § 705, Rn. 258.

Der Mustervertrag sieht hier weiter vor, dass die Gesellschafter einen bestimmten Vertreter sowie einen Stellvertreter bestimmen, der ihre Stimmen in der Gesellschafterversammlung ausübt.[20] Damit wird Rechtssicherheit dahingehend erzeugt, dass klar ist, wer für die ARGE-Partner in der Gesellschaft tätig wird. Lediglich in Ausnahmefällen sollen weitere Personen mit der Ausübung der Gesellschafterrechte bevollmächtigt werden können. Diese Vollmacht bedarf dann der Schriftform. Ein solches Schriftformerfordernis ist bei Personengesellschaften zulässig.

Zu Abs. 3

Nach § 709 Abs. 1 BGB ist für jedes Geschäft die Zustimmung aller Gesellschafter nötig. Dies bedeutet, dass die Beschlussfassung grundsätzlich einstimmig und auch von allen Gesellschaftern gefasst werden muss. Dem Gesetz entspricht auch dieser Mustervertrag. Bei einer Vielzahl von Gesellschaftern trägt diese Regelung jedoch die Blockademöglichkeit eines einzelnen Gesellschafters in sich. Die Parteien sind gleichwohl auch hier (in bestimmten zu beachtenden Grenzen) nicht gehindert, Mehrheitsentscheidungen zuzulassen bzw. zu vereinbaren.[21]

Differenzierungen hinsichtlich der Bedeutung der jeweiligen Maßnahme sind geboten. Zu beachten ist insbesondere, dass bei der Vereinbarung von Mehrheitsentscheidungen klar geregelt sein muss, worauf sich diese beziehen. Dies gilt insbesondere für Vertragsänderungen (Bestimmtheitsgrundsatz). Anderenfalls sind lediglich Mehrheitsentscheidungen über Geschäftsführungsmaßnahmen zulässig. Wird durch die Beschlussfassungen der Kernbereich der Mitgliedschaft der einzelnen Gesellschafter betroffen, ist trotzdem die Zustimmung aller Gesellschafter erforderlich.

Was genau zum Kernbereich gehört, ist umstritten.[22] Sicher wären Beitragserhöhungen oder Veränderungen der Stimmrechte dazu zu zählen. Diese Problematik stellt sich bei dem Muster nicht, da hier ohnehin sämtliche Gesellschafter zustimmen müssen.

Zu Abs. 4 und 5

Abs. 4 regelt die bei der Einberufung der Gesellschafterversammlung zu beachtenden Formalia. Der Mustervertrag sieht insofern die schriftliche Einberufung zur Gesellschafterversammlung vor. Dabei sind Zeitpunkt, Ort und eine Tagesordnung anzugeben. Die Beschlussfassung in der Ge-

---

20 Vgl. dazu ausführlich: Jagenburg/Schröder-*Schröder*, ARGE-Vertrag, § 6, Rn. 264 f.
21 Siehe hierzu auch: Jagenburg/Schröder-*Schröder*, ARGE-Vertrag, § 6, Rn. 290 m.w.N.
22 Vgl. MüKo-*Ulmer/Schäfer*, BGB, § 709, Rn. 93 ff. m.w.N.

sellschafterversammlung ist damit inhaltlich nur über solche Gegenstände möglich, die ordnungsgemäß angekündigt wurden. Die Gesellschafter müssen sich danach nicht auf überraschende Beschlussanträge einlassen. Gleichwohl ist es ihnen jedoch nach Absatz 5 unbenommen, bei allseitigem Einverständnis über sämtliche in der Gesellschafterversammlung erörterten Sachverhalte Beschlüsse zu fassen.

Besonderes Augenmerk ist bei Ladungen zur Gesellschafterversammlung auf die Frist zu richten. Vorliegend ist eine Ladungsfrist von zwei Wochen vorgesehen, wobei der Tag der Absendung und der Tag der Sitzung hierbei nicht mitgezählt werden sollen. Je nach Größe der Gesellschaft und vor allem (räumlicher) Distanz der Gesellschafter können sich hier im Einzelfall kürzere oder längere Fristen empfehlen.

Weiter sieht Abs. 4 das Recht eines jeden Gesellschafters vor, die Einberufung einer Gesellschafterversammlung zu verlangen. Zuständig ist weiterhin der Konsortialführer. Wird diesem Verlangen nicht nachgekommen, kann jeder Gesellschafter selbst eine Gesellschafterversammlung einberufen. Auch dieser hat dann die vorstehend beschriebenen Formalia einzuhalten. Damit ist für jeden Gesellschafter sichergestellt, dass Gesellschafterversammlungen abgehalten werden.

Zu Abs. 6 und 7

Nach Abs. 6 können Beschlüsse auch ohne die Abhaltung der vorstehend beschriebenen förmlichen Gesellschafterversammlung gefasst werden. Die Regelung ist vor allem bei kleinen Gesellschaften mit nur wenigen Gesellschaftern sinnvoll, um die Entscheidungsfindung nicht durch Verfahren und Formalien unnötig zu erschweren. Sind sich die Gesellschafter einig, können diese auf jede andere geeignete Art und Weise Beschlüsse fassen. Um auch bei diesen Beschlüssen gleichwohl eine bestimmte Sicherheit über den Beschlussinhalt zu erreichen, ist nach Abs. 7 zu Dokumentationszwecken immer eine Niederschrift über die Gesellschafterversammlung bzw. die außerhalb von Gesellschafterversammlungen gefassten Beschlüsse anzufertigen. Diese ist sämtlichen Gesellschaftern zu übersenden.

Zu § 7 Finanzen, Bürgschaften

Zu Abs. 1

Zur Abwicklung des ARGE-Zahlungsverkehrs ist die Einrichtung eines gemeinschaftlichen Bankkontos erforderlich. Die Verfügung über dieses Konto obliegt der Konsortialführung bzw. der sachlich zuständigen kaufmännischen Geschäftsführung. Der Mustervertrag sieht an dieser Stelle zur gesellschaftsinternen Kontrolle vor, dass die Kontoführungsbefugnis nur gemeinsam mit einem weiteren Gesellschafter besteht. Dieser organisatorische Aufwand ist aufgrund des nur eingeschränkten Zahlungsverkehrs gerechtfertigt, da die ARGE aufgrund der gesellschaftsinternen Leistungsvergabe im Wesentlichen nur die Funktion einer Zahlstelle im Verhältnis zwischen Auftraggeber und Nachunternehmer-Gesellschafter einnimmt.

Zu Abs. 2

In konsequenter Fortführung der bereits nach § 3 vorgenommenen Nachunternehmerbeauftragung der Gesellschafter sieht der Mustervertrag an dieser Stelle vor, dass die Konsortialführung zur unverzüglichen Weiterleitung eingehender Zahlungen verpflichtet ist. Auf Ebene der ARGE findet lediglich ein Einbehalt der ausbedungenen Vergütung für die Übernahme der Geschäftsführung der ARGE statt. Diese Vergütung kann aus Gründen der Praktikabilität sofort von den eingehenden Zahlungen in Abzug gebracht werden. Da eine weitere Kostenstelle auf Ebene der ARGE nicht besteht und die Zahlungen ohne weitere Abzüge an die Gesellschafter durchzustellen sind, findet auf Ebene der ARGE kein Ergebnispooling statt.

Zu Abs. 3

Nach den Bedingungen des Hauptauftrages sind von der ARGE regelmäßig Bürgschaften (z.B. Vertragserfüllungs- und Mangelbürgschaft) an den Auftraggeber zu stellen. Für die Erfüllung dieser vertraglichen Verpflichtung bestehen verschiedene Möglichkeiten, die im Zweifel mit dem Auftraggeber zu erörtern sind. Im Wesentlichen sind folgende Varianten denkbar:

Zum einen kann die ARGE als Auftragnehmer eine *Gesamt-Bürg*schaft stellen. Hierbei wird der Bürge von der ARGE als Gesamthand mit der Stellung der notwendigen Bürgschaft beauftragt. Da die ARGE selbst aufgrund des Modells der auftragsinternen Leistungsvergabe über keine wesentlichen Finanzmittel verfügt, hat der Bürge ein besonderes Interesse daran, dass die ARGE-Partner in Höhe der Gesamt-Bürgschaft für eine ausreichende Deckung bzw. Rücksicherung sorgen. Diese Absicherung kann entweder in der Weise erfolgen, dass die ARGE Partner eine echte *Rückbürgschaft* für ihren Liefer- und Leistungsanteil stellen, oder dass sie *Unterbürgschaften* in demselben Umfang gewähren. Bei dem in der Praxis weit verbreiteten Model der kombinierten Haupt- und Unterbürgschaft wird durch entsprechende vertragliche Abreden sichergestellt, dass die

Unterbürgschaft vom Auftraggeber nur in Anspruch genommen werden kann, wenn die Hauptbürgschaft zurückgegeben wird. Der Bürge haftet insofern entweder aus der Hauptbürgschaft (für die ARGE) oder der Unterbürgschaft (für den ARGE-Partner).[23]

Zum anderen besteht die Variante der Gestellung externer *Partnerbürgschaften*. Hiernach wird dem Auftraggeber nicht eine Gesamt-Bürgschaft von der ARGE gestellt, sondern die einzelnen Gesellschafter stellen jeweils eine, ihrem Beteiligungsverhältnis (vgl. § 4) entsprechende Bürgschaft dem Auftraggeber zur Verfügung. Die bürgschaftsrechtliche Beziehung besteht hierbei nur direkt zwischen den einzelnen Gesellschaftern und dem Auftraggeber als Bürgschaftsgläubiger.[24]

Hiervon strikt zu unterscheiden sind die in der Praxis von Bau-ARGEN weithin verbreiteten *Partnerausschüttungsbürgschaften*. Bei einer Partnerausschüttungsbürgschaft handelt es sich um eine von den ARGE-Partnern zu stellende Bürgschaft, die primär der Absicherung vorgenommener Liquiditätsausschüttungen an die Gesellschafter dient. Diese Liquiditätsausschüttungen sind im Mustervertrag des *Hauptverbandes der Deutschen Bauindustrie* vorgesehen, da nach diesem Muster eine gemeinschaftliche Bauausführung durch sämtliche ARGE-Partner erfolgt. Daneben erstreckt sich der Sicherungszweck dieser Partnerausschüttungsbürgschaften auch auf etwaige Ansprüche der ARGE gegen einen ausgeschiedenen Gesellschafter aus der Auseinandersetzungsbilanz. Diese in der Praxis weithin verbreitete Ausdehnung des Sicherungszwecks war Gegenstand verschiedener gerichtlicher Verfahren, bis die Herausgeber des Mustervertrages in der aktuellen Fassung 2005 diesen Sicherungszweck ausdrücklich im ARGE-Vertrag implementiert haben. Daneben gibt es in der Praxis bisweilen Tendenzen, den Sicherungszweck der Partnerausschüttungsbürgschaften auch auf weitere Ansprüche des Gesellschafter-Innenausgleichs auszudehnen. Für den vorliegenden Mustervertrag ist das Modell der Partnerausschüttungsbürgschaften entbehrlich, da die ARGE keine eigenen Liquiditätsreserven aufbauen darf (vgl. Abs. 2).

Für die Bürgschaftsgestellung sieht der Mustervertrag grundsätzlich das Modell *externer Partnerbürgschaften* vor, da dies für die ARGE-Gesellschafter die einfachste und kostengünstigste Variante darstellt. Für die Gesellschafter besteht der Vorteil, dass jeder für sich mit seiner Hausbank die Avalkonditionen aushandeln kann. Ob sich der Auftraggeber jedoch auf dieses Modell einlässt, ist auf dem Verhandlungswege vor Auftragser-

---

23 Vgl. Jagenburg/Schröder-*Jagenburg*, ARGE-Vertrag, § 20, Rn. 552 ff.
24 Vgl. Jagenburg/Schröder-*Jagenburg*, ARGE-Vertrag, § 20, Rn. 556.

teilung auszuloten. Für den Auftraggeber ist das Modell externer Partnerbürgschaften nämlich insoweit nachteilig, dass er nicht eine einheitliche Bürgschaft der ARGE zur Absicherung seiner gesamten Ansprüche, sondern mehrere Einzelbürgschaften erhält. Der Auftraggeber muss sich dann im Zweifel mit verschiedenen Bürgen auseinandersetzen. Dieser Nachteil wird aber in Teilen dadurch kompensiert, dass die anteiligen Partnerbürgschaften auch für die gesamtschuldnerische Haftung der ARGE-Partner (vgl. hierzu ausdrücklich § 3 Abs. 2 Satz 3), also bezogen auf die gesamte zu erbringende Leistung, auszulegen sind.[25] Die gesellschaftsinterne Beschränkung auf den vom jeweiligen ARGE-Partner geschuldeten Liefer- und Leistungsanteil ist aus Sicht des Auftraggebers unbeachtlich. Hier muss dann der zu Unrecht in Anspruch genommene Gesellschafter den Gesellschafter, auf dessen Leistungsanteil die Inanspruchnahme beruht, auf Freistellung in Anspruch nehmen (vgl. § 3 Abs. 2 Satz 2). Sind alle Gesellschafter gleichermaßen betroffen, ist eine Aufteilung nach dem Beteiligungsverhältnis vorzunehmen.

Zu § 8 Versicherungen, Beiträge

Aufgrund der gesellschaftsinternen Auftragsvergabe hat jeder Gesellschafter sicherzustellen, dass ein hinreichender Versicherungsschutz für seinen Liefer- und Leistungsanteil besteht. Dies gilt für sämtliche Sach-, Betriebshaftpflicht- und andere Versicherungen. Tritt ein Schadensfall ein und besteht kein hinreichender Versicherungsschutz geht dies in vollem Umfang zu Lasten des Gesellschafters, dessen Leistungsanteil betroffen ist. Soweit die ARGE-Partner den Abschluss einer einheitlichen Haftpflichtversicherung beschließen, empfiehlt sich eine Aufteilung nach Maßgabe des ARGE-Beteiligungsverhältnisses.

Soweit darüber hinaus die ARGE selbst zur Zahlung von Beiträgen, Umlagen und dergleichen verpflichtet ist, sind diese Lasten zwischen den Gesellschaftern ebenfalls im Verhältnis ihrer Beteiligung aufzuteilen.

Zu § 9 Auflösung der Gesellschaft, Kündigung

Die ARGE endet grundsätzlich mit ihrer Zweckerreichung (vgl. § 2). Daneben sieht der Mustervertrag in § 9 vor, dass die ARGE auch durch einen entsprechenden Gesellschafterbeschluss oder durch die Eröffnung des Insolvenzverfahrens über das Vermögen der Gesellschaft aufgelöst wird. Die Möglichkeit des vorzeitigen Auflösungsbeschlusses dürfte hierbei weitestgehend theoretischer Natur sein, da die Beendigung der Gesell-

---

25 So zu Recht: Wölfing-Hamm/Hochstadt, NZBau 2007, 65 (71).

schaft nichts an der Verpflichtung zur gemeinsamen Auftragsabwicklung ändert. Aus diesem Grund sollte eine vorzeitige, einvernehmliche Beendigung der ARGE sorgfältig abgewogen werden.

Das ordentliche Kündigungsrecht der Gesellschafter ist hingegen ausgeschlossen. Dieser Ausschluss des Kündigungsrechts beruht im Wesentlichen auf der Vorstellung, dass der Mustervertrag auch für gewerkeübergreifende Zusammenschlüsse geeignet sein soll. Bei diesen vertikalen Kooperationen kann der verbleibende Gesellschafter jedoch im Zweifel den Leistungsanteil des kündigenden Gesellschafters nicht selbst übernehmen oder ihn lückenlos weiter vergeben. Dieser gegenseitigen Verantwortung sollten sich alle ARGE-Partner bewusst werden, in dem sie mit Abschluss des Vertrages auf ihr ordentliches Kündigungsrecht verzichten. Das Recht zur Kündigung aus wichtigem Grund bleibt hiervon unberührt.

Zu § 10 Ausscheiden eines Gesellschafters

Der Mustervertrag sieht in § 10 verschiedene Tatbestände zum Ausschluss eines Gesellschafters vor. Mit diesen individualvertraglichen Regelungen weicht der Mustervertrag nicht unerheblich vom gesetzlichen Leitbild der §§ 723 ff. BGB ab. Während der Ausschluss in den Fällen des Absatzes 1 eines besonderen Beschlussaktes bedarf, scheidet der Gesellschafter in den Fällen des Absatzes 2 automatisch aus der ARGE aus.

Für die Beschlussfassung nach Abs. 1 ist darauf zu achten, dass der auszuschließende Gesellschafter bei dieser Beschlussfassung selbst nicht stimmberechtigt ist. Dies wird im Mustervertrag noch einmal ausdrücklich klargestellt. Ungeachtet dessen ist der auszuschließende Gesellschafter jedoch zu der Gesellschafterversammlung, auf der über seinen Ausschluss abgestimmt wird, zu laden. Da der Ausschluss eines Gesellschafters aus einer Personengesellschaft stets die *ultima ratio* darstellt und dem Gesellschafter ausreichend Gelegenheit zur Stellungnahme einzuräumen ist, empfiehlt es sich, diese Beschlussfassung ausschließlich in einer Präsenzversammlung vorzunehmen.

Als bedeutende gesellschaftsvertragliche Abrede ist in Absatz 3 eine Fortsetzungsabrede der übrigen Gesellschafter vorgesehen. Im Fall der zweigliedrigen ARGE übernimmt der verbliebene Gesellschafter ohne besonderen Übertragungsakt mit dinglicher Wirkung die Anteile des ausscheidenden Gesellschafters.[26]

Der Gesellschafter, der aus der ARGE ausgeschlossen wird, hat gegen die Gesellschaft unabhängig vom Ausschlussgrund einen Abfindungsan-

---

26 Vgl. hierzu: *Thode*, BauR 2007, 610 ff.

spruch. Zur Ermittlung des Ausscheidungsguthabens hat die Konsortial-führung bzw. die zuständige Geschäftsführung zum Stichtag des Ausscheidens eine Auseinandersetzungsbilanz aufzustellen. Als Bewertungsmaßstab sind nicht die Buchwerte, sondern die tatsächlichen Werte anzusetzen. Für das Gewährleistungsrisiko ist die Bildung einer Gewährleistungsrückstellung zulässig.

Die Auseinandersetzungsbilanz ist nach Absatz 6 dem ausgeschlossenen Gesellschafter bekannt zu geben. Eine besondere Form der Zustellung ist nicht erforderlich. Aus Beweisgründen empfiehlt es sich jedoch, die Bekanntgabe mittels Einschreibens oder persönlich gegen Empfangsbekenntnis vorzunehmen. Der ausgeschlossene Gesellschafter muss, soweit er Einwendungen gegen die Festsetzungen in der Auseinandersetzungsbilanz hat, innerhalb eines Monats nach Bekanntgabe schriftlich Einspruch gegen die Auseinandersetzungsbilanz einlegen. Die abschließende Einspruchsbegründung ist ebenfalls schriftlich binnen eines weiteren Monats einzulegen. Diese zeitliche Straffung des Einspruchsverfahrens ist gerechtfertigt, um möglichst schnell Rechtsklarheit für alle Beteiligten zu schaffen.

Nach Ablauf der Einspruchsfrist erlangt die Bilanz im Verhältnis zwischen ARGE und Gesellschafter Feststellungswirkung. Die in der Bilanz enthaltenen Ansätze bleiben auch dann verbindlich, wenn sie auf Schätzungen beruhen, die sich später als unzutreffend herausstellen.[27]

Diese Feststellungswirkung wirkt überdies auch gegenüber einem Bürgen,[28] so dass der ausgeschiedene Gesellschafter bzw. ein etwaiger Insolvenzverwalter besondere Sorgfalt bei der Einhaltung dieser Fristen des Einspruchsverfahrens einhalten müssen.

Nach Auflösung der ARGE kann ein Zahlungsanspruch grundsätzlich nur hinsichtlich des Saldos der abschließenden Auseinandersetzungsrechnung geltend gemacht werden.[29]

Etwas Anderes gilt jedoch nach der Rechtsprechung des Bundesgerichtshofs bei einer zweigliedrigen ARGE, wenn kein zu liquidierendes Gesellschaftsvermögen vorhanden ist. In diesem Fall kann der Gesellschafter, der für sich ein Guthaben beansprucht, dieses ausnahmsweise unmittelbar gegen den ausgleichspflichtigen Gesellschafter geltend machen; Streitpunkte über die Richtigkeit der Schlussrechnung sind in diesem Prozess zu entscheiden.[30]

---

27 So OLG Koblenz v. 29.6.2007, 2 U 797/06, IBR 2007, 558 (m. Anm.).
28 Vgl. LG Hamburg v. 10.03.2009, 303 O 375/08, IBR 2009, 389 (m. Anm.).
29 Vgl. BGH v. 24.10.1994, II ZR 231/93, ZIP 1994, 1846 (st. Rspr.).
30 BGH v. 23.10.2006, II ZR 192/05, BB 2006, 2653 (=BauR 2007, 382).

Zu § 11 Zusätzliche Vereinbarungen

In Einzelfällen haben die Gesellschafter das Verlangen, besondere individualvertragliche Regelungen zu treffen. Je nach Bedarf besteht an dieser Stelle des Mustervertrages ausreichend Raum, den Gesellschaftsvertrag im Zweifel weiter auf die individuellen Bedürfnisse anzupassen. Die Regelungen des Mustervertrages liefern insoweit das notwendige Grundgerüst für das Gesellschaftsverhältnis, dessen Ausgestaltung im Einzelfall von den Gesellschaftern über zusätzliche Vereinbarungen vorgenommen werden kann.

Zur Umsetzung dieses Grundgedankens besteht § 11 nur aus einer Überschriftenzeile, so dass die zusätzlichen Vereinbarungen in einer gesonderten Anlage dem Vertrag „angehängt" werden können.

Zu § 12 Formerfordernis

Gesellschaftsverträge von Gesellschaften bürgerlichen Rechts bedürfen nach dem Gesetz keiner Form. Der Gesellschaftsvertrag kann demnach auch mündlich oder sogar konkludent durch schlüssiges Verhalten vereinbart werden. Gleiches gilt für eventuelle spätere Änderungen und/oder Ergänzungen des einmal geschlossenen Gesellschaftsvertrags. Dem Bedürfnis der Parteien nach Rechtssicherheit entspricht die gesetzliche Regelung nicht. Gerade bei größeren Vorhaben, die mit einem entsprechenden Zeitablauf und Investitionsvolumen einhergehen, ist Streit über einmal getroffene Regelungen vorprogrammiert. Diesem Sicherheitsbedürfnis trägt die vorgeschlagene Regelung Rechnung.

§ 12 Satz 1 bestimmt, dass der im Vertrag niedergelegte Inhalt vollständig ist und weitere Nebenabreden nicht bestehen. Die Parteien müssen demnach bei Vertragsschluss intensiv überdenken, ob sie alle regelungsbedürftigen Punkte bestimmt haben. § 12 Satz 2 statuiert ein gewillkürtes Schriftformerfordernis. Demnach bedürfen alle Änderungen der Schriftform. Dies setzt voraus, dass entsprechende Erklärungen in einen Vertrag aufgenommen und von den Parteien handschriftlich unterzeichnet werden (vgl. § 126 BGB). Hier ist jedoch zu beachten, dass bei gewillkürten Schriftformerfordernissen auch die telekommunikative Form genügen kann.

Änderungen des Gesellschaftsvertrags können jedoch gleichwohl formfrei erfolgen, wenn die Parteien bei der Änderung zugleich auch das Formerfordernis aufheben. Hierzu soll es nach der Rechtsprechung genügen, dass die Parteien die mündlich oder konkludent vereinbarte Änderung verbindlich wollen.[31] Soll mithin grundsätzlich gelten, dass Änderungen nur

---

31 Vgl. MüKo-*Ulmer*, BGB, § 705, Rn. 51 m.w.N.

bei schriftlicher Form wirksam sind, ist ein sog. qualifiziertes Schriftform-erfordernis zu vereinbaren. Dann sollte § 12 Satz 2 wie folgt lauten:

„Eine Änderung der Bestimmungen dieses Gesellschaftsvertrags er-folgt nur in Schriftform; dies gilt auch für die Aufhebung dieses Schrift-formerfordernisses selbst."

Zu § 13 Salvatorische Klausel

Die Aufnahme sogenannter Salvatorischer Klauseln in einen Vertrag ist grundsätzlich zu empfehlen. Nach dem Gesetz ist ein Vertrag grundsätz-lich insgesamt nichtig, wenn ein Teil nichtig ist und nicht angenommen werden kann, dass die Parteien den Vertrag auch ohne den nichtigen Teil geschlossen hätten (§ 139 BGB).

Die vorliegende Salvatorische Klausel bestimmt, dass der Vertrag im Übrigen wirksam sein soll, auch wenn einzelne Bestimmungen unwirk-sam sind. Sie enthält insofern die Verpflichtung der Parteien, statt der unwirksamen eine wirksame Bestimmung zu vereinbaren. Dabei wird auf den wirtschaftlichen Zweck des Vertrags insgesamt abgehoben. Glei-ches gilt für eventuelle Lücken in dem Vertrag, die dadurch entstehen können, dass die Parteien bei Vereinbarung des Vertrags bestimmte Punkte nicht bedacht hatten. Auch in diesen Fällen ist daher eine Ver-pflichtung der Parteien gegeben, eine entsprechende Bestimmung zu vereinbaren.

Hinzuweisen ist jedoch darauf, dass Salvatorische Klauseln nicht immer heilende Wirkung entfalten können. Bei inhaltlich zu weit gehenden be-stimmten Verboten (beispielsweise nachvertragliche Wettbewerbsverbote) ist das Verbot insgesamt unverbindlich, auch wenn eine Salvatorische Klausel vereinbart wurde.

Zu § 14 Gerichtsstand

In der Praxis besteht vielfach der Wunsch, bereits im Gesellschaftsvertrag einen Gerichtsstand fest zu vereinbaren. Dies ist jedoch nur in den Gren-zen des § 38 ZPO möglich. Gem. § 38 Abs. 1 ZPO können nur Kaufleute, juristische Personen des öffentlichen Rechts sowie öffentlich-rechtliche Sondervermögen uneingeschränkt Gerichtsstandsvereinbarungen treffen. Regelmäßig werden die Beteiligten einer Bau-ARGE Kaufleute sein. Für ARGEN zwischen Freiberuflern (z.B. zwischen Statikern und Architek-ten) ist dies jedoch keineswegs sicher und daher im Einzelfall zu prüfen. An dieser Stelle gilt es weiter zu beachten, dass die Kaufmannseigenschaft bereits bei Abschluss der Vereinbarung vorliegen muss.

Eine über die Vereinbarung des Gerichtstandes hinausgehende Möglichkeit ist die Vereinbarung einer Schiedsklausel. Durch die Bestimmung eines Schiedsgerichts wird gewährleistet, dass zwischen den Gesellschaftern von vornherein der Ablauf des Verfahrens vereinbart werden kann. Weiter wird häufig als Vorteil empfunden, mit den gesellschaftsinternen Streitigkeiten nicht vor öffentlichen Gerichten auftreten zu müssen. Es empfiehlt sich dabei, Schiedsgerichte bei einer institutionellen Einrichtung zu vereinbaren. Hier ist insbesondere auf die Deutsche Institution für Schiedsgerichtsbarkeit in Köln hinzuweisen.[32]

Schiedsvereinbarungen können gem. § 1029 Abs. 2 ZPO als eigenständige Vereinbarung oder als Schiedsklausel als Bestandteil eines anderen Vertrags geschlossen werden. Nach § 1031 Abs. 1 ZPO ist Schriftform erforderlich. Da bei der ARGE regelmäßig keine Verbraucher, sondern gewerbliche Unternehmer beteiligt sind, ist auch die Vereinbarung im Rahmen des Gesellschaftsvertrags möglich (vgl. § 1031 Abs. 5 ZPO).

Eine solche Schiedsklausel könnte wie folgt lauten:

„Sämtliche Streitigkeiten zwischen den Gesellschaftern und zwischen der Gesellschaft und den Gesellschaftern, die sich im Zusammenhang mit diesem Vertrag oder über seine Gültigkeit ergeben, werden unter Ausschluss des ordentlichen Rechtsweges von einem Schiedsgericht entschieden, soweit dem nicht zwingendes Recht entgegensteht. Das Schiedsgericht besteht aus so vielen Mitgliedern, wie die Gesellschaft Gesellschafter hat, tagt in .... und entscheidet nach der Schiedsgerichtsordnung der Deutschen Institution für Schiedsgerichtsbarkeit e.V. (DIS)."

Weit verbreitet ist auch das Verfahren nach der Schiedsgerichtsordnung für das Bauwesen einschließlich Anlagenbau (SGO Bau).[33]

Bei internationaler Gesellschafterstruktur sollte weiter die Sprache des Schiedsverfahrens sowie das anwendbare materielle Recht bereits im Gesellschaftsvertrag bzw. der Schiedsklausel vereinbart werden.

---

32 Informationen zur Schiedsordnung der DIS sind abrufbar unter http://www.dis-arb.de.
33 Herausgeber: Deutsche Gesellschaft für Baurecht e.V. und Deutscher Beton- und Bautechnik-Verein e.V.; weitere Informationen unter: http://www.baurecht-ges.de.

IV. Literaturverzeichnis

Gummert, Hans/
Weipert, Lutz (Hrsg.)

Münchener Handbuch des Gesellschaftsrechts, Bd. 1, 3. Auflage,
München 2009

Jagenburg, Inge/
Schröder, Carsten

Der ARGE-Vertrag – Kommentar
2. Auflage, Köln 2008

Krause-Allenstein, Florian

Die Bau-ARGE – Haftung, Sicher-
heiten, Versicherung im Innen- und
Außenverhältnis,
BauR 2007, S. 617 ff.

Säcker, Franz Jürgen/
Rixecker, Roland (Hrsg.)

Münchener Kommentar zum BGB
Bd. 5, 5. Aufl., München 2009

Thierau, Thomas/
Messerschmidt/Burkhard

Die Bau-ARGE,
BauR 2007, S. 129 ff.

Thode, Reinhold

Die Vollbeendigung der ARGE
und deren Rechtsfolgen,
BauR 2007, S. 610 ff.

Weitze, Dirk

Die Arbeitsgemeinschaft in der
Bauwirtschaft, Frankfurt 2003

Wölfing-Hamm, Isolde/
Hochstadt, Steffen

Sicherungsumfang der Bürgschaften einer Bau-ARGE bei Insolvenz
eines Gesellschafters,
NZBau 2007, S. 65 ff.

Partnerschaftsgesellschaftsvertrag

Von Dr. Tobias Lenz und Frank Braun, Rechtsanwälte in Köln

4., neu bearbeitete Auflage 2010

ISBN 978-3-8005-4303-8

Inhaltsverzeichnis

I. Das Partnerschaftsgesellschaftsgesetz

1. Zweck der Neuregelung

Freiberufler wie Rechtsanwälte, Ärzte u.a., hatten bis 1995 keine andere Wahl. Wollten sie mit Kollegen zusammenarbeiten, stand ihnen im Regelfall nur die – bekannte – Form der BGB-Gesellschaft zur Verfügung. Der Gesetzgeber hat mit dem am 1. 7. 1995 in Kraft getretenen PartGG den Angehörigen Freier Berufe eine besondere, auf ihre Bedürfnisse zugeschnittene Gesellschaftsform zur Verfügung gestellt, weil sich die Anforderungen im heutigen Wirtschaftsleben an die freiberufliche Berufsausübung geändert haben und die bisherigen Kooperationsformen diesen sich wandelnden Rahmenbedingungen nicht mehr gerecht wurden. Die freiberufliche Tätigkeit entspricht der moderner Dienstleistungsunternehmen. Die Zusammenschlüsse von Angehörigen Freier Berufe wachsen dynamisch. Zunehmend sind Spezialisten gefragt. Verbraucher fordern Angebote verschiedener Professionen „aus einer Hand". Dienstleistungen werden nicht mehr nur regional, sondern überregional und international nachgefragt.

Zu einer Partnerschaft können sich u.a. nachfolgend angeführte Freiberufler zusammenschließen:

- Ärzte, Zahnärzte, Tierärzte, Psychotherapeuten, Heilpraktiker, Krankengymnasten, Hebammen

- Mitglieder der Rechtsanwaltskammern

- Steuerberater, Wirtschaftsprüfer, beratende Volks- und Betriebswirte, vereidigte Buchprüfer

- Ingenieure, Architekten, Handelschemiker, hauptberufliche Sachverständige, Lotsen

- Journalisten, Dolmetscher, Lehrer und Künstler

- ähnliche Berufe

Die „Partnerschaft" bietet Angehörigen Freier Berufe eine Möglichkeit des Zusammenschlusses, die einerseits dem traditionellen Berufsbild des Freien Berufes noch entspricht, andererseits aber modernes und flexibles Reagieren ermöglicht. Die früher zur Verfügung stehenden Gesellschaftsformen boten – nach Auffassung des Gesetzgebers – für die sich wandelnden Bedingungen keine zufriedenstellende Organisation. Die bisher hauptsächlich von Freiberuflern gewählte Gesellschaft bürgerlichen Rechts eignet sich allenfalls bedingt. Ihre Schwachpunkte: kaum

3

verfestigte Struktur, fehlende Registereintragung und die fehlende Möglichkeit einer Haftungsbeschränkung. Auch die neuere Rechtsprechung zur BGB-Gesellschaft ändert hieran nichts (ab BGHZ 142, 315, BGH NJW 2003, 1803). Die GbR ist nun stark der OHG angenähert. Als Außengesellschaft besitzt sie weitgehend Rechtsfähigkeit, bei Grundstücksrechten wird inzwischen zwischen Rechtsinhaberschaft und Publizitätsakt, d.h. Eintragung im Grundbuch unterschieden (Inhaberschaft der GbR an dem Recht, so nunmehr BGH WM 2006, 2135 und BGH NJW 2008, 1378; hinsichtlich des Publizitätsakts hält die herrschende Meinung weiterhin die Eintragung aller Gesellschafter für erforderlich, § 47 GBO, OLG Schleswig NJW 08, 306; vgl. aber auch OLG Stuttgart, NJW 08, 304; K6 ZiP08, 1178, vgl. vertiefend Palandt/*Sprau*, BGB, 68. Aufl. 2009, § 705 Rn. 24a; *Geibel*, WM 2007, 1496). Die Partnerschaft weist aber weiterhin gesetzliche Vorteile durch größere Rechtssicherheit, z. B. aufgrund ihrer Eintragung, des Haftungsprivilegs aus § 8 Abs. 2 PartGG oder des Fortbestands gem. § 9 PartGG auf (MüKo/*Ulmer*, BGB, Bd. 5, 5. Aufl. 2009, Vorbem. § 1 Rn. 11). Die Regelungen der OHG und KG sind sehr auf die Gegebenheiten von Handel und Gewerbe zugeschnitten. Die Leistungserbringung in der Form von Kapitalgesellschaften wird vielfach mit dem Wesen freiberuflicher Tätigkeit als unvereinbar betrachtet, weil sich das Berufsbild des Freiberuflers mit dem des Gewerbetreibenden vermischt (vgl. aber BGH, NJW 1994, 786; BayOBlG, NJW 1995, 199), wenngleich gewisse Aufweichungen in diesem Bereich auszumachen sind (*Henssler*, Die gesetzliche Neufassung d. Rechtsanwalts-GmbH, NJW 1999, 241) und auch diese Form sich zunehmend am Markt findet.

Den Freien Berufen wird mit der Partnerschaftsgesellschaft, der ersten Neuschöpfung einer Organisationsform im deutschen Gesellschaftsrecht im letzten Jahrhundert, eine zusätzliche Chance zu den bisherigen Gestaltungsformen zur Verfügung gestellt (*Lenz*, Die Partnerschaft – Alternative Gesellschaftsform für Freiberufler?, MDR 1994, 741 ff.; vgl. auch *Lenz*, in: *Meilicke/Graf v. Westphalen/Hoffmann/Lenz/Wolff*, PartGG, München 2006, § 1 Rn. 1, 2).

Das Partnerschaftsgesellschaftsgesetz richtet sich in erster Linie an Freiberufler. Da es kein gesichertes Bild der Freien Berufe gibt und § 1 Abs. 2 PartGG nicht abschließend ist, kann die Partnerschaftsgesellschaft aber auch die Randgruppen der „freiberuflichen Tätigkeit", z. B. Unternehmensberater, Anlagenberater etc. anziehen (*K. Schmidt,* Die Freiberufliche Partnerschaft, NJW 1995, 1 ff.).

2. Überblick zur Entstehungsgeschichte

Die Erweiterung der gesellschaftsrechtlichen Gestaltungsmöglichkeiten zugunsten der Freien Berufe wurde jahrzehntelang diskutiert. Bereits im Jahre 1967 wurden erste Vorschläge zur Schaffung einer „Partnerschaft" formuliert. Ein Entwurf des Deutschen Bundestags zur Regelung von Freiberufler-Gesellschaften ist 1976, nachdem er bereits vom Bundestag verabschiedet war, schließlich im Bundesrat gescheitert. Am 26. 5. 1994 gelang der Durchbruch. Das Gesetz passierte den Bundestag. Die Ministerialbürokratie sprach vom „Tag der Freien Berufe". Am 10. 6. 1994 stimmte der Bundesrat zu. Das Gesetz ist am 1. 7. 1995 in Kraft getreten. Kurz nach Inkrafttreten des PartGG begann jedoch eine äußerst kontrovers geführte Diskussion. Die neuen gesetzlichen Regelungen über die interprofessionelle Zusammenarbeit von Freiberuflern wurden in verschiedenen Bereichen als unzureichend erachtet. Dieser Kritik beugte sich der Gesetzgeber: Er erließ das Gesetz zur Änderung des Umwandlungsgesetzes und des Partnerschaftsgesellschaftsgesetzes (vom 22. 7. 1998, BGBl. I, 1878), durch welches die Umwandlungsmöglichkeiten und die Haftungsstruktur verbessert wurden (zum Ganzen: *Römermann*, Neues im Recht der Partnerschaft, NZG 1998, 675).

Damit war jedoch die Entwicklung der gesetzlichen Grundlagen des Partnerschaftsgesetzes nicht beendet. Weitere Gesetzesänderungen wurden erforderlich, als der Bundesfinanzhof Ende der 90er Jahre die Partnerschaft als nicht vertretungsbefugt ansah. Daraufhin wurde in § 7 Abs. 4 PartGG n. F. eine Regelung angefügt, nach der der Partnerschaft nunmehr die Postulationsfähigkeit zukommt (Gesetz zur Änderung d. Finanzgerichtsordnung und anderer Gesetze vom 19. 12. 2000, BGBl. I, 1757).

Die letzten Gesetzesänderungen vom 10. 12. 2001 (Gesetz über elektronische Register und Justizkosten für Telekommunikation, BGBl. I, 3422) und vom 10. 11. 2006 (Gesetz über elektronische Handelsregister und Genossenschaftsbesitzer, BGBl. I, S. 2553, 2585) brachten keine wesentlichen Änderungen mit sich.

Im Rahmen des Gesetzes zur Modernisierung des GmbH-Rechts und zur Bekämpfung von Missbräuchen, MoMiG, wurde § 5 Abs. 2 PartGG dahingehend geändert, dass die Partnerschaftsgesellschaft nun von der Pflicht zur Anmeldung einer inländischen Geschäftsanschrift ausgenommen ist (letzte Änderungen vom 23. 10. 2008).

5

II. Hinweise zu den Vertragsmustern und Anleitungen

Jeder Partnerschaftsvertrag ist auf die persönlichen Bedürfnisse und Verhältnisse der Partner abzustimmen. Dies gilt insbesondere für die sensiblen Bereiche der Gewinnverteilung, aber auch für die Regelungen über die Trennung von der Partnerschaft. Keinesfalls dürfen die als Orientierungshilfe und zur Erleichterung gedachten Vertragsmuster und Anleitungen ohne konkrete Anpassung an den jeweiligen Einzelfall übernommen werden. Die vorformulierten Muster und Anleitungen wollen und sollen vielmehr die Kernpunkte einer vertraglichen Gestaltung aufzeigen, Denkanstöße bieten und Hilfestellungen geben; sie ersetzen nicht die im Einzelfall gebotene Beratung.

III. Mustervertrag[1] zur Partnerschaft

Partnerschaftsvertrag[2]

zwischen

1.[3] Herrn / Frau Rechtsanwalt(in),[4] Vorname A, Nachname B, Wohnort[5]

2. Herrn / Frau Rechtsanwalt(in), Vorname C, Nachname D, Wohnort

3. Herrn / Frau Steuerberater(in), Vorname E, Nachname F, Wohnort

---

1 Der Vertrag bedarf nach § 3 Abs. 1 des Gesetzes zur Schaffung von Partnerschaftsgesellschaften (PartGG) (BGBl. 1994, Teil I, 1744, zuletzt geändert durch Gesetz vom 10. 12. 2001, BGBl. I, 3422) der Schriftform.

2 Nach der Formulierung des PartGG hätte sich die Überzeugung bilden können, es könnte zutreffender sein, den Begriff „Partnerschaftsgesellschaftsvertrag" zu verwenden. Die recht umständlich („amtsdeutsch") klingende Bezeichnung wurde gewählt, um Missverständnissen vorzubeugen, es gehe um Regelungen der nichtehelichen Lebensgemeinschaft (*Bösert*, ZAP 1994, 775). Da im Text des PartGG selbst allerdings nur von „Partnerschaft" und ausdrücklich (z.b. in § 3 Abs. 2 PartGG) vom Partnerschaftsvertrag gesprochen wird, hat sich in der Praxis auch dieser Begriff durchgesetzt. Aus diesem Grund wird der Vertrag mit „Partnerschaftsvertrag" überschrieben.

3 Partner: Nach § 1 Abs. 1 S. 1 können Gesellschafter der Partnerschaft nur „Angehörige Freier Berufe" sein. § 1 Abs. 2 S. 2 PartGG zählt die Berufe, die hierzu gehören, auf, ohne jedoch abschließenden Charakter zu haben. Vielmehr handelt es sich um eine Erweiterung der Aufzählung in § 18 Nr. 1 S. 2 EStG. § 1 Abs. 2 PartGG enthält nunmehr – seit dem Änderungsgesetz von 1998 – eine Legaldefinition des Freien Berufs (anders noch die Vorauflage zur alten Rechtslage). Konstruktiv handelt es sich jedoch nur um einen unverbindlichen Programmsatz. Zu beachten ist allerdings der so genannte allgemeine Berufsrechtsvorbehalt im Sinne des § 1 Abs. 3 PartGG. Danach kann die Berufsausübung in der Partnerschaft in Vorschriften über einzelne Berufe ausgeschlossen oder eingeschränkt sein. Nach § 59 a des Gesetzes zur Neuordnung des Berufsrechts der Rechtsanwälte und der Patentanwälte (BRAO) vom 2. 9. 1994 (BGBl. I, 2278 ff. PartGG, zuletzt geändert durch Gesetz vom 21. 12. 2004, BGBl. I, 3599) dürfen sich z.B. Rechtsanwälte mit Steuerberatern, Steuerbevollmächtigten, Wirtschaftsprüfern und vereidigten Buchprüfern in einer Sozietät zur gemeinschaftlichen Berufsausübung verbinden (vgl. im Einzelnen dazu *Lenz,* in: Meilicke/Graf v. Westphalen/Hoffmann/Lenz/Wolff, PartGG, a.a.O., § 1).

4 Nach § 3 Abs. 2 Nr. 2 PartGG ist die Angabe des in der Partnerschaft ausgeübten Berufes zwingend; ein Berufsbetreuer i.S.d § 1897 Abs. 6 BGB übt keinen Freien Beruf, sondern ein Gewerbe aus, BAG-Urteil vom 23. 10. 2008, Az. 2 AZR 131/07; vgl. zu Kündigungsschutzklagen gegen eine Partnerschaftsgesellschaft auch BAG-Urteil vom 1. 3. 2007, Az. 2 AZR 525/05.

5 Nach § 3 Abs. 2 Nr. 2 PartGG muss der Vertrag den Namen und den Vornamen sowie den Wohnort jedes Partners enthalten.

4. Herrn / Frau Wirtschaftsprüfer(in) und Steuerberater(in), Vorname G, Nachname H, Wohnort

§ 1 Gegenstand der Partnerschaft[6]

Gegenstand und Zweck der Partnerschaft ist die [interprofessionelle][7] gemeinschaftliche Beratung und Betreuung von Mandanten auf dem Gebiet des Wirtschaftsrechts.[8]

§ 2 Name und Sitz

(1) Die Partnerschaft trägt den Namen: B[9] und Partner[10] – Rechtsanwälte, Wirtschaftsprüfer, Steuerberater.

(2) Die Partnerschaft ist berechtigt, den Namen von Rechtsanwalt B im Falle seines Ausscheidens fortzuführen, sofern ein wichtiger Grund

---

6 Nach § 3 Abs. 2 Nr. 3 PartGG ist die Angabe des Gegenstandes der Partnerschaft zwingend.

7 Vgl. dazu § 1 Abs. 3 PartGG. Danach kann die Berufsausübung in der Partnerschaft in Vorschriften über einzelne Berufe ausgeschlossen oder eingeschränkt sein (vgl. dazu *Lenz,* a.a.O., § 1 Rn. 110–127ff.).

8 Dass die Partner ihre beruflichen Leistungen unter Beachtung des für sie geltenden Berufsrechts erbringen, muss im Vertrag nicht explizit zum Ausdruck gebracht werden. Dies regelt bereits § 6 Abs. 1 PartGG (vgl. dazu auch BFH-Urteil vom 23. 7. 1998, BStBl. 1998 II, S. 692).

9 Erforderlich ist nur die Angabe des Nachnamens mindestens eines Partners (§ 2 Abs. 1 S. 2 PartGG). Die Hinzufügung von Sach- und Phantasiebezeichnungen ist zulässig (BGH, BB 2004, 1021). Wenn der Name der Partnerschaft aber aus der Zusammensetzung der Familiennamen zweier Partner in einem Wort, das zusammen und klein geschrieben wird, besteht, wird dies für unzulässig gehalten, denn dann wird hier der Eindruck erweckt, dass es sich um einen neuen, anderen Familiennamen einer einzelnen Person handelt, die nicht Partner der Gesellschaft ist und deshalb nach § 2 Abs. 1 Satz 3 nicht zulässig ist (OLG Frankfurt FGPrax 2008, 167).

10 Die Zusätze „und Partner", „Partnerschaft" oder auch „& Partner" oder „+ Partner", die nach § 2 Abs. 1 PartGG im Namen enthalten sein müssen, sind nach § 11 Abs. 1 S. 1 PartGG Partnerschaften vorbehalten (BGH, NJW 1997, 1854, 1855 mit einer Anmerkung von *Lenz,* MDR 1997, 861, 862). Dies gilt ebenso für die englische Version „& Partners" (OLG Hamm, DB 2005, 99), was auch europarechtlich keinen Bedenken begegnet (KG, NJW-RR 2004, 976). Die Bezeichnung „GV-Partner" ist als Bestandteil einer GmbH & Co. KG zulässig, LG Augsburg vom 23. 8. 2006, 3 HKT 2609/06; die Wahl eines Berufs- oder Künstlernamens (Pseudonym) anstelle des Familiennamens dürfte inzwischen für zulässig erachtet werden (vgl. Ulmer/Schäfer/MüKo, § 42 Rn. 9). Auf die Eintragung im Personalausweis kommt es nicht an, OLG Frankfurt NJW 2003, 364, 365; ebenso jetzt *Meilicke,* in Meilicke/Graf von Westphalen/Hoffmann/Lenz/Wolff, § 2 Rn. 2a.

nicht entgegensteht[10a]. Dies gilt auch dann, wenn die Partnerschaft nur einen Namen bei zwei ausscheidenden Partnern fortführen will (LG Essen, DStRE 2003, 443). Die einer GbR erteilte Genehmigung zur Namensfortführung gilt auch für ihre spätere Umwandlung in eine Partnerschaft (BGH, DB 2002, 1099).

(3) Der Sitz[11] der Partnerschaft ist ....

§ 3 Geschäftsjahr, Beginn und Dauer

(1) Das Geschäftsjahr ist das Kalenderjahr.[12]

(2) Die Partnerschaft beginnt ihre Tätigkeit nach außen mit der Eintragung im Partnerschaftsregister [**alternativ:** am ....].[13]

10a *Meilicke*, in: Meilicke/Graf v. Westphalen/Hoffmann/Lenz/Wolff, a.a.O., § 2 Rn. 18 ff.

11 Zwingend gemäß § 3 Abs. 2 Nr. 1 PartGG. Bei Personengesellschaften ist streitig, ob der Sitz der Gesellschaft Gegenstand einer Vereinbarung der Gesellschafter ist oder identisch ist mit dem Ort des Verwaltungssitzes (allg. hierzu *Straub/Ulmer*, HGB, 4. Aufl. 2002, § 106 Rn. 20). Bei der Partnerschaft wird man – mit der wohl h. M. – den Ort der Geschäftsführung als den Gesellschaftersitz ansehen, *Meilicke*, in: Meilicke/Graf v. Westphalen/Hoffmann/Lenz/Wolff, a.a.O., § 3 Rn. 19 f.; a. A. *Michalski/Römermann*, PartGG, 3. Aufl. 2002, S. 39 f. Gemäß der Neufassung des § 5 Abs. 2 PartGG ist die Anmeldung einer inländischen Geschäftsanschrift nicht mehr notwendig.

12 Die Frage, ob Partnerschaftsgesellschaften den Gewinn nach einem vom Kalenderjahr abweichenden Wirtschaftsjahr ermitteln können, beantwortet das Bundesfinanzministerium wie folgt (BMF-Schreiben vom 21. 12. 1994 – IV B 2 – S 2115 – 6/94, BB 1995, 196):
Nach § 4 a Abs. 1 Nr. 2 EStG ist bei Gewerbetreibenden, deren Firma im Handelsregister eingetragen ist, das Wirtschaftsjahr der Zeitraum, für den sie regelmäßig Abschlüsse machen. Das Wirtschaftsjahr entspricht daher grundsätzlich dem Geschäftsjahr (§§ 240 Abs. 2 Satz 1, 242 HGB). Bei anderen Gewerbetreibenden und bei selbständig Tätigen ist das Wirtschaftsjahr das Kalenderjahr (§ 4 a Abs. 1 Nr. 3 EStG).
Eine Partnerschaft ist nach § 1 Abs. 1 PartGG eine Gesellschaft, in der sich Angehörige Freier Berufe zur Ausübung ihrer Berufe zusammengeschlossen haben. Steuerrechtlich erzielt die Partnerschaft grundsätzlich Einkünfte aus selbständiger Arbeit (§ 18 EStG). Der Gewinnermittlungszeitraum für diese Einkünfte ist daher stets das Kalenderjahr (§ 4 a Abs. 1 Nr. 3 EStG). Dies gilt auch, wenn die Einkünfte der Partnerschaft aufgrund berufsfremder Tätigkeiten (z.B. Treuhandtätigkeiten) oder wegen Beteiligung berufsfremder Personen steuerrechtlich als Einkünfte aus Gewerbebetrieb (§ 15 EStG) zu qualifizieren sind. Da die Partnerschaft nicht im Handelsregister eingetragen ist, kann sie auch in diesem Fall den Gewinn nicht in einem vom Kalenderjahr abweichenden Wirtschaftsjahr ermitteln. Die Eintragung im Partnerschaftsregister steht der Eintragung im Handelsregister insoweit nicht gleich.

13 Nach § 7 Abs. 1 PartGG wird die Partnerschaft im Verhältnis zu Dritten mit der Eintragung wirksam. Um Problemen aus dem Weg zu gehen, erscheint es ratsam, mit dem Zeitpunkt der Eintragung die Geschäfte beginnen zu lassen.

(3) Der Partnerschaftsvertrag wird auf unbestimmte Zeit geschlossen.

[**alternativ:** Die Partnerschaft wird zunächst auf 8 Jahre [oder: .....] ein-gegangen. Der Vertrag verlängert sich um jeweils 2 Jahre, wenn die Partnerschaft nicht spätestens 9 Monate vor Vertragsende schriftlich allen Partnern gegenüber gekündigt wird.]

§ 4 Einlagen und Anteile

(1) Herr / Frau F leistet eine Bareinlage von EUR 30.000, die zum ....[14] auf das Konto der Partnerschaft bei der .... Bank in .... zu zahlen ist.

(2) Herr / Frau D bringt in die Gesellschaft einen Kopierer,[15] Marke: ...., Alter..... im Wert[16] von EUR 15.000 ein.[17]

(3) Herr / Frau B und Herr / Frau H bringen ihr bisheriges Inventar unter Ausschluss jedweder Sach- bzw. Rechtsmängelhaftung zu Eigentum der Partnerschaft ein. Dieses Inventar wird in der als Anlage 1 dem Vertrag beigefügten Liste im Einzelnen bezeichnet.

(4) Die Anteile der Gesellschafter bestimmen sich wie folgt:

a) Rechtsanwalt B : 30 %

b) Rechtsanwältin D : 15 %

c) Steuerberater F : 25 %

d) Wirtschaftsprüfer und Steuerberater H : 30 %

(5) Der Anteil eines Partners ist nur mit Zustimmung aller Partner an Dritte übertragbar, auch wenn diese die erforderlichen beruflichen Voraussetzungen erfüllen.

---

14 Im Zweifel sind die Bareinlagen sofort fällig, § 271 Abs. 1 BGB. Bei verspäteter Zahlung fallen Zinsen an (§ 111 HGB).

15 Statt einer Bareinlage kann auch die *Einbringung von Sachen* vereinbart werden, so etwa Inventar oder auch die Einbringung einer gesamten Praxis. Soweit nichts anderes vereinbart ist, gelten bei Mängeln der einzubringenden Gegenstände die Vorschriften über die Sach- bzw. Rechtsmängelhaftung (§ 437 ff. BGB).

16 Die Bewertung der Beiträge obliegt den Partnern; bei krassen Missverhältnissen zwischen dem Verkehrswert und dem vereinbarten Wert der Sacheinlage kann das Finanzamt Umbewertungen veranlassen.

17 Stattdessen könnte auch ein Gebrauchsüberlassungsvertrag geschlossen werden. In diesem Fall überlässt der Partner beispielsweise den Kopierer wie ein Dritter und erhält dafür Mietzins bzw. Pachtzins oder ggf. eine Lizenzgebühr. Ertragsteuerlich werden beide Fälle gleich behandelt (§ 15 Abs. 1 Nr. 2 EStG).

§ 5 Tätigkeitsumfang

(1) Die Partner verpflichten sich – mit Ausnahme von Rechtsanwältin D – wechselseitig, der Partnerschaft ihre volle Arbeitskraft [**alternativ:** wöchentlich ... Stunden] zur Verfügung zu stellen. Rechtsanwältin D verpflichtet sich, zumindest halbtags ihre Arbeitskraft einzubringen.[18]

[**alternativ:** Rechtsanwältin D erbringt wöchentlich ... Stunden.]

(2) Nebentätigkeiten eines Partners von insgesamt wöchentlich mehr als 5 Stunden sind nur mit Zustimmung der anderen Partner zulässig.

§ 6 Beschlussfassung, Stimmrecht, Partnerversammlung

(1) Die Partner entscheiden über die Angelegenheiten der Partnerschaft durch Beschluss. Beschlüsse werden – soweit in diesem Vertrag nichts anderes geregelt ist – mündlich gefasst. Sofern ein Partner dies beantragt, werden die Beschlüsse schriftlich protokolliert.[19]

(2) Die Beschlüsse bedürfen der Zustimmung aller Partner,[20] sofern nicht nach diesem Vertrag bestimmte Partner von der Entscheidung ausgeschlossen sind.

[**alternativ:** Die Beschlüsse bedürfen der Zustimmung der Mehrheit der Stimmen aller Partner.[21] [ergänzend: Das Stimmrecht der Partner entspricht dem jeweiligen Gewinnanteil.]]

(3) Die Partner fassen die Beschlüsse in der Partnerversammlung,[22] die regelmäßig an jedem ersten Werktag des Monats [**alternativ:** vierzehntägig oder wöchentlich (Wochentag)] abgehalten wird. Außerordentliche Partnerversammlungen werden durchgeführt, wenn ein Partner

---

18 Diese Formulierung ist gewählt worden, um ausdrücklich zu dokumentieren, dass auch Partnerinnen Gesellschafter werden können, die neben dem Beruf familiäre Belange berücksichtigen müssen.

19 Es empfiehlt sich, Beschlüsse schriftlich festzuhalten, insbesondere wenn sie den Partnerschaftsvertrag abändernden Charakter haben; vgl. auch § 3 Abs. 1 PartGG.

20 Diese Regelung folgt bereits aus § 6 Abs. 3 PartGG i.V.m. § 119 Abs. 1 HGB und hat rein deklaratorische Bedeutung. Der Grundsatz der Einstimmigkeit dürfte insbesondere bei kleineren Partnerschaftsgesellschaften angemessen erscheinen. Abweichende vertragliche Regelungen sind allerdings – unter Wahrung des von der Rechtsprechung aufgestellten Bestimmtheitsgrundsatzes – zulässig.

21 Bei dieser Alternative ist nach § 6 Abs. 3 PartGG i.V.m. § 119 Abs. 2 HGB, wenn nichts weiter geregelt ist, die Mehrheit nach der Kopfzahl der Partner zu berechnen. Sollen die Gesellschaftsanteile den Ausschlag geben, ist dies vertraglich zu regeln.

22 Zwingend ist die Durchführung einer Partnerversammlung zur Beschlussfassung nicht. Bei größeren Partnerschaften erscheint eine solche formalisierte Vorgehensweise allerdings empfehlenswert.

dies schriftlich beantragt oder/und die Angelegenheiten der Partnerschaft eine außerordentliche Sitzung erfordern.

§ 7 Geschäftsführung[23] und Vertretung[24]

(1) Zur Geschäftsführung und zur Vertretung der Partnerschaft ist jeder Partner berechtigt und verpflichtet.[25] [**alternativ:** Mit der Geschäftsführung und der Vertretung der Partnerschaft wird .... betraut.[26]]

(2) Die Partner betreuen die Mandanten jeweils selbständig und eigenverantwortlich, sofern im Einzelfall nichts anderes beschlossen wird.

§ 8 Mandate

(1) Die bisherigen Mandate der Partner werden in die Partnerschaft eingebracht, soweit die Mandanten zustimmen. Fehlt die Zustimmung der Mandanten, bleiben diese Mandate nach außen solche des jeweils berechtigten Partners. Im Innenverhältnis wird das Mandat für Rechnung der Partnerschaft übernommen.[27]

---

23 Nach § 6 Abs. 2 PartGG können einzelne Partner vertraglich nur von der Führung der „sonstigen Geschäfte" ausgeschlossen werden. Gemeint sind damit die nicht typischerweise mit der Ausübung des Freien Berufes zusammenhängenden Geschäfte. Ein weitergehender Ausschluss von der Geschäftsführung wäre mit der Ausübung des Freien Berufes unvereinbar. Nach § 6 Abs. 3 PartGG in Verbindung mit § 116 Abs. 1 HGB umfasst die Geschäftsführung alle Handlungen, die der gewöhnliche Betrieb der Partnerschaft mit sich bringt, etwa Vertragsschlüsse mit Mandanten/ Kunden, Anmietung von Räumen, Personalfragen und die damit zusammenhängenden Hilfsgeschäfte, vgl. aber auch § 116 Abs. 2 HGB.
24 Die Vertretung regelt § 7 Abs. 3 PartGG i.V.m. § 125 Abs. 1, 2 HGB sowie §§ 126 und 127 HGB; Grundsatz: Alleinvertretungsbefugnis der Partner. Bei größeren Partnerschaften sollte die alternative Fassung gewählt werden.
25 Bei kleineren Partnerschaften kann es bei der gesetzlichen Vorgabe (vgl. § 114 Abs. 1 HGB) bleiben (vgl. § 6 Abs. 3 S. 2 PartGG).
26 Die Übertragung der Geschäftsführung und Vertretung auf einen oder mehrere Partner wird bei Zusammenschlüssen von Freiberuflern die Ausnahme bleiben. Immerhin ist der Ausschluss einzelner Partner – vorbehaltlich der Regelung des § 6 Abs. 2 PartGG – zulässig (vgl. auch Fn. 22). Die Geschäftsführung wird grundsätzlich auch dann nicht vergütet, wenn sie einem Partner zugewiesen ist, es sei denn, es besteht eine besondere Vergütungsregelung im Vertrag. Praktikabler erscheint die Berücksichtigung im Rahmen der Gewinnverteilung.
27 Die sich zusammenschließenden Partner haben bei der Einbringung der Mandate die im Interesse des Individualschutzes getroffenen Geheimhaltungsregeln (z.B. § 203 StGB: Verletzung von Privatgeheimnissen) zu beachten.

(2) Alle Mandate – vorbehaltlich des Satzes 2 – werden auf die Partnerschaft übertragen. Straf- und Bußgeldmandate[28] übernimmt der beauftragte Partner im Außenverhältnis allein; im Innenverhältnis werden sie aber für Rechnung der Partnerschaft geführt.

§ 9 Haftung[29]

(1) Die Partnerschaft schließt zugunsten aller Partner und den angestellten Mitarbeitern eine Berufshaftpflichtversicherung ab. Über die Höhe der Rechnungssumme entscheiden die Partner. Wird durch das Berufsrecht eine Mindestdeckungssumme vorgegeben, so darf diese nicht unterschritten werden.

(2) Soweit das Haftungsrisiko eines avisierten Mandats die Deckungssumme der Berufshaftpflichtversicherung übersteigt, hat der handelnde Partner unverzüglich die übrigen Partner zu informieren. Über die Annahme des Mandats entscheiden die Gesellschafter einstimmig. [**alternativ:** ..., entscheiden die Gesellschafter mehrheitlich. **alternativ:** ..., hat der handelnde Partner mit dem Mandanten eine Haftungsbeschränkungsvereinbarung zu schließen].[30]

(3) Im Innenverhältnis der Partner untereinander haftet der handelnde Partner – soweit keine versicherungsrechtliche Deckung besteht – nur dann voll, wenn er den Haftungsfall vorsätzlich oder grob fahr-

---

28 Wegen § 137 Abs. 1 StPO und § 46 OWiG erscheint die Regelung sinnvoll.
29 Exkurs: Die Haftung der Partnerschaft bzw. der Gesellschafter. Die Haftungsverfassung der Partnerschaftsgesellschaft ist in § 8 PartGG geregelt. Nach dessen Abs. 1 haften im Außenverhältnis den Gläubigern neben der Partnerschaft alle Gesellschafter als Gesamtschuldner. Nach der alten Rechtslage mussten die Partner – um die gesamtschuldnerische Haftung sämtlicher Partner neben der Haftung der Partnerschaft als solche auszuschließen – sog. Haftungskonzentrationsvereinbarungen mit den Mandanten schließen. Diese Haftungskonzentrationsvereinbarung – die auch in § 8 Abs. 2 PartGG a. F. geregelt war – bewirkte, dass neben der Partnerschaft nur noch der handelnde Partner persönlich haftete. Die Erforderlichkeit einer einzelvertraglichen Haftungskonzentration – sei es nun individualvertraglich oder AGB-rechtlich – wurde insgesamt als recht praxisfern angesehen. Deshalb wurde § 8 Abs. 2 PartGG zum 1. 8. 1998 auch grundlegend geändert. Nunmehr ist eine Haftungskonzentrationsvereinbarung nicht mehr erforderlich. Vielmehr haftet stets nur noch der handelnde Partner neben der Partnerschaft. Eingehend hierzu *Graf v. Westphalen*, in: Meilicke/Graf v. Westphalen/Hoffmann/Lenz/Wolff, a.a.O., § 8 Rn. 2 ff.; *Seiler*, in: Münchner Handbuch des Gesellschaftsrechts, Bd. 1, 2004, S. 822 mit umfassenden weiteren Nachweisen; *K. Schmidt*, NJW 2005, 2801.
30 Achtung: in AGB nur sehr eingeschränkt wirksam möglich! Vgl. Anlage 2.

lässig herbeigeführt hat. In den übrigen Fällen besteht eine Gesamt-schuld.[31]

§ 10 Einnahmen und Ausgaben der Partnerschaft

(1) Sämtliche Einnahmen der Partner, die diese aus ihrer jeweiligen Be-rufstätigkeit nach Beginn der Partnerschaft bis zum Ende der Mit-gliedschaft oder zum Ende der Partnerschaft erzielen, sind Einnah-men der Partnerschaft. Dies gilt auch für Einnahmen aus der Tätigkeit als Schiedsrichter und Testamentsvollstrecker [...], nicht aber für Vor-trags- und schriftstellerische Nebentätigkeiten; ebenso wenig gehören zu den Einnahmen der Partnerschaft Vergütungen aus Aufsichtsrats-bzw. Beiratsmandaten [...].[32]

(2) Zu den Ausgaben der Partnerschaft gehören insbesondere die Perso-nalkosten, die Miete für die Praxisräume, die Prämien der Berufshaft-pflichtversicherung,[33] die Aufwendungen für das Inventar und sons-tige Betriebsmittel (Strom, Wasser, Telefon etc.). Zu den Betriebskos-ten gehören auch Kammerbeiträge.[34] Fortbildungs- und Seminarkos-ten tragen die Partner persönlich. [**alternativ**: Welche Fortbildungs-und Seminarkosten Betriebskosten sind, entscheiden die Partner durch Beschluss im Einzelfall.[35]]

(3) Kraftfahrzeuge bleiben Eigentum des jeweiligen Partners. Die damit verbundenen Kosten trägt jeder Partner selbst.

§ 11 Buchführung

Die Buch- und Kontenführung[36] obliegt allen Partnern gemeinschaft-lich.[37]

---

31 Diese Regelung erscheint in den Fällen leichter Fahrlässigkeit (oder bei diligentia quam in suis, vgl. § 277 BGB) angemessen. Andere Regelungen sind im Innenver-hältnis jedoch möglich. Im Außenverhältnis gilt allein § 8 PartGG.

32 Was im Einzelnen der Partnerschaft zugute kommt, kann konkret dargestellt wer-den.

33 Gegebenenfalls weitere Versicherungen: Betriebsunterbrechungsversicherung, Haus-rat- und Gebäudeversicherungen etc.

34 Diese Regelung betrifft nur die verkammerten Berufe.

35 So auch *Stucken*, WiB 1994, 745.

36 Die Kontenführung gehört nicht zu den zwingend zu regelnden Bereichen. Der Voll-ständigkeit halber könnten die Partner jedoch auch eine Regelung über die „Konten der Partner" aufnehmen. Diese könnte wie folgt gefasst sein:
Konten der Partner
(1) Für die Partner werden folgende Konten errichtet: Kapitalkonto I, Verlustvor-tragskonto, Kapitalkonto II und Privatkonto.

[**alternativ:** den Partnern B und H. Die übrigen Partner werden über die Entwicklung der Geschäfte im Rechnungsjahr je nach Dringlichkeit, spätestens aber vierteljährlich, zum 1. des Quartalsbeginns unterrichtet.]

§ 12 Tätigkeitsvergütung

(1) Jeder Partner erhält in dem laufenden Geschäftsjahr eine Tätigkeitsvergütung als Voraus zu Lasten seines Gewinnanteils. Die Höhe der Tätigkeitsvergütung wird für jeden Partner gesondert[38] durch einstimmigen Beschluss aller[39] Partner bestimmt. Sie soll [darf] ... % des im abgelaufenen Geschäftsjahr auf den jeweiligen Partner entfallenen Gewinns nicht überschreiten.

(2) Die Tätigkeitsvergütung wird in 13 Monatsraten, jeweils zum Ende des Monats, die 13. Monatsrate mit der Novemberrate, ausgezahlt.

(3) Wird ein Partner infolge Krankheit oder Berufsunfähigkeit an seiner Tätigkeit gehindert, so verliert er dadurch nicht den Anspruch auf Tätigkeitsvergütung bis zur Dauer von 6 Wochen. Wird der Partner binnen des Geschäftsjahres mehrfach infolge derselben Krankheit tätigkeitsunfähig, so verliert er den Anspruch für insgesamt 6 Wochen nicht.[40]

---

(2) Kapitaleinlagen der Partner werden auf Kapitalkonto I gebucht. Das Konto ist maßgebend für die Beteiligung am Ergebnis, Vermögen und einem evtl. Auseinandersetzungsguthaben.

(3) Verlustanteile der Partner werden auf die Verlustvortragskonten gebucht.

(4) Vom Gewinnanteil der Partner werden je ...% auf Kapitalkonto II gebucht ... (was der Stärkung des Eigenkapitals dienen soll; die auf diesem Konto gebuchten Beträge haben Einlagencharakter).

(5) Alle sonstigen die Partner betreffenden Buchungen, insbesondere Entnahmen, Einlagen, Gewinne (soweit nicht auf Kapitalkonto II bzw. auf dem Verlustvortragskonto gutgeschrieben) u.Ä. werden auf Privatkonten gebucht. (Das Privatkonto ist eine variable Größe; darauf werden Entnahmen und Einlagen verbucht.)

Vgl. zum Umfang des Kapitalkontos i.S.d. § 15 a Abs. 1 S. 1 EStG, BMF-Schreiben vom 24. 11. 1993 (BStBl. I, 1993, 934).

37 Bei größeren Partnerschaften erscheint die Übertragung auf einen oder mehrere Partner sinnvoll.

38 Diese Wendung soll sicherstellen, dass auf individuelle wirtschaftliche Belange eines Partners Rücksicht genommen werden kann.

39 Bei finanziellen Regelungen empfiehlt es sich, alle Partner zu beteiligen.

40 Eine finanzielle Regelung bei Krankheiten von Partnern sollte im Rahmen des Vertrages berücksichtigt werden. Alternative Lösungen bieten sich insbesondere dann an, wenn aufgrund von Versicherungsleistungen das Einkommen eines erkrankten Partners gesichert erscheint. Die vorgeschlagene Regelung orientiert sich an § 3 EntgeltfortzahlungsG.

§ 13 Jahresabschluss

(1) Die Partner erstellen innerhalb von 4 [oder: 8] Monaten nach Schluss des Geschäftsjahres den Jahresabschluss (Einnahmen-Überschussrechnung) [**alternativ:** (Bilanz, Gewinn- und Verlustrechnung)] und legen diesen allen Partnern zur Feststellung vor.[41]

(2) Kommt ein einstimmiger Beschluss aller Partner binnen eines Monats nach Vorlage nicht zustande, so erfolgt die Feststellung des verbindlichen Jahresabschlusses auf Antrag eines Partners durch einen von der Industrie- und Handelskammer in .... zu benennenden Wirtschaftsprüfer als Schiedsgutachter auf Kosten der Partnerschaft.

§ 14 Gewinn- und Verlustbeteiligung,[42] Rücklage

(1) Der im festgestellten Jahresabschluss ausgewiesene Gewinn verteilt sich wie folgt:

Partner B   ....   %

Partner D   ....   %

Partner F   ....   %

Partner H   ....   %

(2) Die Partnerschaft bildet eine gemeinschaftliche Rücklage[43] in Höhe von .... % des im festgestellten Jahresabschluss ausgewiesenen Gewinns. Die Partner bilden die Rücklage entsprechend ihrer Quote gemäß Abs. 1.[44]

---

41 Die Partnerschaft ist nicht analog §§ 238 ff. HGB verpflichtet, Handelsbücher zu führen oder Bilanzen zu erstellen; vgl. auch § 140 AO. Vielmehr besteht die Möglichkeit, den Gewinn der Partnerschaft nach dem Überschuss der Betriebseinnahmen über die Betriebsausgaben nach § 4 Abs. 3 EStG (Einnahmen-Überschussrechnung) zu ermitteln. Insoweit ist § 721 BGB über § 1 Abs. 4 PartGG anwendbar. Partnerschaften, die nach der Abfärbetheorie ertragsteuerlich nach § 15 EStG als Gewerbetreibende angesehen werden, trifft allerdings nach § 141 AO eine Buchführungspflicht.

42 Die Gewinnverteilung ist ein entscheidender Teil des Partnerschaftsvertrages, zugleich ein äußerst sensibler Regelungspunkt. Deshalb sollte die Gewinnverteilung auf den Einzelfall sorgfältig zugeschnitten werden. Zu einzelnen Gewinnverteilungssystemen vgl. etwa *Römermann*, Entwicklungen und Tendenzen bei Anwaltsgesellschaften, 1995, S. 59 ff.

43 Sinn der Rücklage ist es, bei Einnahmeengpässen die laufenden Betriebsausgaben aus dem Gesellschaftsvermögen erbringen zu können, ohne auf das Privatvermögen der Partner zurückgreifen zu müssen.

44 Es sollte klargestellt werden, ob alle Partner in gleicher Höhe zur Bildung der Rücklage beitragen müssen oder ob sich ihre Beteiligung nach ihrem Anteil richtet.

(3) Die Gewinnausschüttung findet nach Abzug der Rücklage unter Anrechnung der vorab gewährten Tätigkeitsvergütung statt.

(4) Der Verteilungsschlüssel des Gewinns sowie die Höhe der Rücklage werden jährlich durch einstimmigen Beschluss aller Partner angepasst.[45]

(5) An dem Verlust sind die Partner in gleichem Verhältnis beteiligt wie am verbleibenden Gewinn. Etwaige Verluste sind binnen 14 Tagen nach Feststellung des Jahresabschlusses durch die Partner gemäß ihrer Gewinnbeteiligungsquote auszugleichen. Tritt ein Verlust nur insofern ein, als dass bei einzelnen Partnern die vorab gewährte Tätigkeitsvergütung den ihnen nach dem Verteilungsschlüssel zustehenden Gewinnanteil übersteigt, so gilt die Ausgleichspflicht nur für diese Partner [**alternativ**: .... so verbleibt diesen Partnern die Tätigkeitsvergütung.][46]

[alternativ:

(1) An den Überschüssen und Verlusten, die nach Abzug der Tätigkeitsvergütung gemäß dem verbindlichen Jahresabschluss verbleiben, nehmen die Partner im Verhältnis ihrer Beteiligung an der Partnerschaft [**alternativ**: nach der Anzahl der Partner][47] teil. Alle zwei Jahre nach Beginn der Partnerschaft werden die Beteiligungsquoten von den Partnern überprüft und durch Beschluss neu festgelegt. Kommt ein einstimmiger Beschluss aller Partner nicht zustande, so gelten die Beteiligungsquoten fort.

(2) Die Partnerschaft bildet eine Rücklage in Höhe von .... [**alternativ**: bis zur Höhe der Betriebsausgaben für den Zeitraum von 3 Monaten, gemessen an den durchschnittlichen Betriebsausgaben für das abgelaufene Geschäftsjahr ohne Umsatzsteuer]. Um die Rücklage zu bilden, behält die Partnerschaft, bis die festgelegte Grenze erreicht ist, von dem Gewinnanteil jedes Partners 10 % [....] ein.[48] Die Auflösung der Rücklagen bedarf der Zustimmung aller Partner.

---

45 Die Vorschrift stellt sicher, dass die Gewinnverteilung (auch) der Leistung entspricht.

46 Diese Regelung stellt klar, wie bei Verlusten einzelner Partner zu verfahren ist. Die Alternative verlagert das Risiko der vorab gewährten Tätigkeitsvergütung auf die Partnerschaft.

47 Bei Gleichgewichtigkeit der Partner scheint eine Verteilung nach der Anzahl sachgerecht; andere Kriterien können sein: Umsatz, Dauer der Zugehörigkeit zur Partnerschaft.

48 Vgl. die Klarstellung im Grundmuster, § 14 Abs. 2.

(3) Die verbleibenden Gewinnanteile sind nach Feststellung des Geschäftsabschlusses und nach Bedienung der Rücklage innerhalb von 14 Tagen auszuzahlen. Etwaige Verluste sind binnen 14 Tagen nach Feststellung des Jahresabschlusses durch die Partner gemäß ihrer Gewinnbeteiligungsquote auszugleichen].[49]

§ 15 Kontrollrechte der Partner

(1) Jeder Partner kann sich zur Ausübung des ihm gesetzlich zustehenden Kontrollrechts eines zur Berufsverschwiegenheit verpflichteten Sachverständigen bedienen.[50]

(2) Die bei der Ausübung des Kontrollrechts entstehenden Kosten hat stets der die Einsicht begehrende Partner zu tragen.[51]

§ 16 Urlaub[52]

(1) Jedem Partner steht ein Jahresurlaub von ..... (Werktagen/Wochen) zu, der unter Berücksichtigung des Geschäftsanfalls im jeweils laufenden Geschäftsjahr genommen werden soll.

(2) Nach fünfjähriger Zugehörigkeit zur Partnerschaft erhöht sich der Urlaubsanspruch auf ...., nach 10 Jahren auf ...., nach Erreichung des 50. Lebensjahres auf mindestens .....

§ 17 Eintritt weiterer Partner

(1) In die Partnerschaft eintretende Partner werden durch einstimmigen, schriftlich niederzulegenden Beschluss aller Partner aufgenommen.[53] Der Beschluss regelt auch die Einzelheiten der Aufnahme.[54]

---

49 Vgl. die Klarstellung im Grundmuster, § 14 Abs. 2.
50 Vgl. § 6 Abs. 3 PartGG i.V.m. § 118 HGB; darüber hinaus sind nach § 1 Abs. 4 PartGG die §§ 713, 666 BGB und letztlich wohl auch § 810 BGB anwendbar. Obwohl die Informationsrechte höchstpersönlich und nicht übertragbar sind, ist mittlerweile die Hinzuziehung Dritter als Sachverständige gerichtlich anerkannt (BGHZ 25, 115; BGH, BB 1984, 1274). Geeignet ist ein Sachverständiger, der berufsrechtlich zur Verschwiegenheit verpflichtet ist (BGH, BB 1962, 899).
51 Die Kostentragungspflicht kann zweifelhaft sein; insoweit könnte nach der jeweiligen Vertragsgrundlage für die Ausübung, z.B. Einsichtsrecht nach § 118 HGB und Auskunftsbegehren nach §§ 713, 666 BGB, differenziert werden. Um Klarheit zu schaffen, erscheint eine eindeutige Kostentragungsklausel sinnvoll.
52 Eine Urlaubsregelung ist nicht zwingend erforderlich, sollte aber im Interesse einer möglichst gerechten Verteilung der Arbeitslast vorgesehen werden.
53 Alternative Regelungen sind an dieser Stelle denkbar, etwa bei größeren Partnerschaften Zustimmung mit ⅔-Mehrheit.

(2) Der neu eintretende Partner haftet im Innenverhältnis für die bis zur Eintragung seiner Person im Partnerschaftsregister entstandenen Verbindlichkeiten der Partnerschaft nicht.[55]

§ 18 Kündigung eines Partners[56]

(1) Die Partnerschaft kann von jedem Partner unter Einhaltung einer Kündigungsfrist von 9 Monaten[57] zum Schluss eines Kalenderjahres gekündigt werden.[58] Die Kündigung ist schriftlich [**alternativ:** durch eingeschriebenen Brief] jedem Partner gegenüber zu erklären.

(2) Ein wichtiger Grund[59] berechtigt jeden Partner, die Partnerschaft ohne Einhaltung einer Frist zu kündigen.[60] Ein wichtiger Grund ist

---

54 Nach § 8 Abs. 1 S. 2 PartGG findet § 130 HGB entsprechende Anwendung. Nicht geregelt ist, in welcher Weise sich der Eintritt vollzieht. Alternativen: Aufnahmevertrag zwischen neu eintretendem und den übrigen Partnern (was zur Änderung des ursprünglichen Vertrags führt! Schriftform beachten! Vgl. dazu *Baumbach/Hopt*, HGB, 33. Aufl. 2008, § 105, Rn. 67 m.w.N.); nur selten wird demgegenüber vertraglich einem Partner das Recht eingeräumt, einen Dritten als neues Mitglied aufnehmen zu können, sog. Präsentationsrecht (vgl. RGRK-HGB/*Fischer*, 12. Aufl. 1974 § 130 Anm. 6); dieses soll dem Partner schon zu Lebzeiten die Gelegenheit geben, einen konkreten Nachfolger zu bestimmen; daneben kommt – als weitere Regelungsmöglichkeit – die Einräumung eines Eintrittsrechts für einen Dritten in Betracht: Zwischen den Beteiligten wird in diesem Falle ein Vorvertrag geschlossen mit der Option zugunsten des Dritten, innerhalb einer bestimmten Frist zu entscheiden, ob er in die Partnerschaft eintreten will.

55 Der Eintretende haftet Dritten gegenüber nach §§ 128, 129 HGB nicht nur für neue, sondern auch für Altschulden (§ 130 Abs. 1 HGB). Nach BGH gilt das auch für die GbR (BGHZ 154, 370, vgl. dazu nunmehr auch OLG Saarbrücken, Urteil vom 22. 12. 2005, Az 8 U 91/05). Von § 130 Abs. 1 HGB abweichende Vereinbarungen der bisherigen Partner und des neu eintretenden Partners sind Dritten gegenüber unwirksam. Durch die vorgeschlagene Regelung wird der neu eintretende Partner im Innenverhältnis von den übrigen Partnern freigestellt. Eine solche Regelung empfiehlt sich zum Schutze des neu eintretenden Partners, der regelmäßig keinen Einblick in die Verbindlichkeiten der Partnerschaft hat.

56 Die ordentliche Kündigung eines Vertragspartners kommt nicht in Betracht, wenn die Partnerschaft, entsprechend der Alternative zu § 3 Abs. 3 dieses Mustervertrages, zunächst auf eine fest vereinbarte Laufzeit abgeschlossen worden ist.

57 Eine möglichst lange Frist erscheint gerade bei kleinen Partnerschaften notwendig, um einen geregelten Fortgang der Geschäfte sicherstellen zu können. Nach § 9 Abs 1 PartGG i.V.m. § 132 HGB muss mindestens eine sechsmonatige Frist eingehalten werden.

58 Vgl. § 132 HGB.

59 Die Kündigung aus wichtigem Grund kann auch bei fest vereinbarter Vertragslaufzeit nicht ausgeschlossen werden. Nach § 9 Abs. 1 PartGG i.V.m. §§ 131 ff. HGB besteht kein außerordentliches Kündigungsrecht der Partner, sondern lediglich die Auflösungsklage (§ 133 HGB).

insbesondere gegeben, wenn ......[61] Auch die Kündigung bedarf der Form des § 18 Abs. 1 S. 2.[62]

(3) Kündigt ein Partner [**alternativ:** wirksam] die Partnerschaft, steht den übrigen Partnern das Recht zu, sich der Kündigung durch eine schriftliche Erklärung, die den anderen Partnern innerhalb von zwei Monaten nach Erhalt der Kündigung zugegangen sein muss, anzuschließen.[63]

(4) Die Partnerschaft wird von den verbleibenden Partnern fortgeführt.[64] Der Anteil des ausscheidenden Partners wächst den übrigen Partnern entsprechend ihrer Beteiligung zu, soweit von diesen nichts anderes beschlossen wird.

(5) Haben alle Partner die Partnerschaft zu demselben Stichtag gekündigt, wird die Partnerschaft aufgelöst; der Anteil am Liquidationserlös tritt dann an die Stelle des Abfindungsguthabens.

§ 19 Verlust der Zulassung

Verliert ein Partner die für die Berufsausübung erforderliche Zulassung, so findet § 18 Abs. 4 Anwendung.[65]

---

60 Eine solche Regelung drängt sich auf, weil nach dem Gesetz (§ 9 Abs. 1 PartGG i.V.m. §§ 131–144 HGB) ansonsten nur die Möglichkeit besteht, Auflösungsklage zu erheben; diese Regelung scheint §§ 723 BGB, 1 Abs. 4 PartGG zu verdrängen.

61 Wenn die Fortsetzung dem Kündigenden nach Treu und Glauben nicht zuzumuten ist, z.B. weil der Geschäftsführer seine Vollmacht missbraucht (vgl. dazu: BGH, WM 1985, 997) oder etwa wenn der Geschäftsführer die Partnerschaft schädigt oder gefährdet. Zerwürfnisse können genügen, jedenfalls dann, wenn ein gedeihliches Zusammenwirken nicht mehr zu erwarten ist.

62 Dies gilt auch ohne entsprechende Klausel (LG Cottbus, NZG 2002, 375) und sollte daher der Klarheit wegen aufgenommen werden.

63 Auf diese Weise erhält ein Partner, der dem Kündigenden nahe steht oder ohne diesen die Partnerschaft nicht weiterführen will, die Möglichkeit, ebenfalls auszuscheiden. Nach dem Alternativvorschlag gibt es bei unwirksamer Kündigung keine wirksame Anschlusskündigung (vgl. aber *Stucken*, WiB 1994, 744, 747).

64 Vgl. zur Fortsetzungsklausel nun BGH, Urteil vom 7.4.2008, Az. II ZR 3/06: Sie ist auch nicht deshalb unwirksam, weil die vertragliche Abfindungsregelung die ausscheidenden Gesellschafter unangemessen benachteiligt (vgl. dazu auch BGH Z 126, 226, 230).

65 Verliert ein Partner die Zulassung zum Beruf, so scheidet er gemäß § 9 Abs. 3 PartGG ipso jure aus der Partnerschaft aus. Zur Klarstellung empfiehlt es sich daher, wie bei der Kündigung, eine Regelung über die Anwachsung des Anteils aufzunehmen.

§ 20 Ausschluss eines Partners

(1) Ein Partner kann durch einstimmigen Beschluss aller übrigen Partner[66] ausgeschlossen werden, wenn er:[67]

a) dauernd berufsunfähig im Sinne der Allgemeinen Unfallversicherungsbedingungen ist;

b) aufgrund Krankheit länger als drei [....] Jahre den ihm nach § 5 obliegenden Verpflichtungen nicht nachgekommen ist;

c) aus sonstigen Gründen länger als 6 Kalendermonate den ihm nach § 5 obliegenden Verpflichtungen trotz Abmahnung (mit Fristsetzung von 14 Tagen) nicht nachgekommen ist;

d) das 70. Lebensjahr vollendet hat.[68]

(2) § 18 Abs. 4 findet sinngemäße Anwendung.

§ 21 Abfindung

(1) Dem ausgeschiedenen oder ausgeschlossenen Partner steht eine Abfindung zu, es sei denn, der Partnerschaftsanteil wurde von ihm mit Zustimmung der anderen Partner an einen Dritten übertragen.

(2) Die Berechnung des Abfindungsguthabens erfolgt gemäß § 738 Abs. 1 Satz 2 BGB.[69] Die Bewertung erfolgt auf Antrag des ausgeschiedenen oder ausgeschlossenen Partners auf dessen Kosten durch einen von der Industrie- und Handelskammer in ..... zu benennenden Sachverständigen als Schiedsgutachter.

(3) Das Abfindungsguthaben ist in 6 halbjährlichen Raten, erstmals 6 Monate nach dem Ausscheidungsstichtag, fällig und auszuzahlen. Das Ab-

---

66 Der betroffene Partner bleibt bei der Beschlussfassung ausgeschlossen, vgl. § 6 Abs. 2 des Mustervertrages.

67 Die Ausschließung aus wichtigem Grund durch Gerichtsentscheidung ist in § 9 Abs. 1 PartGG i.V.m. §§ 140, 133 HGB geregelt. Die gewählte Klausel ermöglicht den Ausschluss durch die Partnerschaft, sollte aber auf Sonderfälle beschränkt bleiben, weitergehend: *Stucken*, WiB 1994, 744, 747, § 12 des Musterentwurfes.

68 Andere Altersgrenzen sind denkbar.

69 Das PartGG kennt keine eigene Abfindungsregelung und verweist in § 1 Abs. 4 PartGG auf die Vorschriften des BGB, insbesondere § 738 Abs. 1 S. 2 BGB. Die vorgeschlagene Regelung führt zu einer Abfindung auf der Grundlage des wirklichen Wertes, einschließlich aller stillen Reserven und des Goodwill (vgl. BGHZ 17, 130, 136). Denkbar und praktikabel sind auch andere Berechnungsmethoden, etwa die anerkannte Möglichkeit, vom Ertragswert auszugehen (vgl. BGH, WM 1984, 1506).

findungsguthaben ist ab dem Stichtag des Ausscheidens mit 8 % p.a. zu verzinsen.[70] Die Zinsen werden halbjährlich mit den Tilgungsraten entrichtet.

(4) Die Partnerschaft ist berechtigt, die Auszahlungen früher als in Abs. 3 bestimmt vorzunehmen, ohne zum Ausgleich der dadurch entfallenden Zinszahlung verpflichtet zu sein.

(5) Ergibt die Berechnung gemäß Abs. 2 einen Anspruch der Partnerschaft, so hat der ausscheidende Partner den entsprechenden Betrag in sinngemäßer Anwendung von Abs. 3 ratierlich einzuzahlen und den jeweils ausstehenden Betrag zu verzinsen. Der ausgeschiedene oder ausgeschlossene Partner ist berechtigt, die Einzahlung früher als in Abs. 3 bestimmt vorzunehmen, ohne zum Ausgleich der dadurch entfallenden Zinszahlung verpflichtet zu sein.

§ 22 Tod eines Partners

(1) Verstirbt ein Partner, so wächst sein Anteil den übrigen Partnern im Verhältnis ihrer Beteiligung zu, soweit von diesen nichts anderes beschlossen wird.[71] Diese setzen die Partnerschaft fort.

(2) Den Erben stehen die Ansprüche des ausgeschiedenen Partners in sinngemäßer Anwendung des § 21 zu.

[**alternativ:** Ein Anspruch auf Abfindung steht den Erben nicht zu.][72]

[**ergänzend**[73]:

---

70 Einerseits ist eine ratierliche Auszahlung wünschenswert, um keinen Liquiditätsengpass bei der Partnerschaft herbeizuführen. Andererseits sollte eine Verzinsung vorgesehen werden, da dem Abfindungsguthaben, solange es der Partnerschaft zur Verfügung steht, Darlehensqualität zukommt.

71 § 9 Abs. 2 und 4 PartGG sieht vor, dass die Partnerschaft ohne den Verstorbenen weitergeführt wird und die Beteiligung wegen der persönlichen Qualifikation im Rahmen des Freien Berufes im Regelfall nicht vererblich ist. Es sollte eine Regelung über die Anwachsung des Anteils auf die übrigen Partner getroffen werden.

72 Nach § 9 Abs. 4 S. 1 PartGG ist die Beteiligung an der Partnerschaft nicht vererblich. Unklar ist, ob damit eine Abfindung ipso jure ausgeschlossen sein soll (vgl. *K. Schmidt*, NJW 1995, 1, 4). Es ist deshalb eine klarstellende Regelung im Vertrag erforderlich.

73 Von der Vereinbarung eines nachvertraglichen Wettbewerbsverbotes oder eines Abwerbeverbotes sollte grundsätzlich nur restriktiv Gebrauch gemacht werden. Eine solche Klausel korrespondiert indessen regelmäßig mit der Abfindungsregelung. Erwirbt die Partnerschaft bei hoher Abfindung den Goodwill, so kann ein nachvertragliches Wettbewerbsverbot angezeigt sein, um der Partnerschaft diesen Erwerb zu erhalten. Bleibt die Abfindung nach den vertraglichen Regeln auf ein Minimum beschränkt, so würde der ausscheidende Partner durch ein nachvertragliches Wettbewerbsverbot in seiner Berufsausübung zu sehr eingeschränkt.

§ 23 Nachvertragliches[74] Wettbewerbsverbot[75]

(1) In jedem Fall des Ausscheidens ist es dem jeweiligen Partner für die Dauer von einem Jahr, vom Zeitpunkt des Ausscheidens an gerechnet, untersagt, am Sitz der Partnerschaft sowie im Umkreis von 50 km Luftlinie hiervon, eine konkurrierende Tätigkeit als .... aufzunehmen oder in sonstiger Weise in Wettbewerb mit der Partnerschaft zu treten.

(2) Der Partner erhält für seine Verpflichtung nach Abs. 1 eine angemessene Entschädigung in Höhe von 50 % seines im letzten Rechnungsjahr vor dem Ausscheiden gemäß § 14 erzielten Gewinns einschließlich Tätigkeitsvergütung, sofern ihm aufgrund besonderer individueller Umstände eine Tätigkeit außerhalb des in Abs. 1 genannten Gebietes nicht zumutbar ist, so dass die Entschädigung wegen der besonderen Schutzwürdigkeit des ausscheidenden Partners gerechtfertigt erscheint.[76]

(3) Die Entschädigung ist während der Dauer des Wettbewerbsverbots zu entrichten; sie ist nachträglich vierteljährlich auszuzahlen.

(4) Ein während der Dauer des nachvertraglichen Wettbewerbsverbots vom ausgeschiedenen Partner erzielter anderweitiger oder ein böswillig unterlassener Erwerb ist auf die Wettbewerbsentschädigung in vollem Umfang anzurechnen.

(5) Die Partnerschaft kann jederzeit schriftlich auf die Wettbewerbsbeschränkung verzichten. Wird der Verzicht erklärt, so wird sie mit Ab-

---

74 Während der Vertragslaufzeit gilt gemäß § 6 Abs. 3 S. 2 PartGG i.V.m. § 112 HGB ein Wettbewerbsverbot, wenn dies nicht abbedungen wird.

75 Das gesetzliche Wettbewerbsverbot im Sinne des § 112 HGB kann durch Vereinbarung verschärft werden. Aufgrund fehlender Verweisung im PartGG auf die §§ 74 ff. und 90 HGB gelten diese nicht. Zu beachten ist, dass nachvertragliche Wettbewerbsverbote „angemessen" bzw. „verhältnismäßig" sein müssen, um nicht § 138 BGB zu unterfallen (vgl. dazu etwa BGH, NJW 1991, 699; BGH, DB 1990, 2588). Da nachvertragliche Wettbewerbsverbote einer sehr kritischen, eher restriktiven Betrachtung durch die Gerichte unterliegen und örtlich zeitlich oder gegenständlich für übermäßig angesehene Wettbewerbsverbote nicht geltungserhaltend reduziert, sondern für nichtig erklärt werden (so z.B. in BGH, NJW 1991, 699; vgl. auch BGH NJW 1979, 1606) ist hier eher Zurückhaltung geboten. Entsprechend den handelsrechtlichen Regeln wird ein Verbot von 2 Jahren wohl als unproblematisch anzusehen sein.

76 Die Entschädigungsregelung orientiert sich an § 90 a HGB. Da die Vereinbarung eines nachvertraglichen Wettbewerbsverbotes im Rahmen der Partnerschaftsgesellschaft auch ohne Beachtung der §§ 74ff., 90a HGB zulässig ist, könnten rein theoretisch auch Verbote ohne Karenzentschädigung vereinbart werden. Doch ist auch hier Vorsicht geboten.

lauf von 2 Monaten seit der Erklärung von der Verpflichtung zur Zahlung der Entschädigung frei.

(6) Für jeden Verstoß gegen das nachvertragliche Wettbewerbsverbot verpflichtet sich der ausgeschiedene Partner zur Zahlung einer Vertragsstrafe an die Partnerschaft in Höhe von bis zu EUR ..... (in Worten: ..... Euro), bei Dauerdelikten für jeden angefangenen Monat der Zuwiderhandlung. Die Festsetzung der Höhe erfolgt im Einzelfall durch Beschluss aller übrigen Partner unter Berücksichtigung der Schwere des Verstoßes nach billigem Ermessen. Die Geltendmachung eines weitergehenden Schadensersatzes bleibt hiervon unberührt].

§ 24 Liquidation der Partnerschaft[77]

(1) Wird die Partnerschaft aufgelöst, so erfolgt die Liquidation durch einen Partner [Wirtschaftsprüfer], der durch einstimmigen Beschluss aller Partner zu bestellen ist.

(2) Einigen sich die Partner nicht auf die Person des Liquidators, so erfolgt die verbindliche Bestellung auf Antrag eines Partners durch die Industrie- und Handelskammer in .... auf Kosten der Partnerschaft.

(3) Ein etwaiger Liquidationserlös wird im Verhältnis der Beteiligungen der Partner zum Auflösungsstichtag geteilt.

§ 25 Vertragsstrafe

(1) Jeder Partner verpflichtet sich im Falle eines grob fahrlässigen oder vorsätzlichen Verstoßes gegen die wesentlichen Verpflichtungen aus §§ 5, 9 [...] dieses Vertrages zur Zahlung einer Vertragsstrafe an die Partnerschaft in Höhe von bis zu EUR .... (in Worten: .... Euro).[78]

---

77 Die Auflösung sowie die Liquidation der Partnerschaft sind in §§ 9 und 10 PartGG durch Verweis auf die OHG-Vorschriften umfassend geregelt, so dass weitergehende vertragliche Festlegungen nicht zwingend erforderlich erscheinen. Schwierig kann die Bestellung des Liquidators gemäß § 146 HGB sein. Gemäß Abs. 1 sind im Zweifel alle Partner Liquidatoren, was gerade bei größeren Partnerschaften zur Handlungsunfähigkeit führen kann. Es empfiehlt sich, im Gesellschaftsvertrag die Benennung eines Partners oder Wirtschaftsprüfers vorzusehen. Bei kleinen Partnerschaften sollte auf die letztgenannte Alternative schon aus Kostengründen verzichtet werden. Nach einem neuen Urteil des BGH können die Partner einer Partnerschaftsgesellschaft durch einstimmigen Beschluss anstelle der Liquidation nach § 145ff. HGB eine andere Art der Auseinandersetzung wählen. Diese kann beispielsweise in Naturalteilung bestehen (vgl. BGH DStR 2009, 1655).

78 Eine Vertragsstrafenklausel in Gesellschaftsverträgen ist nicht zwingend erforderlich. Sie kann dennoch warnenden Charakter haben.

(2) Die Festsetzung erfolgt nach Grund und Höhe im Einzelfall durch einstimmigen Beschluss aller übrigen Partner unter Berücksichtigung der Schwere des Verstoßes nach billigem Ermessen.

(3) Die Geltendmachung eines weiteren Schadens bleibt unberührt.

§ 26 Anwendbares Recht

Auf den vorliegenden Vertrag findet ausschließlich das Recht der Bundesrepublik Deutschland Anwendung.[79]

§ 27 Schiedsklausel[80]

(1) Der ordentliche Rechtsweg ist ausgeschlossen.

(2) Alle Streitigkeiten aus diesem Vertrag, sei es über die Gültigkeit, die Auslegung, eine Lücke oder sonstige Fragen, welche mit diesem Vertrag in Zusammenhang stehen, sollen von einem Schiedsgericht entschieden werden. Hierüber ist ein besonderer Schiedsvertrag zwischen den Partnern geschlossen worden, der Bestandteil dieses Vertrages ist.[81]

§ 28 Schriftform[82]

Nebenabreden sind nicht getroffen. Änderungen und Ergänzungen dieses Vertrages sowie die Aufhebung dieser Formvorschrift bedürfen der Schriftform.

---

79 Die Klausel ist dann von Interesse, wenn es sich um eine international operierende Partnerschaft handelt.

80 Eine Schiedsvereinbarung bietet sich deshalb an, weil ein Schiedsgericht unter Berücksichtigung des Instanzenzuges sowohl kostengünstig ist, als auch schnell entscheiden kann. Hinzu tritt die Möglichkeit, durch die Benennung der Schiedsrichter Fachwissen einzubringen. Bei internationalen Partnerschaften erscheint eine Schiedsvereinbarung ohnehin empfehlenswert. Für kleine Partnerschaften sollte allerdings der ordentliche Rechtsweg bevorzugt werden (vgl. *Schwytz*, Heidelberger Musterverträge, Schiedsklauseln und Schiedsrichtervertrag, 3. Aufl. 2000).

81 Die Schiedsvereinbarung bedarf nach der Änderung des 10. Buches der ZPO v. 22. 12. 1997 (BGBl. I, 3224) zwar der an Art. 23 EuGV-VO angelehnten Form der „Schriftlichkeit" – aber zwischen Unternehmen nicht mehr der räumlichen Trennung (argumentum e contrario § 1031 Abs. 5 S. 1 ZPO).

82 Aufgrund § 3 Abs. 1 PartGG bedarf der Partnerschaftsvertrag der Schriftform. Die Klausel hat hier lediglich Warnfunktion, um zu verhindern, dass im Nachhinein vertragsändernde Beschlüsse ohne Beachtung des Formerfordernisses von den Partnern gefasst werden.

§ 29 Kosten

Die Kosten dieses Vertrages und seiner Durchführung trägt die Partnerschaft.

§ 30 Salvatorische Klausel

Sollten Bestimmungen dieses Vertrages ganz oder teilweise unwirksam oder nicht durchführbar sein oder ihre Rechtswirksamkeit oder Durchführbarkeit später verlieren, so wird die Gültigkeit der Bestimmungen des Vertrages im Übrigen nicht berührt. Das Gleiche gilt, soweit sich herausstellen sollte, dass der Vertrag eine Regelungslücke enthält. Anstelle der unwirksamen, undurchführbaren Bestimmung oder zur Ausfüllung der Lücke soll eine angemessene Regelung gelten, die, soweit rechtlich zulässig, dem am nächsten kommt, was die Partner gewollt haben oder nach dem Sinn und Zweck des Vertrages gewollt hätten, sofern sie bei Abschluss dieses Vertrages oder bei der späteren Aufnahme einer Bestimmung den Punkt bedacht hätten. Dies gilt auch, wenn die Unwirksamkeit einer Bestimmung auf einem in dem Vertrag vorgeschriebenen Maß der Leistung oder Zeit (Frist oder Termin) beruht; es soll dann ein dem Gewollten möglichst nahe kommendes rechtlich zulässiges Maß der Leistung oder Zeit (Frist oder Termin) als vereinbart gelten.

Anlage 1: Inventarliste

3 Schreibtische (Beschreibung) ....

3 Schreibtischstühle (Beschreibung) ....

1 Garderobe (Beschreibung) .....

[Auflistung aller eingebrachten Gegenstände, ggf. mit Wertangaben]

....

(Ort, Datum und Unterschriften der Partner)[83]

---

83 Die Unterschriften unter der Inventarliste sowie den AGB haben hier insbesondere Beweisfunktionen.

Anlage 2: Allgemeine Geschäftsbedingungen zur Haftungsbeschränkung

Bemerkung:

(1) Vorformulierte Haftungsbeschränkungen können aufgrund der Rechtsprechung des BGH nur einen *begrenzten Schutz* vermitteln: Sie dürfen sich *nicht auf grob fahrlässige Pflichtverletzungen* beziehen; gleichzeitig geht die Tendenz in der Rechtsprechung dahin, den Anwendungsbereich der groben Fahrlässigkeit weiter auszudehnen. Gerade beim Anwaltsvertrag kann der gleiche Fehler je nach den Umständen als leichte, mittlere oder grob fahrlässige Pflichtverletzung erscheinen. Die „klassische" Pflichtverletzung, die Fristversäumnis, stellt dabei eine grobe Fahrlässigkeit dar.[84] Die Haftungsbeschränkung mittels AGB bietet daher keine „Freizeichnung", sondern nur einen Minimalschutz, der, wenn er nicht ausdrücklich auf die einfache Fahrlässigkeit beschränkt wird, aufgrund des Verbots der geltungserhaltenden Reduktion die Haftungsbeschränkung insgesamt unwirksam macht.

(2) Die Obersumme für die Haftungsbeschränkung sollte den Deckungsbetrag des Haftpflichtversicherers nicht übersteigen. Darüber hinaus können individuelle Haftungsbeschränkungen mit dem Vertragspartner vereinbart werden. Falls eine solche Vereinbarung scheitert, kann der Partner dem Vertragspartner eine Einzelversicherung über das generell gedeckte Risiko hinaus andienen.

(3) Für die Haftung aus Anwaltsvertrag ist insbesondere die Regelung des § 51a BRAO zu beachten. Mittels AGB lässt sich gem. § 51a Abs. 1 Nr. 2 BRAO die Haftung nur für einfache Fahrlässigkeit auf den vierfachen Betrag der Mindestsumme beschränken. § 51a Abs. 1 Nr. 1 BRAO lässt zwar die Haftungsbeschränkung auch für grobe Fahrlässigkeit mittels Individualvereinbarung zu, dem Erfordernis der „Vereinbarung im Einzelfall" lässt sich aber nur schwer Rechnung tragen.[85] Zu beachten ist dabei:

a) Es ist eine *Individualabrede* erforderlich, d. h. für jedes Mandat (*nicht* für jeden Mandanten) separat auszuhandeln.

b) Ein Aushandeln erfordert, dass die vom Rechtsanwalt vorgeschlagene Freizeichnungsvereinbarung *ernsthaft zur Disposition* gestan-

---

84 Umfassend zu dem Problemkreis: *Zugehör*, in: Haarmeyer/Hirte/Kirchof/Graf von Westphalen (Hrsg.), Verschulden – Haftung – Vollstreckung – Insolvenz, Festschrift für Gerhart Kreft, 2004, S. 227, 241 ff.
85 *Zugehör* (Fn. 83), S. 243 ff.

den hat und der Mandant sich *ausdrücklich einverstanden* erklärt hat.

c) Eine *Aufklärung* durch den Anwalt über den Umfang der Haftungsbeschränkung und Lücken und Mängel des Versicherungsschutzes und die Möglichkeit von Einzelhaftpflichtversicherungen.

d) Die Vereinbarung bedarf der *Schriftform* nach § 126 BGB. Sofern dem Vertrag AGB zugrunde gelegt werden, ist schon um dem Beweiserfordernis der Individualvereinbarung genügen zu können, eine separate äußere Erscheinungsform zu wählen.

(4) Der Anwalt darf gerade keine Vorformulierung vornehmen, daher verbietet sich auch ein Schema für den Entwurf von AGB. Die individuell ausgehandelte Haftungsbeschränkung bedarf vor allem:

- der Aufklärung über besondere Risiken und typische Schadensgefahren

- Umfang der Haftungsbeschränkung

- Lücken und Mängel des Versicherungsschutzes

- Möglichkeiten einer anderen Risikodeckung (Exzedentendeckung oder Einzelfall (Objekt-)versicherung)

Dieses sollte diskutiert, dokumentiert und jeweils unterzeichnet werden.

IV. Die Registeranmeldung[86]

1. Erstanmeldung

a) Inhalt der Anmeldung

Die Partnerschaft entsteht im Verhältnis zu Dritten erst mit der Eintragung im Partnerschaftsregister. Grundlage dafür ist eine entsprechende Anmeldung. Der Partnerschaftsvertrag selbst muss dem Gericht nicht notwendig vorgelegt werden. Allerdings muss die Anmeldung einen durch das Partnerschaftsgesellschaftsgesetz und die Partnerschaftsregisterverordnung (vom 16. 6. 1995, BGBl. I. S. 808, zuletzt geändert durch Verordnung zur Erleichterung der Registerautomation vom 11. 12. 2001, BGBl. I, 3688, im Folgenden: PRV) bestimmten Mindestinhalt haben. Durch sämtliche an der Partnerschaft beteiligten Partner ist Folgendes anzumelden:

- Name der Partnerschaft;[87]

- Sitz der Partnerschaft (Ort) §§ 4 Abs. 1, 3 Abs. 2 PartGG. Daneben ist die Lage der Geschäftsräume (volle Anschrift) anzugeben (§§ 1 PRV, 24 HRV);

- Name, Vorname, Geburtsdatum und Wohnort der Partner;

- Der in der Partnerschaft ausgeübte Freie Beruf jedes Partners und die Erklärung der Zugehörigkeit hierzu;[88]

- Gegenstand der Partnerschaft;[89]

- Erklärung darüber, dass Vorschriften des jeweiligen Berufsrechts, insbesondere solche über die Zusammenarbeit mit Angehörigen verschie-

---

86 Die Ausführungen zur Neugestaltung dieses Kapitels gehen im Wesentlichen auf die Merkblätter zurück, die vom Amtsgericht Essen, welches das Partnerschaftsregister für NRW führt, veröffentlicht werden. Diese Merkblätter können über das Internet unter www.ag-essen.nrw.de angefordert bzw. heruntergeladen werden. Auch die Telefonnummern der zuständigen Rechtspfleger sind auf der genannten Internetseite zu finden. Die Merkblätter enthalten auch eine ausführliche Darstellung über die angefallenen Kosten und Gebühren (Stand: Januar 2007).

87 Nach § 2 Abs. 1 PartGG muss der Name der Partnerschaft enthalten:
1. die Nachnamen mindestens eines Partners
2. ein auf die Partnerschaft hinweisender Rechtsformzusatz wie „und Partner", „Partnerschaft" oder „Partnerschaftsgesellschaft"
3. die Berufsbezeichnungen aller in der Partnerschaft ausgeübten Berufe.

88 Vgl. § 4 Abs. 2 PartGG, § 3 S. 1 PRV.

89 Es empfiehlt sich, die Formulierung aus dem Vertrag zu verwenden, anstatt den Gegenstand zusammengefasst wiederzugeben, vgl. auch § 3 Abs. 2 Nr. 3 PartGG.

dener Freier Berufe, einer Eintragung in das Partnerschaftsregister nicht entgegenstehen;

– Erklärung darüber, ob und welche Berufskammer für die in der Partnerschaft ausgeübten Berufe zuständig ist;[90]

– Vertretungsregelung, soweit diese nicht der gesetzlichen Regelung entspricht.[91]

Die genannten Erklärungen könnten mit folgender Wendung eingeleitet werden:

„Als Inhalt des am .... schriftlich geschlossenen Partnerschaftsvertrages melden wir zur Eintragung in das Partnerschaftsregister die .... (Name der Partnerschaft) an und geben nachstehende Erklärungen ab:"

b) Form der Anmeldung

Die Anmeldung muss elektronisch in öffentlich-beglaubigter Form eingereicht werden. Gleiches gilt für eine Vollmacht zur Anmeldung. Die öffentliche Beglaubigung der Anmeldung sowie der beizufügenden Unterlagen (vgl. dazu unter c) kann nur durch einen Notar erfolgen und nicht durch andere Stellen (etwa durch die Stadtverwaltung, Pfarrer etc.). Es besteht also ein Unterschied zum Partnerschaftsvertrag, der in schriftlicher Form abzufassen ist (§ 43 PartGG).

c) Beizufügende Unterlagen

Der Anmeldung sind beizufügen:

Die handschriftlichen Zeichnungen der Namensunterschrift der Partner und des vollständigen Namens der Partnerschaft wie angemeldet durch alle Partner, die die Partnerschaft vertreten sollen, §§ 4 Abs. 1 PartGG, § 105 Abs. 2 HGB. Hinsichtlich der Form der Zeichnungen ist § 41 BeurkG zu beachten. Die Zeichnungen können auch in der Anmeldung selbst enthalten sein; die Anmeldung ist in diesem Fall zusätzlich unter Angabe von Ort und Datum zu unterschreiben. Für den Fall, dass die Berufsausübung der staatlichen Zulassung oder einer staatlichen Prüfung bedarf, sollen die Urkunde über die Zulassung oder das Zeugnis über die Befähigung zu diesem Beruf vorgelegt werden. Der Nachweis muss nur dann erbracht werden, wenn Zweifel an der Richtigkeit der Angabe bestehen (LG München I, DNotZ 2001, 814). Besteht für die angestrebte frei-

---

90 Es soll die Anschrift der jeweiligen Berufskammer mitgeteilt werden, § 4 Satz 2, 3 PRV.

91 Vgl. §§ 7 Abs. 3, 11 Abs. 2 PartGG, § 125 Abs. 1 und 2 HGB.

berufliche Tätigkeit keine anerkannte Ausbildung oder ist zweifelhaft, ob die angestrebte Tätigkeit als freiberuflich im Sinne des § 1 Abs. 2 PartGG einzustufen ist, ist eine entsprechende Erklärung in der Anmeldung abzugeben.[92] Bedarf die Partnerschaft aufgrund öffentlich-rechtlicher Vorschriften über die einzelnen Berufe der staatlichen Zulassung und ist diese noch nicht erfolgt, so ist nach § 3 Abs. 3 PRV durch die Bestätigung der zuständigen Behörde nachzuweisen, dass eine solche Zulassung erfolgen kann.

2. Zweigniederlassungen

Vgl. auch das Merkblatt für die Hilfestellung bei der Abfassung einer Anmeldung zum Partnerschaftsregister.[93]

3. Folgeanmeldungen zum Partnerschaftsregister

Veränderungen, die die Angaben betreffen, welche im Rahmen der Erstanmeldung mitgeteilt und sodann eingetragen wurden, müssen ihrerseits eingetragen werden. Sie sind regelmäßig durch sämtliche Partner vorzunehmen. Einzige Ausnahme sind Anmeldungen betreffend Zweigniederlassungen.

Folgende Veränderungen kommen in Betracht:

– Name, Sitz, Gegenstand der Partnerschaft;[94]

– Name, Vorname, Wohnort, ausgeübter Freier Beruf eines Partners;

– Änderungen bei der Vertretungsbefugnis;

– Veränderungen betreffend die angemeldeten Zweigniederlassungen.

Darüber hinaus sind Veränderungen in öffentlich-beglaubigter Form (nur Notar!!) <u>elektronisch</u> anzumelden:

– Eintritt neuer Partner;

– Ausscheiden bisheriger Partner;

– die Einrichtung von Zweigniederlassungen;[95]

– die Auflösung der Partnerschaft;

---

92 §§ 5 Abs. 2 PartGG, 12 HGB.
93 www.ag-essen.nrw.de (Stand 1.1.2007) für überörtliche Sozietäten: Die Partnerschaft kann nur einen Hauptsitz in registerrechtlicher Hinsicht haben.
94 Beachte die Neufassung des § 5 II PartGG.
95 Hier ist die Anmeldung durch Partner in vertretungsberechtigter Anzahl ausreichend.

– die Liquidatoren der Partnerschaft sowie Änderungen der Vertretungsregelungen unter ihnen;

– das Ende der Liquidation und damit das Erlöschen des Namens der
Partnerschaft.

4. Sonderproblem: Rechtsformzusätze „und Partner"/„Partnerschaft"

Nach § 11 Abs. 1 S. 1 PartGG dürfen den Zusatz „Partnerschaft" oder
„und Partner" *nur* Partnerschaften nach diesem Gesetz, gemeint ist das
PartGG, führen. Gesellschaften, die eine solche Bezeichnung bei Inkrafttreten dieses Gesetzes in ihrem Namen führten, ohne Partnerschaft im
Sinne dieses Gesetzes zu sein, durften diese Bezeichnung nach § 11 Abs. 1
S. 2 PartGG nur noch bis zum Ablauf von zwei Jahren nach Inkrafttreten
dieses Gesetzes, also bis zum 1. 7. 1997, weiter verwenden. Seit Ablauf dieser Frist dürfen sie eine solche Bezeichnung nur noch weiterführen, wenn
sie in ihrem Namen der Bezeichnung „Partnerschaft" oder „und Partner"
einen Hinweis auf eine andere Rechtsform hinzufügten (§ 11 Abs. 1 S. 3
PartGG).

Der BGH hatte in dieser Hinsicht durch Beschluss vom 21. 4. 1997 (II ZB
14/96)[96] klargestellt, dass *allen* Gesellschaften (auch Kapitalgesellschaften
wie GmbH und AG)[97] mit einer anderen Rechtsform als der Partnerschaft, die nach dem Inkrafttreten des PartGG begründet oder umbe-
nannt wurden, die Führung der Bezeichnung „und Partner" verwehrt war.
Dies gilt auch für die Zusätze „+ Partner" oder „& Partner".[98]

---

96 BGH, MDR 1997, S. 860 ff. mit Anmerkung von *Lenz.*
97 Vgl. zur unterschiedlichen Auslegung von § 11 Abs. 1 S. 1 PartGG noch OLG Frankfurt, ZIP 1996, 1082; demgegenüber BayObLG, ZIP 1996, 1702.
98 Vgl. zu weiteren Zusätzen auch *Lenz,* MDR 1997, 861, 862, z.B. „und Partnerinnen".

V. Literaturverzeichnis

Baumbach/Hopt	HGB, Kommentar, 33. Aufl. 2008
Bösert	Das Gesetz über Partnerschaftsgesellschaften Angehöriger Freier Berufe (Partnerschaftsgesellschaftsgesetz-PartGG), ZAP 1994, 137
Graf von Westphalen	in: Meilicke/Graf v. Westphalen/Hoffmann/Lenz/Wolff, PartGG, Kommentar, 2006
Fischer	in: RGRK-HGB, Kommentar, 12. Aufl. 1974 (zit. RGRK-HGB/*Fischer*)
Henssler	PartGG, 2. Aufl. München 2008
Henssler	Die gesetzliche Neufassung der Rechtsanwalts-GmbH, NJW 1999, 241
Lenz	Die Partnerschaft – Alternative Gesellschaftsform für Freiberufler?, MDR 1994, 741 ff.
Lenz	Anmerkung zum BGH-Beschluss vom 21.4.1997 (Az. II ZB 14/96), MDR 1997, 860 ff.
Lenz	in: Meilicke/Graf v. Westphalen/Hoffmann/Lenz/Wolff, PartGG, Kommentar, 2. Aufl. 2006
Meilicke	in: Meilicke/Graf v. Westphalen/Hoffmann/Lenz/Wolff, PartGG, Kommentar, 2. Aufl. 2006
Michalski/Römermann	PartGG, Kommentar, 3. Aufl. 2005
Nentwig/Bonvie/Hennings, Pfisterer	Das Partnerschaftsgesellschaftsgesetz, Die berufliche Zusammenarbeit von Medizinern, 2. Aufl. 2003
Römermann	Entwicklungen und Tendenzen bei Anwaltsgesellschaften, 1995
Römermann	Neues im Recht der Partnerschaft, NZG 1998, 675
Schmidt, K.	Die Freiberufliche Partnerschaft, NJW 1995, 1 ff.
Schwytz	Heidelberger Mustervertrag, Schiedsklauseln und Schiedsrichtervertrag, 3. Aufl. 2000
Sprau	in: Palandt, BGB, Kommentar, 68. Aufl. 2009 (zit. Palandt/*Sprau*)

Straub/Ulmer	HGB, Kommentar, 4. Auflage, 2002
Stuber	Die Partnerschaftsgesellschaft, 2. Aufl., 2001
Stucken	Mustervertrag einer Partnerschaftsgesellschaft, WiB 1994, 744
Ulmer/Schäfer	in: Münchener Kommentar zum BGB, Bd. 5, 5. Aufl. 2009 (zit. MüKo/*Ulmer*)
Wehrheim	Die Partnerschaftsgesellschaft, 4. Aufl. 2007
Zugehör	in: Haarmeyer/Hirte/Kirchhof/Graf v. Westphalen (Hrsg.) Verschulden – Haftung – Vollstreckung – Insolvenz, Festschrift für Gerhart Kreft, 2004

Schriften des Betriebs-Beraters